Geografías afectivas
Desplazamientos, prácticas espaciales y formas de estar juntos en el cine de Argentina, Chile y Brasil (2002-2017)

Irene Depetris Chauvin

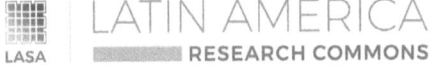

Publicado por
Latin American Research Commons
www.larcommons.net
larc@lasaweb.org

© Irene Depetris Chauvin 2019
Primera edición: 2019

Diseño de tapa: Milagros Bouroncle
Diagramación de versión impresa: Lara Melamet
Diagramación de versión digital: Siliconchips Services Ltd.
Corrección: Martín Vittón

ISBN (Físico): 978-1-7340289-8-0
ISBN (PDF): 978-1-7340289-9-7
ISBN (EPUB): 978-1-951634-00-1
ISBN (Mobi): 978-1-951634-01-8

DOI: https://10.25154/book3

Esta obra tiene permiso para ser publicada bajo la licencia internacional Creative Commons Attribution CC BY-NC 4.0. Para ver una copia de este permiso, visite https://creativecommons.org/licenses/by-nc/4.0/ o envíe una carta a Creative Commons, 444 Castro Street, Suite 900, Mountain View, California, 94041, Estados Unidos. Esta licencia permite el uso de cualquier parte del trabajo mientras se lo cite de forma correspondiente y restringe su uso con fines comerciales.

El texto completo de este libro ha recibido evaluación por pares de doble ciego para asegurar altos estándares académicos. Para ver nuestra política de evaluación, ingrese a www.larcommons.net/site/alt-research-integrity

Cita sugerida:
Depetris Chauvin, I. 2019. *Geografías afectivas. Desplazamientos, prácticas espaciales y formas de estar juntos en el cine de Argentina, Chile y Brasil (2002-2017)*. Pittsburgh, Estados Unidos: Latin American Research Commons. DOI: https://10.25154/book3. Licencia: CC BY-NC 4.0

Para leer la versión libre en acceso abierto de este libro digital, visite https://10.25154/book3 o escanee el código QR con su dispositivo móvil.

A mi madre Silvia, porque me inculcó el deseo de redimensionar la habitabilidad de cualquier espacio. A mi sobrina Malba, la más sensible voyageuse.

Contenido

Agradecimientos	xiii
Prefacio	xvii

Introducción   1

1. Especies de espacios   1
2. Imaginarios geográficos y prácticas espaciales en el cine   3
3. Conceptos viajeros   8
4. Paisajes móviles y cartografías afectivas   9
5. Afectos, culturas hápticas y modos de estar juntos   11
6. Bitácora   17

Itinerarios dulces y melancólicos   23

Capítulo 1. Memorias vacacionales   25

1. Relatos de viaje   25
2. Mausoleos vacacionales   27
3. Falso documental y lógica espacial   30
4. Un turismo imaginario   38

Capítulo 2. Geografías del (des)amor   41

1. "Love Will Tear Us Apart." Naturaleza mercantilizada e intimidad en *Turistas*   44
2. "Ter saudade até que é bom." Precariedad y derivas afectivas en *Viajo Porque Preciso, Volto Porque Te Amo*   49
3. Elasticidad de la escala y dimensión háptica: un nuevo modo de "estar en el mundo"   53

Tierras en trance   55

Capítulo 3. Paisaje y pueblo en un viaje por el sertão   57

1. Un archivo del desierto   60
2. El *sertão* híbrido del hombre ordinario   62
3. Rutas hápticas   67

4. Ser, estar, transitar: un mapa afectivo del *sertão* 69

Capítulo 4. Materialidad y afecto en dos itinerarios por una geografía sísmica 71

1. La destrucción del paisaje y la espacialización del duelo en *Tres semanas después* 74
2. Poética de las texturas y de la pérdida como forma de intimidad en *Tierra en movimiento* 78
3. Memorias sísmicas 83

Estados insulares 85

Capítulo 5. Desplazamientos espacio-temporales y etno-cartografía de la Isla de Pascua 87

1. Rapa Nui, una isla-cárcel 88
2. La cartografía como apuntes de viaje 91
3. Un círculo de miradas, una red de texturas 94
4. La expresividad del documento 96
5. Mapas sensibles: etnografía poética y cartografía afectiva 101

Capítulo 6. *Travelogue* y trabajo del duelo en un documental sobre Malvinas 103

1. *Travelogue* y documental autobiográfico 106
2. Habitar, marcar, contemplar el paisaje 109
3. Archipiélago de memorias 114
4. La expansión del yo y el duelo colectivo 116
5. Geografía afectiva o cómo pensar las memorias a través del espacio 119

Geografías sensoriales 123

Capítulo 7. Cómo pintar un río 125

1. Ecopoesía y afectividad en *La orilla que se abisma* 128
2. Textura y precariedad en *El rostro* 131
3. Mirar y escuchar. Narrativa sensorial en *El limonero real* 134
4. Entre la literatura y el cine: el afecto 140

Capítulo 8. Una poética del caminar 141

1. Cao Guimarães, entre el registro documental y la lógica de lo sensible 143
2. *Andarilho*: una poética y una política del caminar 146

3. Una estética del afecto ... 151
4. Una geografía sensorial ... 153

Geografías espectrales ... 155

Capítulo 9. Una comunidad de melancólicos ... 157

1. *Cofralandes*. La geografía del exiliado y de la posibilidad de tocar el pasado ... 159
2. *Nostalgia de la luz*. Las heterocronías del desierto y la persistencia de los restos ... 164
3. Melancolía y melancolizar ... 168

Capítulo 10. Afecto y espectralidad en imaginarios acuáticos contemporáneos ... 171

1. Hidrarquías en *El botón de nácar* ... 173
2. *Los durmientes* y el pacto sepulcral ... 177
3. *Las aguas del olvido* o de la comunidad con los espectros ... 180
4. Cartografías afectivas y geografías espectrales ... 184

La agencia del mapeo o de cómo vivir juntos ... 187

Capítulo 11. Geografías de autor ... 189

1. Topografías de la memoria ... 190
2. El cineasta como cartógrafo ... 192
3. La serie y la agencia del mapeo en *Toponimia* ... 199

Capítulo 12. Formas de pasaje ... 203

1. La casa o reverberaciones del yo en la "cámara oscura" ... 206
2. Carta de navegación hacia el otro ... 211
3. Cómo vivir juntos ... 215

Conclusión ... 217

Sobre la autora ... 221

Sobre Latin America Research Commons ... 223

Bibliografía ... 225

Filmografía ... 243

Índice de contenidos ... 247

Lista de imágenes

Imágenes 1 y 2. *Balnearios*. Dir. Mariano Llinás, Argentina, 2002	34
Imágenes 3 y 4. *Balnearios*. Dir. Mariano Llinás, Argentina, 2002	37
Imágenes 5 y 6. *Turistas*. Dir. Alicia Scherson, Chile, 2009	49
Imágenes 7 y 8. *Viajo Porque Preciso, Volto Porque te Amo*. Dir. Marcelo Gomes y Karim Aïnouz, Brasil, 2009	53
Imágenes 9, 10, 11 y 12. *Sertão de acrílico azul piscina*. Dir. Marcelo Gomes y Karim Aïnouz, Brasil, 2004	66
Imágenes 13 y 14. *Tres semanas después*. Dir. José Luis Torres Leiva, Chile, 2010	78
Imágenes 15 y 16. *Tierra en movimiento*. Dir. Tiziana Panizza, Chile, 2014	83
Imágenes 17 y 18. *Tierra sola*. Dir. Tiziana Panizza, Chile, 2017	94
Imágenes 19 y 20. *Tierra sola*. Dir. Tiziana Panizza, Chile, 2017	100
Imágenes 21 y 22. *La forma exacta de las islas*. Dir. Daniel Casabé y Edgardo Dieleke, Argentina, 2012	114
Imágenes 23 y 24. *La forma exacta de las islas*. Dir. Daniel Casabé y Edgardo Dieleke, Argentina, 2012	119
Imágenes 25 y 26. *La orilla que se abisma*. Dir. Gustavo Fontán, Argentina, 2008	131
Imágenes 27 y 28. *El rostro*. Dir. Gustavo Fontán. Argentina, 2013	134
Imágenes 29 y 30. *El limonero real*. Dir. Gustavo Fontán. Argentina, 2016	139
Imágenes 31 y 32. *Andarilho*. Dir. Cao Guimarães, Brasil, 2007	150
Imágenes 33 y 34. *Cofralandes*. Dir. Raúl Ruiz. Chile, 2002	164
Imágenes 35 y 36. *Cofralandes*. Dir. Raúl Ruiz. Chile, 2002	165

Imágenes 37 y 38. *Los durmientes*. Dir. Enrique Ramírez,
Chile/Francia, videotríptico, 2014 — 180

Imágenes 39 y 40. *Las aguas del olvido*. Dir. Jonathan Perel,
Argentina, cortometraje, 2013 — 184

Imagen 41. Afiche de *Tabula rasa*. Dir. Jonathan Perel,
Argentina, 2013 — 197

Imagen 42. Afiche de *Toponimia*. Dir. Jonathan Perel,
Argentina, 2015 — 197

Imágenes 43, 44, 45 y 46. *Toponimia*. Dir. Jonathan Perel,
Argentina, 2015 — 199

Imágenes 47 y 48. *El otro día*. Dir. Ignacio Agüero, Chile, 2012 — 211

Imágenes 49 y 50. *El otro día*. Dir. Ignacio Agüero, Chile, 2012 — 214

Agradecimientos

Agradecer es revisitar un mapa tejido a partir de itinerarios y azarosos encuentros. Es también hacer visible nuestro archivo intelectual y afectivo que, como sugiere Sara Ahmed, resulta de múltiples formas de contacto: aquellas institucionales (universidades, bibliotecas, eventos académicos, libros), que se autorizan en las referencias, y aquellas formas cotidianas de encuentro (amigos, familiares, militancias, *hobbies*) que aun cuando son borradas siempre dejan huella.

La investigación que dio lugar a este libro resultó de varios desplazamientos: el cambio de país de residencia, la adaptación a un nuevo espacio institucional, la redefinición de mi adscripción disciplinar, el extraño redescubrimiento del español en la escritura. Tras ocho años en el exterior, me reincorporé a la vida académica en Argentina gracias al programa de repatriación que me permitió ingresar a la Carrera de Investigación en el Conicet. Mi primer agradecimiento es a esta institución, y a Gonzalo Aguilar y Luciana di Leone, quienes me impulsaron a tomar este paso. Si bien el tema de este libro se diferencia mucho de las áreas en las que desarrollé mi investigación durante la maestría y el doctorado, deseo agradecer a Debra Castillo, quien durante mi estancia en la Universidad de Cornell me sugirió lo que serían mis primeras lecturas sobre teoría de los afectos, y a Myrna García-Calderón y Renato Cordeiro Gomes cuyos seminarios sobre imaginarios urbanos en la literatura me incitaran a pensar sobre las relaciones entre espacialidad y cultura.

Muchos colegas, estudiantes y amigos han contribuido a este volumen de innumerables formas. Mi regreso a la Argentina, y el inicio de un nuevo proyecto de investigación, se vio extraordinariamente facilitado por el cálido recibimiento que encontré en dos grupos de discusión sobre el "giro afectivo". El núcleo de estudios sobre la intimidad y los afectos de FLACSO-Buenos Aires, coordinado por Ana Abramowski, y el Seminario sobre Género Afectos y Política (SEGAP, FFYL, UBA), coordinado por Cecilia Macón. Este libro no habría sido posible sin la discusión que se viene dando en estos ámbitos donde las inquietudes se traducen en trabajo colectivo y la vida académica en tejidos de afectos. Estoy particularmente en deuda con Mariela Solana, Daniela Losiggio, Nayla Vacarezza y Francisco Lemus: sus propios proyectos sobre afectos y política, los estudios *queer* y la melancolía me han ayudado a pensar el cine contemporáneo. También, a veces, uno tiene que confiar en la bondad de los extraños. Mi abordaje de la espacialidad en el cine se vio beneficiado por el diálogo constante con Carla

Lois, el cual se inició con una "cita a ciegas" en un café de anacrónica estética menemista en el barrio de Villa Crespo. Sus modos de entender los mapas y el mapeo transformaron radicalmente muchas de mis primeras impresiones, algo dicotómicas, en torno a las prácticas espaciales y la posibilidad de una agencia.

A lo largo de los años, partes de este libro fueron elaboradas como conferencias y presentaciones para simposios a los que fui invitada. Agradezco a Cecilia Sosa, quien en marzo de 2014 organizó el Coloquio Espacios de Memoria en el Cono Sur. Nuevos Afectos, Nuevas Audiencias. Diálogos Transculturales Frente al Duelo; a Ignacio Agüero, quien me invitó en mayo del mismo año a participar del ciclo Acoso multilateral al cine de Raúl Ruiz, en la Universidad de Chile. Durante 2015 y 2016, en dos visitas a Chile, Rubí Carreño, Paulina Daza y Catalina Green-Forttes me permitieron presentar parte de mis reflexiones en curso sobre afectos y estética en la Universidad Católica de Santiago y luego en la de Valparaíso. Agradezco también a Raúl Rodríguez Freire por sus referencias sobre las texturas en el cine. Una primera reflexión sobre el agua como espacio de memoria se vio beneficiada por los comentarios de los participantes de Dis/Placed Visualities, taller de la sección de Estudios visuales de LASA organizado por Joaquín Barriendos Rodríguez, Lisa Blackmore, Kevin Coleman en el Center for Latin American and Caribbean Studies, New York University, durante marzo de 2016. Agradezco en particular a Kaitlin Murphy y Gabriela Zamorano por sus lecturas atentas. Wenceslao Oliveira y Verónica Hollman me invitaron a discutir sobre formas no representacionales de abordar el espacio en el Seminario de la Red Internacional Imagens, Geografias e Educação durante agosto de 2017. Otro espacio de discusión interdisciplinaria que resultó fundamental en las últimas etapas de este proyecto, y que me abrió al mundo de la antropología visual, fue el Simposio Prácticas artísticas y científicas en torno a desplazamientos, visualidades y artefactos (siglos XIX-XXI), organizado por Mariana Giordano y Anne Gustavsson en el Instituto de Investigaciones Geohistóricas (Conicet-UNNE) de Resistencia, Chaco, durante septiembre de 2017. Agradezco también a Mariano Véliz su invitación para participar en el Simposio de Cine Latinoamericano ese mismo año y al Grupo de Historia y Epistemología de las Cartografías e Imágenes Técnicas (GHECIT), que me permitió discutir sobre cine y mapeo en una conferencia del Ciclo Episodios Cartográficos, que tuvo lugar en el Instituto de Geografía de la Universidad de Buenos Aires en agosto de 2018.

Tengo una gran deuda tanto con los estudiantes de los cursos de posgrado que impartí en la Universidad Alberto Hurtado, la Universidad de General San Martín y la Universidad de Buenos Aires como con los directores de las películas. Ambos me permitieron pensar y cuestionarme varias veces sentidos comunes, y mis propias ideas, acerca del espacio y de los afectos. También quiero agradecer a esos colegas y amigos que, durante muchos años, han comentado, discutido, inspirado o acompañado la escritura de estas páginas. El intercambio de lecturas, las traducciones y diálogos con Natalia Taccetta y Magalí Haber sobre cine, medios de comunicación, redes, las corrientes New Age o la vida, modularon una atmósfera feliz y productiva. En diversos contextos, las conversaciones sobre cine, literatura, viajes, islas y continentes helados que mantuve con Rosario Hubert, Julieta Vitullo, Edgardo Dieleke, Fernanda Alarcón y Claire Allouche han sido una fuente de satisfacción y descubrimiento. Agradezco también a Christian Ramírez, Valeria de los Ríos e Ignacio Agüero por las sugerencias sobre cine chileno en el momento de armar el corpus inicial del trabajo. Desde São Paulo, Natalia Christofoletti Barrenha y Cristina Alvares Bescow me han recomendado y facilitado materiales sobre cine brasileño una y otra vez.

La posibilidad de la escritura está muy vinculada en mi caso a los sentidos de habitabilidad. Quiero agradecerle muy especialmente a mi colega y amiga Macarena Urzúa por todas las ocasiones que me recibió en Santiago y me hizo sentir más cómoda que en mi propia casa. La textura de la experiencia santiaguina no tendría la misma densidad sin la presencia de Constanza Vergara, Betina Keizman, Claudia Darrigrandi, Cynthia Francica, Cristina Hung, Emilio Depetris Chauvin, Jennifer Szusan y los sobrinos chilenos. Tanto por su amistad y su entusiasta interés agradezco a Adrián Pérez Llahí, Paola Margulis e Irina Garbatzky. Una mención especial merecen aquellas personas —humanas y no humanas— con los que compartí hábitat: Humberto Rauda, Magalí Sequera, Ricardo Franzan y Saga Norén, el tigre de la casa. Las recomendaciones literarias de Luz Rodríguez y Mariano Pedrosa me han acompañado estos años, al igual que la música y las películas italianas de Matilde Vitullo, y el torrente de recomendaciones de series y listas de canciones de Julia Sabio y del grupo de WhatsApp "Hippies sin OSDE".

Varios de los capítulos de este libro se han beneficiado de las lecturas de Fernando Pérez, Valeria Garrote, Javier Osorio y Pablo Piedras. También agradezco a los revisores externos y al comité editorial de Latin American Research Commons (LARC) por el tiempo que le dedicaron a la lectura de la primera versión, de organización un poco borracha, de este estudio. Cinco de los doce ensayos en este libro han sido revisados y expandidos de versiones publicadas anteriormente en inglés, español y portugués: "Geographies of Love(lesness). Space and Affectivity in *Viajo Porque Preciso, Volto Porque Te Amo* (Aïnouz and Gomes, 2009) and *Turistas* (Alicia Scherson, 2009)", *Journal of Latin American Cultural Studies* 25.2 (mayo 2016): 1-17; "Archipelago of Memories: Affective Travelogue and Mourning in *The Exact Shape of the Islands*", *Latin American Theatre Review* 50.2 (Spring 2017): 5-18; "Memórias no presente: Afecto e espetralidade em imaginários aquáticos contemporâneos", *Aniki: Revista Portuguesa da Imagem em Movimento* 4.1 (enero 2017): 170-191 y "Percepción háptica y narrativa sensorial en el 'ciclo del río' de Gustavo Fontán", *Revista de Cuadernos de Literatura* 48 (2018). Agradezco también a Franco Bronzini, quien me permitió publicar reseñas y notas en *Informe Escaleno* y ensayar, en un formato de escritura más relajado, muchas ideas sobre las películas.

Finalmente les doy las gracias a todas las personas que trabajan haciendo películas. Este libro es para ellas y para todos aquellos que aman viajar o habitar en el cine.

Prefacio

Una historia delirante, un sonido y una imagen me han acompañado durante la investigación que resultó en la escritura de este libro. En *Zig-Zag - Le jeu de l'oie. Une fiction didactique à propos de la cartographie* (1980)[1] Raúl Ruiz nos presenta al señor H, un pobre hombre perdido en la campiña francesa que necesita trasladarse con urgencia a un punto de la ciudad para realizar un trámite. Al costado de la ruta H pide ayuda a dos desconocidos, quienes en lugar de prestarle un mapa o darle indicaciones, le ordenan que tire los dados que se encuentran sobre el tablero de un juego de mesa. El azar dicta que la cita tendrá lugar en el casillero 14 y hacia allí H emprende un viaje. Como si fuera parte de una fantasía borgeana, H progresivamente descubre que está viviendo una "pesadilla didáctica", ya que es al mismo tiempo jugador y dado en un descomunal Juego de la Oca: los barrios, la ciudad, el país y el continente son parte de un juego que alcanza en el final de la película una escala cósmica. Como una operación surrealista, Ruiz hace coexistir en una misma mesa al mapa y al tablero de juego y, por medio de arbitrarios cambios de escalas y de la transformación del itinerario en laberinto, pone en evidencia no sólo la (i)lógica de la representación cartográfica sino, más fundamentalmente, la naturaleza inestable de las relaciones entre territorio, paisaje y mapa que sustentan el mismo espacio que habitamos.

Encontré la película de Ruiz por casualidad en YouTube a pocos meses de regresar a mi país, luego de casi una década viviendo en el exterior. El

---

[1] Realizada en 1980 por encargo de la televisión francesa para promover una exposición cartográfica en el Centre Pompidou de París, el mediometraje *Le jeu de l'oie* (1980) se propone como "una ficción didáctica a propósito de la cartografía". A lo largo de la película, distintas voces en off enuncian teorías sobre la cartografía que por momentos se complementan y por momentos se contradicen. Para un análisis detenido de las teorías cartográficas que Ruiz pone en escena en el film, véase Depetris Chauvin y Lois.

Cómo citar el prefacio:
Depetris Chauvin, I. 2019. *Geografías afectivas. Desplazamientos, prácticas espaciales y formas de estar juntos en el cine de Argentina, Chile y Brasil (2002-2017)*. Pp. xv-xviii. Pittsburgh, Estados Unidos: Latin American Research Commons. DOI: https://10.25154/book3. Licencia: CC BY-NC 4.0

cortometraje estaba en francés, decidí subtitularlo y de tanto escucharlo quedé impregnada de su banda sonora. Un sonido en particular me afectó. En su aventura por llegar a la cita del casillero 14, el Sr. H se encuentra con un jugador ciego que le dice: "Lo bueno de este barrio es el mapa sonoro que han instalado. No estamos lejos de su casa. Escuche. Es Beethoven. Yo vivo cerca de Berlioz". Mientras la cámara recorre las calles de París como si fueran los propios ojos de los jugadores, una voz *over* femenina nos informa: "Un mapa sonoro para no videntes, extranjeros y analfabetos. Cada zona se caracteriza por una frase musical". Enseguida, un plano perpendicular deja ver un conjunto de los característicos nubarrones de la capital francesa, pero la banda sonora reproduce no una melodía del canon europeo sino un fragmento musical muy breve del Himno Nacional chileno. Como una especie de chiste interno, que nace de la contradicción entre el gris del cielo y el "puro Chile de cielo azulado", la línea del himno seguramente resonaría en el oído de algún exiliado chileno en Francia. El mapa sonoro y el recorrido del barrio al nivel del suelo me hablaban de una escala del espacio vivido en el que se experimentan sonidos y sensaciones, un modo de vivencia casi corporal del espacio que le permite al caminante apropiárselo de una manera singular. Pero esa geografía "encarnada" se me presentaba también como "descarnada". La escena instalaba una atmósfera de humor triste, el humor absurdo del exiliado, el de aquel que asume desde el inicio que ya ha perdido el territorio.

Luego una imagen, o más bien, una serie de imágenes. Hacia el final de *Le jeu de l'oie*, ya situados en la dimensión cósmica, se suceden planos de mapas: topográficos, antiguos, modernos, de constelaciones celestes, un diagrama inscripto en el perfil de una cabeza, una lámina anatómica del cuerpo humano... hasta que un mapa grabado en madera ocupa toda la pantalla y la voz *over* sentencia: "Un mapa puede considerarse impreciso cuando no podemos encontrar el territorio que aparece en el mapa. Los mapas imprecisos son valiosas ayudas visuales. Permiten descubrir lo que no se espera encontrar, permiten vencer a los enemigos, deslumbrar a los amigos y hacer pasar los deseos por realidades". El plano detalle deja leer la referencia del mapa. Se trata de Land of Oz, y cuando estoy pensando en aquella tierra de fantasía popularizada en tecnicolor por la Metro-Goldwyn-Mayer, la voz prosigue asegurándome que los mapas imprecisos también "permiten rehacer constantemente nuevos mapas".

Michael Goddard sugiere que la obra de Ruiz sería una especie de cartografía cinematográfica "imposible" porque su constante cruce entre distintos contextos culturales, estrategias estéticas y medios tecnológicos funciona como un mapeo de espacios reales, imaginarios y virtuales (2013, 1). Las imágenes que Ruiz moviliza en este cortometraje me prometían un mapeo orientado a lo nuevo, un proceso de desterritorialización y reterritorialización específico, un modo al mismo tiempo conceptual y encarnado de entender la dimensión espacial y temporal, una pesadilla que se vuelve aventura y complica cualquier noción simple de agencia, una propuesta donde el afecto no se separa de la cognición. Las intuiciones zigzagueantes de *Le jeu de l'oie* me impulsaron a estudiar un conjunto de películas latinoamericanas en las que los desplazamientos y el pensamiento sobre el espacio se vincula a la dimensión de los afectos. Se trata de documentales y filmes de ficción de Argentina, Brasil y Chile dirigidos por Mariano Llinás, Alicia Scherson, Karim Aïnouz, Marcelo Gomes, Cao Guimarães, José Luis Torres Leiva, Tiziana Panizza, Jonathan Perel, Gustavo Fontán, Ignacio Agüero, Raúl Ruiz, Edgardo Dieleke, Daniel Casabé, Patricio Guzmán y Enrique Ramírez. En *Geografías afectivas* me dejo llevar por estas películas y viajo vicariamente con ellas, pero también las analizo como un conjunto de "prácticas" peculiares del espacio, cuyas performances espaciales —paisajes, mapas e itinerarios— nos abren a la experiencia de nociones alternativas de temporalidad y modos de vincularse a los otros. Así, esta propuesta subraya la dimensión plural y afirmativa del cine en su capacidad para delinear nuevos sentidos en la escena contemporánea. Lejos de concebir a las obras simplemente como "repositorios de afectos", asumo que el arte, y la crítica misma, produce afectos, mundos, modos de relación social.

Introducción

> *Los afectos no solo son creadores de espacio, sino que también están configurados como espacio y tienen la textura misma de una atmósfera. Sentir un estado de ánimo es ser sensible a un cambio atmosférico sutil que toca a las personas a través del espacio aéreo [...] Abordar este lenguaje implica una reparación tangible del espacio visual, porque el afecto no es una imagen estática y no puede reducirse a paradigmas ópticos o imaginado en términos de dispositivos y metáforas ópticas. El paisaje de la mediación afectiva es material: está hecho de tejidos hápticos, atmósferas móviles y fabricaciones transitivas.*
>
> Giuliana Bruno, *Surface: Matters of Aesthetics, Materiality, and Media*

1. Especies de espacios

Al considerar que la percepción humana desarrolla un papel decisivo en el proceso de formación de imágenes de nuestro medio, David Lowenthal (1961) abrió el camino para la posterior exploración de las geografías personales. En la década de 1970, la geografía humana volvió a resaltar el papel del sujeto como centro de la construcción geográfica, pero comenzó a explorar las geografías del mundo vivido valiéndose de las herramientas analíticas de la teoría cultural. En paralelo a este "giro cultural" en la geografía, se produce un "giro espacial" en otros campos de las ciencias sociales y de las humanidades y se popularizan perspectivas críticas que atienden a la espacialidad de las formaciones discursivas, las relaciones sociales, la política y las prácticas de representación (Soja 1989). En el marco de este "giro espacial", centrándose en los nexos entre espacio, poder y conocimiento, David Harvey (1990) propone la categoría de "conciencia espacial" como aquella que permite al individuo reconocer el rol del espacio en su propia biografía, relacionarse con los espacios que lo rodean y reconocer cómo las transacciones con otros individuos y organizaciones son

---

Cómo citar la introducción:
Depetris Chauvin, I. 2019. *Geografías afectivas. Desplazamientos, prácticas espaciales y formas de estar juntos en el cine de Argentina, Chile y Brasil (2002-2017).* Pp. 1-22. Pittsburgh, Estados Unidos: Latin American Research Commons. DOI: https://10.25154/book3. Licencia: CC BY-NC 4.0

afectadas por esos espacios. Esta "conciencia espacial" supone un conocimiento compartido que se relaciona con representaciones e imágenes, lo que en términos de los geógrafos culturales se puede describir como un "imaginario geográfico", que abarca los procesos por los cuales las sociedades generan, transmiten y reconfiguran el espacio como una función de la visión.

Ciertamente esta insistencia en lo visual impulsó importantes estudios y formas de abordar temáticas geográficas y de la historia del arte como la configuración de mapas o paisajes; sin embargo, también limita la comprensión de la geografía de un mundo en movimiento y, todavía más, la representación móvil de un mundo en movimiento característica del cine. Afortunadamente dentro del mismo campo disciplinar de la geografía se ha comenzado a problematizar la comprensión de los elementos performáticos de la imaginación espacial. En *Rethinking Maps* (2011) Martin Dodge, Rob Kitchen y Charles Perkins dan cuenta de los significados y prácticas cambiantes de la cartografía y del reconocimiento creciente de la naturaleza relacional y procesal de los mapas, la elaboración y el uso de mapas. De este modo, sugieren que el mapeo puede (re) conceptualizarse "como un conjunto de prácticas culturales que involucran acciones y afectos [...] [un] tipo de enfoque [que] refleja un cambio filosófico hacia la performance y la movilidad y lejos del esencialismo y la estabilidad material" (17).

Fuera de la disciplina de la geografía, el espacio ha sido considerado en diversas áreas de investigación (política, visual y artes escénicas, entre otros) como un concepto productivo para problematizar la relación entre las personas y su entorno y los significados que surgen de esta conexión. Sin embargo, el mismo Henri Lefebvre se lamenta del modo en que el espacio ha sido víctima de un "uso metafórico excesivo que corre el peligro de ser evacuado de todo significado" (1991, 15). Apelando a una consideración cautelosa del concepto del espacio, en *TimeSpace: Geographies of Temporality* (2001) Jon May y Nigel Thrift abogan por terminar con la dicotomía que opone al tiempo como el dominio del dinamismo y el progreso y relega lo espacial al reino de la estasis y, por lo tanto, lo despoja de cualquier política significativa. Como observa Doreen Massey, el espacio a menudo es comprendido simplemente como una "una extensión a través de la que se puede viajar", lo que lo convierte meramente en una superficie (2012, 4). Lejos de considerar el espacio desde una mera estrategia de representación, esta geógrafa feminista se centra en la relación entre espacialidad y nuestro ser/estar en el mundo. Así, vuelve a problematizar los vínculos entre las dimensiones del espacio y el tiempo al concebir el primero como producto de las interacciones sociales y, por tanto, inherentemente múltiple, dinámico, inestable y en permanente transformación (9). Esta "apertura" de la espacialidad puede vincularse, entonces, a la co-presencia de temporalidades heterogéneas que conforman un complejo como "vía de acceso al presente" en la "forma de una arqueología" (Agamben 2011), al mismo tiempo que la perspectiva de la "soberanía del anacronismo" de Georges Didi-Huberman (2006) nos permite asumir lazos con una dimensión temporal siempre abierta a nuevas asociaciones.

Nuestra comprensión de la espacialidad en relación con el cine recupera estas proposiciones de Massey en tanto considera los aspectos experimentados del espacio. La consideración de las dimensiones espaciales en el cine es una poderosa herramienta que puede revelar significados y experiencias afectivas, estéticas, políticas e históricas si nos aventuramos a considerar el espacio más allá de un elemento formal que se limita a proporcionar una representación verosímil de un territorio geográfico. Los teóricos del cine a menudo han categorizado el espacio como un elemento que, aunque importante, se subordina a las demandas de la narración: han enfatizado el papel del espacio en el logro de una ilusión de realidad teniendo en cuenta el espacio de acción en relación con el espacio de pantalla, así como la relación entre el espacio abstracto y el espacio dentro y fuera del plano como se da cuenta en el ensayo seminal de Stephen Heath "Narrative Space" (1986). Sin embargo, al examinar la espacialidad del cine contemporáneo es crucial ir más allá de la posición subordinada del espacio en relación con la narrativa. El cine juega un papel crucial en la comprensión del lugar de un individuo o de una comunidad en el mundo pero, al mismo tiempo, una extensión generalizada y aparentemente contagiosa de metáforas de mapeo en los campos de estudios sociales y culturales complica el intento de establecer los parámetros conceptuales mediante los cuales las ideas de la cartografía o del imaginario geográfico en relación con el cine podrían ser entendidas productiva y críticamente.

Este libro intenta ir más allá de una mera metaforización del espacio y de las consideraciones figurativas de la cartografía que han eclipsado el desarrollo de enfoques más orientados a la "práctica espacial" de/en el cine. En este sentido, el trabajo es tanto una contribución a los estudios enmarcados en el "giro espacial" de las humanidades y de las ciencias sociales (y en los estudios de cine en particular), al mismo tiempo que es un intento de superar la consideración "retórica" del espacio que, como señaló Henri Lefebvre, amenaza "convertirse en el lugar de una 'práctica teórica' separada de la práctica social y que se establece como eje, pivote o punto de referencia central del conocimiento" (1991, 6). Este libro parte de la premisa de que los métodos y análisis espaciales no son meramente fines en sí mismos (una incursión metateórica en las propiedades cartográficas del medio cinemático) sino que se despliegan como herramientas o aparatos para explorar problemáticas sociales, culturales y políticas.

2. Imaginarios geográficos y prácticas espaciales en el cine

Desde el siglo XIX la demarcación del espacio geográfico mantiene, en la cultura latinoamericana, una relación privilegiada con los procesos de identificación territorial. En la literatura y la pintura, el paisaje o la frontera fueron nodos principales a través de los cuales se pensó la intersección entre formas espaciales, prácticas estéticas y políticas[2]. Ya en las primeras décadas del siglo XX los espacios no urbanos y las imágenes de la naturaleza fueron centrales para la construcción de una idea de nación también a través del cine (Maranghello y Tranchini 1999). Desde los años cincuenta y durante todo el siglo XX el mundo urbano tomó el relevo como el lugar predilecto de locaciones cinematográficas, pero en los primeros años del nuevo milenio más que las locaciones son los desplazamientos en sí mismos los que configuran los espacios y espacialidades del cine latinoamericano.

Las redes económicas, los contactos culturales y la movilidad asociados a la etapa de la denominada globalización son temas recurrentes en la cinematografía mundial. También el cine latinoamericano de las últimas décadas ha explorado temáticas ligadas al desplazamiento en películas de carretera, en historias de experiencias migratorias, en el vagabundaje por espacios internos de ciudades posmodernas y precarizadas, en el trasvase de y hacia las periferias, en el movimiento de personajes que rompen fronteras identitarias o en el tránsito por el tránsito mismo, evidenciado en derivas que no permiten que los individuos constituyan lugares fijos de inscripción.

Refiriéndose al cine brasileño, Ismail Xavier observa la recurrencia de desplazamientos y "no lugares" que cuestionan la idea del espacio como una totalidad coherente (2003, 49). La propuesta de Gonzalo Aguilar de ver el nomadismo y el sedentarismo como dos signos complementarios del Nuevo Cine Argentino, en el que el primero sería un "estado contemporáneo de permanentes movimientos, traslaciones, situaciones de no pertenencia y disolución de cualquier instancia de permanencia" (2010, 43), habla también del vínculo entre movilidad y desterritorialización como un rasgo característico de la cultura actual.[3]

---

[2] Los fundamentos de un discurso espacial en Argentina, Brasil y Chile han sido abordados por la crítica literaria a partir de las relaciones entre paisaje, frontera y nación (Fernández Bravo, 1999; Montaldo, 1993; Andermann, 2000; Albuquerque Júnior, 1999; Lima, 1999). Amari Peliowski y Catalina Valdes (2014) analizan la relación entre naturaleza, paisaje y nación desde la perspectiva de las artes plásticas chilenas durante el siglo XIX y primeros años del siglo XX y señalan la presencia tanto de discursos en torno al nacionalismo, indigenismo o latinoamericanismo como la confianza en la naturaleza como materia prima, garante de la utopía modernizadora. Desde la perspectiva de los estudios culturales, en *The Optic of the State: Visuality and Culture in Argentina and Brazil* (2007), Andermann analiza otros aparatos, prácticas y discursos estatales que contribuyeron a la formulación de discursos identitarios en Brasil y Argentina tales como exhibiciones, mapas, fotografías, monumentos y pinturas. Desde una matriz deleuziana, en *Un desierto para la nación* Fermín Rodríguez (2010) sugiere que la llanura pampeana opera como un espacio abierto, sin medida, pura potencia. Su lectura audaz y precisa de un enorme conjunto de textos literarios, más allá de señalar la recurrente preocupación letrada de imaginar una división entre el mundo civilizado de lo urbano y el espacio del desierto, dibuja puntos en una cartografía de algo que podría haber sido y no fue.

[3] Gilles Deleuze y Félix Guattari (2002) entienden "desterritorialización" como un concepto vinculado al capitalismo como formación social que se basa en la constante

Sin embargo, pese al carácter general de este nomadismo, la misma variedad de desplazamientos de los que da cuenta el cine latinoamericano vuelve necesario, como plantea Aguilar en referencia al cine argentino, "definir ante qué tipo de desplazamientos nos encontramos y qué dimensiones simbólicas y materiales se ponen en juego" (43).

Una buena parte de la producción académica se ha abocado a analizar esos desplazamientos en el cine argentino,[4] brasileño[5] y chileno[6]. Considerando estas trayectorias errantes, Joanna Page (2007) atiende a la complejidad de los conceptos de espacio/lugar e identidad en la época de la globalización al demostrar cómo algunas películas argentinas recientes se reapropian de los discursos de la transnacionalidad con el propósito de reafirmar formas contemporáneas de lo nacional. En este contexto, en los últimos años ha surgido un conjunto impor-

---

descodificación subjetiva. Desde un enfoque antropológico, García Canclini (1990) utiliza el término para entender las culturas "híbridas" en las que los bienes culturales traspasan los límites entre los territorios de lo culto, lo popular y lo masivo, así como entre lo local y lo global. En las dos perspectivas, la desterritorialización refiere a la movilidad propia de la globalización por la cual se pierde "la relación 'natural' de la cultura con los territorios geográficos y sociales", lo que debilita su capacidad de definir los términos de nuestra existencia (identidad y subjetividad).

[4] El desplazamiento ha sido un tema recurrente en el cine argentino desde épocas tempranas: mientras las películas del período clásico (Lusnich 2007) y de los años sesenta retratan las migraciones campo-ciudad, el cine de los ochenta privilegió las historias de exilio (Oubiña 1994). El género "película de carretera" ha sido utilizado para articular metáforas del desastre económico neoliberal y de la búsqueda de transformación existencial y política. Las películas que representan a los nuevos inmigrantes y el fenómeno de la migración invertida han sido analizadas por Hernán Feldman (2007), Manuel Medina (2007), David Oubiña (2002), Gonzalo Aguilar (2010) y Joanna Page (2007), entre otros. Para un registro de los traslados físicos y espaciales en los documentales en primera persona de la última década, véase Piedras (2016).

[5] Los desplazamientos en el exterior y la reflexión sobre la identidad nacional fueron abordados por Lúcia Nagib. Como contrapunto al diagnóstico de Ismail Xavier (2003) sobre la preminencia de los "no lugares", en su estudio sobre las fronteras y los paisajes transculturales, Andrea França (2012) encuentra que algunas películas brasileñas recientes articulan 'lugares' en territorios de tránsito que en una primera instancia podrían parecer meros espacios de anonimato en los cuales no es posible establecer vínculos de pertenencia. En los años noventa, el cine registró también desplazamientos hacia el *sertão*. Pese a cierta coincidencia temática con el Cinema Novo, los críticos sostienen que las películas contemporáneas adoptan una actitud despolitizada ya que la representación del espacio no se traduce en una búsqueda de la identidad brasileña (Oricchio 2003; Bentes 2003).

[6] En relación con una más tardía transición a la democracia, hasta la década del noventa el cine chileno se abocó a la reflexión sobre el exilio y el relegamiento político. Pero en la última década han comenzado a aparecer reflexiones sobre los desplazamientos en el cine en estudios muy promisorios de Carolina Urrutia (2010 y 2013), Catalina Donoso (2007 y 2015), Valeria de los Ríos (2010 y 2017) y Antonia Girardi (2019), entre otros.

tante de películas que se enfocan en experiencias situadas fuera o al borde del espacio predilecto de la ciudad. Tras la estela de esta sugerente intervención crítica de Page, este libro propone repensar los sentidos de espacialidad en películas de Argentina, Brasil y Chile que privilegian los desplazamientos hacia esos territorios predominantemente no urbanos como una vía de entrada a problemáticas afectivas y políticas que se vinculan, pero exceden, a las dinámicas propias del proceso de globalización tratados por Page. Teniendo en cuenta que el cine es una forma de cultura espacial, se busca explorar un conjunto de películas que articulan nuevas geografías fílmicas a partir de novedosas "prácticas espaciales" y "estéticas de los afectos". La hipótesis de este estudio es que articulando la dimensión espacial y afectiva las películas analizadas nos invitan no sólo pensar nuestra relación con el espacio fuera de pantalla sino, fundamentalmente, imaginar modos de vincularnos con el pasado y con los otros: nuevos modos de ser/estar juntos.

Los espacios abiertos, naturales o no urbanos, que habían sido centrales en las narrativas fundacionales como motivo identitario y principal escenario para la Historia nacional tienden a adquirir en la contemporaneidad otros sentidos. En *Andarilho, Viajo Porque Preciso, Volto Porque te Amo, Turistas, Cofralandes (Rapsodia chilena), Balnearios, Tierra en movimiento, Tierra sola, La forma exacta de las islas*, entre otras películas, forasteros, turistas, vagabundos o individuos en crisis, que buscan resolver en el movimiento problemas aparentemente de índole personal, se desplazan por la Patagonia, la región pampeana, el litoral, archipiélagos o el *sertão*, espacios abiertos y naturales que el cine de épocas previas había emblemáticamente asociado a identidades nacionales, discursos modernizadores o revolucionarios.

Considerando que estas películas se abstienen tanto de un uso del territorio como metáfora nacional, como de presentar discursos identitarios o políticos explícitos, este libro propone una nueva forma de considerar la intervención del cine con relación a los imaginarios geográficos por medio de la categoría de "práctica espacial". Desde una perspectiva de geografía humana, Michel de Certeau concibió el espacio como resultado de una práctica de movilidad de los cuerpos a través del territorio. Ese andar de los individuos configura una enunciación por la cual, como resultado del movimiento, de la práctica, los "lugares" adquieren nuevos sentidos que los convierten en "espacios". De esta manera, en el tránsito, se articula un imaginario geográfico esencialmente diferente del tipo de representación panorámica provista por los mapas. La ficción es entendida también, desde esta perspectiva, como una propuesta de desplazamiento en la que toda historia sería una historia de viaje, una práctica espacial cuyos "recorridos" hacen ver los "lugares" de un modo particular y los convierten en "espacios" (2000, 116)[7].

---

[7] La propuesta de pensamiento espacial de Michel de Certeau revierte el significado analítico de los conceptos de "lugar" y "espacio" presentados en los trabajos de otros teóricos franceses (Marc Augé) y de académicos provenientes de la geografía humana

Si bien De Certeau analiza los tránsitos citadinos y nunca se refiere directamente al cine, el énfasis en las trayectorias y en las prácticas es aplicable al cine. Muchos aspectos de la imagen en movimiento tienen que ver con los actos de habitar y atravesar el espacio: las películas realizan "recorridos" de sus espacios pero, al mismo tiempo, el aparato cinematográfico reinventa esos espacios antes que reproducirlos miméticamente (Tim Cresswell y Deborah Dixon 2002). De acuerdo con Michael Shiel, el cine es una forma de cultura peculiarmente espacial porque "opera en términos de la organización del espacio: tanto el espacio en las películas —el espacio de la toma, el espacio del planteamiento narrativo, la relación geográfica de las diversas escenas en secuencia, el mapeo de un ambiente vivido en el cine— como las películas en el espacio —la formación de espacios por el cine como práctica cultural y la función del cine en la globalización" (2001, 13).[8] Entonces, más allá de pensar la ausencia de sentidos ale-

---

(Johnston, Derek y Smith 1994). Para De Certeau el "lugar" es un narrativa especial ordenadora estable que configura posiciones: "Un lugar es el orden (cualquiera que sea) según el cual los elementos se distribuyen en relaciones de coexistencia. Ahí pues se excluye la posibilidad para que dos cosas se encuentren en el mismo sitio. Ahí impera la ley de lo 'propio': los elementos considerados están unos al lado de otros, cada uno situado en un sitio 'propio' y distinto que cada uno define. Un lugar es pues una configuración instantánea de posiciones. Implica una indicación de estabilidad" (2000, 129). Mientras que, por el contrario, el "espacio" es un efecto, el producto de "operaciones": "Hay espacio en cuanto que se toman en consideración los vectores de dirección, las cantidades de velocidad y la variable del tiempo. El espacio es un cruzamiento de movilidades. Espacio es el efecto producido por las operaciones que lo orientan, lo circunstancian, lo temporalizan y lo llevan a funcionar como una unidad polivalente de programas conflictuales o de proximidades contractuales. A diferencia del lugar, carece pues de la univocidad y de la estabilidad de un sitio "propio" (2000, 129). En esta oposición entre "lugar" y "espacio", De Certeau busca rescatar las concepciones de Henri Lefevre (1991) del "espacio" como algo producido, como resultado del movimiento y la ocupación de los cuerpos humanos. Por otro lado, su concepción de "lugar" responde más a una idea de "locación" y no a una noción de lugar antropológica, tal como la entiende Marc Augé (2005) como una forma espacial asociada a la identidad. Para una revisión de los conceptos de lugar y espacio, véase Ligget y Perry (1995).

[8] No sólo los académicos del cine insisten en señalar la productividad de este medio para pensar el espacio. Los geógrafos españoles Agustín Gámir Orueta y Carlos Valdés reconocen la especificidad del cine como un modo de representación geográfica, su forma de abordar objetos tradicionales de la geografía, tales como la región o el paisaje, y la importancia de considerar los usos del cine como un instrumento político y territorial y como una industrial cultural con repercusiones económicas en la actividad turística (2007). Según Les Roberts una perspectiva geoespacial en los estudios visuales debería examinar la experiencia social del cine y las diferentes formas en que la producción de películas se desarrolla como una empresa comercial, una actividad de ocio, un modo de expresión y de comunicación o un instrumento de militancia (2015, 310). Este libro no aborda la dimensión espacia del cine más allá de la diégesis pero algunas ideas en torno a las conexiones entre la producción fílmica y las practicas fílmicas locales, los circuitos

góricos en las películas contemporáneas sobre desplazamientos, el enfoque en las "prácticas espaciales" permite vincular varios niveles de análisis: el espacio en las películas (considerando las interacciones de los personajes con el espacio y las intervenciones de los distintos elementos del lenguaje cinematográfico en la construcción del espacio al interior de la diégesis), las configuraciones espaciales de cada película y su relación con otras representaciones previas de esos territorios y el cine como intervención en el espacio, ya que las películas, en tanto "prácticas espaciales", nos sugieren establecer relaciones entre el espacio de la pantalla y el espacio en el que vivimos.

3. Conceptos viajeros

Refiriéndose al interés de la geografía por el cine, los geógrafos Stuart Aitken y Deborah Dixon señalan la productividad de ir más allá del mero establecimiento de vínculos disciplinares para ampliar el horizonte teórico, en particular en cuanto es necesario superar la búsqueda de un "realismo geográfico" en las películas para destacar cómo una serie de conceptos tradicionales de la geografía, tales como paisaje, espacio, espacialidad, escala y red son reconsiderados con una nueva perspectiva crítica en los estudios de cine (2012, 325-327)[9]. En *Conceptos viajeros en las humanidades*, Mieke Bal (2006) señala que los conceptos son como teorías en miniatura que facilitan la conversación, el diálogo entre subjetividades, apoyándose en el lenguaje común pero también desplazándolo: "como sucede con todas las representaciones, en sí mismos no son simples ni suficientes. Los conceptos distorsionan, deforman y desestabilizan al objeto" (28). De disciplina en disciplina, se desplazan acuñando a su paso nuevos territorios del conocimiento. Un concepto viajero es, entonces, un concepto en riesgo, inestable, en permanente transformación. Para abordar las geografías fílmicas de un mundo en movimiento me apropiaré de conceptos como paisaje, mapa e itinerario, desarraigados de sus respectivos contextos de origen, para llevarlos al territorio específico de la producción cinematográfica.

Entonces, la "reinvención" del espacio por el cine implica volver a considerar categorías propias de la historia del arte y de la geografía, como *paisaje* en tanto relación dinámica entre naturaleza y cultura, como imagen y entorno en constante transformación, dinamizado ahora también al ser apropiado por el cine para la construcción de nuevos sentidos de espacio. También nos serviremos del *itinerario* y del *mapa* (y del *mapeo*) considerando los modos en que estas categorías espaciales son practicadas y configuradas cinemáticamente. Incluso —además de

---

de exhibición y la dimensión simbólica de los proyectos de integración regional para el cine del Mercosur pueden encontrarse en el trabajo de Marina Moguillansky (2018).

[9] Los geógrafos Laura Sharp y Chris Lukinbeal (2015) apasionadamente argumentan contra los visiones del cine que se limitan a una idea de representación mimética y que buscan evaluar un realismo geográfico.

la teoría espacial acuñada desde distintos campos disciplinares— las mismas películas irán configurando "pensamientos en miniatura": sus prácticas del espacio pueden funcionar como "teorías nativas", que van del arte, la geografía, la literatura, al cine y de este a las dimensiones afectivas o políticas que laten por fuera del plano. En el espíritu de apropiarnos de "conceptos viajeros" nos acercaremos a la poeta Gabriela Mistral y su propuesta de cartografía fílmica, para luego recuperar nociones de la estética de los afectos que nos permitan pensar con las películas nuevos desplazamientos en el espacio y modos de estar juntos.

4. Paisajes móviles y cartografías afectivas

Haciendo referencia al tercer cine, Michael Chanan señalaba el potencial político de aquellos documentales que visibilizan nuevos paisajes y agrupamientos sociales. Para este autor, el documental militante establecería una nueva "geografía cognitiva" que descansa en las cualidades representativas o en los vínculos que el trazado de un mapa fílmico permite establecer entre grupos y espacios (2010, 150). Pero la lógica espacial del cine establece también una deriva respecto de los discursos tradicionales de la geografía, que la conciben como una disciplina desprovista de emociones. Ya en las primeras décadas del siglo, Gabriela Mistral reflexionaba sobre la afectividad que el cine pone en juego al ofrecer "paisajes vivientes y sensibles" que movilizan lo que ella concebía como un "mapa paralítico":

> El mapa habla únicamente para el geógrafo [...] No ha podido inventarse cosa más abstracta, más inerte y más lejana, para dar el conocimiento de lo concreto y lo vital. La maravilla de la isla se vuelve una mostacita; el fiordo una rasguñadura en azul; la selva una mancha en verde descolorido [...] Este mapa pedante y paralítico va a ponerse entero a vivir en el cine, ofrecedor de paisajes vivientes [Mistral en *Revista Atenea*, 1930].

En su discurso contrario a la geografía escolar, la poeta encuentra el potencial cartográfico de un cine que ofrece paisajes móviles y vivientes. Aquí Mistral no apunta a las cualidades representativas del documental, sino a la materialidad misma del cine que permite transmitir sensorial o físicamente los espectros de lo viviente. La potencialidad del cine estaría en su capacidad de ofrecer una especie de cartografía encarnada: la proyección espacial mediante un tipo de "luz sensible", difusa, extraída de los paisajes y cuerpos que hace visibles, considerada no tanto por lo que refleja o representa, sino en calidad de huella. Mistral volverá a retomar esta concepción de cartografía de la presencia al referirse no sólo a la potencia vivificante del cine para con los paisajes, sino a la necesidad sistemática de ampliar, por zonas geográficas, el espectro sensorial de la experiencia del territorio nacional, continental o mundial. Como si imaginara una cartografía hecha en base a ecos o sombras sonoras, nos dice:

Ya se han hecho los mapas visuales, y también los palpables; faltaría el mapa de las resonancias que volviese una tierra "escuchable". La cosa vendrá, y no muy tarde; se recogerá el entreveramiento de los estruendos y los ruidos de una región [...] posando angélicamente los palpos de la "radio" sobre la atmósfera brasileña o china, se nos entregará verídico como una máscara, impalpable y efectivo, el doble sonoro, el cuerpo sinfónico de una raza que trabaja, padece y batalla [Mistral en *El Mercurio*, 1931].

En esta acepción, el potencial crítico del cine, como arte del espacio, se juega en la configuración de itinerarios y paisajes que posibilitan el diseño de un mapa sensible. El cine apuntaría a dar un conocimiento de lo concreto y lo vital más estético que conceptual. Pero, pensado desde el presente, la atención a las superficies, huellas, restos, luces y sombras sobre la que insiste Mistral es, en realidad, una forma de pensar el espacio en donde la sensibilidad no se separa de la cognición porque permite trabajar desde la materialidad del soporte cinematográfico sentidos complejos de una espacio-temporalidad: al mismo tiempo construcción y "resto", presencia y ausencia, imagen indicial y asedio espectral.

De mapas afectivos pero en un sentido conscientemente metafórico también hablará el crítico norteamericano Jonathan Flatley cuando plantea que ciertas obras o prácticas estéticas pueden pensarse en términos de una "cartografía afectiva", no solamente porque refieren a espacios concretos sino porque nos direccionan al mundo histórico y a la vida afectiva de los otros que habitaron los mismos paisajes. Desde una impronta benjaminiana, Flatley propone una lectura histórica que apuesta a un anacronismo donde los afectos nunca se experimentan por primera vez, sino que suponen un archivo de sus objetos previos. Serían las mismas obras de arte las que abrirían un espacio para el encuentro de esos objetos y afectos, y en este sentido la lectura histórica afectiva se moviliza en un recorrido que rechaza la linealidad del historicismo y propone pensar los modos en que el pasado deja una impresión en el presente (2008, 15). Así, el cine como arte *peculiarmente* espacial es capaz de articular cartografías sensibles, cognitivas, metafóricas, afectivas. Desde la materialidad de la imagen que registra las huellas del tiempo, por medio de itinerarios que trazan dimensiones geográficas y perceptivas, las películas abordadas en este libro presentan configuraciones espaciales que cifran un modo de vínculo con el pasado y con los otros en el presente.

Al desmarcarse de sentidos alegóricos del territorio, las películas exploran las dimensiones de la intimidad y de la afectividad con relación a esos espacios recorridos. En los nuevos desplazamientos, estas obras desestabilizan los sentidos o ideologías que las producciones literarias o las cinematografías previas habían impreso en esos territorios "nacionales", pero configuran nuevos imaginarios geográficos a través de desplazamientos que privilegian el punto de vista afectivo y transforman el espacio en "lugares practicados". Sobre la base de un diálogo entre la teoría del cine, las contribuciones de la geografía cultural y del "giro espacial" y aquellas provenientes del campo de estudio de los afectos, este libro aborda imaginarios geográficos en el cine y evalúa cómo distintas configuraciones culturales imaginan unas relaciones e inscripciones en el espacio que no pueden separarse de un pensamiento sobre la temporalidad y los vínculos con los otros.

5. Afectos, cultura háptica y modos de "estar juntos"

Desde hace unas décadas, el llamado giro afectivo se presenta en varios escenarios reflexivos bajo la forma de una propuesta fundamentalmente transdisciplinar, en muchos casos activista, que permite formular entradas al entendimiento de lo social, lo económico y lo político. La noción de afecto —que guarda relación con conceptos tan diversos como las pasiones, los estados de ánimo, las sensaciones, los sentimientos y las emociones— ha sido un tema recurrente en la historia de la filosofía, pero recientemente asistimos a una creciente proliferación de trabajos académicos sobre el papel del afecto en los estudios sobre la cultura —especialmente en la línea de Baruch Spinoza, retomada por Gilles Deleuze en su conceptualización del afecto como capacidad corporal de afectar y ser afectado—, que evidencian lo que Patricia Clough (2010) identifica como "giro afectivo" en el campo de las humanidades y de las ciencias sociales. Los estudios sobre los afectos comprenden líneas diversas que se resisten a ser unificadas. Mientras el trabajo canónico de Brian Massumi (1995), inspirado en la obra de Gilles Deleuze y Félix Guattari, postula la "autonomía de los afectos" y los distingue de las emociones como "afectos en estado de captura",[10] trabajos como el de Sara Ahmed (2015) no plantean estas distinciones analíticas[11]. Sin embargo, al cuestionar las dicotomías entre naturaleza-cultura, emoción-razón, humano-no humano, la mayoría de las contribuciones del "giro afectivo"

---

[10] Según Massumi mientras que los afectos son desestructurados, auténticos y no lingüísticos, las emociones serían la expresión de tales afectos atravesada por la dimensión cultural y la lingüística (1995).

[11] Estas vertientes se trasladan también a los estudios de la geografía humana que se interesan por la exploración de la espacialidad de la emoción y del afecto. Mientras Joyce Davidson, Louis Bondi y Mick Smith (2007) proponen una "geografía emocional" que entiende las emociones en términos de sus mediaciones socio espaciales, antes que como estados mentales meramente subjetivos; en "Emotions and Affect in recent Human Geography", Steve Pile plantea que las geografías emocionales ponen el énfasis en emociones que se pueden expresar, mientras que las afectivas insisten en aquello que parcialmente queda fuera de la representación (2009, 8). Así, los investigadores que atienden a las "geografías afectivas" desarrollan concepciones alternativas y no abstractas del espacio y del cuerpo donde el afecto describe dominios de la experiencia que son "más que subjetivos" y, sin embargo, son al mismo tiempo formativos de sentidos del ser en relación al paisaje (Wylie, Anderson y Harrison).

ha puesto el foco en fuerzas e intensidades que van más allá del sujeto individual. De este modo, en el campo de las humanidades, los estudios de Brian Massumi, Teresa Brennan (2004), Sara Ahmed y Lauren Berlant (2011) han contribuido a entender cómo la afectividad impregna el tejido de lo social, participando en la normalización y naturalización de las relaciones de poder, al mismo tiempo que conlleva un fuerte potencial para desarticularlas. Dentro de la teoría social diversos autores han destacado, también, el carácter construido de las emociones y los vínculos problemáticos de la "intimidad" y el "lazo social" (Bauman 2008; Illouz 2007, 2009; Hochschild 2008), así como la centralidad de la materialidad y el potencial de los cuerpos de devenir con otros. En este sentido, en un ensayo sobre el futuro de los afectos, Patricia Clough plantea que los afectos introducen una nueva dinámica —u ontología relacional—, un "empirismo de las sensaciones" que desafía la centralidad de lo lingüístico en las prácticas sociales (2010, 224).

Entonces, el acento se colocará en el cuerpo[12] y su capacidad de "afectar y de ser afectado". De las provocaciones dejadas por Spinoza se desprenden nociones que, en buena medida, abandonan la tradición del yo metafísico cartesiano, para dar paso a una alternativa no yoica en el marco de la cual, por encima de hablar de sujeto y de individualidad, se reflexiona en torno a encuentros, cruces y articulaciones entre cuerpos y colectividades. Ciertamente esta capacidad comienza por el reconocimiento del cuerpo como un actor en la producción de otras instancias desde las cuales construir mundo y mundos. Entonces, antes que de un simple "retorno del sujeto", se trata de la puesta en evidencia de la discontinuidad constitutiva de la subjetividad contemporánea y la experiencia de no-intencionalidad y no-previsibilidad absoluta de los afectos en los intercambios cotidianos. El desafío de introducir al cuerpo en la ecuación de la experiencia como una esfera que excede el sistema lingüístico obliga a considerar a la percepción/sensación como otros modos de cognición y significación para pensar negociaciones sociales y políticas. En este sentido, diversos estudios han reivindicado el papel de la dimensión afectiva en la vida pública (Macón 2013) e invitan al análisis social de afectos específicos, el cuestionamiento de la dicotomía entre afectos positivos y negativos y a revisar la idea de agencia y el papel de gran parte de los dualismos —interior/exterior; público/privado; acción/pasión (Ahmed 2015; Ngai 2007; Sedgwick 2003)—[13].

---

[12] En este estudio me refiero no sólo a los cuerpos de los personajes o de los espectadores sino también al cuerpo del film. De algún modo, mi análisis se desplaza de una propuesta de los "géneros del cuerpo", sutilmente desarrollada por Linda Williams en su estudio del melodrama, la pornografía y el horror, para atender al "cuerpo del film": su textura, su ritmo, su materialidad.

[13] Para estudios sobre los afectos en relación a la dimensión pública, la conciencia histórica o la agencia política, en un contexto latinoamericano, véase Macón y Losana (2015) y Losiggio y Macón (2017).

La ontología relacional y el reconocimiento del potencial de la materialidad y el cuerpo han permitido abordar los mundos afectivos más allá de marcos normativos al repensar las categorías de espacio y tiempo. Así, en relación con los vínculos pasado-presente, los trabajos de Carol Dinshaw (2015) y Heather Love (2009) definen un punto de partida para explorar el modo en que la atención a la dimensión afectiva impone su impacto sobre modalidades alternativas de temporalidad a partir de un ejercicio crítico del anacronismo y al entender la experiencia de pérdida como "una forma de intimidad". Para este estudio de las geografías fílmicas cobran relevancia también los análisis sobre la "dimensión háptica" del movimiento de los cuerpos por el espacio desarrollados por geógrafos (Paterson, Crank) y teóricos del cine (Bruno), los análisis de la geografía feminista (Massey) y las contribuciones de los estudios más que representacionales de la geografía (Thrift, Wylie, Anderson y Harrison) cuyas concepciones no abstractas del espacio y del cuerpo vuelven porosas las líneas de separación entre lo íntimo y lo público y pueden ayudarnos a evaluar las dinámicas afectivas en la construcción y uso de los espacios.

Pero el giro afectivo también impacta en el pensamiento del arte. La esfera de lo estético ha estado siempre ligada a cuestiones de afectos y sensibilidad. Desde Spinoza cuando hablamos de afectos consideramos al cuerpo como una superficie de sentidos, un lugar en relación con el mundo, un mapa sensible que se ve afectado también por el arte. La experiencia estética es, según Deleuze, la reactivación de ese "bloque de sensaciones" que está en el centro del arte y de la constitución del sujeto (1993). En su abordaje sobre la estética de los afectos, Simon O'Sullivan (2001) argumenta que una obra es una configuración particular de forma y contenido que produce "algo más", un residuo difícil de describir. El arte es "parte del mundo" pero, al mismo tiempo, se sitúa "aparte del mundo"; funciona produciendo "un exceso", un excedente que permanece en la dimensión de lo afectivo (125). Entonces, una de las tareas creativas del arte sería, justamente, explorar formas del afecto que nos sacan del mundo para luego devolvernos a él. Más allá de la mera apelación a lo sublime, autores como Ann Cvetkovich (2013) o Jonathan Flatley (2008) indagan en la productividad de afectos como la depresión o la melancolía, y proponen pensar el afecto como un "vaso comunicante" a través del cual la historia se abre paso en la estética, como "cartografías afectivas" que vinculan la vida afectiva del lector/espectador al mundo histórico por medio de un "extrañamiento" que transforma esa vida emocional —el rango de estados de ánimo, estructuras de sentimiento y vínculos afectivos— en algo raro, sorprendente, inusual y, por lo tanto, capaz de generar un nuevo tipo de reconocimiento, interés y análisis (Flatley 2008, 15).

En el campo del cine, sobre todo en el contexto de la academia anglosajona, se ha explorado la presencia y la importancia del afecto en la imagen en movimiento. Siguiendo a Deleuze e inspirados por el pensamiento fenomenológico de Maurice Merleau-Ponty, autoras como Vivian Sobchack, Laura Marks, Jennifer Barker, Giuliana Bruno y Elena del Río han impulsado una agenda de investigación centrada en el afecto como forma de conocimiento y como punto de entrada productivo en el análisis fílmico. Para Laura Marks, así como para Giuliana Bruno y Vivian Sobchack, el cine no es sólo un conjunto de signos. La teoría contemporánea del cine discute cómo podemos tocar y ser tocados por la textura de las imágenes e incluso llegar a experimentar el "aroma visual" de una película (Sobchack, 65). Así, aunque la visión sigue siendo un sentido privilegiado, el cine lo utiliza para "hablarles" a los otros sentidos. El sonido también posee cualidades táctiles porque está relacionado con las ondas y el movimiento, y puede ser háptico en las ocasiones en que el espectador-oyente no puede distinguir la fuente de origen o establecer una jerarquía clara entre los distintos sonidos. Todos los sentidos están fundamentados en la materialidad de nuestros cuerpos (Elsaesser y Hagener 2015, 137) y el reconocimiento de la percepción háptica privilegia esa presencia material, por lo que Marks insiste en la experiencia multisensorial del cine (Marks, 13).

También los estudios que exploran la posibilidad de encontrar instancias no mediadas y "formas de presencia" en el arte han contribuido a la teoría de los afectos (Hans Gumbrecht, Bohme, Osmar Gonçalves dos Reis Filho). Esta búsqueda de inmersiones afectivas, que atiende a lo específicamente material, implica asimismo un intento de recuperar la importancia de la forma en el estudio de la sensación. En particular, la necesidad de explorar las dimensiones textuales y texturales para dar cuenta de los modos en que ciertas estéticas desafían los modos tradicionalmente representativos y, a través de la dimensión háptica, crean un sentido de intimidad que participa de la construcción de formas de estar juntos.

En *The Skin of the Film* Laura Marks moviliza el término "visualidad háptica" a partir de la idea de que los ojos pueden funcionar como órganos del tacto (162)[14]. Las imágenes sensoriales, los planos porosos e imprecisos característ-

---

[14] Laura Marks toma la noción de "visualidad háptica" de Alöis Riegel, un historiador del arte especializado en textiles que buscaba dar cuenta del modo en que la percepción de una alfombra no respondía a un modo óptico, sino a una forma de visión que "tocaba" aquello que miraba (162). Esta distinción entre háptico y óptico reaparece numerosas veces a lo largo del siglo XX, especialmente en *Mil Mesetas*, donde Deleuze y Guattari definen a los "espacios lisos" como aquellos navegados por medio de una percepción háptica del entorno inmediato, a diferencia de los "espacios estriados" que corresponderían a una visión óptica más distante. El mismo Deleuze, en sus estudios sobre el arte, también se inspira en Riegel cuando, refiriéndose a la obra de Francis Bacon, plantea que la pintura, antes que una mera representación histórica o significación, es un lenguaje dirigido al cuerpo, un lenguaje con el poder de configurar sensaciones determinadas: "la propia vista descubre en sí una función de tacto que le es propia, que no le pertenece más que a ella, distinta de su función óptica. Se diría entonces que el pintor pinta con sus ojos, pero solamente en tanto que toca con los ojos" (2005, 158). Luego, en sus estudios sobre cine, Deleuze vuelve a referirse a la dimensión háptica: su "imagen-afecto", al convocar una respuesta visceral del espectador, nos aleja del modo dominante de la "imagen movimiento" porque impide una catarsis obvia en la acción y nos abre a una experiencia del tiempo.

ticos de la "visualidad háptica" invitan una introducción de la imaginación de los sentidos y la memoria. La autora se refiere a Deleuze como una fuente clave para comprender el afecto cinemático, basándose en su categoría de "imagen afección" para definir "imágenes que despiertan una respuesta emocional o visceral" (28). Así, la comprensión de Marks de la temporalidad y el afecto en el cine es esencialmente una tesis sobre la memoria. En este marco, a pesar de su enfoque en lo encarnado, el movimiento de afecto es algo que lleva al espectador de los sentidos corporales al tiempo, a la dimensión de la memoria o de la historia.

Por el contrario, Giuliana Bruno regresa el cuerpo, al comprender lo háptico, enfatizando la espacialidad: "Como nos dice la etimología griega, háptico significa 'capaz de entrar en contacto'. Como función de la piel, entonces, lo háptico —el sentido del tacto— constituye el contacto recíproco entre nosotros y el medio ambiente [...] Pero lo háptico también está relacionado con la kinestesia, la capacidad de nuestros cuerpos para sentir su propio movimiento en el espacio" (2002, 6). Bruno argumenta que el cine, como la arquitectura, es un espacio en el que habitamos. Evocando el relato de Benjamin sobre la apropiación táctil de la arquitectura, ella vincula la comprensión del cine con la conciencia de una sensibilidad kinestésica y con un cambio de la visión. Al dejar atrás la mirada óptica, se mueve hacia una comprensión de "una forma espacial de cognición sensual [...] el cine y la arquitectura son asuntos hápticos [... unidos por] un vínculo espacial [...] que es táctil" (6). Incluso el mismo acto de ver películas es entendido como "una práctica del espacio en la que se habita, como en un entorno construido" (62). La centralidad de la espacialidad en este planteo le da el potencial de vincular las películas con la corporeidad del espectador. En sus geografías móviles y emocionales, el *voyeur* se convierte en *voyager*, y este es, en el planteo de Bruno, eminentemente femenino.

Desde América Latina, o desde los estudios latinoamericanos inscriptos en la academia americana, se han editado importantes estudios monográficos[15] o

---

[15] Uno de los primeros trabajos monográficos sobre el estudio de la dimensión afectiva vinculada a la producción latinoamericana fue el de Laura Podalsky, quien en *The Politics of Affect and Emotion in Contemporary Latin American Cinema* (2011) reafirma la importancia de la dimensión emocional en las películas como "maneras alternativas de conocer (y saber sobre) el reciente pasado traumático" (8). Otro libro clave es *Coming to Our Senses: Affect and an Order of Things for Global Culture* (2016) de Dierdra Reber. A partir de las nociones de "estructura de sentimientos" de Raymond Williams, la neurociencia de Antonio Damasio, los "afectos ordinarios" de Kathleen Stewart y los "cuerpos sin órganos" de Gilles Deleuze y Félix Guattari, Reber rastrea las formas en que el afecto, el sentimiento y el lenguaje de la emoción se han convertido en la episteme dominante en nuestro mundo contemporáneo y problematizan cualquier noción estable de subjetividad basada en la preminencia del yo cartesiano.

compilaciones de artículos en volúmenes colectivos[16] que, desde perspectivas vinculadas al giro afectivo, abordan discursos, objetos y prácticas culturales de la región. En particular han resultado relevantes para este estudio aquellas intervenciones que destacan la capacidad del arte para producir afectos: los trabajos que exploran desde la estética una política de los afectos que hace posible "relaciones y encuentros". En *Afetos, Relações e encontros com filmes brasileiros contemporâneos* (2016) Denilson Lopes propone una refrescante lectura crítica de alguna de las producciones del *Novíssimo Cinema Brasileiro* o *Cinema de Garagem* y bucea en los modos en que el cine, en tanto productor de afectos y perceptos, puede reinventar nuevas formas de vida, formas de pertenecer —o formas de compartir un "no pertenecer"— o de habitar un régimen estético ampliado en/con los filmes. Otro conjunto de investigaciones sobre la producción cultural latinoamericana actual ha desarrollado una línea alternativa de los estudios de la afectividad. Nos referimos a los trabajos de Gabriel Giorgi (2014) y Florencia Garramuño (2015), que se nutren de los estudios desarrollados en torno a las biopolíticas y a la exploración de afectos posthumanos, impersonales o animales, en intervenciones críticas que cuestionan lo que entendemos y reconocemos como arte. Siguiendo los planteos de Butler, Giorgi considera la presencia en el arte de un cuerpo despersonalizado y abierto que tiene capacidad de producir nuevos encuentros, materialidades y sentidos que dan emergencia a lo que el autor denomina "formas comunes". Por su parte, Garramuño propone el estudio de un corpus heterogéneo que pone en crisis ideas de pertenencia, de especificidad y de autonomía a partir de las transformaciones de la estética contemporánea. En sintonía con Giorgi, Garramuño también entiende que algunas formas estéticas latinoamericanas contemporáneas organizan una discusión sobre los modos de habitar el mundo.

Es importante destacar la relevancia del estudio de los afectos en el cine en el contexto más amplio de los estudios culturales. Al cuestionar la supremacía ontológica atribuida a la semiótica, el giro afectivo en los estudios de cine permite abrir zonas y campos de sentido poco explorados. Por sus característica híbrida, el cine es un sitio privilegiado no sólo para los estudios sobre la representación, sino también para explorar las dimensiones experienciales y somáticas. Cuando estudiamos el afecto, examinamos cómo se manifiesta en intensidades, sensaciones e impulsos que (re)configuran e impactan la experiencia somática y nos involucran con la imagen a través de los sentidos. Las geografías fílmicas convocadas aquí traen a la superficie una atmósfera sensible

---

[16] Con cierta orientación vinculada a los estudios literarios y semióticos, que sostiene una sólida relación entre afecto y representación, puede consultarse la compilación de Mabel Moraña e Ignacio Sánchez Prado (2014). Para trabajos más influenciados por los estudios de género, la filosofía, la ciencia política y la estética pueden visitarse los volúmenes editados por el grupo SEGAP (Seminario Permanente de Estudios de Género, Afectos y Política, Universidad de Buenos Aires): Macón y Losana (2015), Losiggio y Macón (2017) y Taccetta y Depetris Chauvin (2019).

caracterizada por la visualidad táctil de una imagen que favorece una sensación de aproximación y simultáneamente de descubrimiento. Desde una impronta próxima a las intuitivas recomendaciones de Gabriela Mistral, o a partir de una audaz intrusión en la filosofía deleuziana, el mapeo de los paisajes afectivos en el cine privilegia un análisis de la dimensión de la corporeidad en la experiencia errática y el vínculo entre la cartografía de bloques de sensaciones que se forman a partir de la experiencia de los personajes y una subjetividad descentrada que se funde con la experiencia de autores/espectadores/críticos. El "giro afectivo" desoculta nuevos abordajes sobre las pasiones y los sentimientos, y permite volver sobre el lazo social y la agencia histórica y política para reconfigurarlos a partir de la introducción definitiva de los afectos en la vida. A la hora de considerar las prácticas espaciales, este estudio se apoya en un cuestionamiento de la dicotomía afecto/razón para explorar la importancia del afecto en el ámbito del arte y la revalorización de afectos como la melancolía y el humor para pensar un estar juntos[17].

6. Bitácora

En el prefacio de su *Atlas of Emotion* Giuliana Bruno relata su descubrimiento de la "Carte de Tendre" incluida en la popular novela *Clélie, histoire romaine* (1654), de Madeleine de Scudéry. El mapa marca los sitios emocionales que forman los "topos" de la novela de Scudéry, una topografía imaginaria de los sentimientos que para Bruno logra "hacer visible un mundo de afectos" (2)[18]. Con esta imagen como modelo, Bruno dibuja en su libro una cartografía de la arquitectura, el diseño, las artes y las imágenes en movimiento como geografía de las emociones. Cruzando territorios lejanos, épocas históricas y dispositivos de representación, la autora revela la íntima conexión entre los mapas, los viajes, la vida cotidiana y las películas a partir del movimiento físico, emocional, imaginario o ilusorio que generan (Bruno 2002, 227).

---

[17] La propuesta de Jean-Luc Nancy en *Ser singular plural* (2006) puede ser otra vía para pensar el territorio en relación a la pregunta por la comunidad, por cómo los cuerpos *tienen lugar* entre sí. Como sugiere Nancy, el ser es singular plural: un "ser" solo tiene sentido en relación con el otro. Ninguna significación tiene sentido sino se comunica, entra en circulación, y esto no porque haya una significación, primera o última, que todos los seres tengan en común, sino porque el sentido mismo es la participación del ser indistintamente y distintamente. El ser humano participa de una existencia numerosa, dispersa, indistinta en su generalidad y comprensible solamente en la simultaneidad paradójica del conjunto: es singularmente plural y pluralmente singular. Lo singular plural forma la constitución esencial del ser.

[18] En el mapa hay un viaje que comienza con "una nueva amistad" (*nouvelle amitié*) y diversos itinerarios que siguen etapas de una relación sentimental que, desde abajo hacia arriba, inscribe los sentimientos en forma de pequeños poblados.

La organización propuesta aquí funciona de manera similar, los distintos capítulos hacen convivir películas de diversas geografías físicas en una cartografía que explora los contornos del afecto y de la materialidad cinemática. Asimismo, la importancia de entender el cine en el marco de conexiones e intercambios culturales, en territorios cuyas historias e identidades han sido moldeadas por viajes e imaginarios geográficos, nos lleva a privilegiar un enfoque transnacional. Los capítulos tratan de desarrollar un modo de escritura afectiva que de alguna manera pueda evocar la experiencia de estar dentro de la película. No es que los ensayos alcancen este objetivo, sino que este se convierte en un objetivo al que se aspira. Parte de esta aspiración está ligada a una frustración con la frialdad de cierta escritura académica, especialmente en el contexto de los estudios de cine donde la brecha entre la escritura de la teoría del cine y la experiencia del visionado de las películas a menudo parece un abismo insalvable. Un abismo que se siente aún más profundamente cuando se intenta comprender la naturaleza afectiva de la experiencia cinematográfica (la textura, la sensación, la intensidad del afecto cinematográfico) y cuando este afecto se entiende como algo inscrito y resuena a través del *sensorium*. Este capítulo introductorio y la conclusión, sin embargo, vuelven a un modo de escritura más disciplinado.

Conceptos tales como "paisaje", "cartografías afectivas", "rutas hápticas", "agencia del mapeo", "espectralidad" y "anacronismo" atraviesan todos los capítulos pero en particular resulta central el funcionamiento en las películas de distintos modos de lo "háptico", con relación al movimiento y al espacio (Paterson, Bruno) o a la precariedad visual de los planos (Marks). En ambos casos la matriz háptica pone en juego, a través de la instancia afectiva, la noción misma de representación. La experiencia táctil e íntima nos abre a una experiencia tanto de un estar en el mundo en el presente como a un viaje a nuestra memoria sensorial e histórica común. En varios de los capítulos exploro cómo ciertas imágenes atraen a una visualidad táctil. Estas fundamentalmente informan la organización corporal de la experiencia sensorial. Pero también sugiero que, al invitar al espectador a responder a la imagen de una manera íntima y encarnada, las imágenes hápticas facilitan la experiencia de otras impresiones sensoriales que se combinan para formar "geografías sensuales" definidas culturalmente (Rodaway 1994). Los distintos capítulos asimismo reflexionan sobre la tensión entre los afectos vinculados al optimismo y la melancolía y evalúan la potencialidad de estos para pensar, desde las propias configuraciones espacio temporales de las películas, formas alternativas de "estar con el otro".

A continuación se incluye una especie de bitácora de viaje. Antes que un mapa que determina un itinerario, esta guía habilita una lectura variable de los contenidos, un recorrido en que el lector o la lectora puede parar en el camino para observar o habitar distintas geografías. El libro se organiza en secciones que no responden a demarcaciones geográficas "reales", no siguen necesariamente geografías nacionales ni ordenan las geografías fílmicas en términos autorales. Más bien las secciones agrupan películas según las atmósferas afectivas que estas instalan o las dinámicas espaciales que ponen en juego.

La primera sección refiere a desplazamientos dulces y melancólicos. En el primer capítulo, siguiendo a Michel de Certeau y a Giuliana Bruno, introduzco la noción de la narración como una historia de desplazamiento y una historia espacial y al cine como una forma imaginaria de turismo. A partir de estas ideas discuto *Balnearios* (2002), la ópera prima de Mariano Llinás, que apela a distintos registros para narrar las historias de los enclaves estacionales creados con fines turísticos. En particular analizo cómo las estrategias narrativas del falso documental permiten dar cuenta de una "lógica espacial" que, al mismo tiempo que desestabiliza mapas y territorios previos, reconstruye a través de la ficción espacios e itinerarios propios de una geografía afectiva. De los desplazamientos a espacios vacacionales y el trabajo de memoria anclado en la infancia me traslado a las historias que tratan crisis amorosas de personajes en tránsito. Las películas de ficción aquí analizadas dan cuenta de la persistencia de ciertas figuraciones de la dislocación: los protagonistas son forasteros respecto del territorio que recorren y los espacios son caracterizados como ambivalentes e híbridos, pequeñas células en la red de conexiones y flujos del mercado globalizado. En el capítulo abordo una nueva geografía afectiva y móvil a partir de las trayectorias del geólogo y de la bióloga protagonistas de los filmes *Viajo Porque Preciso, Volto Porque Te Amo* (2009), de Karim Aïnouz y Marcelo Gomes, y *Turistas* (2009), de Alicia Scherson y, en particular, me focalizo en los vínculos que se establecen con la flora, la fauna y el ambiente humano y físico que atraviesan. La hipótesis central del capítulo es que, mediante un inventario visual, sonoro y táctil de la naturaleza, estas películas introducen una dimensión háptica que funciona no sólo como matriz estética, sino como una forma de pensar los afectos y un estar en el mundo contemporáneo.

"Tierras en trance", la segunda sección, analiza tres *travelogues* que atraviesan territorios cuyas superficies han sido afectadas por crisis: la sequía y el relegamiento social en el caso del *sertão* brasileño, los terremotos y el desamparo de un estado neoliberal en el caso chileno. Así, en el tercer capítulo analizo el modo peculiarmente afectivo en que *Sertão de Acrílico Azul Piscina* (Karim Aïnouz y Marcelo Gomes, 2004) concibe el paisaje natural y humano del nordeste brasileño. Este poético documental de viaje cartografía un espacio a través de la apropiación de sonidos e imágenes previos. Aquí sostengo que, a modo de eco, la reescritura del desierto pone en escena la ausencia del "pueblo" y la deriva hacia una poética del cotidiano del hombre ordinario. Como si se tratara de restos, el paisaje heredado es objeto de un ejercicio de contemplación afectiva potenciado por la visualidad predominantemente háptica de la película. Al dibujar "rutas hápticas" que hacen posible "tocar" las huellas del pasado, Aïnouz y Gomes configuran un nuevo mapa afectivo del *sertão*. Considerando abordajes recientes sobre las geografías afectivas y sobre los vínculos entre memoria y materialidad, el cuarto capítulo analiza los documentales *Tres semanas después* (2010), de José Luis Torres Leiva, y *Tierra en movimiento*

(2014), de Tiziana Panizza. Estos dos itinerarios por una geografía sísmica ofrecen modos de comprender el desastre y elaborar la pérdida a través de un "trabajo del duelo" que insiste en la materialidad y espectralidad del espacio. La atención de Torres Leiva en los escombros y en las performances de destrucción del paisaje, y el registro de Panizza de las texturas de los materiales blandos en el retrato de la cotidianidad de una "comunidad humano sísmica" dan cuenta tanto de los modos en que los filmes movilizan imágenes que "nos mueven" como del potencial de las prácticas estéticas para articular formas de "estar juntos" después de una pérdida.

La tercera sección del libro se titula "Estados insulares" porque se abordan diferentes dinámicas históricas y afectivas que pueden entenderse de un nuevo modo si se presta atención a la condición de insularidad donde tienen lugar. *Tierra sola* (2017), un documental de Tiziana Panizza, retrata modos de habitar un "espacio otro": el día a día de una cárcel sin paredes en Rapanui, la Isla de Pascua, la más remota del mundo, un territorio y una cultura que han tenido con el Estado chileno una conflictiva historia de sujeción colonial. En este capítulo analizo cómo esta película es la lectura de un espacio, una comunidad, una lengua, una cultura "extraña" mediante un registro que parte del documental observacional para devenir etnografía experimental. En el espacio geográfico de la isla será el impulso cartográfico, propio de la bitácora, lo que guiará un itinerario al mismo tiempo historiográfico y antropológico: exploración geográfica, etnografía y documental confluyen para realizar un retrato poético de la experiencia del viaje, de la(s) historia(s) y de los modos de habitar el espacio insular por una cultura otra. Dentro de esta misma sección, el siguiente capítulo analiza *La forma exacta de las islas* (2012), de Edgardo Dieleke y Daniel Casabé. En parte documental de duelo y en parte *travelogue* afectivo, esta película elude la idea de la "causa justa" que domina muchas de las intervenciones públicas en torno a Malvinas y se pregunta de manera novedosa sobre las consecuencias de la guerra. Como una cartografía moderna, el documental es capaz de mapear no sólo la forma del territorio de las islas sino también las experiencias temporales inscriptas en ella en un giro en el que los afectos constituyen una nueva dimensión crítica y problematizadora. Trabajando a partir de la figura de paisaje, como espacio de consuelo, y de la deriva psicogeográfica, como un ejercicio de "expansión del yo", mi lectura de la película establece un vínculo entre la vulnerabilidad y la resiliencia propias de la condición insular y la de la protagonista. La película presenta este archipiélago remoto como un sitio de memoria, un espacio *intensivamente* afectivo, incluso heterotópico, que cambia la conexión de los personajes y de los espectadores con el territorio y con las heridas personales y colectivas. Mi análisis enfatiza en la importancia de la pérdida como una forma de intimidad compartida y el modo en que espacialmente el documental "pone en escena" un trabajo de duelo que no es sino una forma de lo que Judith Butler (2009) entiende como un "devenir otro".

Las películas como "prácticas espaciales" que privilegian la errancia suponen un modo singular de imaginación geográfica. En los itinerarios, el merodeo captura un efecto documental, permite incesantes flujos afectivos y facilita tanto el cruce de límites como la marcación de nuevas territorialidades. La siguiente sección del libro, "Geografías sensoriales", aborda precisamente desplazamientos que se destacan por el modo no narrativo que los directores privilegian para dar cuenta de esos movimientos. Como películas que se acercan al lenguaje de la poesía y de la fotografía, las películas del argentino Gustavo Fontán y del brasileño Cao Guimarães rescatan la dimensión infraleve de lo real. El primer capítulo de la sección, "Cómo pintar un río", analiza los modos en que tres películas de Fontán parten de una tradición literaria fluvial pero logran "pintar" un río al explorar las relaciones entre sujeto y paisaje a través de las dimensiones hápticas y sensoriales. Descentrándose de un sentido tradicional de narrativa documental y fílmica, *La orilla que se abisma* (2008), *El rostro* (2013) y *El limonero real* (2016) apuestan a la intensificación perceptiva y estética para encontrar una nueva idea de experiencia que permite redibujar la geografía afectiva del litoral argentino. El siguiente capítulo sigue tránsitos sensoriales por el interior de Minas Gerais acompañando a andariegos, personas cuyo sentido del espacio queda demarcado por el ritmo del paso en una caminata que es eje central de sus vidas. En particular destaco la poética del caminar en *Andarilho* (2007) y cómo esta se vincula a las "rutas hápticas", "geografías móviles" que desdibujan los límites entre lo interior y exterior y que redefinen los vínculos entre el yo y el otro, entre lo referencial y lo textural, entre el significado y la esfera de lo sensible. Las trayectorias errantes y el caminar como una "práctica espacial" tienen en esta película implicancias estéticas y afectivas. Al mismo tiempo, mediante un inventario visual, sonoro y táctil, considero cómo esta película introduce una dimensión háptica, una "precariedad del registro" que funciona no sólo como matriz estética, sino como una forma de pensar un estar en el mundo que se extiende fuera de los planos de la película.

"Geografías espectrales", la quinta sección del libro, explora el fenómeno de la "espacialización de la memoria" de las dictaduras en el Cono Sur analizando una serie de obras que apuestan a presentar el espacio abierto como un "contra-monumento" capaz de movilizar nuevos sentidos sobre el pasado, donde el trabajo del duelo se espacializa y una noción activa de afecto melancólico permite pensar formas de "estar juntos" en la pérdida. El capítulo décimo examina cómo dos documentales de Raúl Ruiz y Patricio Guzmán cifran en la construcción fílmica del espacio problemáticas ligadas a la historia reciente, al mismo tiempo que, desde un afecto melancólico, hacen posible la participación de las nuevas generaciones en procesos de reparación colectiva. Poniendo en evidencia el proceso de construcción del paisaje, jugando con la "elasticidad" de la escala estos documentales problematizan los pares lejanía/cercanía, adentro/afuera y propio/ajeno y señalan la naturaleza subjetiva y crítica tanto del cine como de la memoria. Por otro lado, estas obras configuran "mapas afectivos" también en un sentido metafórico. Como intervenciones espaciales en el presente, Ruiz y Guzmán fundan una especie de "comunidad en la melancolía" teniendo en cuenta que, de acuerdo con Jonathan Flatley, "melancolizar" no implica necesariamente caer en un estado de parálisis depresiva, sino que puede referir a la dimensión del "hacer" y funcionar como el impulso para la conquista de deseos, cambios o reescrituras de la historia que incluyan a los otros. El capítulo número once trata también sobre la espacialización de la memoria de la dictadura pero enfatiza más en las características espectrales de los espacios ya que analiza imaginarios acuáticos. Los trabajos de Patricio Guzmán, Enrique Ramírez y Jonathan Perel dan cuenta de los llamados "vuelos de la muerte" y de los terribles usos que hicieron las últimas dictaduras en Argentina y Chile del Río de la Plata y del océano Pacífico para "desechar" disidentes y "ahogar" la verdad. Estos filmes, videos e instalaciones subvierten cartografías estabilizadoras y apelan al anacronismo para dar cuenta de los sentidos contradictorios del agua como fuente de vida, epicentro de culturas pero también cementerios, tanto para las víctimas de la dictadura como para grupos indígenas.

La última sección del libro trata de la agencia del mapeo y de los modos de pasaje entre espacios interiores y exteriores que hacen posible pensar un vínculo con los otros en el pasado o en el presente. El capítulo doce analiza el cine de Jonathan Perel, y en particular su película *Toponimia* (2015), como una forma de "escrituras cartográfica", un modo de "comprensión visual" del espacio que se apropia de una "agencia" histórica del mapeo, en tanto el impulso cartográfico funciona no como un ejercicio de espejar la realidad sino de desplegar contradicciones entre sus distintos niveles. Desde un registro cuidadosamente formal, articuladas en una "serie", las tomas silenciosas de Perel descubren nuevos mundos entre los presentes y los pasados al reformular tanto las características físicas de un terreno como sus fuerzas ocultas, sus eventos históricos y lo que escapa a estos. Aquí sugiero que Perel propone no una cartografía cinematográfica sino un cine cartográfico: un cine-mapa que se piensa abierto y desmontable, una agencia del mapeo que es antes que una competencia un asunto de *performance*. El último capítulo del libro se aboca a un análisis eco-cartográfico de *El otro día* (2012), de Ignacio Agüero, destacando los "pasajes" entre espacios cerrados y abiertos, visibles e invisibles, públicos y privados que redefinen los vínculos entre los modos de pensamiento espacial de la arquitectura, el urbanismo y el cine proponiendo una "práctica del espacio" que deviene "cartografía afectiva": una forma de redefinir las conexiones entre el adentro y el afuera, la casa y la ciudad, la biografía y la memoria colectiva.

Finalmente, arriesgo algunas conclusiones respecto a estos desplazamientos espaciales en el cine, y me aventuro a imaginar o pensar posibles geografías fílmicas y mundo afectivos que quizás atiendan a nuevos problemas en la escena contemporánea.

Itinerarios dulces y melancólicos

CAPÍTULO I

Memorias vacacionales

Todo relato es un relato de viaje, una práctica del espacio.
Michel de Certeau, *La invención de lo cotidiano*

1. Relatos de viaje

En su estudio sobre el Nuevo Cine Argentino, Gonzalo Aguilar propone la categoría de "cine anómalo" para pensar una serie de películas que se ubicarían en los márgenes de cierto orden establecido. Allí observa que al cine de directores como Alejo Moguillansky, Matías Piñero, Santiago Loza y Mariano Llinás lo emparenta "el principio de pensar un cine fuera de sí, un cine que crea nuevos circuitos a medida que se exhibe: en un museo, en un centro cultural, en una sala de cine, en un festival" (2010, 240). Esta lógica de distribución alternativa fue inaugurada por *Balnearios* (2002), ópera prima de Mariano Llinás, que se estrenó en el MALBA (Museo de Arte Latinoamericano de Buenos Aires), dos días a la semana, en pocos horarios y fue creciendo de a poco, boca a boca, y así llegó a sostenerse varios meses en cartel[19]. En varias entrevistas Llinás defiende

---

[19] Mariano Llinás (Buenos Aires, 1975) es director, guionista, montajista, productor y actor. Ha dirigido *Derecho viejo* (1988, cortometraje), *Balnearios* (2002, documental), *La más bella niña* (2004, cortometraje), *El humor. Pequeña enciclopedia ilustrada* (2006). *Historias extraordinarias* (2008), su primer largometraje de ficción obtuvo el Premio Especial del Jurado y el Premio del Público en el Festival de Cine Independiente de Buenos Aires. En 2011 codirigió con Alejo Moguillansky *Tres fábulas de Villa* Ocampo. Desde 2003, Llinás integra la productora *El Pampero Cine*, que lleva adelante su actividad por fuera de las estructuras de financiamiento tradicionales del cine industrial,

---

Cómo citar este capítulo:
Depetris Chauvin, I. 2019. *Geografías afectivas. Desplazamientos, prácticas espaciales y formas de estar juntos en el cine de Argentina, Chile y Brasil (2002-2017).* Pp. 25-39. Pittsburgh, Estados Unidos: Latin American Research Commons. DOI: https://10.25154/book3. Licencia: CC BY-NC 4.0

beligerantemente una forma "artesanal" de hacer películas y se presenta como impulsor de un cine independiente que se niega a "formar parte de la industria" (Koza 2008). La producción de *Balnearios* responde a este modelo, ya que se realizó por fuera de la estructura de financiamiento estatal del el INCAA (Instituto Nacional de Cine y Artes Audiovisuales), gracias a una beca de quince mil dólares otorgada por la Fundación Antorchas. Pero, más allá de las nuevas formas de distribución y producción, el cine de Llinás supone una novedad en el territorio del primer Nuevo Cine Argentino por su apuesta a la narración y al uso de la voz como mecanismo de creación del universo diegético (Aguilar 2010; Morales 2012). Con relación a otras líneas dentro del cine argentino de los noventa que recuperaban el habla cotidiana (en su variante realista) o hacían un uso estilizado del lenguaje (en su variante modernista minimalista), Llinás propone llevar esos recursos hacia otro registro. La voz en off en sus películas recupera jergas y variantes del habla argentina, pero su verborragia, su uso intensivo y extensivo de la lengua somete las imágenes a la potencia del discurrir narrativo. Un cine, según Gonzalo Aguilar, "hipernarrativo", donde la voz se independiza de la imagen como si se tratara de una ficción literaria o de un relato esencialmente oral donde el predominio del dispositivo narrativo de la voz produce una "conversión del espectador en oyente" que promete cierto retorno del aura de la narración benjaminiana (Contreras 2013, 365).

Una voz que narra extensivamente configura un relato y un espacio. Para Michel de Certeau (2000) el espacio es resultado de "prácticas de movilidad" de los cuerpos a través del territorio y su vínculo con una narrativa. El andar de los individuos configura una enunciación por la cual, como resultado del movimiento, de la práctica, los "lugares" adquieren nuevos sentidos que los convierten en "espacios". Así, en el tránsito se articularía un imaginario geográfico esencialmente diferente del tipo de representación panorámica provista por los mapas. La ficción es entendida, desde esta perspectiva, como una propuesta de desplazamiento en la que toda historia sería una historia de viaje, una práctica espacial, cuyos "recorridos" hacen ver los "lugares" de un modo particular y los convierten en "espacios" (De Certeau, 116). Podemos trasladar este énfasis en las trayectorias y en las prácticas al cine, ya que algunos aspectos de la imagen en movimiento tienen que ver con los actos de habitar y atravesar el espacio: las películas realizan "recorridos" de sus espacios pero, al mismo tiempo, el aparato cinematográfico reinventa esos espacios antes que reproducirlos miméticamente. En su *Atlas of Emotion*, Giuliana Bruno (2002) concibe al cine como una forma de cultura espacial en tanto se trata de una narrativa de viaje que puede combinar visiones "panorámicas" y "desde abajo" y desdibujar la oposición entre "mapa" y "recorrido", entre "ver" y "andar". Este potencial espacial propio del lenguaje cinematográfico es también sensible de una

---

participando de la realización de películas como *El amor. Primera parte* y *El estudiante*, de Santiago Mitre. En 2018 estrenó *La flor*, su último film de ficción.

manera particular a la dimensión de los afectos: el cine está "guiado por una práctica cartográfica del espacio", una "geografía móvil" donde paisajes y recorridos movilizan emociones. En la exploración del espacio, en el movimiento que "nos mueve", se juega una participación emocional que coloca el placer cinematográfico en el mismo "ámbito de los viajes de la mirada en la geografía" (16). De esta manera, la imagen cinematográfica sería apta para representar y restituir no solamente las características físicas de un espacio sino el afecto que emana de la experiencia de una geografía.

El cine, relato y movimiento entre lugares es, entonces, una historia de viaje. Si asumimos la narración desde la perspectiva de la "sintaxis espacial", e incluso como una suerte de "transporte colectivo", podemos seguir en la voz en off de *Balnearios* la marcación de una ruta, un trayecto en el que el espacio se llena de sentidos nuevos y se transforma en lo que De Certeau calificaba como "lugar practicado". En *Balnearios* la narración menciona lugares vacacionales específicos y las prácticas repetidas de los turistas en ellos y, en la medida en que se van nombrando esos lugares, configura un mapa. Pero el relato se inserta en los parámetros de una realidad cartografiada no sólo a través de la referencia a lugares concretos, sino también a espacios imaginarios por medio de una voz que juega con la veracidad de lo narrado, al mismo tiempo que insiste en modulaciones afectivas que nacen de y se sobreimprimen en esa geografía. Si la palabra sugiere un vínculo profundo entre espacio y relato, y entre espacio y emoción —como veremos en este capítulo—, son también los dispositivos narrativos propios del "falso documental" los que van dibujando una geografía al mismo tiempo dulce y melancólica.

2. Mausoleos vacacionales

Rodada en 16 mm de forma amateur, *Balnearios* es una película que muestra lo absurdo de la arquitectura estacional de las urbanizaciones turísticas así como los hábitos de los veraneantes que, año tras año, acuden a ellas durante la época estival. Pero ¿por qué detenerse en los balnearios? En la Argentina, los complejos vacacionales surgieron a lo largo de la costa atlántica a finales del siglo XIX y vivieron un *boom* durante la primera mitad del siglo pasado, cuando los sectores en ascenso empezaron a emular las prácticas recreativas de la elite porteña[20]. Un desarrollo masivo del turismo que impactó fuertemente en la construcción de paisajes, en la transformación de los escenarios urbanos y en la afirmación de las identidades nacionales. En un arco que va desde la *belle époque* de la rica oligarquía que vacacionaba en Mar del Plata, pasando por la masificación

---

[20] La emergencia del turismo a principios del siglo XX, formó parte de un complejo proceso de transformaciones sociales que implicó la difusión de nuevas prácticas de sociabilidad y consumo y de nuevas representaciones sobre la alienación de la vida urbana, la salud y el aire libre (Piglia y Pastoriza 2013, 2).

del turismo producto de la promoción estatal del peronismo de los años cincuenta, hasta el presente, los balnearios se convirtieron en lugares emblemáticos de la idiosincrasia argentina, y es esta dimensión territorial y simbólica de los enclaves vacacionales la materia central de la película de Mariano Llinás. Un documental sobre los balnearios es, en otras palabras, una reflexión sobre un elemento constitutivo de la identidad argentina, un reconocimiento y un homenaje al poder evocativo de estos verdaderos "mausoleos vacacionales".

La voz en off del prólogo del documental, junto con un montaje de secuencias de cine de familia amateur, rodadas en diversos balnearios y en diversas épocas, introduce una doble mirada, melancólica y burlona, que se reproducirá a lo largo del film. La narradora habla de los grandes hipódromos, casinos y transatlánticos de los estacionamientos vacacionales y del esfuerzo heroico de quienes construyeron esas ciudades "luchando contra la arena". La indeterminación temporal, la monumentalidad y la exageración de fuerzas naturales, que tienen más de cotidiano que de catastróficas, trasladan al espectador hacia un espacio-tiempo propicio para que la imaginación se ponga en movimiento (Morales 2012, 5). El balneario como "mundo extravagante, onírico, irreal" es materia para la parodia, pero en la burla hay un resto de melancolía por la decadencia de unos balnearios que la misma narradora asocia a la infancia cuando dice:

> Los balnearios surgieron como un juego. Los inventó un siglo que todavía jugaba, que todavía era un niño. Es por eso que pensar en los balnearios es siempre pensar en la infancia. En la infancia del siglo, en la infancia del país, y también en la propia. En la felicidad simple y diáfana, en tiempos que evocamos como exaltados y brillantes. Son lugares de las cosas pasadas, de las cosas buenas. Son probablemente algo triste.

En paralelo a este discurso del prólogo, el metraje encontrado se convierte en el eje alrededor del cual se configura el dinamismo y la subjetividad de la introducción del film. Al mismo tiempo que la narradora habla de la infancia del país y de la propia, las imágenes borrosas en Super 8 de niños, parejas y agrupamientos familiares convierte el cine domestico en un depósito de memoria cinematográfica, fuente visual para una microhistoria, una crónica colectiva de lo cotidiano. El tono marcadamente nostálgico del prólogo del documental nace de esta confluencia entre memoria colectiva y memoria individual. Una modulación afectiva que se vincula no sólo con el pasado de la infancia personal, vista desde la vida adulta, sino con que la "infancia del país" y de sus balnearios son una ruina del pasado, una ruina particularmente moderna:

> Al principio eran solitarios y remotos: había poca gente, pocos edificios, pocas cosas. A los pocos años, se habían convertido en monstruos. Se habían convertido en su propia parodia, en su propia caricatura.

La fiebre del oro, que los atacaba cada año, cada verano, hizo de ellos, lentamente, otra cosa. Una cosa extraña. [...] A los balnearios los imaginó una época arrebatada y arrogante; y cuando esa época se terminó, cuando sus transatlánticos fueron a parar al fondo del mar y cuando sus dirigibles se prendieron fuego, los balnearios quedaron como los únicos sobrevivientes. Como náufragos. Como seres de otro mundo; como dinosaurios.

En *Balnearios* la masificación turística, así como la transformación del balneario en un objeto y una práctica cultural *kitsch*, dará lugar a situaciones de humor que redimensionan cierta fascinación nostálgica con la ruina que atraviesa los cuatro episodios de la película, filmados en ciudades balnearias aisladas o en decadencia o que, por su mismo origen precario, señalan el apogeo y el declive de un país industrial. Una fascinación con la ruina que sugiere una inevitable melancolía por la decadencia de algo que en algún momento fue entero. Según Andreas Huyssen, "la ruina arquitectónica despierta la nostalgia porque combina de modo indisoluble los deseos temporales y espaciales por el pasado. Sentimos nostalgia por las ruinas de la modernidad porque todavía parecen transmitir una promesa que se ha desvanecido en nuestra época: la promesa de un futuro diferente" (2007, 2). Pero en la película de Llinás esta nostalgia por el balneario como ruina de lo moderno es "reflexiva", en el sentido en que Svetlana Boym (2001) emplea el término: una nostalgia que valoriza los fragmentos de la memoria, temporaliza el espacio y se acerca al pasado desde la reflexión crítica, el afecto y el humor.[21] La burla interrumpe y redefine una mirada melancólica sobre espacios que son esencialmente ruina. La voz omnipresente del documental clasifica los distintos balnearios del país, desde aquellos ubicados en la costa atlántica, potencialmente aristocráticos pero en decadencia, hasta emplazamientos que nacieron precariamente a la orilla de los ríos. Todo parece formar parte de una especie de reporte de alguna oficina pública pero un subtono irónico, demasiado consciente de las diferencias sociales, nos aleja del documento burocrático. En este juego, el documental va presentando un retrato marcadamente subjetivo de los balnearios donde la palabra del narrador interviene en los espacios ordinarios y los convierte en extraordinarios. De este modo, los cuatro capítulos, más el prólogo y el epílogo, van presentando distintas modulaciones del balneario como ruina y como lugar de memoria.

---

[21] En *The Future of Nostalgia* (2001) Svetlana Boym distingue una "nostalgia restauradora" de una "nostalgia reflexiva": en el primer caso el sentimiento se identifica con aquello que no está, con la añoranza en sí misma, pero que en ella reconoce una verdad. En el segundo caso, si bien hay un dolor por lo perdido, de existir una búsqueda esta contiene también una ironía, propia de lo paródico.

3. Falso documental y lógica espacial

Las cuatro partes del documental, rodadas en cuatro urbanizaciones, abordan el tema de cuatro formas distintas. La primera, "Historia del Mar del Sur", narra la historia del Señor G, un hábil abogado que estafó a sus socios para quedarse con un colosal hotel, donde se recluiría durante años y que sería escenario de extrañas historias, con asesinato incluido, explicadas casi exclusivamente a través de fotografías en blanco y negro. La segunda parte, el "Episodio de las playas", se vale del *found footage* televisivo, extractos de *home movies* y reconstrucciones con actores para presentar una deriva feliz y popular sobre el verano. A partir de estas imágenes de video, la voz en off comenta burlonamente sobre las dinámicas y códigos de los balnearios y las rarezas y rituales de sus veraneantes. La tercera parte, "Historia de Miramar", narra la historia del pueblo del mismo nombre que sufrió una inundación en 1977 y quedó sumergido bajo el agua. La última parte, el "Episodio de Zucco", es un falso documental apologético de la figura de un campechano del interior que compagina innumerables responsabilidades institucionales en su pueblo con llamativos momentos de inspiración culinaria, pictórica y escultórica, y una obsesión permanente por los balnearios de río. A propósito de esta gran heterogeneidad formal y genérica, Javier Porta Fouz plantea: "[…] el de Llinás es un cine radicalmente opuesto al cine minimalista. *Balnearios* juega al policial, luego al documental antropológico, luego al documental de misterio, luego al retrato individual, todo es falso pero destila verdad" (2009, 1). En efecto, como *mockumentary*, *Balnearios* se organiza como una ironía intertextual respecto de cada una de las convenciones del cine documental, en la que si —como plantea Porta Fouz— "todo es falso pero destila verdad", al mismo tiempo todo lo verdadero se tiñe de una pátina de duda[22].

En *Balnearios* la construcción ficcional permea el discurso del documental y lo subvierte irónicamente. El procedimiento narrativo de Llinás, según Iván Morales, funciona en base a la deriva y la adición, articulando un relato que avanza con la suma de adjetivos antes que de explicaciones. En la primera parte, "La historia del Mar del Sur", la voz narradora nos advierte:

> Todo lo que se cuenta en este film es cierto, sin embargo por momentos no lo parece. Esta historia por ejemplo, recuerda más bien a una leyenda de terror, de un pueblo construido en torno a un castillo, un castillo inexpugnable y lúgubre habitado por un único dueño, un oscuro ermitaño, solitario, misántropo.

---

[22] Según Jordi Sánchez Navarro, al poner de manifiesto el código de lo verosímil, el falso documental nos lleva a interrogarnos sobre la institución y la semiosis lógica del documental. Sobre todo el subgénero del *mockumentary* que, con su giro hacia la comedia, parodia los discursos informativos del documental sin ocultar el dispositivo ficcional de la obra.

En esta primera historia se presenta lo que es una singularidad de *Balnearios* y de todo el cine de Llinás: la apuesta por un dispositivo narrativo dominado por una voz en off omnisciente y omnipresente. Una voz narradora que, según Iván Morales, es una instancia que genera y comenta el universo diegético con una práctica de la ficción heredada de la literatura:

> [...] A través de la palabra se presenta y configura a los personajes; se describe a los lugares con una difusa temporalidad, como formas míticas aunque no necesariamente impliquen una épica; y principalmente se pone en funcionamiento un mecanismo de oraciones conjeturales que hacen oscilar al texto hablado entre la certeza y la duda sobre lo que va a suceder, entre la información y la opinión, entre la posible verdad y la posible mentira.

La historia del Boulevard Atlantic Hotel se cuenta con fotografías, pero es evidente que estas no corresponden a un archivo histórico sino que se trata de fotos de los actores representando artificiosamente personajes que son en sí mismos arquetipos: el señor G, el abogado, la cantante francesa, el uruguayo, el panadero. El placer por la ficción, evidente en el recurso al género policial y de misterio, se combina con cierta mirada de turista que resignifica el espacio del antiguo hotel como un castillo de fábula, "una aparición, una montaña altiva y misteriosa". El procedimiento del falso documental opera introduciendo elementos ficcionales pero también parte de datos verdaderos que son llevados a esa zona gris entre la posible verdad y la posible mentira. En la introducción y en el cierre del documental, como marco de las serie de imágenes fijas en blanco y negro, aparecen dos secuencias en color que dejan ver a un hombre en el hotel, el Sr. G, interpretado por Eduardo Gamba, el verdadero dueño del Boulevard Atlantic. Sin dar su testimonio a cámara, Gamba representa su propio papel, pero la lectura de su "personaje" depende de la narración de la voz en off que nos habla de su subjetividad, de su extraña relación con el edificio, "bordeando la monomanía".

En su estudio sobre la "mirada turística", John Urry (2007) distingue la actitud "romántica" del turista que pone el énfasis en la soledad, la privacidad y en una relación personal con el objeto de la mirada. La melancólica música de "la cantante" de vodevil, esposa del Sr. G, y las imágenes en blanco y negro del exterior del hotel y de sus playas desiertas parecen ir en esta dirección cuando refuerzan la atmósfera de aislamiento y abandono que rodea al Boulevard Atlantic:

> Hay una casa junto al mar / Sucia de viento y tempestad / De años feroces, de alta edad / Y de tristeza / La vieja casa junto al mar / En una triste playa austral / Abandonada, sepulcral / Casi desierta / Duerme, arrullada por el mar / Duerme, como un gran animal / Como un gran oso al hibernar / Su eterna siesta... / Duerme, no la han de despertar / De su letargo junto al mar / Ni de las gaviotas al volar / ¡Mi triste casa

junto al mar! / ¿Sufre alguien más tu soledad? / ¡Oscura cárcel junto al mar! / ¿A quién encierras? / ¿Quién es ese hombre fantasmal, / Tu compañero junto al mar / Otra alma nocturna y lunar / Que también sueña? / ¡Duerme, ya tienes tu guardián / Triste palacio junto al mar! Duerme tu sueño, tienes ya / Tu centinela[23].

Para acercar al espectador a algo que no pertenece a su propia experiencia o a sus recuerdos, el episodio representa la casa o el paisaje que la circunda en blanco y negro, y utiliza una música que significa esos lugares para aludir a esas características de soledad y de grandiosidad infinita e indeterminada propios de los espacios de la intimidad y de las inmensidades íntimas. De cierto modo, el episodio sobre este "gran hotel" nos lleva a pensar en aquello que pudo ser y no fue. Desde el presente el hotel, recortado sobre "un pueblo pálido y olvidado", se convierte en una "mole gigantesca y anacrónica", una ruina de la modernidad. Sin embargo, la modulación nostálgica se vuelve reflexiva cuando es interrumpida por el devenir frenético de la ficción policial y el tono de humor que se cuela en la veloz narración y en la música de Gabriel Chwojnik, cuyos arpegios de vodevil nos trasladan nuevamente a la *belle époque* de la oligarquía argentina, que hablaba francés y construía mansiones en la costa.

En la segunda parte, "El episodio de las playas", la voz del relator y una música que acompaña las diferentes escenas constituyen el sonido excluyente que acompaña "imágenes encontradas" de las urbanizaciones y de los propios veraneantes. El recurso a la televisión y a las *home movies* hace que este episodio sea casi la lectura de un álbum familiar de vacaciones. Sin embargo, de acuerdo con Antonio Weinrichter (2005), el cine de montaje de materiales de archivo tiene una forma de crear sentido (o de desviarlo) muy distinta de la que rige en el documental convencional. El remontaje no crea una continuidad espacio temporal sino de orden discursivo o temático, adoptando la forma de un montaje de proposiciones. Al arrancar las imágenes de su contexto original se rompe el vínculo directo entre el contenido semántico del material y la intención con la que fue filmado, y se crea un contexto nuevo que hace decir a las imágenes —y sirve para decir de las imágenes— "más de lo que muestran", más de lo que quieren, o de lo que querían originalmente, mostrar (43). En "El episodio de las playas", sobre el registro visual, cuya coloración de las fotografías de los años ochenta podría llevarnos a una atmósfera melancólica, el narrador describe rápidamente y con sarcasmo los extraños y absurdos hábitos de los veraneantes y los ciclos vitales de las ciudades que estos visitan en el verano. Esta narración nos aleja de la melancolía de la foto familiar, al mismo tiempo que subvierte el modo del documental objetivo y descriptivo y las premisas de una lectura antropológica. El relator, José Palomino Cortés, nos remite a un

---

[23] "La Grande Maison sur le Mer", la canción compuesta por Gabriel Chwojnik, aparece como música extradiegética, cantada en francés por Astrid Lund Petersen que en las fotos fijas en blanco y negro que conforman el episodio representa a "la cantante francesa".

locutor equilibrado, imparcial y apela a la memoria del espectador de aquellas otras voces de locutores que fueron parte de importantes ciclos de documentales de la década de 1980, programas de televisión que de manera novedosa recorrían el país y permitían a los televidentes conocer nuevas geografías[24]. Sin embargo, en *Balnearios* esta voz supuestamente objetiva describe el cambio de la ciudad, fuera y dentro de temporada, en términos grandilocuentes, como si se tratara de "cambios abruptos":

> Durante la mayor parte del año, estas ciudades permanecen vacías. Las calles están desiertas; los negocios, cerrados; los hoteles, inactivos; los grandes edificios de departamentos, deshabitados. Son literalmente, ciudades muertas, abandonadas, inertes, yermas, baldías, fantasmagóricas [...] Sin embargo, a fines de octubre, el paisaje varía [...] De un día para el otro, dondequiera que uno mire, se perciben cambios abruptos. Un año entero de abandono, de letargo, de olvido, se corrige en pocos días. La actividad se vuelve febril.

Al procedimiento de narrar sumando adjetivos se agrega, en este caso, la parodia intertextual que se origina tanto por la exageración impostada de la voz como por la combinación de las descripciones que ofrece el narrador con las imágenes que supuestamente sirven de soporte a esa descripción, y se genera un contrapunto entre la grandilocuencia de la voz y el carácter ordinario y corriente de las imágenes que la acompañan. En otro momento, el narrador parece incursionar en el documental antropológico y aborda de manera muy burlona la subjetividad de los sujetos retratados, incluyendo los animales cuando, de modo absurdo, se aventura a indagar en la subjetividad de un perro: "La situación de las vacaciones, la alegría del descanso y el ocio les será

---

[24] *Argentina secreta*, *La aventura del hombre* y *El espejo... para que la gente se mire* fueron tres programas televisivos que incursionaron en la práctica de salir de Buenos Aires para rescatar los espacios y las gentes de distintos lugares. Creado en 1975 por Roberto Vacca, Daniel Plá y Héctor Rodríguez Souza, *Argentina secreta* definió el concepto del documental como un "reflejo del país". A este le siguió *La aventura del hombre*, un ciclo muy exitoso durante los años ochenta y principios de los noventa. En este programa, el equipo visitaba distintas localidades de la Argentina y del mundo como Machu Picchu, la Antártida o Egipto. El montaje y el relato de la voz en off de Ernesto Carlos Frith buscaba cierta objetividad, asociada a una especie de rigurosidad científica, pero respondía también a cierta mirada de turista. Otro ciclo importante fue *El espejo... para que la gente se mire*, que nació en 1984. Conducido por Víctor Hugo Morales, y de la mano de los periodistas César Mascetti y Silvina Chediek, el programa comenzó a recorrer el país, rescatando sus paisajes y su gente y terminó creando un estilo documental atravesado por un periodismo turístico. Sin ser un documental a la manera ortodoxa de *Argentina secreta*, reunía todos los ingredientes de un viaje por la geografía, la tradición, las costumbres, la música y la idiosincrasia de las diferentes regiones de una nación.

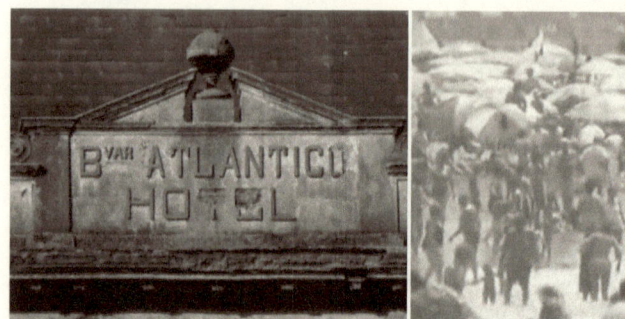

Imágenes 1 y 2. Mientras la foto fija y la música melancólica son los recursos utilizados para contar la historia del Boulevard Atlantic en "Historia del Mar del Sur", el *found footage* televisivo de baja calidad y las recreaciones conforman el retrato burlón del turismo de masas en el "Episodio de las playas". Fotogramas de *Balnearios*. Gentileza de Mariano Llinás.

misteriosa y ajena. Mirarán, sin comprenderlo, un escenario completamente nuevo, donde todo lo que los rodea es distinto, imprevisto y llamativo". Luego del desvío por la subjetividad de una mascota, el documental vuelve a una supuesta objetividad anclada en estadísticas que si, en principio, pueden escucharse como números sensatos, rápidamente pasan al terreno de lo inverosímil:

> [...] cada año llegan a la región 2.709.066 veraneantes: 1.700.000 porteños, 45.000 tucumanos, 827.000 médicos, 650.000 ancianos, 9.000 ex presidiarios, 1.000 ciegos, 1.200.000 mujeres, 40.000 gauchos, 300.000 bebes, 30.000 uruguayos, 890 sacerdotes, 1.000.000 de rubios.

La adición exagerada subvierte el sentido "objetivo" de los datos y, sobre todo, el lugar de "certeza científica" que las cantidades tienen en un documental clásico. Al igual que en el resto de los episodios, en el comienzo de la sección se ve un mapa que asemeja aquellos de las guías de ruta. El impulso clasificatorio de la voz y el mapa de los balnearios nos sugieren un reporte de una oficina estatal pero el vocabulario, las palabras desmesuradas en su semántica y en su sonoridad, va tramando un subtono que señala una reapropiación irónica del registro del burócrata topográfico. En este sentido, el "Episodio de las playas" es un documental que se burla del documento y el mapa adquiere un tono humorístico que, como sugieren los estudios de Sébastien Caquard y Claire Dormann (2008) sobre el humor en la geografía, permite reflexionar y subvertir la convencionalidad de la cartografía oficial.

El tercer episodio, "Historia de Miramar", es un breve abordaje un tanto absurdo sobre una ciudad del interior que fue inundada por su propio lago a fines de los años setenta. Sin ocultar cierto giro hacia la ficción, el narrador elige introducirnos en el relato de manera misteriosa:

La tercera historia comienza como un engaño. Comienza en un pueblo apacible y calmo, una simpática población balnearia detenida en el tiempo [...] Pero este plácido panorama oculta un secreto horripilante. Al poco tiempo de llegar, el visitante comenzará a percibir rarezas: notará espantado cómo la ciudad parece frenar abruptamente; al caminar por las calles, observará que desembocan, sin trámite, en el agua; finalmente, con alguna turbación, conocerá la verdad: el autentico pueblo, está sumergido.

En su organización del tipo "relato de descubrimiento", el episodio nos remite a *El país que no miramos*, un ciclo de documentales televisivos de los años noventa, emitido por la televisión estatal, que visitaba espacios ordinarios de la geografía nacional pero descubría en ellos una historia desconocida por el gran público[25]. "Historia de Miramar" parece adentrarse en la historia oculta de este balneario del interior para explicar las razones de su desaparición bajo las aguas. Los planos de larga duración, el sonido ambiente y el movimiento continuo acompañan al narrador en off que, desde fuera de campo, sigue a un remero del lugar, Pierucci, en su tour por la ciudad sumergida bajo el lago. En un momento, la imagen reemplaza a la palabra: una toma subacuática de unos buzos recorriendo la ciudad inundada parece proseguir la búsqueda, pero esta tampoco alcanza a clarificarse visualmente ni es iluminada por la narración posterior. Como plantea Aguilar, a propósito del cine de Llinás, "aunque la imagen ilustra la narración siempre hay algo más en las palabras que las imágenes no pueden expresar [...]" (2010, 247). Como documental de misterio, la narración esquiva explicar las causas de la inundación para internarse en la subjetividad de los habitantes que absortos recibieron la llegada del agua.

La mayoría se limitó a ver cómo la mar crecía y crecía, cómo avanzaba, como un ejército invasor, sobre las cosas de los hombres. Vieron cómo la superficie terrestre se volvía acuática; vieron las últimas cosas asomar apenas, como si fuesen los brazos de un ahogado; vieron las casas, los hoteles y los comercios convertirse en islas, en meros islotes de naufrago. Finalmente, no vieron nada más. Cuando la inundación se detuvo, los pobladores volvieron a ver qué había quedado. Encontraron ruinas. Sus lugares habituales, sus edificios, recordaban ahora a barcos, a grandes peces o arrecifes.

---

[25] Las anécdotas que rescataba el ciclo *El país que no miramos*, conducido por Iván Grondona, no eran extraordinarias pero funcionaban como especie de viñetas en los espacios de tandas publicitarias y proponían un recorrido por espacios definidos como "propios", tales como las termas de Río hondo en Santiago del Estero, la Quebrada de Humahuaca en Jujuy o la visita a una antigua fábrica de cerveza en la Ciudad de Buenos Aires.

Si en "Historia del Mar del Sur" el hotel era la ruina del sueño de un enclave de la oligarquía que no pudo ser, "Historia de Miramar" parece rescatar la ruina de un balneario popular. Las imágenes subacuáticas dejan ver restos de una estación de servicio YPF, institución que, junto con el Automóvil Club Argentino, habla del desarrollo de un turismo de carretera que permitió una ampliación de los espacios y oportunidades para el ocio a sectores medios y populares. Un mundo de colonias infantiles de vacaciones, autocines, calesitas y campings municipales, un universo en el que "no hay grandes cosas, no hay palacios ni tesoros". Hacia el final, el episodio traiciona las premisas de una historia de misterio cuando no clarifica las causas de la inundación, pero la narración se detiene en los pliegues afectivos de la historia para construir una atmósfera misteriosa de lo que el narrador llama una "Atlántida humilde, doméstica e infantil. Una Atlántida pobre".

"Ahora este documental se vuelve extraño. Se aleja de las playas, se aleja de los hoteles, se aleja de la melancolía, se aleja del mar. Es el turno de las provincias, de los balnearios laterales y menores. Es el turno de Zucco", promete el cuarto y último episodio de *Balnearios*, que se abre con un mapa de San Luis y la localidad de Villa Mercedes. Este episodio —una historia de vida fílmica subdividida en diez partes— trata de Zucco, un verborrágico gestor, pequeño hombre ilustre de provincia, miembro del Partido Justicialista, artista plástico y poeta, que habla desde un saber inventado sobre la relación del hombre con el agua y con los balnearios. Pero el narrador del episodio nos aclara: "Zucco habla de otro tipo de balnearios: los extravagantes balnearios de provincia. Aquí no hay mar; hay diques. No hay playas; hay piletones. No hay arena; hay cemento. A veces, están hechos sobre ruinas; a veces, toman formas monstruosas. Son como oasis en el medio del desierto; oasis feos". Aquí también el episodio se mezcla con construcciones ficticias y funciona como una burla del género "documental participativo": los actores y decorados sirven para dar vida a la afinidad casi mística del protagonista con el balneario expresada en grotescas pinturas y esculturas que él mismo orgullosamente llama "obra" y que serán expuestas en el banco de la provincia. La distancia entre su visión y opiniones grandilocuentes y las realidades de una sociedad de provincia, donde el banco es un epicentro de cultura, contribuye al humor del episodio que se duplica cuando el documental mismo se hace cargo de representar, con una estética *kitsch* y populista, los sueños alegóricos del señor Zucco.

Así como en los episodios previos se pueden establecer vínculos con intertextos, como ciertas narrativas de la *belle époque* o documentales de TV como *La aventura del hombre* y *La argentina que no miramos*, aquí se intercalan fragmentos de *Sucesos argentinos*, noticiero de los años cincuenta. El episodio "Agua para la patria" habla de un pueblo que apoya a "un gobierno realista" que "declaró la guerra contra la sed y la sequía y comenzó a transformar ríos mansos y desaprovechados en remolinos de potencia y de vida". Los balnearios pintados por Zucco expresan una vitalidad popular y refieren a cierta "mirada colectiva" que John Urry definía con relación a un consumo visual de lugares que supone

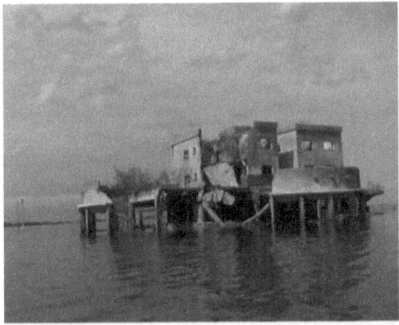 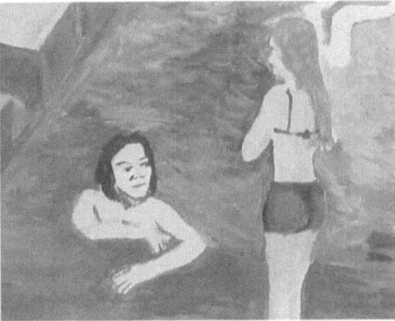

Imágenes 3 y 4. "Historia de Miramar" cuenta la historia de un pueblo ordinario con un pasado bajo el agua. En el "Episodio de Zucco", el artista del interior lleva a sus pinturas la obsesión con los balnearios populares de río y sus piletones de cemento. Fotogramas de *Balnearios*. Gentileza de Mariano Llinás.

la existencia de otros (2007, 27). En otras palabras, la presencia de hombres, mujeres y niños en los piletones de cemento soñados por Zucco indica que "ese es el lugar en donde hay que estar". Al referir a las reformas y logros económicos de los planes quinquenales, durante la primera presidencia de Juan Domingo Perón, el discurso del noticiero de *Sucesos argentinos* oficia como marco tanto para las esculturas de tipo industrial de Zucco, y sus comentarios sobre la relación del hombre con el agua, así como también pone en perspectiva la voz off del narrador que comenta sobre la obra de Zucco y su predilección por aquellos balnearios de río que surgieron por la voluntad del hombre que los construyó antes que por su intrínseca belleza natural. Como las esculturas y pinturas de Zucco, los balnearios feos y grotescos de provincia señalan la fortaleza de una nación industrial. En este juego de voces, el documental hace del balneario un lugar de la memoria de la cultura popular peronista.

Al igual que la infancia, el balneario evoca una atmósfera feliz y melancólica. Entre el documental y la ficción, las cuatro historias de Llinás, a la vez falsas y verdaderas, son prologadas y epilogadas por imágenes amables. En diálogo con el hablar pausado y melancólico del prólogo, las imágenes finales en blanco y negro muestran una playa solitaria y a una mujer entrando al mar. La cámara se detiene en ella flotando para cerrar este ejercicio de fascinación y exaltación del agua porque, prefigurando los sueños de Zucco, la narradora del prólogo aseguraba que: "los balnearios nacen de algo antiguo y profundo, casi animal. Nacen del placer del agua: por nadar, zambullirse o flotar; por explorarla, desafiarla y celebrarla… Por hacer de ella una fiesta".

4. Un turismo imaginario

El mosaico de pintorescas historias de Llinás es una locuaz crónica de la delirante arquitectura estival que representan los balnearios. Con este pretexto, *Balnearios* dialoga, desde una lógica espacial, con la identidad argentina, ya que la complejidad formal del documental y el juego de intertextos se asientan y al mismo tiempo reconfiguran un imaginario geográfico nacional. Cierto impulso cartográfico y su desestabilización se evidencian en cada episodio, que comienza con un mapa, sugiriendo que estamos en territorio real, localizable y específico. Junto con los mapas y las imágenes de los espacios, la voz narradora habla en un tono ceremonioso sobre los balnearios y su lugar en la imaginación popular de un modo que introduce una deriva respecto de un relato oficial. Mediante el uso intensivo y extensivo de la voz en off, la imagen y el documento como prueba son excedidos por la palabra. En *Balnearios*, las técnicas del documental se redireccionan hacia la subjetividad cuando la narración cuestiona el estatuto de verdad de las imágenes y la voz construye una relación de complicidad irónica con el espectador que retoma y juega con la propia "mirada de turista" de las clases populares, para las que los balnearios fuera de temporada son ciudades muertas, que sólo vuelven a la vida durante el verano, y sus hoteles, como el Boulevard Atlantic de Mar del Sur, antes que edificios vacíos, son mansiones pobladas de espectros e historias ocultas.

Al estudiar los vínculos entre cultura visual, turismo y afectividad, Giuliana Bruno sugiere que todo film es una especie de *travelogue* porque proporciona una experiencia fundamentada en la movilización de un espectador inmóvil, una navegación virtual que conecta espacios y tiempos distantes, una mirada en tránsito que transforma al *voyeur* (el que ve) en *voyageur* (el que viaja). Entonces, si el visionado es "una forma imaginaria de *flânerie*", la cámara se convierte en un vehículo que nos transporta en una forma simulada de turismo (2002, 11-16). La película se convierte en una práctica estética turística de consumo espacial y el espectador es invitado a dejarse llevar por lo que Tom Conley define como "locational imaging", fórmula que designa la capacidad del cine, como de la cartografía, de "situar a sus sujetos en los lugares que representa para ellos" (2007, 2). Al centrarse en lugares consumidos como destinos turísticos, *Balnearios* recupera ciertas atmósferas centrales al modo en que estos espacios fueron imaginados o representados, movilizando paisajes no como lugares físicos sino como trazos de las memorias e imaginaciones de aquellos que han atravesado esa geografía. Un viaje que nos permite vincularnos con el territorio porque nos invita a recorrer espacios que se inscriben en nuestra memoria, un terreno intertextual de pasajes que contienen representaciones y emociones previas.

La lógica espacial del documental de Llinás establece una deriva respecto de ciertos discursos tradicionales de la geografía que la conciben como una disciplina desprovista de emociones, dividida por principios racionales y demarcada por lógicas políticas, económicas y técnicas. Las imágenes tristes y felices de *Balnearios* proponen una lógica espacial que recupera, más bien, los elementos afectivos de la topografía vacacional. Las películas nos hacen viajar por los espacios de la imaginación, los lugares de memoria y los afectos y son esas mismas capas de memorias culturales, historias híbridas y derivas psicogeográficas las que coinciden en el cine como una forma espacial de conocimiento. Así, el itinerario mental, ficcional y afectivo de *Balnearios* funciona como estrategia de conocimiento, como un viaje en donde la proliferación de registros parte de lugares ordinarios para movilizar nuevos paisajes. El cine como arte del espacio descansa, para Mariano Llinás, en una pulsión narrativa que, si se nutre de la memoria de los enclaves vacacionales, reconfigura esos itinerarios, regalándonos una "historia de viaje" dulce y melancólica que hace de los balnearios espacios saturados de ficciones y de afectos.

CAPÍTULO 2

Geografías del (des)amor

Las películas se mueven hacia afuera y hacia adentro: viajan a través del espacio de la imaginación, el sitio de la memoria y la topografía de los afectos.
                                                            Giuliana Bruno, *Visual Studies*

Road movies, travelogues, diarios o crónicas de viaje, los géneros literarios o cinematográficos que abordan desplazamientos proponen trayectorias que apartan a los protagonistas de su cotidianidad. Siguiendo un camino, o perdiéndose en algún desvío, en el viaje se despliega un espacio distinto del ordinario, y en ese despliegue se juega también cierta "apertura" de la experiencia. Este vínculo entre viaje y transformación, casi definitorio de los diversos géneros de la literatura geográfica, parece sin embargo haberse debilitado en una cinematografía contemporánea que sigue proponiendo historias de desplazamientos, derivas y errancias. Como señalan algunos críticos, los personajes de un conjunto de películas latinoamericanas recientes viajarían sin lograr, ni buscar, ningún tipo de cambio. En el cine contemporáneo, los protagonistas salen de la ciudad y se trasladan a espacios abiertos que, bajo la premisa de un nuevo tipo de vínculo más leve y errático con el entorno natural, presentan paisajes que ya no funcionarían como representaciones de dilemas colectivos sino como superficies en sí mismas vaciadas de contenido[26].

---

[26] Andrea Molfetta analiza un corpus de filmes argentinos, mexicanos y peruanos recientes en donde, aún cuando los personajes van al encuentro de la naturaleza, no lo hacen para indagar o resolver dilemas de la identidad colectiva, sino para exhibir dudas de tipo personal que quedan irresueltas. Siguiendo un movimiento en falso los hombres y mujeres contemporáneos viajarían, según la autora, "intransitivamente" (53). Atendiendo al cine chileno contemporáneo, Carolina Urrutia sostiene que, a pesar de que en estas películas el registro se desmarca de cualquier discurso explícitamente

---

Cómo citar este capítulo:
Depetris Chauvin, I. 2019. *Geografías afectivas. Desplazamientos, prácticas espaciales y formas de estar juntos en el cine de Argentina, Chile y Brasil (2002-2017).* Pp. 41-54. Pittsburgh, Estados Unidos: Latin American Research Commons. DOI: https://10.25154/book3. Licencia: CC BY-NC 4.0

Sin embargo, varias películas producidas en los primeros años del nuevo milenio dan cuenta del potencial de los espacios abiertos para articular de un nuevo modo dilemas estéticos y políticos. En un sugerente ensayo, en el que compara los paisajes rurales en el cine reciente con aquellos de los años sesenta, Jens Andermann encuentra en el cine contemporáneo un "agotamiento" del paisaje como proveedor de significados alegóricos y, al mismo tiempo, un uso autoconsciente de la forma paisaje, que al revelar las condiciones histórica de esa crisis restituye paradójicamente su valencia epistemológica. De esta manera, las películas funcionarían como "mapas cognitivos" que cartografían tanto las imágenes como sus condiciones de existencia (2014, 52). Si en la propuesta de Andermann el paisaje continúa ofreciendo registros estéticos y cognitivos para reflexionar sobre la crisis de la experiencia de espacio y lugar en el presente, ciertas expresiones en el cine contemporáneo sugieren asimismo el potencial crítico de los afectos en esa empresa. En particular, este capítulo se focaliza en los modos en que en *Viajo Porque Preciso, Volto Porque Te Amo* (2009, de Karim Aïnouz y Marcelo Gomes) y *Turistas* (2009, de Alicia Scherson) los protagonistas vuelven a los paisajes físicos y humanos del nordeste brasileño y de la región del Maule, en el centro de Chile, para articular un nuevo vínculo entre espacio y afectividad en el que la "plasticidad de la escala" y el despliegue de una esfera de lo háptico van diseñando una geografía que podríamos caracterizar como íntima.

Viajo Porque Preciso, Volto Porque Te Amo es un híbrido de *road movie* y *travelogue* melancólico donde encontramos a José Renato, un geólogo al que nunca vemos pero sí escuchamos. Mientras viaja por el *sertão* nordestino, en un periplo vinculado a su profesión, se va despidiendo metafóricamente de su mujer, que lo acaba de abandonar. *Turistas* narra la historia de Carla, una bioquímica de treinta y siete años que, rumbo a sus vacaciones, discute con su marido y es abandonada por este en la carretera. En su periplo la mujer conoce a un joven santiaguino que se hace pasar por turista noruego y que será su compañero de viaje dentro de un parque nacional del centro sur de Chile. Pese a diferencias en términos de adscripción de género, tono y propuesta estética, en ambas películas el recorrido por el territorio supone un momento de introspección y un cuestionamiento de la afectividad que se vincula a una experiencia

---

ideológico, su representación extrañada y alienada se inscribe en una sensación de malestar e incertidumbre que deviene política (2010, 43). Un contrapunto al diagnóstico de una falta de impulso de transformación, en las películas contemporáneas sobre viajes, lo ofrece Luis Valenzuela Prado quien describe ciertos tránsitos en el cine latinoamericano como "nimios", en tanto estos pasan desapercibidos por los discursos macropolíticos pero, sin embargo, tejen y diseñan espacios y discursos significativos para los sujetos que los llevan a cabo. Un diagnóstico similar para el cine brasileño lo realiza Brandão (2012). Para otras lecturas que rescatan los nuevos sentidos de los desplazamientos atendiendo a las películas pertenecientes al género de *road movie*, véase Prysthon (2006), Lie (2017).

íntima del espacio en el juego de encuentros con extraños. En el marco de la región chilena del Maule y del *sertão* brasileño, la mirada de la naturaleza y la relación entre los personajes dan cuenta de un modo contemporáneo de "estar en el mundo" caracterizado, al mismo tiempo, por la densidad del amor y por el fluir azaroso en el que se mueven las relaciones humanas, los vínculos y desajustes entre el individuo y su propio entorno.

En *Viaje Porque Preciso, Volto Porque te Amo* y en *Turistas* los protagonistas se desplazan por espacios abiertos que el cine de épocas anteriores había emblemáticamente asociado a identidades nacionales, discursos modernizadores o revolucionarios,[27] pero estas nuevas imágenes en movimiento deslindan los espacios de esos sentidos para direccionarlos hacia otros más vinculados a la esfera de la intimidad. Estas películas presentan una construcción audiovisual del espacio donde la imagen en movimiento es una forma de cartografía sensible a la dimensión de los afectos. Los recorridos de los protagonistas y los paisajes que se presentan hacen coexistir cartografías interiores y exteriores en una misma superficie, como materialidades fílmicas, que vienen a poner en duda el hermetismo de la intimidad, transformando lo exterior/interior en un espacio poroso, de flujos y contaminaciones.

Siguiendo "recorridos existenciales" encontramos que, en las películas, el movimiento de los protagonistas a través del territorio supone un viaje de descubrimiento interior tan sólo a medias. En comparación con la movilidad física de sus cuerpos en el entorno, las subjetividades de Carla y José Renato se presentan en un primer momento como "estancadas". En términos del desarrollo narrativo no se operan grandes cambios, pero en ausencia de grandes discursos el trabajo sobre la "plasticidad de la escala" y sobre la dimensión de lo háptico, en la imagen y en el movimiento, permite descubrir cartografías sensibles a modulaciones afectivas. La flora, la fauna y el ambiente físico, interrogados por los protagonistas, son caracterizados con planos detalle, imágenes sonoras y hápticas. Teniendo en cuenta que la "escala", incluso dentro del estudio de la geografía moderna, varía en función de un entendimiento de las relaciones del sujeto, con

---

[27] Ismail Xavier analiza los desplazamientos territoriales como uno de los *tropos* a través del cual el Cinema Novo propuso una interpretación de la nación, al asociar el *sertão* a sentidos históricos y sociales alegóricos (2003, 236). En los años noventa, el cine registró también desplazamientos hacia el *sertão* pero, pese a cierta coincidencia temática con el Cinema Novo, los críticos sostienen que las películas contemporáneas adoptan una actitud despolitizada, ya que la representación del espacio no se traduce en una búsqueda de la identidad brasileña (Oricchio 2003, Bentes 2003). En su abordaje de un conjunto de películas chilenas, Carolina Urrutia sugiere la existencia de una nueva jerarquía entre sujeto y espacio. En las ficciones chilenas posteriores a 2005, el paisaje se desplegaría de forma autónoma del sujeto que lo habita, constituiría una geografía que "dice allí donde el sujeto enmudece, una superficie de discurso, [que] posee una mirada potente propia, la posibilidad de una narración en sí misma" (2013, 20).

su entorno y con el otro,[28] puede considerarse este inventario visual, sonoro y táctil de la naturaleza como una forma de pensar la dimensión de los afectos, al mismo tiempo que la insistencia en las características hápticas del movimiento y del registro visual propone cierta epistemología que no se deslinda del sentir.

1. "Love Will Tear Us Apart." Naturaleza mercantilizada e intimidad en *Turistas*

El trabajo sobre la escala y la dimensión de lo háptico en la configuración de una geografía íntima es central en la segunda película de Alicia Scherson. Como sugiere el título, *Turistas* (2009) sigue las derivas de personajes que están de vacaciones y que buscan en el viaje un modo de huir de la rutina doméstica, un intento de reeditar un entusiasmo apagado en la cotidianidad. Esta aventura se relaciona en el personaje de Miguel también con cierta voluntad de reinventarse. Con el nombre de Ulrik, este joven santiaguino de veintiún años, se presenta ante Carla, la protagonista, como un mochilero noruego. A lo largo de la película, el afán de Miguel por representar en todas sus interacciones el papel de extranjero lo asemeja a los turistas consumidores postmodernos, quienes según Zygmunt Bauman (1997) se comportan como coleccionistas de experiencias que se relacionan con el mundo de un modo estético, "como si este fuera un alimento de la sensibilidad, una matriz de vivencias posibles que permiten trazar un mapa móvil" (105)[29]. Dentro de este paradigma de la "moder-

---

[28] Para los estudios de la nueva geografía, la escala no es meramente un dato o una herramienta metodológica. La escala es en sí misma "plástica" porque sus deformaciones tienen que ver con ciertas dinámicas. No es un medio donde los acontecimientos se desarrollan, sino que es el desarrollo de ciertos acontecimientos lo que hace cambiar la escala. De esta manera, antes que una "lupa que permite ver fenómenos", la escala se entiende como una herramienta para entender relaciones, negociaciones y tensiones entre actores en el espacio. Es plástica porque es una red de relaciones dinámicas que se expanden y contraen a través de las interacciones de los objetos y las personas (Jazairy y Vaughn 2011, 2). Si la escala sirve para entender las relaciones cambiantes entre el sujeto y en su entorno, quizás pueda verse allí también un lugar de juego y de despliegue de relaciones dinámicas con los otros. Esto es, pensar la escala no sólo desde una dimensión geo-epistemológica sino también afectiva, como uno de los modos en que los sujetos establecen relaciones de semejanza, distancia o proximidad con los otros.

[29] En "Turistas y vagabundos" Zygmunt Bauman plantea que los turistas inician sus viajes "por opción", porque su lugar de origen no es lo suficientemente atractivo o les ofrece pocas sorpresas. Esta salida de la rutina y la búsqueda de la aventura, sin embargo, se facilita por la seguridad reconfortante que ofrece el saber que siempre se puede volver a casa (1997, 116-117). De este modo, el desplazamiento en este caso no sería una errancia nomádica, del mismo modo que las relaciones humanas, en una sociedad de modernidad líquida, se alejan del peligro de un amor entendido como "impulso creativo [...] cargado de riesgos" (2008, 21).

nidad líquida", en la que algunos personajes se mueven para reinventarse, la crisis de Carla, mujer madura de treinta y siete años, tiene lugar en lo que se presenta como límite de esa capacidad de movilidad. En un auto que transporta una flamante moto de agua, camino a unas vacaciones en unas cabañas que cuentan con todas las comodidades que una burguesía citadina demanda, Carla le confiesa a su marido que acaba de abortar. Dice no sentirse preparada para la maternidad y su dramatismo de resonancia baja contrasta con la crisis de llanto de su esposo, que en una de las paradas la abandona en la ruta.

Luego de un frustrado intento de regresar a Santiago, Carla se encuentra con Miguel/Ulrik y lo acompaña unos días a un camping del Parque Nacional Siete Tazas. Esta salida al espacio abierto no es un retorno a la naturaleza pura. No se trata de un paraje desolado sino de un parque nacional cuya superficie, composición y funcionamiento comulgan con su finalidad: el consumo vacacional. Un espacio sometido a la lógica de la mercancía es también un espacio híbrido atravesado por la cultura de masas como evidencian las Susanas, las dos primas encargadas de la despensa del camping, que con su estética *dark* y metalera discuten sobre el significado de una canción de Joy Division. Un espacio atravesado también por una ruta en construcción, un medio de circulación que conecta el parque con la ciudad, donde la grúa excavadora invade el campo sonoro y despierta en la protagonista la misma curiosidad que el sonido que producen los pájaros carpinteros al golpear el tronco de un árbol. Esta invasión de la naturaleza no dibuja, sin embargo, un universo distópico. La puesta en escena juega con esa artificiosidad, como se sugiere en el contraste cromático entre los verdes y marrones del bosque y el violeta y el amarillo del abrigo de Carla y del pelo teñido de Ulrik, la armonía entre algunos sonidos electrónicos extradiegéticos y la música naturalmente minimalistas de los insectos o la intervención de la postproducción que subvierte la lógica de la naturaleza y revierte la dirección del cauce de los saltos de agua.

En su estudio sobre el turismo John Urry argumenta acerca de la naturaleza fundamentalmente visual de la experiencia turística y acerca de cómo las cambiantes prácticas turísticas se relacionan con las transformaciones en la mirada de la gente y de las expectativas que generan a su vez esas mismas miradas previas. La compulsión hacia la movilidad, en cierto sentido, se relaciona con la relevancia de miradas turísticas ampliamente difundidas y los diferentes tipos de sociabilidad asociados a esos discursos: una actitud "romántica" del turista que pone el énfasis en la soledad, la privacidad y en una relación personal con el objeto de la mirada o una mirada "colectiva" que supone una relación de cordialidad con las personas que contribuyen a crear una atmósfera o sentido de celebración porque lo que distingue al lugar no es sino la presencia de esos otros que vienen a validar que ese es el lugar en el que hay que estar (15-20). La película *Turistas* reproduce y juega con esas miradas turísticas a través del personaje de Carla cuyo (des)afecto contrasta con cierta "vitalidad popular" que supone la "mirada colectiva", cuando se une a los eventos colectivos pero establece cierta distancia, ya que su torpeza le impide participar de un fogón o sacar una buena fotografía grupal. A la vez dentro y fuera de los ritos del consumo vacacional, la protagonista también contempla con estupor la relación de continuidad visual entre la naturaleza y su representación artificial. En un momento, Carla observa a Ulrik jugando a la paleta con una de las Susanas y la composición del gran plano general de este sector del parque replica el plano detalle de una maqueta que representa al Siete Tazas y sus habitantes naturales, los turistas, y que Carla se había detenido a ver en una escena previa en la oficina del guardaparque. El modo inmutable en que Carla contempla la inversión de la escala y el sometimiento de la naturaleza del parque al artificio de su representación contribuye al humor del film.

Entonces, de estos paisajes mediados y artificiales es que se compone el espacio abierto, escenario en el cual Carla parece sentarse a buscar cierto orden para sus emociones. En varias escenas los personajes hablan de temáticas ligadas a la intimidad. Carla y Ulrik conversan sobre la idea de la madurez, el "estar listo para la vida", "desarrollado en lo emocional y en lo mental" y la contradicción entre el amor como riesgo y aventura o la previsibilidad de los afectos domesticados. También de esta dicotomía hablan las Susanas, las primas *dark* que administran la despensa del parque, cuando mientras fuman un cigarrillo en la puerta del baño discuten sobre el sentido del *leitmotiv* de la canción de Joy Division "Love Will Tear Us Apart" ("El amor nos despedazará"). Pero el espacio abierto no es tan sólo "escenario" en el que se discute sobre la intimidad, aunque leve hay una relación cambiante del sujeto con ese entorno que se inicia antes de la llegada al parque. *Turistas* abre con una imagen del cielo y el pasto, naturaleza que circunda los costados de la ruta por la cual transitan Carla y su esposo, camino a sus vacaciones. Esta imagen está fuera de foco, vemos colores y formas primarias, una imagen imperfecta que invita a una percepción háptica y cuyos contornos vislumbramos en el siguiente contraplano, en el vidrio que nos separa del interior del auto desde donde Carla contempla el afuera con mirada perdida. La sobreimpresión del paisaje en el rostro de la protagonista sugiere que las separaciones entre interior y exterior se irán haciendo porosas. El paisaje, aunque mediado e instrumentalizado para el consumo mercantil, sigue también la lógica de lo que Jens Andermann propone como un paisaje que es a la vez un marco visual sujeto al consumo y un ensamble "móvil" entre agentes humanos y no humanos, una noción intersticial que ensambla lo perceptivo con los efectos que la percepción produce en la materialidad que lo abarca (2011, 288). Así, observadores y naturaleza observada se convierten en partes inseparables de un "dispositivo performativo" en transformación[30]. Esta perspectiva no dicotómica, que no deja de lado la materialidad ni la representa-

---

[30] En *Landscape and Power* W. J. T. Mitchell parte de los planteamientos de Michel de Certeau sobre el lugar y el espacio, e introduce el concepto de paisaje como un lugar intervenido, un medio al que se le imponen categorías culturales y de representación. Pero Jens Andermann (2011) sugiere que el paisaje, como una categoría espacial particular, no es enteramente naturaleza (entorno) ni cultura (imagen), sino que es

ción, complejiza la consideración del espacio y puede extenderse a una comprensión de los vínculos que los personajes mantienen con el paisaje también en una dimensión afectiva.

Dentro del parque, los personajes se relacionan con la naturaleza de distintas formas. En una escena, una de las Susanas contempla los árboles desde el sector de los baños del camping y en el fondo, sobre la pared, un espejo apaisado recibe el reflejo de la masa verde del bosque, haciendo coincidir en el mismo plano el paisaje y el sujeto que lo contempla. Susana le pregunta a Carla: "¿Usted cree que en el futuro se van a acabar los árboles?". Con el tono neutral y dubitativo que la caracteriza, la protagonista responde: "No creo", y Susana confirma: "Yo tampoco. Hay demasiados". En esta y otras escenas, los personajes ven los árboles desde abajo y este uso del contrapicado sugiere una distancia que lleva a Carolina Urrutia a sostener que en *Turistas* "el paisaje parece portador de una altura de miras, un testigo de que nada ocurre allí" (2013, 24). Sin embargo, la escala y la posición de los sujetos respecto del entorno también cambian en la película y el trabajo sobre la dimensión háptica de la imagen y del movimiento sugiere que, más que una jerarquía que testimonia una humanidad desprovista de acontecimientos, el paisaje se comporta como "ensamble", al mismo tiempo causa y consecuencia de las derivas afectivas mínimas de aquellos que lo observan o lo habitan.

En la siguiente escena Orlando, el guardaparque que guía a Carla en el bosque, le cuenta: "Cuando llegue aquí veía toda esta masa verde. Era desesperante. Ahora los conozco a todos", y entonces la película propone una especie de inventario donde se muestran los distintos árboles y la voz en off de Orlando da sus nombres, en un ejercicio de catalogar que instrumentaliza y controla el entorno natural. Pero en esa secuencia la cámara deja ver también planos detalle de esos árboles, recorre sus texturas e incluye imágenes, como la mano de Carla tocando una hoja, en las que las superficies de la naturaleza y de los personajes entran en contacto. Un "sentir por el tacto" que también se presenta respecto de la fauna. En la oficina del guardaparque una representación gráfica de la araña pollito es exhibida en láminas, otro ejemplar aparece capturado en un frasco, pero más tarde otra araña aparece cuando los personajes están en las termas y la cámara la sigue caminando por la mano de Carla y el hombro de Ulrik. Entonces, si la naturaleza se "muestra con lupa" no es sólo por un afán de dominio y disección. La escala no es meramente una herramienta metodológica o un dato sino que su "plasticidad" supone una relación cambiante de los actores en el espacio y da lugar a una dimensión háptica que pone superficies en contacto.

Tocar y ser tocado, la dimensión háptica sugiere lo que Hans Ulrich Gumbrecht (2004) llama "deseo de presencia", cierta voluntad del hombre contemporáneo de restablecer un contacto más sensible y corporal con el entorno, con los

---

una categoría que franquea esos límites: no sólo naturaleza, no sólo cultura, sino una relación dinámica entre ambos elementos.

objetos y con las imágenes. Pero este sentido de tocar no se reduce a lo táctil en tanto cutáneo; la película también explora las dimensiones hápticas del movimiento. La propiocepción, que incluye lo vestibular y la kinestesia, informa al organismo de la posición de los músculos y permite sentir la posición relativa de partes corporales, regulando la dirección y el rango de los movimientos, controlando el equilibrio y la coordinación, puntuando nuestra relación con el espacio (Paterson 2007, 103-127). El caminar un poco zombi de Carla tiene que ver con esa dimensión háptica de quien transita un equilibrio afectivo precario, alguien que literalmente pierde el balance y cae o, como en otra escena, en un traspié aplasta un pollito. El de Carla es un caminar torpe, que el guardaparque define como un ir "pisando huevos", la falta de dirección y balance de quien, como los personajes de la canción que cita Orlando, cantante popular devenido guardaparque, "miran al mismo tiempo hacia un lado y hacia el otro". Con la cabeza posicionada lateralmente hacia abajo, Carla camina y, más que mirar, ve de costado, vislumbra. Un medio mirar y una forma de relación entre cuerpo y entorno que unen en el movimiento percepción y sensación.

Entre el deseo de presencia y el equilibrio precario, en un tono leve y de humor apagado, la película va dibujando una ruta háptica. Sin objeto, sin direccionalidad, las imágenes en movimiento que siguen el recorrido de Carla nos dejan en un final abierto, en la terminal de trenes de Santiago, con una despedida que supone una vuelta a la cotidianidad pero que no cancela un periplo en el transcurso del cual Carla dice sentirse, incluso, estar mejor[31].

---

[31] Otras películas contemporáneas retratan desplazamientos femeninos por geografías vacacionales e introducen distintas modulaciones afectivas: *Ana y los otros* (dir. Celina Murga, Argentina, 2005) es un itinerario de descubrimiento extrañado y neutro. Al igual que *Turistas*, *Una novia errante* (dir. Ana Katz, Argentina, 2006) sigue la historia de una mujer abandonada en la ruta y los encuentros fortuitos con distintos habitantes del camping pero insiste en la reacción exacerbada de la novia abandonada configurando una deliciosa "comedia sin felicidad". *De jueves a domingo* (dir. Dominga Sotomayor Castillo, Chile, 2012) es una *road movie* familiar narrada desde la percepción de la hija menor del matrimonio. Tanto *Cómo pasan las horas* (dir. Inés de Oliveira Cézar, Argentina, 2005) como *Verano* (dir. José Luis Torres Leiva, Chile, 2011) insisten en un afecto melancólico motivado en un caso por la cercanía de la muerte y en el otro por la inesperada y tardía maternidad del personaje interpretado por Rosario Bléfari. En la película de Torres Leiva se insiste también en el carácter particular de la temporalidad asociada a lo vacacional por medio de la textura. Para lograr la representación de esas experiencias sensibles, Torres Leiva logra redistribuir las jerarquías y las relaciones forma-contenido: la operación consiste en filmar con distintos tipos de cámaras y luego proyectar la película sobre un muro para registrar todo nuevamente. Esa segunda filmación agranda los poros de la matrialidad fílmica y el juego cromático de tonos apastelados, nos refieren a una pintura expresionista o a los recuerdos borrosos de la niñez que asociamos a las primeras fotografías a color. Para un análisis de figuraciones del nomadismo y espacios generizados en films de directoras argentinas contemporáneas, véase Kratje (2016). La relación entre las prácticas espaciales de movilidad y el mundo

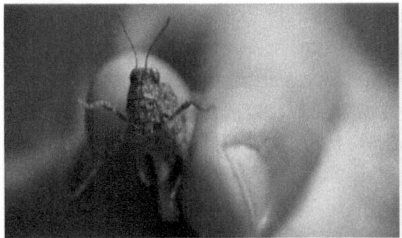 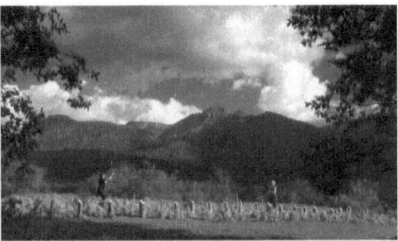

Imágenes 5 y 6. La elasticidad de la escala y la sensorialidad háptica son dos de los recursos que *Turistas* utiliza para dar cuenta tanto de la posibilidad de tocar la naturaleza como de la conciencia de que esta se encuentra sometida a la lógica del consumo vacacional. Fotogramas gentileza de Alicia Scherson.

2. "Ter saudade até que é bom." Precariedad y derivas afectivas en *Viajo Porque Preciso, Volto Porque Te Amo*

El desplazamiento hacia el espacio abierto en *Viajo Porque Preciso, Volto Porque Te Amo* (2009) se presenta en un tono particular. La película de Karim Aïnouz y Marcelo Gomes no comparte el humor triste y apagado de *Turistas*, sino que explora todas las dimensiones de la melancolía y nos hace partícipes de la intensidad afectiva de quien ha sido abandonado[32]. El protagonista de *Viajo Porque Preciso, Volto Porque Te Amo*, al igual que Carla en *Turistas*, viene de la ciudad, en este caso Fortaleza. Se trata, entonces, de un forastero respecto del territorio que recorre, y este espacio al que llega, como en *Turistas*, lejos de ser un espacio puro se presenta como intervenido, híbrido y ambivalente.

Aunque los directores reconocen que el *sertão* es un espacio cinemático sobresemantizado, esto no anula, sin embargo, la carga de afectividad con la que captaron y conformaron un archivo personal de imágenes sobre este espacio a las que, a su vez, les fueron imprimiendo sucesivas y diferentes modulaciones afectivas. Es que el registro de los lugares visitados, de las paradas hechas en los bares al costado de la ruta, de los moteles, las peregrinaciones religiosas, fiestas, monumentos o ríos se enmarcó en un proyecto desarrollado para la fundación del Instituto Itaú Cultural, que en 1999 otorgó a los directores un subsidio para estudiar el fenómeno de las ferias itinerantes y de los "contrastes

---

de los afectos en largometrajes de ficción brasileños es abordada por Isis Sadek en un artículo en el que encuentra que, en películas como *O Céu de Suely* o *Eu Tu Eles*, el punto de vista y las trayectorias de las protagonistas femeninas transforman el *sertão* en un "lugar practicado" cuyo sentido deviene íntimo.

[32] La intensidad de la película se relaciona con la masculinidad herida, un hombre abandonado que está con "dor de cotovelo", una temática y una modulación afectiva característica de la música romántica *brega* que es predominante en la banda sonora porque es también la música que el personaje escucha en la radio dentro del auto.

del mundo moderno". Lo que comenzó como una investigación se convirtió en un viaje con un fin incierto, y luego el mismo viaje se convirtió en una película de poco más de una hora que los directores montaron seleccionado aquellas imágenes que les atraían "desde un punto de vista sensorial". Estas fotografías e imágenes en Super 8, 16 mm y Mini-DV, que fueron tomadas durante ese viaje, de cuarenta días, sin rumbo fijo por los estados de Pernambuco, Paraíba, Ceará, Alagoas, Sergipe tuvieron una primera organización como un documental afectivo y poético, *Sertão de Acrílico Azul Piscina* (2004), una *road movie* que mezcla el registro de un recorrido turístico con un vagabundeo azaroso, pero ese material fílmico conformó también un verdadero "archivo personal de imágenes" al que Karim Aïnouz y Marcelo Gomes retornaron varias veces a lo largo de una década para elaborar distintos proyectos cinematográficos y artísticos[33].

Buena parte de estas imágenes en Super 8, DV y fotografías registradas para el documental *Sertão de Acrílico Azul Piscina*, sumadas a filmaciones posteriores, conforman la banda visual de *Viajo Porque Preciso, Volto Porque Te Amo*, en la que José Renato, al que nunca vemos pero cuya voz nos guiará en el viaje, transita por el *sertão* con el objetivo de realizar un mapeo geológico de la zona que servirá a la construcción de un canal acuífero. Como un híbrido entre diario de viaje y cuaderno de trabajo, por medio de una multiplicidad de formatos *Viajo Porque Preciso, Volto Porque Te Amo* va presentando este relevamiento topográfico, al mismo tiempo que el narrador protagonista va expresando su aprehensión subjetiva del paisaje y va dando informaciones sobre su vida personal que direccionan en un nivel dramático la carga afectiva que poseían las imágenes en el documental original. La película se abre con la cámara dentro de un auto, la ruta y a los lados la monotonía del paisajes del semiárido nordestino. No vemos al protagonista, aquel que a lo largo de la película ve lo que vemos, pero en principio escuchamos en la radio una canción romántica del género *brega* que habla de una ruptura amorosa y en la siguiente escena una voz en off enumera una serie de herramientas y equipos que sirven al trabajo de geólogo. Junto con las imágenes, la voz intercala informaciones de datos geográficos con apreciaciones sobre el paisaje y el impacto que este tiene en la sensibilidad del narrador. La primera vez que contemplamos un paisaje fijo es también desde el auto. A través de una ventana, una imagen borrosa nos deja ver la ruta y un paraje desolado y semiárido y la voz con desgano anuncia el hastío que le produce el viaje y las ganas que tiene de volver. En ausencia de un

---

[33] En 2001 trabajaron con varias proyecciones simultáneas del material a modo de instalación en la exposición *O Cinema dos Pequenos Gestos (Des) Narrativos*, en 2004 presentaron el mediometraje documental *Sertão de Acrílico Azul Piscina* a la Fundación Itaú. Finalmente, en 2009 volvieron a las imágenes capturadas en 1999 y montaron una estructura dramática y la voz en off de un actor para realizar el largometraje de ficción *Viajo Porque Preciso, Volto Porque Te Amo*. Para un análisis de los usos del archivo personal y los cruces entre documental y ficción en la obra de Karim Aïnouz y Marcelo Gomes, véase el artículo de Souza Vieira (2013).

cuerpo visible en pantalla, el paisaje como ensamble se va configurando en la interacción entre esta voz y unas imágenes borrosas que nos invitan antes que a mirar con atención, a medio mirar, a vislumbrar.

En otra secuencia, una serie de primeros planos del suelo y los instrumentos de medición utilizados por el geólogo en su mapeo se intercalan con planos medios y generales del ambiente. Aunque aquí, en parte, se pone en escena una relación instrumental con el territorio que busca reducirlo a variables numéricas, el armado de la secuencia no permite que nos olvidemos del "sentido del tacto" porque no se nos ofrece el producto, las medidas abstractas o el mapa ya diseñado, sino el proceso corpóreo y el trabajo de campo que lo presupone. Los planos medios y generales ponen en contexto el proceso de medición y dan cuenta de un ejercicio cartesiano de medir que desde su inicio está contaminado por una contemplación melancólica del entorno. Como parte de este híbrido entre trabajo de campo y *travelogue*, en la secuencia que precede al levantamiento de las primeras fallas geológicas, José Renato nos ofrece un "retrato filmado" de Seu Nino y Doña Perpetua, un matrimonio que llevaba medio siglo viviendo en la misma casa y que serían los primeros en ser expropiados para la construcción del canal. En un momento la voz cargada de afecto de José Renato nos dice que Seu Nino había salido del cuadro para ir a apagar la radio pero que él le pidió que volviese porque no quería filmarlos separados. En este mapeo antropológico, los otros se configuran como un paisaje ensamble, una superficie que dialoga con su propio drama interior. Como sabremos más adelante en la película, el deseo de volver a casa y la agonía en el viaje de José Renato son más profundos: su esposa lo ha abandonado y él ya no tiene casa a la cual volver.

Entonces, entre los datos geológicos y la subjetividad geográfica de Renato, nos vamos enterando también, de a poco, de detalles de su vida personal. El cuaderno de trabajo de campo y el relato de viaje se van trasfigurando en una bitácora geográfica inseparable de su evolución anímica. Como plantea Jean-Claude Bernardet (2010), el protagonista de la película viaja para construir su propia geografía. El mapeo geológico dibuja una ruta háptica donde prospección e introspección geológica y espiritual se funden. "Gotas de orvalho artificiais em pétalas de flores de plástico. Não consigo mais trabalhar. Abandonei as rochas tectônicas. Fico olhando só para flores e pessoas",[34] dice en un momento el narrador protagonista. La comprensión de la crisis amorosa se va articulando en su relación con el entorno. A los primeros planos detalle de las fallas del suelo, que eran su objeto de estudio como geólogo, les siguen planos detalle de las flores que a su esposa Joanna, bióloga botánica, le gustaba recoger. Imágenes de flores naciendo del semiárido, imágenes casi oníricas de copas de un extraño árbol de flores rojas, flores de plástico, flores de tela. Un registro atento al movimiento, un inventario de imágenes borrosas que nos invitan a una percepción

---

[34] "Gotas de rocío artificiales sobre pétalos de flores de plástico. Ya no puedo trabajar. Abandoné las rocas tectónicas. Solo miro flores y personas" (traducción propia).

más táctil que visual. Casi todos los planos de la película presentan las cualidades formales que Laura Marks asocia a la "visualidad háptica": imágenes granuladas y poco claras, imaginería que evoca memoria de los sentidos (agua, naturaleza), posiciones de cámara muy cercanas al cuerpo, recorrido de superficies, cambios de foco, baja o sobreexposición, uso de película vencida, uso de Super 8, carteles, impresiones y caligrafía artesanal, emulsión degastada, imágenes densamente texturadas, intercalado de film, video y fotografía (163). En este sentido, las imágenes de Aïnouz y Gomes participan de una dimensión háptica mucho más próxima a la dimensión táctil que la tradicional visualidad óptica. Sus imágenes borrosas invitan a una percepción más próxima a la superficie y a la materialidad misma, donde el ojo se queda explorando el grano y la textura, pequeños eventos que emergen en la superficie del plano. Una mirada más íntima que reduce la distancia y confunde observador y superficie observada.

En su lectura del uso de las mismas imágenes en el documental *Sertão de Acrílico Azul Piscina* (2004) y en la película *Viajo Porque Preciso, Volto Porque Te Amo*, Bernardet sugiere que los distintos sentidos y afectos que convocaba un mismo plano, en función de la variación del montaje y del campo sonoro, se relacionaba con la maleabilidad de imágenes que él define como "porosas". Pero la fuerte carga afectiva de estas imágenes tiene que ver también con su "precariedad". Al ser "menos completas", las imágenes hápticas invitan al espectador a contemplarlas como presencias materiales antes que como piezas representacionales en una secuencia narrativa. Son imágenes que esbozan más que representan sus objetos, nos hacen ver de cerca para seguir una superficie cuya textura experimentamos de forma íntima. No convocan una mirada que disecciona, que mira con atención, sino una que vislumbra, que mira como de costado y que funde percepción y sensación. Según Osmar Gonçalves dos Reis Filho, todo el universo visual de *Viajo Porque Preciso, Volto Porque Te Amo* apunta a su propio límite, cada plano señala algo que no se ve completamente, no sólo porque la imagen está fuera de foco o porque los objetos queden fuera de campo, y eso provoca el buscar atisbos de eventos que se sitúan fuera del plano, sino porque ese límite sugiere algo todavía no actualizado, como una promesa de algo que está por venir (2012, 82).

En el final de esta ruta háptica y amorosa, José Renato llega a la desembocadura del río que va a ser canalizado. Las imágenes de la ciudad abandonada instauran un vacío absoluto. Sin abandonar este afecto melancólico, José Renato —y vicariamente los espectadores a través de su ojo cámara— asciende un mirante desde donde en un giro de trescientos sesenta grados vemos una panorámica de la ciudad que va a ser inundada, mientras el protagonista dice querer volver a zambullirse en la vida. Las imágenes finales nos muestran clavadistas realizando saltos. Renato no está en Acapulco pero, como él mismo expresa, "es como si estuviera". La ruta háptica de su cartografía afectiva tiene una salida abierta, casi como el final de la canción "Sonhos", del cantante Peninha, que sólo habíamos escuchado a medias en la primera escena de la película y que dice: "Sentir melancolía es hasta bueno. Es mejor que estar vacío. Tengo esperanza, un sueño en mis manos. Mañana será otro día. Ciertamente voy a ser más feliz".

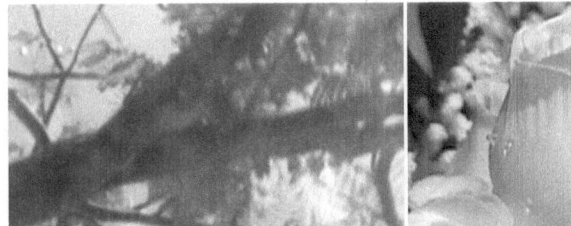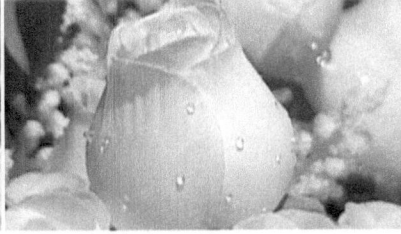

Imágenes 7 y 8. Imágenes precarias de flores naturales y artificiales en *Viajo Porque Preciso, Volto Porque Te Amo* (dirs. Karim Aïnouz y Marcelo Gomes. Rec. Produtores Associados, 2019).

3. Elasticidad de la escala y dimensión háptica: un nuevo modo de "estar en el mundo"

Nuevos tránsitos en el cine contemporáneo dibujan espacios íntimos con desplazamientos que privilegian el punto de vista afectivo y transforman el territorio en "lugares practicados". Con su exploración de los cambios de escala y de la dimensión de lo háptico, *Viajo Porque Preciso, Volto Porque Te Amo* y *Turistas* proponen una nueva forma entender los imaginarios geográficos en relación a la afectividad. Ofreciendo paisajes en movimiento que ya no responden a una intención alegórica, sino que funcionan como un ensamble dinámico entre el entorno y los cuerpos de quienes los habitan o contemplan, las películas hacen coexistir cartografías exteriores e interiores en la misma superficie. Los paisajes recorridos son híbridos, intervenidos, mediados pero no se comportan, sin embargo, como entidades absolutamente escindidas de los personajes. Siguiendo a Jens Andermann, el paisaje remite a la representación en su doble acepción:

> por un lado, remite a la imagen hecha, al paisaje-visión (y así a la noción de *lugar*, como orden estable de elementos figurado en el conjunto de líneas y volúmenes que organizan y convierten el marco visual en un *todo* estéticamente placentero, correspondiente a una sensación de *habitabilidad*). En cambio, en su sentido *performativo*, representación remite a la puesta en relación entre cuerpo y entorno, y así a una noción de *espacio* entendido o bien en términos de rito o ceremonia (como la *puesta en acción* de un guion preestablecido [...] y, por lo tanto, nuevamente como *producción de lugares*) o bien como ensamble móvil y dinámico de interacciones imprevisibles entre agentes humanos y no-humanos [2011, 280].

Las películas de Aïnouz, Gomes y Scherson juegan con los guiones preestablecidos del consumo vacacional y de la prospección geológica, pero también presentan derivas. Esta imprevisibilidad se relaciona con recorridos que son en varios sentidos hápticos y van articulando una epistemología desde el sentir. La visualidad háptica implica volverse vulnerable a la imagen, revirtiendo la relación de dominio que caracteriza al modo óptico de mirar (Marks 2000, 185), estableciendo un vínculo entre mirada y tacto que tiende a crear proximidad con los observadores. De este modo, reduciendo la distancia y confundiendo observador y superficie observada, los filmes establecen canales de comunicación entre estética, afecto y conocimiento. Una cultura háptica que responde a un deseo de restablecer un contacto más sensible y corporal con las imágenes, con los objetos, con el entorno. Un modo de relacionarse con las imágenes y con los otros es también un nuevo modo de estar en el mundo. Las geografías móviles del cine contemporáneo sugieren una estética, una sensibilidad y una epistemología.

Tierras en trance

CAPÍTULO 3

Paisaje y pueblo en un viaje por el *sertão*

No hay obra de arte que no haga un llamado a un pueblo que no existe todavía.
Gilles Deleuze, *¿Qué es el acto de creación?*

Región del interior alejada del litoral y de los núcleos urbanos, clima seco y suelo árido, población escasa, ganadería y pervivencia de costumbres y tradiciones antiguas son algunas de las características que propone el *Diccionario Houaiss* de la lengua portuguesa para el término *sertão*[35]. Como si la geografía física no alcanzara a dar cuenta de las planicies semiáridas del interior nordestino, las definiciones que ofrece el diccionario comienzan describiendo el entorno natural y terminan refiriéndose a dimensiones de la cultura. También la etimología de la palabra nos direcciona hacia la historia política y nos desplaza hacia el otro lado del Atlántico: *sertão* provendría de *desertão*, "desierto grande", apelativo con que los portugueses nombraban aquellas regiones del África ecuatorial que quedaban fuera de su control (Antonio Filho 2011, 88). De esta manera, y como sugiere Jens Andermann, antes que limitarse a una área geográfica particular de Brasil, el *sertão* es, en su sentido más amplio, un territorio fuera del control colonial, un espacio anómico donde un "otro radical" espera su redención en el paso al orden estatal (2007, 128).

Como paisaje árido y hostil o lugar del "otro", el *sertão* nordestino siempre permeó el imaginario de la cultura brasileña. Desde mediados del siglo XIX varios campos discursivos fueron sedimentando un universo simbólico en

---

[35] La entrada de *sertão* en el diccionario contempla: "1. Região agreste, afastada dos núcleos urbanos e das terras cultivadas. 2. Terreno coberto de mato, afastado do litoral. 3. A terra e a povoação do interior; o interior do país. 4. Toda região pouco povoada do interior, em especial, a zona mais seca que a caatinga, ligada ao ciclo do gado e onde permanecem tradições e costumes antigos" (Hoaiss 2001, 2558).

Cómo citar este capítulo:
Depetris Chauvin, I. 2019. *Geografías afectivas. Desplazamientos, prácticas espaciales y formas de estar juntos en el cine de Argentina, Chile y Brasil (2002-2017)*. Pp. 57-69. Pittsburgh, Estados Unidos: Latin American Research Commons. DOI: https://10.25154/book3. Licencia: CC BY-NC 4.0

torno a ese territorio geográfico[36]. Las escrituras del desierto trazaron coordenadas conceptuales y sensoriales que delimitaron un espacio donde el "otro" —salvaje, infiel, rebelde primitivo, pueblo revolucionario u hombre ordinario— se definía en su posición de excluido de los avances de la modernización. Desde esta concepción del "atraso", el *sertão* fue también central en las discusiones sobre la función social y política del arte que tuvieron lugar en el campo cultural brasileño durante los años sesenta. El movimiento del Cinema Novo, y en particular Glauber Rocha, transformaron al *sertão* en un lugar privilegiado para pensar el país y sus contradicciones[37]. Bajo una perspectiva alegórica, prevaleció la idea de que el *sertanejo* representaba la fuerza del pueblo puro y genuino del interior, capaz de tomar las riendas de la revolución, lo que transformaba esta región económicamente marginal en un verdadero "microcosmos de la nación" (Xavier 1993, 160).

El *sertão*, como espacio marcado por una tradición politizada, es reconfigurado en el cine brasileño a partir de los años noventa. Refiriéndose a la "retomada" del cine en esa década,[38] Ismail Xavier (2003) identifica una serie de películas que activan desplazamientos al *sertão*, pero que adoptan una actitud despolitizada en tanto sus representaciones particulares del espacio y de las

---

[36] Para un seguimiento de los modos en que la oposición entre el Brasil del litoral y los *sertões* fue abordada en el pensamiento social brasileño, especialmente en el período de 1850 a 1964, véase el libro de la socióloga Nísia Trindade Lima (1999). También Durval Muniz Albuquerque Júnior (1999) ofrece un estudio histórico de la invención del nordeste como un lugar simbólico y real en el mapa de Brasil a partir de 1910.

[37] Antes del Cinema Novo, y como eco de una tradición literaria, el cine había contribuido al imaginario en torno al *sertão* con las películas sobre el *cangaço*, el bandolerismo del nordeste. Este fue retratado de diferentes maneras desde la década de 1920, pero alcanzó consolidación en la década de 1950 cuando el género del *Nordestern* comenzó a utilizar como referencia el western americano (Souza Vieira). Usualmente se considera a *O Cangaceiro* (1953), de Lima Barreto, y *A Morte Comanda o Cangaço* (1960), de Carlos Coimbra, como las películas definidoras del género.

[38] Con "retomada" me refiero a cierto renacimiento de la producción cinematográfica brasileña que fue en parte producto de la nueva ley audiovisual de 1993. A comienzos de esa década, como parte de una reforma neoliberal de la economía, el gobierno del presidente Fernando Collor de Mello reestructuró el sector público y eliminó las agencias encargadas de la producción y distribución del cine nacional, tales como Embrafilme (Empresa Brasileira de Filmes) y Concine (Conselho Nacional de Cinema). Sin ningún tipo de protección o incentivo estatal, la producción cinematográfica brasileña llegó virtualmente a cero. Lentamente, durante la presidencia de Itamar Franco, el Estado volvió a intervenir en el mundo de la cultura. La Ley Audiovisual, de 1993, establecía exenciones impositivas para aquellas empresas que invirtieran en la producción de obras cinematográficas. Este nuevo mecanismo de apoyo repercutió en un aumento de la producción cinematográfica por lo que hacia 1995, ya durante la presidencia de Fernando Henrique Cardoso, se comienza a hablar de una "retomada" del cine brasileño (Moisés 2003, 7).

dinámicas migratorias no se traducen en una reflexión crítica sobre la identidad colectiva (49)[39]. Al igual que otros espacios rurales, antes asociados emblemáticamente a identidades nacionales, discursos modernizadores o revolucionarios, en el cine contemporáneo los paisajes del *sertão* serían tan sólo superficies vaciadas de contenido.

Sin embargo, varias películas producidas en los primeros años del nuevo milenio dan cuenta del potencial de los espacios interiores para articular de un nuevo modo dilemas estéticos y políticos. Como planteamos en el capítulo previo, en sus estudios sobre cine, Andermann insiste en el "agotamiento" del paisaje como proveedor de significados alegóricos y, al mismo tiempo, un uso autoconsciente de la forma paisaje, que al revelar las condiciones histórica de esa crisis, restituye paradójicamente su valencia epistemológica (2011). Este silencio alegórico no supone, sin embargo, la oclusión de otras expresiones en el cine contemporáneo que apuestan al potencial crítico de los afectos, como lo demuestra la insistencia del documental *Sertão de Acrílico Azul Piscina* (2004), en volver a pensar el paisaje físico y humano del nordeste brasileño en clave afectiva. Este documental de viaje de Karim Aïnouz y Marcelo Gomes nos invita a desplazarnos físicamente por ese espacio, al mismo tiempo que propone una suerte de recorrido histórico en el despliegue de una lectura afectiva, que juega con sonidos e imágenes del *sertão* característicos del cine y de la literatura de décadas previas. En este sentido, a modo de eco, esta nueva escritura del desierto pone en escena la ausencia del "pueblo" y la deriva hacia una poética del cotidiano del hombre ordinario. Como si se tratara de restos, los sentidos alegóricos del paisaje son objeto de un ejercicio de contemplación afectiva potenciada por la visualidad predominantemente háptica del documental. Entonces, más que un mapeo cognitivo, los recorridos de Karim Aïnouz y Marcelo Gomes dibujan en el desierto "rutas hápticas" que hacen posible "tocar" esas huellas del pasado. De manera poética, los pequeños gestos de este documental de viaje vuelven a cartografiar un espacio en la apropiación afectiva de figuras heredadas del paisaje, ecos de un archivo de imágenes y sonidos del desierto.

---

[39] En 1997 el *sertão* vuelve a las pantallas de los cines con la exitosa *Central do Brasil*, de Walter Salles, que según Xavier narra "el retorno al *sertão* como alegoría nacional de reposición de valores" (2003, 88). También Luiz Zanin Oricchio critica a los cineastas de la retomada que privilegiaron el retrato de universos domésticos y cancelaron el potencial de generalización característico del Cinema Novo (2003, 155). Centrándose en las relaciones entre ética y estética, Ivana Bentes aborda la problemática apropiación de espacios como la favela y el *sertão* en el cine de los años noventa. Según Bentes, estas películas mostrarían la pobreza de una forma folklórica, apelando a formas discursivas que vaciaban el potencial crítico de la "estética del hambre" de Glauber Rocha, y la transformaban en una "cosmética" en donde la "miseria es cada vez más consumida como un elemento "típico", una "naturaleza" ante la que nada se puede hacer" (2003, 4).

1. Un archivo del desierto

En *Deus e o Diabo na Terra do Sol* (1964) un plano general ubica al sertanejo en una gran planicie donde nada puede cobijarlo del sol implacable. Otro primerísimo primer plano en diagonal recorta un fragmento oscuro, la sombra creada por el sombrero en el rostro del protagonista. Filmando bajo el sol del mediodía, y renunciando a usar filtros que difuminaran los agudos contrastes del blanco y el negro, Glauber Rocha elevó el sol abrazador del *sertão* a la categoría de personaje (Fernão Ramos 1990, 320). Esta modulación lumínica introducía emblemáticamente el drama de la sequía y reforzaba la concepción del *sertão* como tierra hostil, un imaginario que históricamente la propia oligarquía local había movilizado para apelar a la "piedad nacional" y al otorgamiento de ayudas por parte del gobierno central (Albuquerque Júnior 1999, 327). Pero, de acuerdo con Ismail Xavier (1993), en la versión glauberiana del *sertão*, a la aridez del clima se sumaba la idea de aislamiento que le permitía configurar una locación ideal para la narración de la historia protagonizada por un "pueblo" con una cultura auténtica. Alejados de toda influencia urbana, en *Deus e o Diabo na Terra do Sol*, los personajes del *sertão* viven en un mundo autónomo, dotado de una lógica propia, y es precisamente este carácter endogámico la condición para que ese cosmos cerrado se tornara en un espacio alegórico que representaba a la nación. El aislamiento y la escasez de recursos, por otro lado, generaron un sistema de valores para la comprensión del habitante, ya que la dignidad del sertanejo dependía de cierto heroísmo asociado a las condiciones precarias de su existencia (Xavier 1993, 95). En el paisaje hostil del interior nordestino, el hombre del *sertão*, auténtico, incontaminado y noble, era "pueblo", semilla de la revolución.

Cierta mitificación del *sertão* y la magnificación del hombre del pueblo se presentan también en buena parte de los filmes documentales que se realizaron durante las décadas de 1960 y 1970, en particular en los cortometrajes producidos por la Caravana Farkas, un proyecto pionero de documentación de manifestaciones de la cultura popular brasileña que tuvo lugar entre 1968 y 1970. En esos años un grupo de jóvenes cineastas[40] organizados por el empresario, fotógrafo y productor Thomas Farkas partió desde San Pablo en dirección al nordeste con el objetivo de mapear fílmicamente el territorio y sumergirse en el "Brasil profundo" para registrar el paisaje, las prácticas y modos de vida del "verdadero hombre brasileño". Los cortometrajes, sobre temas como la religiosidad popular, la literatura de cordel, la música de las cantorías, la artesanía de barro o la producción de harina,[41] representaban una mirada que valoraba al

---

[40] Estos fueron Sérgio Muniz, Geraldo Sarno, Eduardo Escorel y Paulo Gil Soares.
[41] La mayoría de los cortometrajes optaron por un abordaje centrado en una temática única: la música en *A Cantoria*; la literatura oral en *Jornal do Sertão*; la religiosidad popular, en *Padre Cícero* y en *Frei Damião*; la cerámica y el arte religioso, en *A Mão do Homem*, *Os Imaginários* y *Vitalino/Lampião*; la economía, en *Casa de Farinha* (sobre la

sertão y las tradiciones del sertanejo y buscaba poner en evidencia la miseria en el interior del país.

Detrás de estos filmes latía una fuerte preocupación social. Al igual que las películas de ficción del movimiento del Cinema Novo, los documentales de la caravana se insertaban en el debate político sobre la función del cine como instrumento de transformación de la sociedad. Se trataba, entonces, de un proyecto político y didáctico basado en la visión de que el cineasta-intelectual, al montar una imagen crítica de la realidad, podía promover la concientización de la sociedad[42]. En este contexto surge lo que Jean-Claude Bernardet (1985) llama el "tipo sociológico" que marcará la práctica del documental en buena parte de los años sesenta y setenta[43]. Casi todos los documentales sobre el *sertão* ponían el foco en cuestiones colectivas, y una de las estrategias para sostener este recorte era el vínculo que los filmes establecían entre lo particular y lo general: los personajes ejemplificaban el habla del relator, y la fragmentación del discurso individual de los entrevistados se acomodaba a lo que se consideraba la realidad. La voz en off se legitimaba por la posición de exterioridad asumida con relación al objeto, y su saber sociológico de tipo estadístico se comprobaba con la voz particular de los hombres y mujeres que introducían la experiencia vivida del *sertão*. A pesar de que las innovaciones técnicas y los nuevos modos de enunciación del documental de la época —la posibilidad de grabar sonido con cámaras portátiles y el cine directo— permitían "darle la voz al pueblo", la "voz sociológica" —la "voz del dueño", en la terminología de Bernardet— dominaba a las nuevas voces, hablaba por ellas y en lugar de ellas (13-22).

---

producción de harina de mandioca), *Erva Bruxa* (sobre el tabaco), *O Engenho* (sobre la caña de azúcar), *A Morte do Boi* (ganadería) y *Região: Cariri* (sobre la estructura agraria); el sertanejo, en *A Beste, A VaqueJada, O Homem de Couro* y *O Rastejador*; y la vida en la hacienda, en *Jaramataia*. Dentro de la caravana sólo dos documentales reemplazaron el abordaje vertical por uno horizontal al estudiar diversos aspectos de la cultura de modo comparativo: *Visao de Juazeiro* y *Viva Cariri!* funcionan como síntesis y tratan del sertanejo y las relaciones entre economía, cultura y religiosidad popular.

[42] Los años sesenta fueron un período de intensa politización en todas las áreas del campo cultural brasileño. Durante los primeros cinco años de la década, los Centros Populares de Cultura da União Nacional dos Estudantes, y otros movimientos de base, se expandieron por todo Brasil eligiendo al "pueblo" como su principal público e interlocutor. Sin embargo, esta valorización de la cultura popular, descansaba, según Jean-Claude Bernardet, en el hecho de que para los cineastas las manifestaciones populares filmadas eran válidas como objeto de estudio y de registro a ser insertadas dentro de un discurso didáctico dirigido a las clases medias urbanas. Los documentales que "le daban la voz al pueblo", entonces, no consideraban a ese mismo pueblo como destinatario del mensaje.

[43] En *Cineastas e imagens do povo* Jean-Claude Bernardet aborda más de treinta documentales producidos entre las décadas de 1960 y 1980 para dar cuenta de los conflictos estéticos e ideológicos de los cineastas brasileños en su relación con el tema popular.

El propio Thomas Farkas, refiriéndose a uno de los documentales que sirvió de síntesis al proyecto de la caravana, *Viva Cariri!* (1970), de Geraldo Sarno, reconocía que el dramatismo construido en el proceso de montaje se sobreponía de manera jerárquica al discurso y a las imágenes registradas en el momento de filmación. Esta domesticación direccionaba también la potencialidad afectiva de las imágenes. En una escena cerca del final de *Viva Cariri!* una anciana sentada en el suelo mira fijamente a la cámara mientras toma con la yema de sus dedos ínfimas porciones de harina de mandioca y se las lleva lentamente a la boca. Las características reales de la imagen son tomadas por un afecto que excede la narración, pero en el montaje y la superposición de la voz sociológica estas instancias expresivas sólo pueden ser aprehendidas dentro de la estructura dramática que las organiza y que hace sentir esas imágenes en el modo en que fueron sentidas por quien las filmó. El pequeño y preciso movimiento de la mano de la mujer es la representación del único gesto posible para los pobres en el contexto social del Valle de Cariri que la voz sociológica del documental busca explicar.

Incluso cuando los documentales de la Caravana Farkas trataban de personajes particulares, estos representaban una síntesis de la experiencia de un todo más amplio. Asociado a una práctica pedagógica, el documental disciplinaba narrativamente y clausuraba la ambigüedad de sentidos y afectos que las imágenes, en tanto índices de lo real, pudieran liberar. Encuadrados bajo la figura del "pueblo", la singularidad de los personajes era borrada y la pluralidad de los *sertões* se homogeneizaba en la narración de un *sertão* singular[44].

2. El *sertão* híbrido del hombre ordinario

Desde el interior de un auto, la carretera y la monotonía del paisaje del semiárido nordestino. En sentido contrario pasa un camión de carga. Luego, otro. A los costados, desde la ventana, se observan arbustos bajos. A la distorsión extradiegética de una guitarra se superponen sonidos de animales y el ruido que produce algún vehículo al atravesar la ruta. Una serie de imágenes fijas: en un paraje casi desértico dos hombres miran la carretera vacía mientras dos o tres gallinas andan sueltas. En el interior de un precaria parada una señora posa delante de un mural que reproduce en colores brillantes el paisaje de una playa tropical. En el mismo lugar se ve a otra joven y se escuchan palabras entrecortadas, esbozos de testimonios, sonidos que se congelaron junto con las imágenes. Escritos a mano, con tizas de colores, los títulos de la película. Un plano largo y fijo pacientemente espera que un chancho cruce la ruta. Distintas tomas de

---

[44] *Cabra marcado para morrer* (1984) de Eduardo Coutinho constituye una inflexión en la práctica del documental sobre el *sertão*. Más que intentar representar al pueblo, Coutinho fue al encuentro de personajes singulares, atendiendo al fluir de las relaciones que se daban en el presente de la filmación.

la misma carretera desierta, mañana, tarde y noche. Imagen sobreexpuesta del sol del atardecer. Plano borroso de un camión que participa de lo que parece ser una procesión religiosa. Los hombres y mujeres saludan a cámara. Interior de un santuario, la cámara recorre la superficie de un mar de fotografías y una música de repentismo se funde con voces entrecortadas, letanía de pedidos y reconocimiento de milagros. Afuera, vendedores ambulantes ofrecen suvenires a los turistas y una música árabe extradiegética nos hace pensar en otros peregrinos y en otros desiertos. Una sucesión de parejas repitiendo la misma pose frente a un fotógrafo a los pies del monumento al Padre Cícero, en Juazeiro do Norte. La música disonante de la guitarra se expande en una atmósfera sonora onírica y melancólica.

Sertão de Acrílico Azul Piscina (2004) comienza como una *road movie* que mezcla el registro de un recorrido turístico con un vagabundeo azaroso. Las fotografías e imágenes en Super 8, 16 mm y Mini-DV fueron tomadas en 1999 por los nordestinos Karim Aïnouz y Marcelo Gomes durante un viaje sin rumbo fijo por los estados de Pernambuco, Paraíba, Ceará, Alagoas, Sergipe y Bahía. El film carece de testimonios o narración de voz en off, y la banda sonora reproduce músicas incidentales, sonido ambiente y efectos disonantes que dialogan con la atmósfera por momentos onírica de las imágenes. Sin marcos cronológicos ni señalizaciones que permitan localizar geográficamente con precisión las escenas, los planos largos del documental invitan a una aprehensión afectiva del *sertão*. Como declararon en una entrevista los directores, al recorrer los espacios interiores de sus estados de origen estaban abiertos al encuentro de todo aquello que les encantara o causara extrañamiento (Marcelo Gomes en Cruz 2009)[45].

Al igual que en sus producciones individuales, en *Sertão de Acrílico Azul Piscina* hay cierta búsqueda interna de Karim Aïnouz y Marcelo Gomes en relación con el *sertão*, aunque el registro de los lugares visitados, de las paradas hechas en los bares al costado de la ruta, de los moteles, las peregrinaciones religiosas, fiestas, monumentos o ríos se enmarca en un proyecto desarrollado para el Instituto Itaú Cultural. En 1999 esa fundación les otorgó un subsidio para estudiar el fenómeno de las ferias itinerantes. Lo que comenzó como una investigación se convirtió en un viaje con un fin incierto, y luego el mismo viaje se convirtió en una película de poco más de una hora que los directores montaron seleccionado aquellas imágenes que les atraían desde un punto de

---

[45] Esta relación directa y afectiva de los directores nativos de las ciudades del litoral nordestino con el *sertão*, se verifica en una generación de cineasta provenientes de distintos estados pero en particular de las ciudades de Fortaleza y Recife. Algunas películas representativas son *Árido Movie* (Lírio Ferreira, 2005), *Cinema, Aspirinas e Urubus* (Marcelo Gomes, 2005), *Deserto Feliz* (Paulo Caldas, 2007), *O Céu de Suely* (Karim Aïnouz, 2007), *Viajo porque preciso, volto porque te amo* (Marcelo Gomes y Karim Aïnouz, 2009).

vista sensorial[46]. Aún sin el ordenamiento narrativo de una voz en off, la versión final de 26 minutos puede leerse como un ensayo que responde al concepto de "contrastes en el mundo contemporáneo", eje de la convocatoria de Itaú. En *Sertão de Acrílico Azul Piscina* el interior nordestino, lejos de ser un espacio puro, se presenta como espacio intervenido, híbrido y ambivalente. Pequeña célula abandonada por el progreso, y al mismo tiempo inscripta en la red de conexiones y flujos del mercado globalizado, periférico respecto del desarrollo pero central en el imaginario brasileño, en el paisaje semidesértico del *sertão* conviven hombres y mujeres que viven aislados sin luz eléctrica, estaciones de servicio, animales que cruzan la ruta, prostitutas, feligreses y consumidores que llegan a una feria a cielo abierto donde se venden artesanías producidas localmente, flores de plástico, televisores y aparatos electrónicos *made in Taiwan*.

Según Marcelo Gomes, con la película buscaban "romper com a ideia de lugar isolado, intacto, esquecido, arraigado numa religiosidade intransponível. Eu até evito usar a palavra 'sertão' para ter um novo olhar sobre esse lugar. A ideia era se afastar da imagem histórica da região na cultura brasileira. Encontramos um universo plural, que tem desde uma feira de equipamentos eletrônicos a locais de total desolação"[47] (Marcelo Gomes en Cruz). Detrás del proyecto original late el impulso de ir en contra de ciertas imágenes heredadas, un archivo fílmico del *sertão* que la película de Gomes y Aïnouz supone por negación. Una de esas concepciones sedimentadas era la de un aislamiento radical que, en el cine de los años sesenta, había dado lugar a "dragones de la maldad contra santos guerreros". Por el contrario, en la búsqueda de un espacio real y específico, el *sertão* abandona su carácter mítico y adquiere formas discursivas que lo hibridaban con paisajes primitivos y contemporáneos, locales y globalizados.

El *sertão* adquiere trazos urbanos pero las pequeñas ciudades consumidoras quedan a medio camino entre la tradición y la modernidad. Una difusa toma nocturna de una calle con carteles luminosos hace de Juazeiro, ciudad

---

[46] El material filmado durante el viaje de cuarenta días conformó un archivo personal de imágenes al que Karim Aïnouz y Marcelo Gomes retornaron varias veces a lo largo de una década para elaborar distintos proyectos cinematográficos y artísticos. En 2001 trabajaron con varias proyecciones simultáneas del material a modo de instalación en la exposición O Cinema dos Pequenos Gestos (Des) Narrativos, en 2004 presentaron el mediometraje documental *Sertão de Acrílico Azul Piscina* a la Fundación Itaú. Finalmente, en 2009 volvieron a las imágenes capturadas en 1999 y montaron una estructura dramática y la voz en off de un actor para realizar el largometraje de ficción *Viajo Porque Preciso, Volto Porque Te Amo*. Para un análisis de los usos del archivo personal y los cruces entre documental y ficción en la obra de Karim Aïnouz y Marcelo Gomes, véase el artículo de Souza Vieira.

[47] "Romper con la idea de un lugar aislado, intacto, olvidado, enraizado en una religiosidad insuperable. Incluso evito usar la palabra 'sertão' para poder tener una nueva visión de este lugar. La idea era alejarse de la imagen histórica de la región en la cultura brasileña. Encontramos un universo plural, que abarca desde una feria de productos electrónicos hasta lugares de absoluta desolación" (traducción propia).

principal del Valle de Cariri, una versión subdesarrollada de Las Vegas en el desierto. El *sertão* se vuelve híbrido espacial y temporalmente también en lo sonoro. La melodía árabe que acompaña una secuencia del armado de las tiendas en la feria de Caruaru, sobreimprime un imaginario nómada exótico sobre este municipio pernambucano. Otro plano general de una fiesta recuerda a *A Cantoria* (1970), el cortometraje sobre los payadores y la música popular que Geraldo Sarno grabó para la Caravana Farkas, pero en esta escena los músicos ya no improvisan sino que interpretan un samba y un forró, conocidos éxitos radiales del músico Jackson do Pandeiro. En una de las últimas secuencias de la película, el municipio de Piranhas, en el Sertão Alagoano, se llena sonoramente con estrofas de "Esta cidade é uma selva sem você", del cantante de música brega Bartô Galeno, pero las imágenes nos muestran una pequeña ciudad colonial casi vacía donde resabios del pasado ganadero se adivinan en las cabras que andan sueltas en lo que parece ser la plaza principal del municipio.

Restos, resabios, huellas. *Sertão de Acrílico Azul Piscina* recrea lúdica y afectivamente imágenes que hacen referencia al documental tradicional sobre la cultura nordestina: trabajadores itinerantes, devoción religiosa, sol abrasador, paisaje anémico. En una escena, sobre el fondo de tonalidades ocres de la naturaleza del semiárido, se recorta el brillante azul de una piscina de acrílico sin instalar, un *objet trouvé* en el *sertão* ambivalente de la postmodernidad que parece venir a poner en duda el drama de la sequía como obstáculo para el desarrollo de la región[48]. En otra secuencia, Aïnouz y Gomes, en un bello montaje, muestran un fragmento de la actividad de fabricar colchones rellenos con paja. Las imágenes se ralentizan y terminan transformándose en fotos fijas, casi postales, mientras el ruido del crujir de los materiales completa auditivamente un proceso de trabajo que no alcanzamos a visualizar. Más adelante, en una de las imágenes más poéticas del film, el mismo colchón floreado secándose al sol se recorta por contraste con el paisaje anémico de árboles y cabras flacas. A diferencia de muchos de los documentales de los años sesenta y setenta, aquí el proceso de trabajo no se muestra en su totalidad, el producto se aísla y el hombre no aparece interactuando con el medio. El ambiente desprendido de toda motivación se transforma en paisaje puro, objeto de contemplación.

---

[48] También en las películas de ficción de Karim Aïnouz y Marcelo Gomes se observa un mapeamiento geográfico y humano del nordeste que coloca al sertão en el contexto de movilidad y dislocamientos donde los espacios superponen lo local y lo global. En *O Céu de Suely*, de Karim Aïnouz, el *sertão* ya no es un espacio aislado y puro: la música technogrega, la venta de CD piratas, las luces de neón y el cabello teñido de la protagonista hablan de un *sertão* contemporáneo en el que coexisten el atraso, con trazos de una modernidad no cumplida (el trabajo precario, la pobreza, la prostitución) e influencias del mundo global. La historia de *Cinema, Aspirinas e Urubus* (2005), de Marcelo Gomes se sitúa en los años cuarenta pero el *sertão* que se muestra es también híbrido, atravesado por un inmigrante alemán que vende aspirinas y pasa películas a los locales.

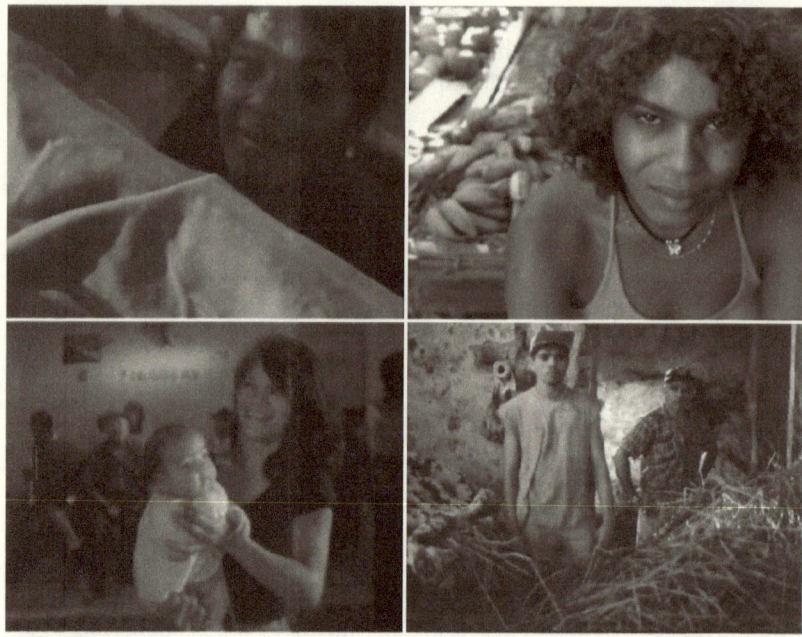

Imágenes 9, 10, 11 y 12. El *travelogue* de Karim Aïnouz y Marcelo Gomes es un registro precario de hombres y mujeres ordinarios. Fotogramas de *Sertão de Acrílico Azul Piscina*, série Brasil 3x4, Rumos Cinema e Vídeo 2003-2004, Itaú Cultural.

El recorrido de Aïnouz y Gomes cartografía un desierto híbrido al detenerse en este tipo de secuencias: ejercicios singulares de capturar un real marcado por lo extraordinario y por lo prosaico, donde lo cotidiano es reinventado poéticamente en un montaje que recorta los procesos. En los retratos audiovisuales cotidianos las figuras humanas también se fragmentan y cuando aparecen delante de cámara parecen responder a lo que Michel de Certeau (2000) entendía como "hombre ordinario", aquel que por la falta de atributos esenciales que lo vinculen metonímicamente a un conjunto perturba la representación. El paisaje humano de *Sertão de Acrílico Azul Piscina* pone en escena la ausencia del pueblo. El borramiento de la entrevista con Paty, una prostituta cuyo testimonio será clave en *Viajo Porque Preciso, Volto Porque Te Amo*, pone en evidencia este quiebre en la noción de pueblo como lo representable. A diferencia de la película de ficción, donde el encuentro se inserta en una lógica de formato de entrevista documental, con Paty encuadrada en un plano fijo observacional respondiendo las preguntas hechas por una voz en off,[49] en *Sertão de Acrílico Azul Piscina* sólo

---

[49] La voz off es en realidad *over*, ya que la voz de Renato, el protagonista, viene a reemplazar la voz de quien hizo las preguntas en 1999 el momento de la filmación del encuentro. Ficción y documental se tensionan mutuamente a través de este monólogo, diálogo, entrevista.

vemos primeros y primerísimos primeros planos del rostro de Paty que se congelan en fotos fijas. Su testimonio es omitido pero la expresión de un deseo queda, como en las otras escasas voces que se escuchan en la película, como un eco que sin coincidir exactamente con la imagen repite "eu quero" y "é importante para a gente". La instancia narrativa que conduce el documental se desmarca de una sedimentación del film en el ámbito de la verdad, pero se articula a partir de las huellas afectivas que nacen de los personajes encontrados en el viaje.

3. Rutas hápticas

Registros del paisaje en movimiento, los gestos de una pareja que baila un forró con su bebé en brazos, la mirada de una mujer sin dientes que viaja colgada de un camión, un vendedor itinerante mal iluminado por una antorcha, un colchón floreado secándose al sol en un paraje casi desolado. *Sertão de Acrílico Azul Piscina* lleva al centro del plano figuras de la naturaleza humana, y de lo humano inserto en la naturaleza, que ya habían poblado otros relatos sobre el *sertão*. El tratamiento no naturalista del sonido y de la imagen debilita los vínculos entre los acontecimientos reales y su representación e introducen una distancia que llama la atención sobre la relación entre la locación particular y el archivo de imágenes que la precede. En otras palabras, en la película de Aïnouz y Gomes se pone en evidencia que los espacios ya fueron conformados previamente como lugares estables en el cine (Andermann 56).

Reconocer que el *sertão* es un espacio cinemático no cancela, sin embargo, la carga de afectividad con que los directores registran y utilizan ese archivo de imágenes. *Sertão de Acrílico Azul Piscina* trabaja sobre la mirada y la escucha de un modo peculiarmente afectivo. En el film, planos híbridos, autónomos e imperfectos se nos presentan como un caleidoscopio visual y sonoro aparentemente sin otra conexión más que la del viaje, cuyo sentido está dado en cuanto a sensaciones, una invitación a escuchar y contemplar antes que a establecer vínculos causales entre las escenas. El hacer la película a partir de la experiencia del viaje traslada al documental el potencial afectivo del vagabundaje, como si la cámara que acaricia los cuerpos y los espacios nos permitiera vivir la experiencia sensorial del tránsito. Pero, más allá del montaje, es también al nivel de los planos aislados que la película propone una forma afectiva de relacionarnos con el mundo. Es el propio registro visual fragmentario, texturado e impreciso el que motiva las miradas con relación a las personas, los espacios y los objetos.

Los planos de *Sertão de Acrílico Azul Piscina* refuerzan aún más su carácter de "imágenes hápticas" porque están desligadas de la narrativa personal que los domesticará en *Viajo Porque Preciso, Volto Porque Te Amo*[50]. Al carecer de una

---

[50] Poniendo en relación *Sertão de Acrílico Azul Piscina* y *Viajo Porque Preciso, Volto Porque Te Amo*, la película de los mismos directores analizada en el capítulo previo, se evidencia que Ainouz y Gomes exploran en términos estéticos cierta modulación de lo

narración vocal, el espectador se enfrenta a las imágenes como puras potencias sensoriales, propias de una dimensión háptica mucho más próxima a la dimensión táctil que a la tradicional visualidad "óptica". Según Marks, en la visualidad óptica el ojo percibe los objetos desde una distancia lo suficientemente lejana que los aísla como formas en el espacio. En contraposición a esta separación entre el cuerpo del que ve y el objeto, la visualidad háptica sería un modo más cercano de mirar, ya que tiende a moverse sobre la superficie de los objetos, antes que zambullirse en una profundidad ilusoria, y no busca tanto distinguir formas sino discernir texturas. En este sentido, la visión háptica estaría más cercana a una forma corporal de percepción como si los ojos en sí mismos fueran "órganos del tacto" (162).

Las imágenes borrosas del documental nos invitan a una percepción más próxima a la superficie y a la materialidad misma, donde el ojo se queda explorando el grano y la textura y los microeventos que afloran en la superficie del plano. Esta relación entre el tacto y la mirada tiende a crear proximidad con los observadores. Al reducir la distancia y confundir observador y superficie observada, la visualidad háptica establece canales de comunicación entre estética y afecto que impactan en las dimensiones narrativas y de temporalidad. La imagen háptica es "menos completa" y requiere que el espectador contemple la imagen como una presencia material antes que como una pieza representacional reconocible en una secuencia narrativa. Al mismo tiempo, las imágenes hápticas son "precarias". Al esbozar antes que representar sus objetos, no convocan una mirada que disecciona, que mira con atención, sino una que vislumbra, que mira como de costado y que funde percepción y sensación. *Sertão de Acrílico Azul Piscina* trabaja con un universo de imágenes que necesariamente apuntan a su propio límite, como si hubiera algo que no se ve completamente, no sólo porque están fuera de foco o fuera de campo sino porque ese límite señala algo todavía no actualizado, como una promesa de algo que está por venir.

En el final de la ruta háptica de *Sertão de Acrílico Azul Piscina* llegamos al municipio de Piranhas, un oasis en el Sertão Alagoano. Bordeando las márgenes del río São Francisco, ascendemos a un mirante cuya placa dice ser un homenaje "do povo do século xix ao povo do século xx". Desde la cima, un giro de trescientos sesenta grados nos ofrece una panorámica de la ciudad y en el cierre, como una inversión de la primera escena, nos desplazamos por el río, alejándonos de la tierra. Por primera vez en el documental la palabra articulada y cargada de afecto se hace presente en el recitado de "A Voz do Frei Damiao", un cordel que narra las catástrofes que asolaron al *sertão* durante un siglo y profetiza que en 1997 "está chegando a era". El *sertão* que se convierte en mar

---

sensorial. Mientras el documental poético trasmite una afecto impersonal vinculado a una percepción sensorial háptica, la introducción de una narrador en *Viajo Porque Preciso* puede entenderse como un trabajo sobre la emoción "como afecto en estado de captura" (Massumi), ya que es a partir de su propia masculinidad herida que el espectador filtrará la dimensión afectiva de las imágenes.

y el discurso milenarista que espera la llegada del fin para el centenario de la masacre de Canudos coinciden en el cierre de *Sertão de Acrílico Azul Piscina*. El archivo visual del paisaje cinemático y el archivo popular de la voz se encuentran en la percepción háptica que prescinde del significado de "pueblo" pero que en su precaria cadencia afectiva remite a un "por venir" que se ilumina en la materialidad de un fragmento.

4. Ser, estar, transitar: un mapa afectivo del *sertão*

Hablar del *sertão* es hablar de lo que no se sabe, dice Riobaldo en *Grande Sertão: Veredas* (Guimarães Rosa 2006). Pero de manera enigmática los sentidos no dejan de proliferar en el vacío del desierto como si este espacio nunca pudiera estabilizarse en un lugar fijo. La literatura y el cine construyeron "veredas" por las cuales transitar y edificaron paredes invisibles que delimitaron la manera en cómo percibimos el *sertão*. Sin embargo, siempre se vuelve al *sertão* y a sus escrituras, y en los nuevos vínculo entre pasado y presente proliferan nuevos discursos, nuevas formas de abordar el espacio. El cine del nuevo milenio parece haberse alejado relativamente de la concepción totalizadora del cine de los años sesenta que proponía que "el *sertão* es el mundo" para explorar propuestas más cercanas a aquella percepción de Guimarães Rosa de que el "*sertão* está dentro de las personas", el *sertão* nos habita porque forma parte de una subjetividad. Nuevos tránsitos en el cine contemporáneo dibujan un *sertão* íntimo con desplazamientos que privilegian el punto de vista afectivo y transforman el territorio en "lugar practicado".

El recorrido de Karim Aïnouz y Marcelo Gomes nos sumerge en una narrativa visual permeada de afectos en la que el desierto se vuelve un territorio plástico poblado de hombres comunes pero la construcción audiovisual de *Sertão de Acrílico Azul Piscina* supone también una práctica del espacio que libera "rutas hápticas" cuyos planos borrosos y precarios responden a una visualidad que restablece un contacto más sensible con las imágenes, con los objetos, con el entorno. Utilizando el formato de documental de viaje y explorando la dimensión háptica, la película propone una nueva forma de reescribir el espacio del *sertão* desde la dimensión de la afectividad. En la superficie de los paisajes cinemáticos resuenan sentidos previos, al mismo tiempo que el afecto emerge de una obra que invierte en la materialidad de las imágenes, en su potencia plástica y sensorial y que apuesta a una temporalidad abierta, liberada de sus ataduras de la teleología, de la verosimilitud y de la totalidad.

CAPÍTULO 4

Materialidad y afecto en dos itinerarios por una geografía sísmica

> *El afecto connota configuraciones de movimiento y materialidad —de luz, color, morfología y estados de ánimo— a partir de los cuales se destilan y refractan sentidos distintivos de uno mismo y el paisaje, caminante y camino, observador y observado... La circulación y el brote de afectos y preceptos es precisamente aquello a partir de lo cual estos horizontes, interior y exterior, el ser y el paisaje, se precipitan y pliegan.*
>
> John Wylie, *A Single Day's Walking*

Ubicado en el llamado Cinturón de Fuego del Pacífico, Chile es una de las regiones más sísmicas del planeta y periódicamente sufre movimientos telúricos de diversa magnitud que en ocasiones desencadenan gigantescas catástrofes. En su recorrido por las memorias de los terremotos en la historia chilena, Marisol Palma da cuenta de los modos en que, una y otra vez, esas catástrofes naturales trastornaron las relaciones sociales y generaron crisis políticas. Pero, con el transcurrir del tiempo, los terremotos han pasado a formar parte de una identidad colectiva sustentada por testimonios que apuntan no sólo a un imaginario de destrucción sino también a nuevos sentidos de futuro: la voluntad de una reconstrucción material y simbólica. Las culturas nativas, la religión y el arte han provisto mitos, leyendas y rituales para conjurar, y al mismo tiempo recordar, las pérdidas provocadas por terremotos y maremotos en la repetición del lenguaje de los cuerpos orantes, de las ofrendas sacrificiales o de las representaciones y prácticas artísticas (2014 a, 163-177).[51]

---

[51] Según Marisol Palma para las poblaciones nativas las catástrofes eran condiciones conocidas del territorio. El terremoto era un momento fundacional de los selk'nam ya que la memoria ritual de un sismo explicaba la separación de la isla de Tierra del Fuego

---

Cómo citar este capítulo:
Depetris Chauvin, I. 2019. *Geografías afectivas. Desplazamientos, prácticas espaciales y formas de estar juntos en el cine de Argentina, Chile y Brasil (2002-2017)*. Pp. 71-84. Pittsburgh, Estados Unidos: Latin American Research Commons. DOI: https://10.25154/book3. Licencia: CC BY-NC 4.0

Sin embargo, no siempre se puede acudir a ritos que sirvan para suturar las cicatrices y elaborar personal y socialmente el duelo que sigue a la súbita pérdida de vidas y de las bases materiales que sustentan la cotidianidad. Nuevamente, el 27 de febrero de 2010 un terremoto castigó el centro del vecino país con una fuerza de 8,8 en la escala de Richter, y dejó más de 500 muertos y 500.000 construcciones derribadas. Casi inmediatamente después, algunos poblados del litoral del océano Pacífico situados frente al epicentro fueron barridos por un maremoto que las autoridades no supieron anunciar. Al desastre natural le siguió el "terremoto social": el movimiento telúrico que hizo vibrar la superficie terrestre llevó a los pobres nuevamente a escena. El desabastecimiento, la falta de servicios básicos, la urgencia del hambre, el frío y los saqueos, reproducidos incansablemente por las pantallas de televisión, señalaban la vulnerabilidad de un sistema que excluía a amplios sectores sociales del acceso a los bienes materiales, al mismo tiempo que los "invisibilizaba por el resplandor del milagro chileno" (Paredes 2012). Según Sonia Montecino, sin un ritual social y público que ayudara a frenar el desorden simbólico que trajeron consigo las pérdidas, los medios de comunicación masivos y el mercado se apoderaron del lenguaje del duelo y lo convirtieron en un *reality show* que banalizaba la muerte y los saqueos. La competencia de la televisión por ganar espectadores terminó anestesiando la mirada de un país entero ante la reiterada reproducción de imágenes del desastre que construía a los damnificados como "entes transicionales, ni vivos ni muertos, porque lo habían perdido todo y ningún rito de pasaje los hacía transitar de un estado de carencia a uno de plenitud humana" (2010, 198)[52].

---

del continente y de la cultura selk'nam de las tribus tehuelches. Entre los mapuches del sur de Chile, el mito del kai kai y ten ten se ha narrado por siglos: de modo esquemático el relato alude a la lucha entre kai kai, la fuerza de los espíritus del mar y de las aguas, y ten ten, las de la tierra y las montañas, simbolizadas ambas en dos culebras, una que hunde y ahoga y otra que salva a las personas elevando la tierra. Los maremotos y los terremotos eran explicados por esta contienda telúrica y líquida y aquellos miembros de la comunidad que lograban sobrevivir refugiados en los cerros tenían que calmar esos espíritus por medio de rituales sacrificiales. La condición telúrica es también parte de la memoria temprana colonial como lo evidencian las numerosas crónicas de españoles sorprendidos por los terremotos. En estos testimonios, la imagen de Cristo Rey aparece como fundamental para fijar una memoria hegemónica "apocalíptica" y una mirada providencialista que reforzaba el lugar de la iglesia en el destino de la comunidad (2014, 163-166). Además de poemas y cuentos, la autora rescata el *proyecto T* del Grupo Teatro Mapamundi que, al abordar el terremoto a partir de una indagación de la dramaturgia y puesta en escena de textos literarios, despierta a la experiencia sensorial de un modo explícito e invita al público a participar de una *performance* de la contingencia de cuerpos en movimiento por el sismo pero también por la experiencia estética (2014, 174).

[52] Según Sonia Montecino, sólo tardíamente "se decretó un duelo nacional cuyo corolario ritual fue el superficial espectáculo de la beneficencia mediática: la Teletón con toda su carga de expiación y lavado de conciencia" (2015, 199).

Si los medios periodísticos, que registraron el caos y la tragedia, respondían a una lógica de producción de "evidencias visuales" para fogonear el espectáculo del desastre con una estética que explotaba el horror y transformaba al espectador en *voyeur*, cabe preguntarse qué otros regímenes visuales permiten pensar la destrucción y elaborar la pérdida. Más específicamente: ¿qué debe o puede registrar un documentalista luego de un terremoto? ¿Es posible testimoniar la destrucción? ¿Qué memorias se inscriben en la épica del derrumbe? ¿Puede el cine poner en escena un trabajo del duelo? De diversos modos, los documentales *Tres semanas después* (2010), de José Luis Torres Leiva, y *Tierra en movimiento* (2014), de Tiziana Panizza, atienden a estos interrogantes. Sus obras son dos recorridos por la zona del desastre, dos itinerarios por una geografía sísmica que movilizan imágenes que "nos mueven". Los documentales de Torres Leiva y Panizza pueden ser pensados como dos geografías afectivas que contribuyen a elaborar la pérdida. Sus itinerarios e imágenes en movimiento actúan sobre nosotros porque producen modos de ver, afectar, entender y recordar que atienden a dimensiones de la materialidad que escapan tanto del sensacionalismo como de la monumentalización.

Desde los abordajes recientes en torno a las geografías afectivas y su traslación a las geografías fílmicas, aquí interesa no tanto el valor representacional o las propiedades físicas de los restos materiales representados sino su capacidad de generar una respuesta afectiva. En los documentales de José Luis Torres Leiva y Tiziana Panizza la fuerza de las imágenes es más que representacional; se trata de bloques de sensaciones con intensidades afectivas: las imágenes construyen sentido no sólo porque demandan un tiempo para entender qué significan, sino porque su misma materialidad afectiva pre-significativa se *siente* en el cuerpo. Desde una perspectiva fenomenológica y no representacional, algunos geógrafos realizan estudios que ponen en juego concepciones más amplias de materialidad al considerar los vínculos entre espacios y memorias atendiendo a la presencia de objetos, lugares y personas, pero también a la pérdida y a la ausencia que impacta nuestro sentido de ser en el espacio (Wylie 2009). Así, el interés de las geografías afectivas en la "espectralidad" permite comprender de modo alternativo cómo los espacios y las prácticas realizadas en ellos son disruptivas de ideas convencionales de presencia y ausencia. De manera similar, en el campo de los estudios de la memoria algunos académicos sostienen que la oposición entre objetos como cosas tangibles, reales y concretas y el mundo intangible e inmaterial de los afectos es inadecuada.

Entonces, considerados desde este cruce entre cine, materialidad y afecto, los itinerarios por la geografía sísmica de José Luis Torres Leiva y Tiziana Panizza ofrecen modos de comprender el desastre y elaborar esa pérdida a través de un "trabajo del duelo" que insiste en la materialidad y espectralidad del espacio: la atención a los escombros y las *performances* de destrucción del paisaje, en *Tres semanas después*, y a las texturas y los materiales blandos de la cotidianidad de una "comunidad humano sísmica", en *Tierra en movimiento*, dan cuenta del potencial de las formas estéticas para crear modos de "estar juntos" en la pérdida.

1. La destrucción del paisaje y la espacialización del duelo en *Tres semanas después*

Tradicionalmente, los estudios culturales han considerado los sitios meramente como lugares donde las catástrofes se desarrollaron pero las configuraciones del paisaje en el cine ofrecen una forma crítica de explorar las construcciones culturales de espacio, lugar y naturaleza, al mismo tiempo que ponen en juego dimensiones materiales y afectivas a partir de las cuales se pueden elaborar discursos de memoria con relación tanto a catástrofes políticas como naturales.

Desde *Ningún lugar en ninguna parte* (2004) hasta *El cielo la tierra y la lluvia* (2008) y *Verano* (2011), el cine de José Luis Torres Leiva se presenta como un persistente esfuerzo por extraer del territorio paisajes que podamos contemplar. Sin embargo, su insistencia en torno al protagonismo de los planos generales de larga duración, que es característica de su estilo, no es la única forma de "fijar la mirada" en los paisajes como receptores pasivos, sino que es también la *performance* de los cuerpos en torno a ellos la que viene a darle al espacio un protagonismo que se desmarca del eje de lo dramático y reorienta el hecho fílmico hacia el campo de lo sensible. Es también un modo de entender una relación de naturaleza y cultura que encuentra resonancia en las conceptualizaciones contemporáneas en torno al paisaje como un marco visual sujeto al consumo estético y una relación entre cuerpo y entorno que ensambla lo perceptivo con los efectos y afectos que la percepción produce en la materialidad que lo abarca. En las películas de Torres Leiva hay una mirada subjetiva que logra que los efectos de la naturaleza, y la intimidad ante ella, traspase la pantalla de un modo en que el paisaje recupera toda la potencialidad representar y producir lugares.

En *Tres semanas después*, el documental que Torres Leiva realizó en las zonas del sur devastadas por el terremoto, la meditación visual sobre el espacio luego de una catástrofe considera los dos sentidos de paisaje: como imagen, como espacio observado desde cierta distancia, y como entorno, como medio recorrido. La atenta mirada y las *performances* en relación con ese territorio arrasado articulan distintos vínculos afectivos con un paisaje que se desmarcan de los sentidos sobre la destrucción que habían sido promovidos por la cobertura televisiva. De manera minimalista y pausada, el imaginario de la destrucción, sin embargo, nos toma por sorpresa: junto a unos acordes de piano un plano fijo de la playa registra las olas rompiendo sobre la orilla. La cadencia de la contemplación de una franja de la naturaleza asociada a la armonía se interrumpe de pronto por lo inesperado. Como si se tratara de una pintura abstracta, el fragmento arrancado de una fachada de casas destruidas se expone horizontalmente con un plano frontal y sostenido y un sonido difuso de ruidos en off nos invitan a intuir cierto dinamismo oculto detrás de la inercia de esos escombros. En el inicio del documental, antes de estos dos paisajes, una placa en negro ya nos adelantaba que las imágenes forman parte del proyecto 8,8 del artista chileno Fernando Prat y que fueron registradas tres semanas después del terremoto del 27 de febrero de 2010 en las localidades chilenas de Talca, Curepto, Rancura, Iloca, Duao, Constitución, Cobquecura, Pelluhue, Dichato, Talcahuano y Lota. Este es el único momento en el que se explicitan marcas geográficas, ya que el itinerario fílmico de *Tres semanas después* evita el discurso vocal o títulos que organicen el recorrido y nos localicen en espacios determinados.

Durante ocho días, José Luis Torres Leiva registró el proceso de retiro de escombros desde diversos poblados de las regiones séptima y octava, que quedaron prácticamente demolidos luego del terremoto. Con un plano secuencia ingresamos a una espectral y deshabitada Cobquecura, otro *travelling* horizontal nos acompaña por una hilera interminable de escombros dispuestos en la zona costera de Constitución. Muchas de las prácticas espaciales que el documental propone a lo largo de sus cincuenta y ocho minutos de duración tienen que ver con esta forma de vincularnos con el espacio: una invitación a recorrer vicariamente una zona devastada. El poder de observación de las imágenes se acerca a la abstracción, no sólo por los encuadres y los mínimos movimientos de cámara, sino porque, en ausencia de una narración vocal, todo —entorno natural y comunidad humana— parece formar parte de lo mismo: un extenso territorio arrasado del cual sus habitantes no terminan de ser expulsados porque, sin que sepamos quiénes son o cuáles son sus historias, los vemos ingresar y salir del plano, atravesando las ruinas para continuar con la rutina de todos los días.

Sin embargo, *Tres semanas después* no trata al paisaje sólo como "entorno". Se puede decir que en el documental el duelo adquiere un "giro espacial", sobre todo porque los planos fijos de larga duración estructuran secuencias, series de "paisajes entrópicos",[53] separados de otros planos de larga duración que registran el armónico —aunque en parte siniestro— rompimiento de las olas del mar sobre la costa. La insistencia en los planos cerrados de larga duración, en las "imágenes fijas", sugiere que el desciframiento del territorio es una de las formas de interrogar la pérdida y que esa interrogación del espacio requiere otro tipo de vínculo estético y afectivo con el paisaje. A diferencia de los recorridos

---

[53] Diversas prácticas artísticas han construido una mirada que propone una valoración de los paisajes devastados que resultan de la destrucción del territorio. En sus obras *Non-sites*, *Displacements* y *Earthworks*, el artista estadounidense Robert Smithson convierte a las ruinas industriales en monumentos y memoria de un paisaje agotado, señalando las roturas, vacíos, fisuras y cicatrices de un "paisaje entrópico" irreversiblemente deteriorado (1966, 26-31). Según Catalina Valdés, en el contexto chileno, otras prácticas artísticas funcionan como "antipaisajes" que intentan quebrar con identidades territoriales hegemónicas: en 1984, el artista chileno Carlos Leppe (1952) presentaba en Buenos Aires su Proyecto de destrucción de la Cordillera de los Andes. Todavía en plena dictadura pinochetista, y a un año del conflicto fronterizo que estuvo a punto de culminar en una guerra entre Argentina y Chile, la instalación que, con medios precarios, planificaba dinamitar la inmensa montaña, cobraba el sentido político de demoler los muros del país que la violencia militar mantenía secuestrado y se inscribía como reacción en una tradición pictórica que había hecho de la Cordillera de los Andes un "cuerpo correccional de Chile" (2014, 110-111).

en los que el espacio geográfico se presenta como un espacio que habitamos, los planos generales que se muestran a lo largo de la película nos vinculan con el paisaje teniendo en cuenta el encuadre y la distancia, es decir, privilegiando la visión por sobre la *performance*. Tradicionalmente en las artes plásticas el paisaje es una imagen fija, un momento detenido, mientras que la imagen en movimiento que caracteriza al lenguaje del cine de alguna manera traiciona la normativa de la convención del paisaje en la pintura. Pero en el cine hay también usos del paisaje que dialogan con esta tradición pictórica, como lo sugiere Martin Lefebvre (2006) en su conceptualización de los paisajes "puros o intencionales" y paisajes "impuros". En la base de estos dos modos de presentación del paisaje en el cine se encuentra la sensibilidad del espectador hacia los paisajes como medios visuales y su habilidad de "detener" esa imagen, aunque más no sea en su propia mente. En otras palabras, el "paisaje intencional" descansa en estrategias visuales que nos llevan a experimentar el entorno natural de un film de manera similar a como experimentamos el paisaje en una pintura. En consecuencia, la función narrativa de ese escenario momentáneamente se desvanece y la configuración del paisaje adquiere, en la mirada del espectador, el tipo de autonomía que tradicionalmente este tiene en la pintura.

Este predominio del paisaje en su acepción visual se presenta en las tomas de larga duración, donde el encuadre fijo presentan al paisaje como pura *imagen*, de un modo que se destaca la importancia del medio dado y del mismo acto de mediar: es decir, del poder desnaturalizador de la mirada de detener y extraer un paisaje de ese territorio inestable. En cuanto la naturaleza es convertida en paisaje por la percepción humana, la cámara convierte el flujo narrativo en pura visualidad. En esta presentación del espacio se apela a nuestra habilidad de reconocer "paisajes puros", capturando y extrayendo ese paisaje del flujo narrativo. Detener la imagen fílmica supone desterritorializar el "escenario" al transponerlo del cine a la fotografía. Así, al separarlo de la narración, y devolverlo desprovisto de acción y personajes, Torres Leiva recupera paisajes que podemos *contemplar*. Permitir una pausa que dé lugar a la contemplación es también una forma de apelar al afecto como modo de vincularnos con el espacio. Este giro afectivo se refuerza por la larga duración de las tomas que instalan una atmósfera afectiva, un impulso a reconocer la ausencia, al mismo tiempo que nos deja buscando una respuesta para algo que no está ahí.

Al eludir la palabra de una narración en off o diálogos y entrevistas, *Tres semanas después* nos confronta con el poder de la pura imagen. Los planos de larga duración de los escombros "hacen hablar al espacio" y extraen de su materialidad una extraña dinámica de restos, presencias y acechantes ausencias. Las ruinas literalmente apuntan al colapso pero también refieren a los restos, a lo que queda en pie, a aquello que funciona como recordatorio. Un tour por las ruinas nos lleva, entonces, por un laberinto temporal incierto. Insistiendo en los restos materiales, la película atiende un nuevo modo de afectividad del espacio porque entrelaza objetos con modalidades de afecto y un sentido acechante de la pérdida (Edensor 2005). Los restos son índices también de eso que desapareció, revelan las vidas perdidas. Otro plano general nos da a ver las ruinas de un auto al costado del mar. La larga duración que nos hace posar la mirada sobre este *objet trouvé* no estetiza sin embargo la pérdida, ni convierte al medio ambiente en algo que pasivamente espera una mirada humana. La dislocación de los objetos y su presencia son recordatorios de sus usos y de lo que ya no está. Una forma de considerar la ontología inestable de la materia que apunta a la naturaleza "más que representacional" de la memoria como corporeizada y acechada por lo espectral. Una naturaleza sensorial e inestable de la naturaleza, del paisaje y de la memoria que se acentúa también en un trabajo sonoro que parece vincular el sonido de las olas con el que producen las topadoras y grúas que levantan los escombros y los llevan a la costa, donde también el sonido de los grillos parece fundirse con aquellos sonidos que acompañan las grandes quemas de residuos.

En su trabajo sobre los fantasmas de las ruinas industriales, Tim Edensor señala que estos espacios contienen un "exceso" de materialidades, de significados y de espectros que ciertos discursos de memoria necesitan "ordenar" (829-849). La yuxtaposición aleatoria de restos, escombros, objetos inexplicables, basura, que resultan del revoltijo del territorio en una geografía sísmica, demandan un vinculo más corporal y performativo con la memoria y el espacio porque ese "exceso de significados" es la otra cara de la plenitud perdida, de elusiones, de historias fragmentada. *Tres semanas después* interroga la materialidad de esos bloques de cemento no sólo observando esos montículos de escombros por medio de los rigurosos *travellings*, sino porque registra la misma *performance* de remoción que sigue al terremoto. Siempre atenta a los tiempos y las pausas de los hechos que filma, la cámara de José Luis Torres Leiva pone en escena ese segundo proceso de destrucción: el de las viviendas que son arrasadas por grúas, camiones y palas mecánicas. En varias escenas asistimos pacientemente a la contemplación de máquinas trabajando. Una mujer observa cómo una grúa levanta lo que queda de una casa como quien levanta una pieza de una maqueta. Se puede descifrar en esta "forma metódica de destrucción" un "trabajo del duelo" que, al dejar hablar al espacio, a sus texturas, sus materiales, nos obliga a desplazarnos de las narrativas centradas en lo humano para dar cuenta de los modos en los que la memoria se infiltra en los escombros, en los restos, en las cicatrices. El ruido de las máquinas es la sonoridad de una deglución incierta, atorada de un duelo. El trabajo de las topadoras y de los camiones que retiran los escombros ponen en escena un trabajo del duelo que trae nuevas corporalidades, materialidades y afectos que no ocultan los sentidos semióticos excesivos de un espacio incierto y perturbador.

En el documental de Torres Leiva la sensualidad de las texturas deja intuir un carácter espectral, intersticial de los residuos que acechan el espacio. Esa cualidad fantasmal es en parte capturada por la noción de siniestro, o *unheimlich*. Hay algo de familiar y extraño en cierto antropomorfismo de ruinas que nos permite pensar en los objetos como si tuvieran trazos de una historia vivida que puede ser leída en una superficie que habla de una disrupción de lo estable. Atendiendo a la multisensorialidad del afecto, el sonido de las olas rompiendo

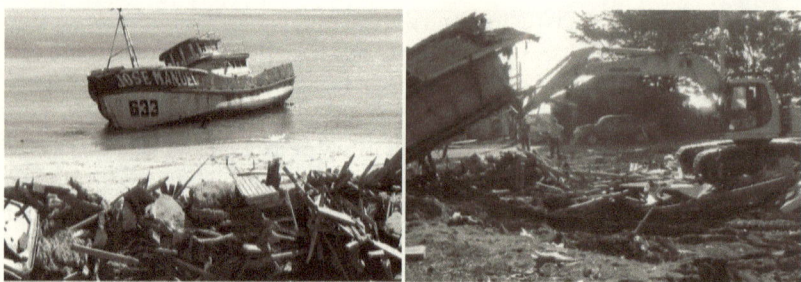

Imágenes 13 y14. Al igual que la quema "ritual" de escombros y la omnipresencia amenazante del mar, las grúas señalan una deglución dificultosa del duelo en *Tres semanas después*. Fotogramas gentileza de José Luis Torres Leiva.

en la costa es un motivo recurrente, una presencia espectral del maremoto pero, al mismo tiempo, una sonoridad que nos habla de un ciclo de la vida, de la naturalidad de esa naturaleza en trizas. Un ciclo que, quizás, debe ser conjurado por medio de la pausa de un plano que atestigua y elabora la destrucción del paisaje y la quema casi ritual de grandes túmulos de desecho frente al mar, como si se tratara de un sacrificio a un arcaico dios vengativo.

De esta manera, situándonos en la excepcionalidad del territorio devastado y configurando el espacio como resultado de una "práctica", *Tres semanas después* apuesta a pensar la pérdida a partir de diversos modos de entender la visión y la *performance* de la destrucción del paisaje. En el documental, el trabajo del duelo adquiere un "giro espacial": la pérdida se plantea en términos espaciales porque en el recorrido por el territorio devastado hay un mapeo donde el espacio adquiere atributos afectivos y la puesta en escena de la "deglución de los escombros" opera como un "trabajo del duelo" haciendo que el espacio funcione, paradójicamente, al mismo tiempo como un espacio asociado a la pérdida y como un espacio de consuelo.

2. Poética de las texturas y de la pérdida como forma de intimidad en *Tierra en movimiento*

En la última década, la chilena Tiziana Panizza viene desarrollando una interesante labor como documentalista experimental. Un práctica estética que se vincula a cierta esfera de lo familiar y a la temprana juventud, una época en la que, según la realizadora, "uno descubre la intimidad y en la casa familiar, el portazo pasa a ser parte del *soundtrack* de la adolescencia, como gesto de dejar el mundo afuera, con la puerta con llave, escuchando música y escribiendo en el diario de vida en un intento por reclamar intimidad ante las transgresiones del mundo adulto o del mundo entero" (entrevista con Doveris 2009). De cierto modo, los primeros documentales de Tiziana Panizza reproducen un tono muy cercano al de esos diarios de vida, ya que se tratan de "cartas filmadas". En *Dear Nonna: A Film Letter* (2004), *Remitente: una carta visual* (2008) y *Al final: la última carta* (2012) la directora acude al registro epistolar para mostrar su contexto inmediato y explorar los mecanismos asociativos de la memoria. Narradas en inglés, español e italiano, las cartas enfatizan la distancia de la relación epistolar, al tiempo que la recolección de imágenes y textos abstractos, íntimos y poéticos se yuxtaponen y liberan sentidos múltiples. Según Constanza Vergara y Michelle Bossy, en estos trabajos, "la palabra se expresa a través de la voz en off y de la escritura. La letra manuscrita, exhibida en diversos soportes (intertítulos, calle, pizarra de juguete, mano), refuerza la idea de escritura íntima y problematiza la relación entre palabra e imagen, porque lo que se dice no comenta lo que se muestra ni es mera repetición de lo que se ha escrito" (2010, 25).

En este sentido, los documentales de Tiziana Panizza dan cuenta de una exploración sensible de las dimensiones visuales y sonoras que difumina los límites entre los géneros. Una hibridación de la materialidad, el soporte y los dispositivos de la obra que es sobre todo la apuesta a construir una "mirada" y una "escucha" que busca revelar los innumerables efectos y afectos de las superficies. Si la trilogía de cartas cruza el género epistolar con la poesía visual y rescata retazos de *home movies* y de *found footage* para reflexionar desde la esfera familiar sobre la memoria y el olvido, *74 m2* (2012) —documental dirigido en colaboración con Paola Castillo— revela una atención privilegiada hacia espacios y sentidos de habitabilidad. A lo largo de siete años, la cámara observa un difícil proceso de integración social en un barrio de clase media. La historia se centra en dos dirigentes a la cabeza de ciento cincuenta familias que participan de un proyecto de "vivienda social" que promete entregarles una casa propia en Valparaíso y que ven ese objetivo constantemente amenazado: por la falta de recursos, por un barrio que los rechaza, por los destrozos que las lluvias provocan en sus nuevos hogares y por divisiones y conflictos internos. Este retrato de los "hilos que tejen una comunidad" es, en cierta medida, un elemento de continuidad con *Tierra en movimiento* (2014), un *travelogue* creado con el poeta Germán Carrasco que comienza en Concepción, ciudad fuertemente damnificada por un terremoto en 2010 pero que deja la destrucción casi afuera del plano. En sus treinta y cuatro minutos de duración, el ensayo visual es un viaje por el perímetro de un epicentro en busca del humano sísmico, "esa especie de nación repartida por el mundo que habita en la orilla de las placas tectónicas y que carece de gentilicio", un retrato intensivamente afectivo de una comunidad a partir de los restos materiales dejados por el sismo, un ejercicio formal que viene a confirmar que un cine "íntimo" no es necesariamente un cine anclado en la primera persona sino aquel que explora el potencial sensible y analítico de las texturas[54].

---

[54] Si se ponen en relación la serie *Cartas visuales* y la serie *Bitácora*, centrada en los desplazamientos y exploraciones geográficas, se percibe que lo que comunica el cine epistolar con los *travelogues* fílmicos es el desarrollo de cierta "poética de la intimidad" que problematiza la noción de enunciación en primera persona (lo interior, lo cercano)

Tierra en movimiento comienza en formato digital registrando fragmentaria y pudorosamente una segunda escena de destrucción que sigue a la del terremoto de febrero de 2010. Las grúas socavan lo que quedó del Alto Río, un edificio que se derrumbó en su totalidad y se volvió emblema de la negligencia de los negocios de construcción moderna y rápida que dan la espalda a las realidades de una geografía. "¿Por qué no dejarlo como parte de la memoria sísmica?", se pregunta la voz en off. Hay una pregunta y un deseo implícitos en la propuesta de conservar los restos como parte de "un museo a cielo abierto". Se trata de explorar los modos de dar cuenta de la magnitud de un desastre evadiendo tanto un registro visual que espectaculariza el sufrimiento, como los efectos monumentalizadores de la memoria oficial. Entonces, ¿cómo dar cuenta de una geografía sísmica? Una forma —propone el cortometraje— es explorar aquello que queda en pie cuando una persona sufre las consecuencias de un terremoto. Un relato más marcado por lo poético que por lo narrativo, *Tierra en movimiento* se arma como un caleidoscopio móvil de fotogramas que se potencian, o se tensan, con fragmentos de poemas, anécdotas bíblicas, textos escogidos de un informe de geología o de los periódicos y una atmósfera sonora por momentos onírica que se interrumpe con el registro real de mensajes de radio dejados por las personas que buscaban a sus familiares desaparecidos durante el sismo y que acompañan los veloces *travellings* que registran el itinerario por los distintos pueblos afectados por el terremoto.

Al alejarse del centro, este ensayo en movimiento acude al registro de Super 8. Una elección que no sólo plantea una continuidad estilística con los trabajos previos de Panizza con relación a la narrativa epistolar, sino que adquiere aquí más bien la dimensión de una postura "ideológica". La textura granulada y de colores empastelados del cortometraje no apunta meramente a la nostalgia y el romanticismo de un formato que asociamos a los recuerdos de proyecciones de la niñez. Frente al bombardeo de los medios que hicieron de la nitidez de un digital en alta definición un instrumento para convertir el dolor en espectáculo, el registro precario e impreciso de *Tierra en movimiento* se plantea como un modo de reflexionar sobre la posibilidad de una memoria. Así como Heather Love plantea que la pérdida es "*the* form — of intimacy" (2009, 82), el documental de Tiziana Panizza es un intento de entender la pérdida como una forma de intimidad que comparten los que han sobrevivido el sismo y un modo de potenciar, desde la materialidad misma del registro audiovisual, cierta intimidad del espectador con esa pérdida.

Tierra en movimiento trabaja sobre la mirada y la escucha de un modo peculiarmente afectivo. En el film, planos híbridos, autónomos e imperfectos se nos presentan como un caleidoscopio visual y sonoro aparentemente sin otra conexión más que la del viaje, cuyo sentido está dado, en cuanto a sensaciones,

---

presentando, más bien, una reducción de la distancia al explorar, a partir de la dimensión textural, nuevos vínculos con el espacio habitado o recorrido y con el otro (el afuera, lo lejano). Para un análisis de la serie de cartas, véase Depetris Chauvin, 2017.

una invitación a escuchar y contemplar antes que a establecer vínculos causales entre las escenas. La experiencia del viaje traslada al documental el potencial afectivo del vagabundaje, como si la cámara que acaricia los cuerpos y los espacios nos permitiera vivir vicariamente la experiencia sensorial del tránsito. La narración en off que se dirige a una indeterminada segunda persona también construye una cercanía con el espectador porque nos sitúa en un lugar incierto: mezcla de bitácora de viaje, diario íntimo y escritura epistolar, un género que en su circulación privada se presenta como una muestra de afecto y un diálogo diferido en el cual el emisor incluye en su propio discurso las ideas y visión de mundo del destinatario.

"Después de un terremoto siempre aumentan la demanda de ataúdes, de cemento y sobre todo de vidrio", lee la narradora en la columna financiera de un diario y, continúa, "la modernidad se desmorona en un segundo pero erratas y goteras son en el fondo pruebas de carácter". Frente a la solidez del cemento y la histeria por lo nuevo, restos y fragmentos de materiales blandos son los que rescata la mirada de *Tierra en movimiento*. Los primeros planos detalle encuentran atrapados entre los escombros y el metal doblado restos de tela y papel, ropa, frazadas, fotografías. La naturaleza crea casi "pinturas abstractas" con esos materiales pero esta mirada sobre la ruina no es un mero preciosismo poético. Mediante su atención a la distinta resistencia de los materiales, el documental explora una atmósfera afectiva donde el vitalismo y la voluntad de reconstruir, se mezclan con la mudez, el silencio y la renuncia.

En realidad, más que de resistencia, la comunidad humana sísmica del documental de Panizza parece ensayar pequeños actos resiliencia. Sabemos que los sobrevivientes a grandes desastres se ven obligados a restablecer una especie de equilibrio interno, a menudo precario y frágil, entre el recordar demasiado y el recordar demasiado poco. El olvido es parte de la memoria y de la elaboración de la catástrofe y la poética de la textura en el documental de Panizza se vuelve también parte de esa política de la resiliencia. Un ovillo de lana y una tijera, las manos de una anciana bordando, el plano detalle de un tapiz. "Siempre tuve admiración por los trabajos cabizbajos que requieren paciencia. Es como volver a la infancia y recortar papelitos con formas de medialunas, estrellas, flores y corazones", dice la narradora mientras el registro visual insiste en los textiles[55].

Esas "labores que se ejecutan como un mantra" hablan quizás de una especie de utopía del hábito cotidiano como un modo de reconstruir una trama afectiva. En su estudio sobre los modos de superar la depresión y la melancolía a través de una transformación de la cotidianidad, Ann Cvetkovich encuentra en

---

[55] Puede intuirse en la insistencia del documental en los textiles cierta resonancia de la labor de las arpilleras, los tejidos realizados por mujeres para relatar historias sobre masacres e injusticias durante la dictadura. Muchas de esas personas eran parientes de desaparecidos o prisioneros políticos del gobierno golpista de Augusto Pinochet. Diversos estudios demuestran cómo esos tejidos fueron tanto una forma de expresión para individuos y organizaciones así como una herramienta de resistencia (Sastre 2015).

el tejido una herramienta de transformación afectiva, un "slow steady work of resilient survival"⁵⁶ (2012: 2). De raíz comunal, estas prácticas artísticas enlazadas a la vida diaria ordinaria se conectan, según la autora, con rituales sagrados: "the extension of 'spiritual practice' to encompass knitting or other textile-based crafts is possible because both can involve the reparative and regular motion of the body and its use for activities that can also be time-consuming and boring"⁵⁷ (189). Esta insistencia en prácticas ordinarias, como la base de un proyecto utópico de construcción de "nuevas palabras" para responder a la depresión, está plagada de "sentimientos encontrados", una extraña combinación de optimismo y estupor: la utopía del hábito ordinario como algo que "reconceives the rational sovereign subject as a sensory being who crafts a self through process and through porous boundaries between self and other, and between the human and the non-human"⁵⁸ (191-192). Se trata entonces de un proceso que confía en lo sensorial y se mantiene expectante hacia lo que puede llegar a pasar, antes que una estrategia que provee de respuestas claras y estables. La cadencia afectiva del itinerario de Tiziana Panizza por la cotidianidad de esta "comunidad humano sísmica" está también llena de "sentimientos encontrados". Sus planos de ropa colgada, ropa secándose, el viento que la agita y las convierte en banderas que piden tregua. El deseo de que la "naturaleza lo invada todo"; la renuncia junto a la voluntad de seguir viviendo que se trasmite en esas "historias de sábanas y afectos" y en el plano largo de unos niños jugando en una fuente de agua.

"El bordado o el cine son escrituras de la imagen", dice en un momento la narradora explicitando de una vez que el cine de la textura es un cine de la intimidad. No son sólo el referente o las palabras los que construyen esa cercanía, sino el mismo registro visual fragmentario, texturado e impreciso del Super 8 el que motiva las miradas en relación a las personas, los espacios y los objetos. Como en *Sertão Acrílico Azul Piscina*, los planos de *Tierra en movimiento* participan de una dimensión háptica más próxima a la dimensión táctil que a la visualidad "óptica" nos invitan a una percepción más próxima a la superficie y a la materialidad misma. El modo de registro del cortometraje comparte la misma "precariedad" de la geografía sísmica, ya que trabaja con un universo de imágenes que, por su escasa definición, parecen apuntar necesariamente a su propio límite y el modo en que *Tierra en movimiento* va hilvanando esas imágenes hace que la precariedad de los planos se traspase también al espectador

---

⁵⁶ "un trabajo lento y constante de supervivencia resiliente" (traducción propia).
⁵⁷ "la extensión de la "práctica espiritual" que abarca al tejido u otras artesanías basadas en los textiles es posible porque éstas pueden involucrar el movimiento reparador y regular del cuerpo y ser usadas en actividades que también pueden ocupar mucho tiempo y ser aburridas" (traducción propia).
⁵⁸ "Reconcibe al sujeto racionalmente soberano como un ser sensorial que fabrica el yo mediante un proceso y a través de límites porosos entre el yo y el otro, entre lo humano y lo no humano" (traducción propia).

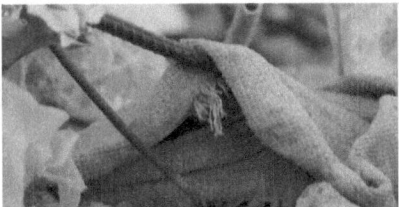 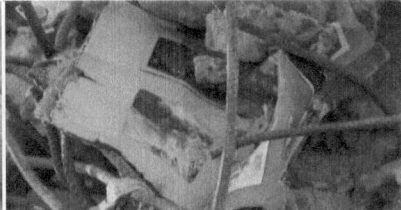

Imágenes 15 y 16. "El clima es un pintor abstracto." Materiales blandos y textiles en *Tierra en movimiento*. Fotogramas gentileza de Tiziana Panizza.

que se vuelve él mismo vulnerable a la imagen y puede participar íntima y vicariamente de esa comunidad en la pérdida.

Luego del rodeo por Talcahuano, Hualpén y Ninhue, el documental de viaje de Tiziana Panizza nos devuelve al epicentro, a Concepción. Las grúas han terminado su labor. El plano silencioso de un terreno baldío no permite adivinar que alguna vez hubo un edificio y los títulos nos informan que los ejecutivos de la constructora fueron casi en su totalidad exonerados por la justicia. A pocos metros de allí el memorial para las víctimas del terremoto, cuya construcción costó casi cuatro millones de dólares, queda fuera del plano. La cámara insiste en dirigirse al suelo para registrar unas flores volviendo a nacer de esa tierra inestable reafirmando que *Tierra en movimiento* es una mirada sobre la destrucción, la demolición, la reconstrucción, la obsolescencia y la fragilidad de la ciudad moderna pero también una forma de entender la fragilidad de una memoria que escapa al monumento, un modo audiovisual de compartir íntimamente pequeños actos de resiliencia: olvido, pedido de tregua, recreo, obstinada vitalidad y paciente persistencia.

3. Memorias sísmicas

La sensación de la contingencia inmediata que provoca el movimiento bajo los pies durante un terremoto es una experiencia sensorial radical de un cuerpo individual que entreteje historia y biografía, macro y microhistoria (Palma 2014 a, 172). Si la experiencia del desastre es al mismo tiempo universal e individual, la actividad estética es una forma particular de comprender y cambiar nuestra relación con la pérdida: "una forma de ejecutar esos ritos que Durkheim denominó 'piaculares' y que se realizan en medio de la tristeza y la inquietud, pero que suturan simbólicamente las catástrofes" (Montecino 2010, 199). Tradicionalmente esos ritos se asocian a la construcción de espacios de memoria específicos, formas iconográficas, escenarios conmemorativos que organizan una relación con la perdida. Sin embargo, el cine también ofrece un modo particular de elaborar la catástrofe que, antes que fijar lugares, genera una nueva circulación de imágenes de esos fragmentos de tierra removidos por el sismo.

Casi en paralelo a las medias de destrucción y reconstrucción sanitarias y urbanísticas requeridas por el terremoto, el recorrido de *Tres semanas después* nos hace volver al escenario del desastre pero, encuadradas en planos generales, esas vistas catastróficas son sometidas a una pausa para, luego, volver a ponerse en un movimiento mínimo que nos sumerge en una narrativa visual permeada de afectos. Sin diálogos ni narración vocal alguna, desde el estupor frente al desastre, desde la fijeza del encuadre y el montaje como constructor de relaciones, el documental de Torres Leiva hace que ese territorio desordenado hable. Los planos saturados de objetos testimonian y reescriben el desastre pero la cámara de Torres Leiva "desnaturaliza" la mirada sobre el territorio, al mismo tiempo que crea un contexto para que este se impregne de afectos al administrar los espacios y los sonidos con la duración, la distancia y la potencia afectiva que tradicionalmente se le asigna al rostro y al poner en escena una performance de destrucción/deglución que es un trabajo del duelo.

Como una práctica háptica del espacio, el itinerario de *Tierra en movimiento* se articula a partir de planos borrosos y precarios que responden a una visualidad táctil y restablecen un contacto más sensible con las imágenes y con el entorno. De este modo, utilizando el formato de documental de viaje e invirtiendo en la materialidad de las imágenes, en su potencia plástica y sensorial, los trabajos de José Luis Torres Leiva y Tiziana Panizza proponen nuevas formas de reescribir el espacio del desastre desde la dimensión de la afectividad, una matriz que tensiona la noción misma de representación y da cuenta del modo en que ciertas estéticas participan de la construcción de nuevas formas de "estar juntos" en la pérdida.

Estados insulares

CAPÍTULO 5

Desplazamientos espacio-temporales y etno-cartografía de la Isla de Pascua

El paraíso es una isla, el infierno también.
Judith Schalansky, Atlas de islas remotas

Inaugurando la serie titulada *Bitácora, Tierra en movimiento* de Tiziana Panizza explora la dimensión experimental y poética de un documental observacional que, a través del desplazamiento físico, va al encuentro de otras formas de comunidad y de habitabilidad y descubre estéticas alternativas para dar cuenta de esos colectivos. Este carácter "otro" del objeto y de la propia mirada se continúa en toda la serie pero la segunda entrega constituye, al mismo tiempo que una profundización, una inflexión de ese proyecto. Al igual que *Tierra en movimiento*, *Tierra sola* (2017) acude al Super 8 para retratar los modos de habitar un espacio "otro": una cárcel sin paredes en la isla más remota del mundo. Pero esta isla no es otra que la Isla de Pascua, un territorio y una cultura que han tenido con el Estado nacional chileno una conflictiva —y mayormente desconocida por el gran público— historia de sujeción colonial. Un espacio, una comunidad, una lengua, una cultura extraña: el documental observacional deviene etnografía experimental. Durante los años de inmersión en el archivo, de habitar y recorrer ese espacio y el de la isla misma, será el impulso cartográfico, propio de la bitácora, lo que guiará un itinerario al mismo tiempo historiográfico y antropológico. Panizza, documentalista y artista visual, "deviene antropóloga" cuando utiliza la forma del cine para sumergirse en una zona intensiva que traza perceptivamente aquello observado: la textualidad y la textura de una imagen y de una cultura. Exploración geográfica, etnografía y documental confluyen para realizar un retrato poético de la experiencia del viaje, de la(s) historia(s) y de los modos de habitar un espacio por una cultura

---

Cómo citar este capítulo:
Depetris Chauvin, I. 2019. *Geografías afectivas. Desplazamientos, prácticas espaciales y formas de estar juntos en el cine de Argentina, Chile y Brasil (2002-2017)*. Pp. 87-102. Pittsburgh, Estados Unidos: Latin American Research Commons. DOI: https://10.25154/book3. Licencia: CC BY-NC 4.0

otra. El cine como arte *peculiarmente* espacial es capaz de articular cartografías sensibles, cognitivas, metafóricas, afectivas. Desde la materialidad de la imagen que registra las huellas del tiempo, por medio de itinerarios que trazan dimensiones geográficas y perceptivas, *Tierra sola* presenta configuraciones espaciales que cifran un modo de vínculo con el pasado y con los otros en el presente.

1. Rapa Nui, una isla-cárcel

Debido a su aislamiento literal, o simplemente a cierto sentido de separación que sus habitantes experimentan respecto de la sociedad continental, las islas adquieren un carácter fabuloso en el discurso geográfico y en la imaginación cultural. Antes que locaciones para la ficción, las islas funcionan como "significantes flotantes": parte de un procedimiento literario que se vale de esos espacios relativamente aislados, y de sus límites naturales, para contener diferentes narrativas y pensar lo social[59]. La figura de la isla es central en el pensamiento occidental pero aquí se trata de considerar no sólo los modos en que pensamos acerca de las islas, sino también las formas en que pensamos a través de ellas teniendo en cuenta que estas, además de ser espacios que permiten construir metáforas para el pensamiento filosófico, son territorios reales de historias vividas. Así, para Marc Shell (2014) un estudio de las islas debería examinar cuestiones de memoria e identidad de sus habitantes, y en este sentido propone recuperar las teorías espaciales para pensar cierta fenomenología del archipiélago. La de la isla es una geografía que metafóricamente se amplía hacia la condición de insularidad de quienes la habitan e invita establecer un paralelo entre el territorio, la subjetividad y la circulación de afectos dentro de estas comunidades relativamente aisladas.

Según Shell, este espacio debe entenderse por medio de la dialéctica que se establece en las misma raíz epistemológica de la palabra: la isla es simultáneamente "tierra rodeada y aislada por agua" (del latín *insula*) y "el momento en que la tierra y el agua se confunden" (del noruego agua-tierra). En el primer sentido la isla es un "límite", mientras que en el segundo se trata de una especie de "interface", de dos mundos sucediendo al mismo tiempo (13-25). Tierra que potencialmente deviene agua, isla y efecto isla, insularidad: el archipiélago es un territorio material y simbólicamente inestable[60] y es desde esta premisa que

---

[59] Para un seguimiento de la figura de la isla en el pensamiento occidental véase también Baldacchino (2006) y Gillis (2001).
[60] Según Stefania Staniscia (2017), el poder epistemológico de la isla como una herramienta cognitiva, y su atractivo imaginativo como vehículo para la especulación, supone una paradoja. Por un lado, epistemológicamente, la idea de la isla permite demarcar y problematizar cuestiones de identidad y diferencia en relación a la existencia de bordes entre el territorio del puro entendimiento y las aguas tormentosas de un océano de desconocimiento. Por otro lado, existe una ambivalencia entre el uso de la

podemos considerar cómo *Tierra sola* (2017) trabaja la dimensión de lo insular en relación a temas de identidad y memoria desde un punto de vista que privilegia la dimensión porosa y crítica de los afectos.

En la película de Panizza una cierta subjetividad vinculada al "estado insular" se entrelaza con la geografía sin escapar a la Historia porque el documental propone una reflexión acerca del estado de excepción en la historia *rapanui*[61]. La Isla de Pascua, uno de los lugares habitados más remotos del mundo, es un destino muy popular para chilenos y extranjeros para los que el discurso turístico moviliza cierto imaginario de la isla como un paraíso de libertad. Sin embargo, el aislamiento de esta "tierra sola" oculta otra historia. Luego de ser anexada a Chile en 1888, la isla fue arrendada durante sesenta años a la Compañía Explotadora de la Isla de Pascua, una sociedad con capitales británicos que la convirtió en una hacienda ovejera que llegaría a tener unos sesenta mil animales. La empresa cercó y relegó a los isleños a una porción muy pequeña de territorio, con difícil acceso al agua y a alimentos, y les impidió abandonar su tierra. Muchos *rapanui* murieron, otros se convirtieron en esclavos y otros tantos se lanzaron a la aventura casi suicida de salir en precarias embarcaciones al mar abierto en busca de un futuro. De los 14.000 que llegaron a ser en su momento de mayor apogeo, sólo quedaron 111 habitantes nativos a finales del siglo XIX. Después de sufrir décadas de abandono, en 1953 el gobierno chileno decide poner fin al contrato con la compañía. Sin embargo, la isla siguió siendo una "cárcel" para sus nativos, ya que la administración de la isla fue encomendada a la Marina, que la gobernó según reglamentos militares, continuó limitando la libertad de circulación de los isleños y les impidió hablar su lengua. Recién en 1966, luego de un levantamiento organizado por Alfonso Rapu, un joven profesor de *rapanui*, se instaló una administración civil y los pascuenses obtuvieron la ciudadanía chilena (Ramírez Aliaga 2004, 15-21).

Tiziana Panizza realizó un trabajo de recuperación de la memoria audiovisual de la isla y encontró treinta y dos cintas filmadas allí por noruegos, belgas, franceses y canadienses entre 1933 y 1970. Subsidiaria de una mirada occidental

---

figura de la isla como una metáfora para el pensamiento y la isla como un fenómeno que se experimenta geográficamente, un "efecto isla" que repercute en la subjetividad de sus habitantes. Estas concepciones de la isla como liminal y cuestionadora de las diferencias entre interior y exterior o la duplicidad de la isla y el carácter activo implícito en la misma noción de "efecto isla" encuentra productiva resonancia en los debates sobre el "giro afectivo" en las humanidades ya que una de sus premisas es, precisamente, la disolución de las dicotomías entre interior y exterior, entre cuerpo y mente, entre lo íntimo y lo público (véase Hardt, 34-37).

[61] *Rapa Nui* o la Isla de Pascua tiene 163 kilómetros cuadrados y se ubica en el océano Pacífico Sur, en el extremo oriental del llamado Triángulo de la Polinesia. Al este, el punto más cercano al Chile continental está a 3.526 kilómetros. La comunidad y el idioma de la isla se denomina *rapanui* pero, luego de la anexión a Chile, a los habitantes de la isla también se los comenzó a llamar también pascuenses.

del lugar como exótico, en la mayoría de los documentales hay imágenes de las características esculturas de piedra, pero apenas aparecen sus habitantes, que habían vivido durante más de sesenta años en condiciones de sujeción colonial. *Tierra sola*, el documental de Panizza, cuenta la historia de esa primera "cárcel" de los *rapanui*, estableciendo vínculos entre fragmentos de los filmes recuperados, numerosos registros fonográficos de música en lengua *rapanui* que se reproducen sin ofrecer traducciones, grabaciones en Super 8 de los ancianos que vivieron durante la época colonial y que dan testimonio de ello —siempre de espalda o de perfil— y otras secuencias que registran en digital la rutina de la única prisión que existe actualmente en la isla.

No hay una narración en voz *over* pero, a lo largo del documental, la voz de la directora se hace presente por medio de intertítulos en inglés que van punteando un ejercicio de montaje que somete los diferentes documentos audiovisuales a una nueva producción de sentido. En *Tierra sola*, la operación deconstruye las convenciones discursivas, mediáticas y científicas que prevalecieron en la etnografía clásica,[62] pero la película no se queda en develar la lógica colonial en el archivo etnográfico sino que se apropia de la "mirada" de los camarógrafos e introduce un giro poético y político que anacrónicamente les da "voz" a aquellos que sintieron sus efectos[63]. *Tierra sola* potencia la vitalidad de los restos, las imágenes latentes, los ecos y su capacidad de interferir el presente. La insistencia en la espectralidad nos lleva a preguntarnos no sólo por lo que vemos sino por lo que nos mira, poniendo en escena cuerpos y temporalidades otras que participan de un nuevo "reparto de lo sensible"[64]. Al recoger

---

[62] En su estudio sobre el espectáculo etnográfico, Fatimah Tobing Rony (1996) utiliza el término "cine etnográfico" para describir "el conjunto y variado campo del cine que sitúa a los pueblos indígenas en una dimensión temporal desplazada" (8). En su historia comprensiva de la evolución del cine etnográfico Emile De Brigard también señala la existencia de este quiebre temporal entre sujeto y objeto de la observación cuando analiza los inicios del cine etnográfico como un fenómeno del colonialismo (1995, 13-43).

[63] *Tierra sola* deconstruye las convenciones discursivas, mediáticas y científicas que prevalecieron en la etnografía clásica. La poética y política de lectura del archivo en la película es sensible a detectar los indicios y vestigios que permitan descifrar "la otra vida de las imágenes". Así el documental potencia la vitalidad de los restos, las imágenes latentes, los ecos y su capacidad de interferir el presente, poniendo en escena cuerpos y temporalidades otras que participan de un nuevo "reparto de lo sensible" (Depetris Chauvin, 2018).

[64] Atender a un análisis de regímenes escópicos y políticas de lo audible, articuladoras de lo que Jacques Rancière (2002) denomina "partición de lo sensible", supone considerar no solo la redistribución de relaciones entre cuerpos, imágenes, espacios y tiempos, sino la redefinición misma de los vínculos entre memoria y materialidad. De este modo, la insistencia del documental en la "espectralidad" permite comprender de modo alternativo cómo los espacios y las prácticas realizadas en ellos son disruptivos de ideas convencionales de presencia y ausencia.

indicios y vestigios que prometen descifrar otras vidas de las imágenes, *Tierra sola* configura una noción de archivo habitada por afectos y recupera el estatuto expresivo para el documento. El cruce de imágenes correspondientes a distintas épocas históricas y el énfasis en el carácter sensorial del registro fílmico producen un encuentro que pone en juego no sólo la mirada, sino también dimensiones aurales y texturales para organizar una nueva escena de memoria.

Como una cartografía moderna, el documental es capaz de mapear no sólo la forma del territorio de las islas, sino también las experiencias temporales inscriptas en ella, un itinerario a través de sitios espectrales como una agencia de mapeo que inscribe nuevas historias en espacios acechados por el pasado traumático. La libertad y sus paradojas en un espacio insular son explorados a través de un cruce de relatos, trayectorias, imágenes, sonidos y texturas que apela al potencial crítico del anacronismo. Si la construcción y deconstrucción del archivo que propone *Tierra sola* permite restablecer vínculos afectivos entre pasado y presente, el trabajo con el *found footage* es también parte de una operación que, como plantea Russell con relación a la etnografía experimental, funciona como una "historiografía visual donde varias capas de mediación convierten lo primitivo en alegórico" y produce un discurso de memoria radical: la crítica del "progreso" y de la "representación cultural" desarrolla una teoría de la memoria cultural sin mistificarla como un lugar originario (Russell 1999, 128). La perspectiva de Russell entiende la historiografía como una serie de momentos dispares no necesariamente relacionales que sugiere que la alegoría en sí es un medio para expresar deseos utópicos de transformación histórica al mismo tiempo que permite reinscribir una "distancia" crítica: la etnografía experimental sería un discurso alegórico, un discurso que concibe la alteridad como algo fundamentalmente extraño (121-122).

La serie de fotogramas que se desprenden del documental *Tierra sola* nos invitan no sólo a revisar el pasado, sino también el presente de una comunidad porque conforman una visión acerca del espacio de la actual cárcel y la relación del resto de sus habitantes con la isla. En lugar de exaltar un sublime romántico que dirija nuestra mirada a recuperar un supuesto estado de admiración primigenia, la bitácora nos hace desplazarnos por la Isla de Pascua para recoger rastros de la Historia y de historias que permiten resignificar un contexto paisajístico habitualmente asociado al formato de la postal turística.

2. De la cartografía como apuntes de viaje

Con sus 5.035 habitantes, según el último censo, la Isla de Pascua cuenta con una prisión atípica: un recinto custodiado por gendarmes nativos y chilenos, con una población penal de catorce presos que gozan de ciertas "libertades", como producir artesanías para vender a los turistas que visitan el penal, o cierta flexibilidad en las visitas de sus parientes. Extrañamente las viejas instalaciones donde conviven los internos no tiene paredes sino una malla tipo gallinero, y carece de torres de vigilancia. Este peculiar espacio de encierro se relaciona con los límites de la noción de libertad en un lugar donde la posibilidad de fuga de una isla en la mitad del océano Pacífico parece absurda. ¿Dónde iría un fugitivo en la isla más remota del planeta? ¿Cuál es la diferencia entre estar aislado y estar preso?

En tanto en *Tierra sola* los hechos históricos se enlazan con la vida cotidiana de los internos de la cárcel de la isla, el trabajo de construcción y deconstrucción del archivo etnográfico se combina con un registro observacional de las formas de habitar la isla hoy que permiten complejizar el entramado de "los hijos que tejen una comunidad". Según David MacDougall

> La práctica observacional fue fundada sobre la suposición de que hay cosas que pasan en el mundo que merecen ser observadas, y que sus peculiares configuraciones espaciales y temporales son parte de lo que merece ser visto de ellas. Las películas observacionales son frecuentemente analíticas, aunque también enfatizan su apertura a categorías de sentido que pueden trascender el análisis del cineasta. Esta instancia de humildad ante el mundo puede, por supuesto, ser autoengañosa e interesada, pero también de forma implícita reconoce que la historia del sujeto suele ser más importante que la del realizador [1995, 31].

Es esta apertura a las "categorías de significado" de los protagonistas y a las "configuraciones espaciales y temporales distintivas" de su mundo, lo que hace que el enfoque observacional resulte productivo en una práctica del documental que entrelaza el retrato de una comunidad con la "lectura de un espacio". Temáticamente o través del montaje, el cine propone un modelo narrativo del espacio. La cámara se convierte en un dispositivo cartográfico, una herramienta que permite contar distinto tipo de historias geoespaciales que pueden combinar visiones "panorámicas" y "desde abajo" y desdibujar la oposición entre "ver" y "andar", entre "mapa" y "recorrido" (Bruno 2002). *Tierra sola* recupera esta doble forma de entender la construcción de un espacio, desde la perspectiva de la visión y de la narración, pero se permite jugar con las escalas y el itinerario, transformando las funciones estabilizadoras y demarcadoras del territorio propias de la cartografía tradicional[65].

---

[65] La dimensión narrativa, emocional, simbólica y política de los mapas en las películas, y de las películas como mapas, ha sido explorada detenidamente por Giuliana Bruno (2002) y Tom Conley (2006). Este último, en *Cinematic Cartography*, plantea que los mapas en las ficciones fílmicas cumplen diversas funciones, tales como estabilizar cierta visión, proponer un punto de partida para un viaje, vincular tiempos y espacios distantes o disparar un ejercicio de memoria. Es interesante que Conley reflexiona tanto sobre la presencia de los mapas en las ficciones como sobre los modos en que el cine y el mapa funcionan como dos formas de pensamiento espacial: al igual que el mapa, el cine, como proyección topográfica, puede localizar y colonizar la imaginación espacial del espectador pero, lúdicamente, puede también promover contradicciones que permitan

Es interesante que las primeras imágenes del archivo etnográfico, tomadas de películas como *Island Observed* (Héctor Lemieux, National Film Board of Canada, 1965, Canadá) y *La isla más isla del mundo* (Francisco Efron y Mónica Krassa, PUC, 1970, Chile) son vistas áreas, miradas que abarcan el espacio "desde arriba". La altura da perspectiva, agranda el campo de visión, cambia el punto de vista. En este gesto hay un guiño a la cuestión cartográfica, ya que la imagen se proyecta desde un único punto de vista, indeterminado e imposible de reconstruir desde la experiencia visual (porque no tiene punto de fuga), lo que transforma a la imagen en un plano sin enmarcamiento, sin lugar físico de observación, "una superficie de trabajo [...] donde la realidad se transcribe" (Alpers 1980, 201). La mirada cenital en su conjunto ofrece una visión totalizadora que en el caso de *L'Ilhe de Paques* (Henry Storck y John Fernhout. Foundation Henri Storck, 1935, Bélgica) y *Voyage to the Tip of the Earth* (Robert McAuley, 1968, Australia) será directamente reemplazada por la de su representación cartográfica sujeta al mismo ejercicio de medición al que son sometidos los cuerpos de los *rapanui* objeto de la investigación de campo de los documentales etnográficos.

Si hay un tipo de "práctica espacial" que privilegia el documental de Panizza es la del recorrido horizontal, el desplazamiento, los paisajes móviles, y la de una cartografía que se decanta de los apuntes de viaje. Las únicas imágenes fijas del territorio desestabilizan el impulso cartográfico tradicional, ya que son miradas cenitales que se encuentran invertidas, dejando el mar en lugar del cielo y una línea fina del horizonte ubicada en el extremo inferior del plano. El énfasis en el desplazamiento da cuenta también de la importancia de la dimensión espacial como otra fuente de información en el documental. En su estudio sobre el uso del testimonio, Kim Munro propone "descentrar" al sujeto que habla y que en base al carácter "indicial" y "auténtico" de su discurso construiría una realidad. Se trataría, entonces de no descansar tan sólo en lo "dicho" sino también en lo "mostrado" y abrir el documental hacia el registro y la escucha del paisaje ambiente como elementos pro-fílmicos, que transmiten experiencias más allá de lo lingüístico (2017, 17). Rescatando el concepto de "materia vibrante", acuñado por Bennett (2010), Munro apuesta a una "redistribución de lo sensible" que al darle agencia a la "materia muda" desaloje las estructuras convencionales del discurso documental. En este sentido, como veremos en los siguientes dos apartados, el trabajo de *Tierra sola* con el carácter expresivo del documento encuentra puntos de contacto con una corriente de "etnografía sensorial" que desestabiliza el dominio asumido de la visión —el ocularcentrismo occidental— y rescata sentidos que en distintas culturas abren otras formas de exploración y reflexión, nuevas rutas para el conocimiento (Pink, 2009).

---

pensar críticamente la relación entre el espacio cinematográfico y el mundo en que vivimos (Conley 2006, 1-6).

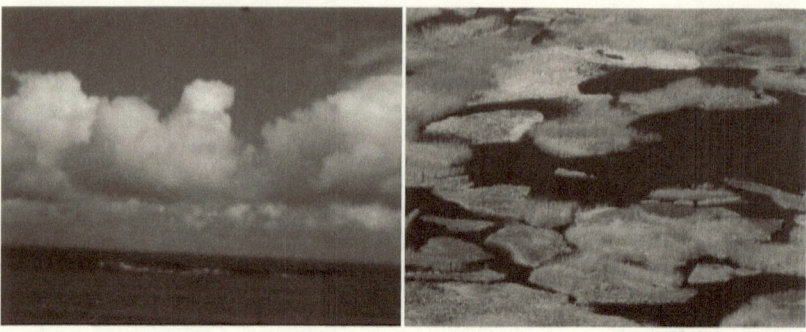

Imágenes 17 y 18. La isla en *Tierra sola* es un "espacio anfibio", tierra que potencialmente deviene agua y el desplazamiento es la práctica espacial privilegiada para configurar un sentido de lugar. Fotogramas gentileza de Tiziana Panizza.

3. Un círculo de miradas, una red de texturas

Más allá de exponer y deconstruir el carácter colonial del acercamiento etnográfico clásico, lo que pone en escena *Tierra sola* es un "círculo de miradas" donde el retrato de la cultura *rapanui* del presente no oculta la subjetividad de la documentalista. Cuando se presenta el primer fragmento capturado por la cámara de Panizza, se aclara el carácter situado de lo que se va a ver: con la misma tipografía usada para citar los fragmentos de los otros filmes, *Tierra sola* se inscribe en el archivo. ¿Desde dónde se mira? Esa primera imagen tomada por la cámara Super 8 muestra un árbol a través de la ventana, el viento mueve las cortinas, nos damos vuelta y vemos la cama sin tender. Es desde la intimidad de su propia habitación que la directora asume la inflexión subjetiva y epistolar inaugurada por Chris Marker al reformular la frase con la que este inicia su película *Carta desde Siberia* (1957): "Te escribo desde un tierra lejana...", se lee en los intertítulos que informan a un destinatario anónimo sobre el hallazgo de treinta y dos películas, "otras miradas" y que, mientras vemos el plano de una flor, concluye: "mi mirada, junto a las demás".

Se trata de una mirada menor, que nace en lo cotidiano y que desde su misma materialidad rompe con la idea de etnografía como representación no mediada y objetiva del otro, ya que *Tierra sola* se filma con dos cámaras: una digital y otra Super 8. La textura imprecisa del Super 8 es una reminiscencia de la mirada humana: fugaz, selectiva e incierta, inherentemente subjetiva. Puede interpretarse esta elección visual como un gesto que acerca la propuesta de Panizza a cierta etnografía postmoderna autoconsciente y crítica. Acuñado por Catherine Russell, el concepto de "etnografía experimental" designa una incursión metodológica de la estética en la representación cultural, una colisión entre la teoría social y la experimentación formal. Para Russell se trata de romper las barreras entre vanguardia y cine etnográfico buscando los indicios de lo social por medio de una práctica cultural que fusione la innovación estética y la observación social (2007, 138). Siguiendo el mismo proceso contemporáneo del cine documental, la etnografía se liberaría de sus supuestos sobre la verdad y el significado (131). Por ello el cine etnográfico actual debería asumir su carácter de práctica en la que teoría estética y cultural coinciden como método crítico para eludir los estereotipos del "descubrimiento" del Otro. Renovando la combinación entre la mirada como construcción formal y las experiencias sensibles, no logocéntricas, la etnografía experimental señalaría los "límites" de su estatus como un texto fílmico historizando un "otro" imaginario como ficción en progreso, al mismo tiempo criticada y reificada por el proceso de inscripción etnográfica (128).

En el caso de *Tierra sola*, el uso del formato de Super 8, al mismo tiempo que pone en evidencia el estatus de texto fílmico y la mirada de la documentalista, sirve para introducir una dimensión textural que se vuelve también material archivable[66]. Así, *Tierra sola* evidencia un giro hacia lo afectivo en el plano formal cuando explora sensiblemente las dimensiones visuales, texturales y sonoras. La función performativa del documental se potencia a partir de una mirada que, desde lo visual, se expande en lo táctil y en lo sonoro. Se trata entonces de la apuesta a construir una "mirada" y una "escucha" que buscan revelar los efectos y afectos de las superficies.

La introducción de la dimensión de lo textural promueve un vínculo más cercano del espectador con las escenas inscriptas en el plano. El mismo registro visual fragmentario e impreciso del Super 8 motiva las miradas con relación a las personas, los espacios y los objetos. Aunque dominado por la visión, el dispositivo cinematográfico puede reproducir una experiencia táctil: Laura Marks (2000) propuso analizar la experiencia sensorial táctil en el cine, distinguiendo entre "visualidad óptica" y "visualidad háptica". A diferencia de lo que ocurre con la mirada tradicional del cine, lo táctil entra en juego cuando la imagen reproduce una impresión palpable. La vista funciona como órgano del tacto cuando se promueve una sensorialidad que no se focaliza únicamente en la mirada que "penetra", sino en una que evoca —tanto por medio del grano de la imagen como por el recurso a la inscripción de escenas de contactos físicos— una manera de mirar que, de cierta forma, "acaricia" la superficie.

La valorización de texturas de los objetos filmados muy de cerca buscaría una especie de activación del tacto a partir de la memoria cultural y sensorial de cada espectador, al mismo tiempo que se abre una dimensión de comunicación con el exterior, ya que tocar siempre implica ser tocado. Estos procedimientos producen también un extrañamiento temporal y construyen "sensaciones de

---

[66] Paola Lagos Labbé (2015) propone una sugerente lectura del cine en Super 8 mm de Tiziana Panizza como imagen intersticial en donde los tránsitos entre las formas de la autobiografía y del autorretrato, entre las *home movies* y el *found footage*, entre los recuerdos y el olvido, entre la vida privada y el espacio público, permiten reflexionar sobre la naturaleza del tiempo y de la memoria.

memoria". La dimensión háptica como intensificador afectivo de la memoria se pone en evidencia numerosas veces cuando el registro del presente explora las texturas y apunta a convertirlas en recuerdos para el futuro. Revisando el material de archivo, la directora se pregunta sobre cuál habría sido la primera filmación vista por los mismos isleños: se trata de un documental que captura a los *rapanui* exóticamente recibiendo a los turistas. Una imagen de sí mismos ya mediada por una mirada exotizante que se invierte cuando Panizza filma en Super 8 la llegada de un circo a la isla. El registro impresionista y cercano de la construcción de la tienda y la mirada fragmentaria que acaricia los cuerpos de los isleños —hombres, mujeres y niños— expectantes ante la función circense se configura como una sensación de memoria cuando el intertítulos sintácticamente destaca sobre los planos filmados: "Ahora todos lo recuerdan".

4. La expresividad del documento

Muy temprano en *Tierra sola*, Panizza revela los métodos a través de los cuales un antropólogo elige representar a otra cultura pero también explora las formas a través de las cuales una cultura se representa a sí misma. Una película perdida, pacientemente esperada, aparece, es encontrada. Algunos fragmentos extraídos de *Isla de Pascua*, de Nieves Yankovic y Jorge di Lauro —película chilena que actualmente está siendo restaurada en la Cineteca Nacional—, ofrecen una imagen gastada e imprecisa, un registro casi a punto de desaparecer del *kai kai*. Según Marcela Garrido Díaz, el *kai kai* es una práctica ancestral *rapanui* que consiste en dar forma a un ideograma con hilos que contiene en sus imágenes una historia, la cual a veces se narra o se canta a través de una recitación llamada *patautau*. A través de la formación de estas figuras, se va contando la creación de los volcanes, la llegada de los antepasados, las vivencias cotidianas. Son una manera de trasmitir la historia a las nuevas generaciones (2013, 115). Al igual que muchos antropólogos, Garrido Díaz define al *kai kai* como "un juego". Una asociación semejante se sugiere cuando en *Tierra sola* vemos una imagen de archivo de un grupo de adolescentes practicando el *kai kai* para, en el siguiente plano, saltar al presente donde vemos un niño operando un *videogame*. Por otro lado, Tamara Vidaurrázaga (2012) plantea que las lecturas que clasifican al *kai kai* como un juego reproducen cierta mirada eurocéntrica ya que, dese esa perspectiva, este no sería una práctica trascendental en la cultura *rapanui* sino un mero entretenimiento infantil.

El *kai kai* ha perdurado hasta la actualidad enseñándose oralmente en el interior de las familias, en grupos de estudio y, en el último tiempo, en la educación formal. ¿La práctica del *kai kai* es un juego, un rito, un poema, una historia, un modo de comunicación audiovisual? ¿Es, al igual que el bordado, el tejido y el crochet en otras películas de Tiziana Panizza, una "escritura de la imagen", o se trata de algo imposible de clasificar bajo los parámetros occidentales? *Tierra sola* no ofrece una respuesta a estas preguntas porque se desentiende del hábito de cierta etnografía de imponer un significado a cada signo. Hay una voluntad de acercarse, de establecer contacto con el otro, guardando cierto nivel de opacidad en ese encuentro.

Faye Ginsburg (1999) ha descripto el impacto de la etnografía indígena sobre la antropología visual como un "efecto paralaje" que permite la apertura de múltiples perspectivas en la antropología visual.[67] Las formas espaciales y temporales de fugacidad cuajan en prácticas cinemáticas de representación que nos permiten liberar al otro del a-historicismo de la premodernidad. Si, de acuerdo con Russell, la etnografía es una práctica de representación, una producción de forma textual a partir de la historia material de la experiencia vivida, el recurso al archivo y las prácticas de desplazamiento en la isla del presente señalan la existencia de una subjetividad evanescente y transitoria que es a un tiempo similar y diferente, recordada e imaginada. La extrañeza del otro en la representación es el reconocimiento de un exceso por el cual este viene a representar algo incognoscible e inalcanzable. Algo de esa extrañeza se trasmite también espacialmente en los momentos en que el documental insiste en detener la mirada en "espacios anfibios". En un momento de *Tierra sola*, la cámara digital registra una escena doméstica en el hogar de la gendarme chilena encargada de la cárcel. Mientras ayuda a su hija a realizar la tarea escolar, la mujer se detiene en las teorías de Tales de Mileto, uno de los siete sabios de la Antigüedad, quien proclamaba que "Toda la realidad es en último término agua", con lo cual establecía que la naturaleza era explicable como manifestación dinámica de un único momento originario. A partir de ese momento las imágenes registradas por la cámara de Panizza y el montaje de las imágenes de archivo reflejan una particular insistencia en caracterizar a la isla tanto como "límite" y como "interface": caminatas en la orilla, miradas insistentes al horizonte, planos detalle del agua rompiendo en la arena y trayendo "restos" de objetos terrestres, paisajes volcánicos que asemejan islas rodeadas de agua en el centro mismo de la

---

[67] Faye Ginsburg propone que los medios indígenas, junto con el cine etnográfico, "intentan comunicar algo sobre esta identidad social o colectiva que llamamos 'cultura', a fin de mediar a través de las brechas de espacio, tiempo, conocimiento y prejuicio" (104). La cualidad de la etnografía como experiencia sensible de acompañamiento nos permite dejarnos atravesar por otras maneras de habitar este mundo, y nos ofrece, desde allí, otras dimensiones de lo cinematográfico. Al yuxtaponer diferentes tipos de perspectivas cinematográficas sobre la cultura, crear una especie de efecto paralaje, estos "ángulos de visión ligeramente diferentes" pueden ofrecer una comprensión más completa de la cultura y de aquellas representaciones mediáticas que se comprometen de manera autoconsciente con ella. Desde la perspectiva de Guinsburg el conocimiento producido debe poder ser compartido con los miembros de esa cultura. Precisamente parte del proyecto de producción de *Tierra sola* consistió en recolectar, restaurar y copiar todo el material de archivos visuales para que quedara disponible en el Museo de Hanga Roa. De este modo, los propios nativos podrían consultar parte del acervo que conforma la memoria visual de la isla de Pascua.

isla. Archipiélagos dentro de archipiélagos. La espacialidad ambigua y flexible de la isla replica aquella de los afectos y de la subjetividad de una cultura otra.

Trinh T. Minh-ha (1993) sostiene que si el documental debe hacer preguntas y presentar múltiples formas de conocimiento, debe resistir su "búsqueda totalizadora" a favor de textos más abiertos que desafían el conocimiento didáctico singular a pesar de su forma finita y cerrada. Para trascender la división entre un nosotros observadores y un otro objeto de conocimiento, es necesaria una concepción más fluida de la realidad, donde el significado no esté "cerrado", sino que rehúya y eluda la representación. En *Tierra sola* el significado cultural es oscilante, resbaladizo, el enigma de la otredad se mantiene, así como cierta fascinación con un significado que por momentos se escapa. Sin embargo, al mismo tiempo, la película se cuida de reproducir un tiempo otro puro de no contaminación. En *Time and the Other. How Anthropology Makes Its Object* (1983), Johannes Fabian argumenta que una de las formas de la representación visual de la etnografía consiste en presentar al "otro" en un tiempo diferente del propio. Para este autor, la relación de la antropología con su objeto ha estado siempre organizada en torno a correlaciones de oposiciones, como aquí-allá y ahora-antes, que él interpreta como técnicas de distanciamiento entre el sujeto y el objeto de la práctica etnográfica. En este marco, las representaciones "auténticas" de los pueblos suponen la eliminación de cualquier signo de contemporaneidad. Pero las imágenes de Panizza no borran los indicios de contaminación cultural, por el contrario, señalan la superposición de lugares y tiempos, todos ellos sujetos a dispositivos de múltiples miradas que se evidencian en la estructura de planos que dejan ver pantallas de televisión, videojuegos, computadoras, remeras de Bob Marley o carteles escritos a mano con indicaciones en inglés y castellano para turistas extranjeros que visitan la cárcel y compran las artesanías realizadas por los reclusos.

La banda sonora de la película refuerza esas contaminaciones culturales. Mientras el material de archivo reproduce registros fonográficos de canciones en lengua *rapanui*, en el presente de la isla sus habitantes escuchan no sólo música en esa lengua sino también en español y en inglés. En su estudio sobre la etnografía musical de la isla, Ramón Campbell (1988) plantea que, ya en los años sesenta, muchos isleños tenían vitrolas en las que escuchaban discos llegados de Tahití, de Chile u otros países. Estas músicas y danzas "modernas polinésicas" —que incluyen el *hula* tahitiano y el *sau-sau* hawaiano— eran espontáneamente interpretados por nativos para quienes, según Campbell, esas canciones carecían del sentido *tapu* (sagrado) característico de los cantos del *kai kai* o de las recitaciones *patautau*.

En la Historia y los estudios culturales, la memoria auditiva ha sido desatendida en gran medida a favor de la escritura y las artes visuales de memorización, sobre todo porque, a diferencia del almacenamiento basado en la imagen o la escritura, la memoria sónica representa un tipo de archivo donde la resistencia simbólica de la grabación de sonido se enfrenta con su entropía material. En su recuperación de un acervo fonográfico y en el diseño de los efectos sonoros la película de Panizza puede entenderse, en cierta medida, como una arqueología de la escucha donde la inclusión de lo sonoro amplía lo que generalmente se considera como archivable. Hay, por un lado, un funcionamiento topológico del sonido en tanto se invita al oído a examinar los recorridos por la isla[68]. Sin embargo, más allá de su función localizadora, el documental explora la capacidad afectiva y transformadora de la audición. Los musicólogos plantean que la música se arraiga en una temporalidad fundamentalmente asincrónica y espectral. Al igual que el cine, que se estructura como la proyección futura y la repetición de imágenes capturada del pasado, la música se basa en una disyunción temporal, una "no coincidencia consigo misma": los signos musicales no pueden coincidir porque su dinámica está siempre orientada hacia el futuro de su repetición, nunca hacia la consonancia de su simultaneidad. Emergiendo en un tiempo, el movimiento del sonido, como el movimiento de las imágenes, por definición siempre se desplaza de y se reubica en otro tiempo que el propio. La música, como el cine entonces, implica una práctica de sentido en la que llegamos a entender que lo que sentimos está situado tanto dentro como fuera del tiempo.

En *Tierra sola*, la música de archivo genera un extrañamiento no sólo porque, al carecer de traducciones al español,[69] las canciones funcionan en el nivel de la resonancia y no de la significación, sino también porque su fuente de origen es incierta, lo que instala una inestabilidad espacial, que no hace sino reforzar su intrínseca heterogeneidad temporal. Habría diferentes modelos de tiempo en términos de la resonancia de ciertos sonidos y efectos sonoros. En uno de los primeros recorridos en auto por la isla, escuchamos el tarareo de una frase musical que se convertirá en un ritornelo, volviendo una y otra vez en distintos momentos del documental[70]. Si la voz humana tiene, como Barthes teorizó, un

---

[68] Esto es claro cuando se hacen tomas de sonidos nocturnos replicando, así, un mapeo del espacio nocturno mediante una percepción transensorial que, según el etnomusicólogo Miguel García, es característica de muchos grupos nativos.

[69] Esta renuncia tanto a la traducción de las canciones como a la explicación de su significado replica la problemática de la investigación etnomusicológica que parte de considerar el archivo sonoro como un saber inacabado y fragmentario porque sus restos materiales no pueden separarse de las condiciones de escucha de aquellos que los registraron en condiciones coloniales de audición (Miguel García, "Un oído obediente y algunas desobediencias").

[70] El diseño sonoro de *Tierra sola* utiliza no sólo registros fonográficos antiguos sino que algunos sonidos ambiente —que, en gran medida, permiten ubicarse topológicamente en la isla—, y el mismo tarareo sin cuerpo tienen origen en un banco sonoro producido recientemente por un nativo de *Rapa Nui*. En conversación con Tiziana Panizza ella declara: "Hay un *rapanui* muy singular que se llama Tote Tepano. Él es una especie de coleccionista de registros antiguos de la isla y hace su propio banco sonoro, registrando, literalmente todos los audios que puede (sale con su micrófono que lo levanta al aire para ir captando ambientes). Me junté con él en la investigación cuando buscaba registros fonográficos antiguos para la película. Resultó que nos caímos bien, terminó tomando

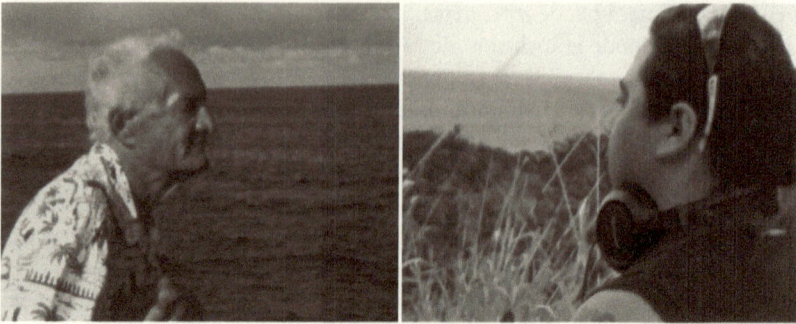

Imágenes 19 y 20. *Tierra sola* enfatiza las paradojas de la libertad: tanto los ancianos como el ex presidiario son eternos guardianes del horizonte. Fotogramas gentileza de Tiziana Panizza.

"grano" que sugiere la materialidad de un cuerpo emisor, este tarareo de origen incierto no hace sino destacar aún más la ausencia de dicho cuerpo, lo que se pone en evidencia luego en los créditos finales cuando en una especie de coda vemos y escuchamos, por primera y única vez, la coincidencia en el mismo plano de música, canto y cuerpo cuando la cámara registra a uno de los pascuenses cantando en *rapanui* durante un asado familiar.

Un sonido sin cuerpo, sin lugar de emisión visible, sugiere espectralidad. El sonido desencarnado hace audible el desprendimiento temporal, la asincronía, que es inherente a la espectralidad, lo que resignifica la decisión de la directora de elegir el cementerio como el primer lugar de la isla que su cámara captura, como si en ese gesto la película se propusiera invocar a los muertos. El poder del sonido, como la imagen, reside en su capacidad de tocarnos a pesar de su ausencia, distancia o muerte y conecta, entonces, los cuerpos a la pérdida a través de una estructura de espectralidad. La música también opera dentro de una pluralidad de tiempo y espacio: no es sólo un significado que surge de referencias y signos, sino un sentido que se crea a través de la resonancia de sonidos e imágenes que son simultáneamente un eco del pasado mientras se acercan a sus iteraciones y reverberaciones futuras.

---

una guitarra y se lanzó a cantar. A Claudio, nuestro sonidista, se le ocurrió que tal vez podría murmurar una tonada y Tote aceptó. Quedó ahí grabado con cientos de otros audios que recogimos y en el montaje la volví a 'descubrir'. La probé y funcionó en lo que buscaba, que potenciara lo íntimo del Super 8, y luego ya en la vuelta mas 'borracha' del montaje, la repetí y repetí como un mantra. Sentí que le daba otro umbral" (*e-mail* con la directora, noviembre de 2017). Es precisamente la idea de "mantra" y la noción de "umbral" lo que nos sugiere un uso espectral del sonido, en tanto la emisión sonora es una presencia que, paradójicamente, sugiere una ausencia.

5. Mapas sensibles: etnografía poética y cartografía afectiva

Manipulando imágenes ajenas y propias *Tierra sola*, como *travelogue*, documental de archivo y ensayo fílmico, se convierte en el lugar de conexión y de resonancia entre imágenes, sonidos y acontecimientos: un sistema discursivo atravesado por temas, conceptos y valores que adquieren forma mediante una puesta en escena basada en la discontinuidad, la reflexión sobre el dispositivo cinematográfico y la exploración alternativa de recursos expresivos heterogéneos.

Desde esta perspectiva, el montaje permite la construcción de una forma de archivo que se desplaza de las concepciones hegemónicas y considera otras modalidades de documentos: registros afectivos, materiales y corporales inscriptos en temporalidades híbridas y anacrónicas, modulados sobre soportes tangibles e intangibles. El documental de Panizza puede entenderse como una práctica crítica y deconstructiva del cine etnográfico tradicional, pero también como una reinvención de la etnografía, un giro hacia lo poético que atiende tanto hacia la memoria de las imágenes como hacia su capacidad de desplazar la mirada de la figura al fondo o de la imagen al espacio entre imágenes. En *Tierra sola* las imágenes importan menos por su carácter prescriptivo o su condición de verdaderas que por sus dobleces e intersticios latentes.

En su trabajo sobre el soporte material, la película de Panizza permite explorar otros tránsitos de los efectos a los afectos de archivo. Las enunciabilidades y visibilidades que el documental pone en juego apuestan a cierta archivabilidad de los afectos donde estos nunca pueden ser pensados fuera de los marcos intersubjetivos que impone el presente, o al margen de las texturas y las condiciones materiales del particular registro fílmico. En *Tierra sola*, escuchar, mirar y tocar son prácticas sensoriales y de construcción de sentido: si la película potencia la escucha, el oído y el tacto es porque estos forman parte de un pensamiento sensible.

Los procedimientos de recontextualización convierten a las imágenes en huellas "*indíciales*" de una relación con el pasado cuyo "efecto de archivo" se define por el desplazamiento de la autoridad desde las cronologías a los más performativos de la experiencia y el afecto. Esto conlleva asumir una temporalidad relativa cuya recepción está cargada de un "afecto de archivo", una intensidad nueva que parte de la disparidad, la diferencia, la distancia y la contingencia (Baron 2014). De este modo, *Tierra sola* interviene activamente en el archivo —en los archivos— desordenando y rearticulando sus límites, redistribuyendo agenciamientos, alterando temporalidades, redireccionando los efectos y afectos que este produce.

Tierra sola puede pensarse como una intervención en la construcción de una memoria territorial, pero esa memoria apuesta al potencial crítico de las dimensiones afectivas y sensoriales, y no necesariamente a la primacía de una representación logocéntrica. Si en términos de estética la película impone su propia forma, el "trabajo etnográfico" genera sus propios encuentros y compromisos. En términos puramente espaciales, los desplazamientos geográficos se desprenden en *Tierra sola* de su función "localizadora" para destacar, en cambio, su funcionamiento como un "canal de interacciones" donde en el fuera de campo se desenvuelve una dimensión afectiva que se relaciona con la naturaleza del vínculo que la directora establece con los pascuenses a lo largo de un proceso de investigación y de filmación que ocupó varios años. El resultado es una etnografía audiovisual que apuesta a la experimentación con las sensaciones, al mismo tiempo que recupera el compromiso ético de la práctica documental descentrando la voz. El énfasis en la exploración de las dimensiones de una cultura en el presente, mediadas por un dispositivo abiertamente subjetivo, permite hablar del documental de Panizza como lo que Catherine Russell (1999) denominó "etnografía experimental" pero también un nuevo tipo de cine etnográfico como un campo interdisciplinario de prácticas comunitarias y de nuevas relaciones —intuitivas— entre documental, etnografía y cartografía.

A través del uso del formato Super 8, el documental nos invita a un vínculo más cercano e íntimo con un archipiélago remoto. Una visualidad y una escucha táctil que convierten la isla en un espacio intensivamente afectivo, incluso heterotópico, que cambia la conexión de los personajes y de los espectadores con el territorio. Si las imágenes de la cárcel del presente y del pasado nos hacen pensar en las paradojas de la libertad en la isla más apartada del mundo, la afectividad porosa de otros fotogramas donde los personajes miran desde las islas nos invita a descubrir paisajes marinos. Vicariamente participando de esa insularidad el espectador se transforma en un guardián permanente del horizonte.

Retomando las intuiciones de la poeta Gabriela Mistral, en cuanto una geografía afectiva que ve en el cine un dispositivo cartográfico, se puede concebir al documental de Panizza como resultado de un viaje y de los encuentros que este posibilita. Son estos apuntes de viaje los que redefinen un concepto de cartografía como un "modo de escritura": la transcripción de exploraciones que, lejos de representar objetivamente mundo, construyen sus propios recorridos, como dirían Deleuze y Guattari en la introducción de *Mil mesetas*, haciendo mapa y no calco. Así, la antropóloga cineasta propone una etnografía visual que nos permite experimentar sensorialmente de modo que, junto con la información recogida del entorno, serán las referencias, fantasías, y memorias del observador las que estarán coproduciendo el mapa del territorio. Es decir, la etnografía y al cartografía como un ejercicio de afirmación y delimitación de un espacio cultural y geográfico, al tiempo que de creación y puesta en duda. Un espacio de montaje, de reinscripciones, de relecturas: un espacio de viajes.

CAPÍTULO 6

Travelogue y trabajo del duelo en un documental sobre Malvinas

Para mí un paisaje verdadero no es sólo una representación de un desierto o un bosque. Muestra un estado interior de la mente, literalmente paisajes interiores, y es el alma humana lo que es visible a través de los paisajes presentados en mis películas.

Werner Herzog, *Herzog on Herzog*

Utopías, distopías, arcadias, edenes. Hay algo en las islas que las convierte en un terreno fértil para explorar aquello que media entre lo real y lo imaginario. Antes que locaciones geográficas, las islas parecen funcionar como significantes flotantes, parte de un procedimiento literario que se sirve de esos espacios relativamente aislados para pensar lo social[71]. Asimismo, recientes contribuciones provenientes del campo de los "Island Studies" señalan que la de la isla es una geografía que metafóricamente se amplía hacia la condición de insularidad de quienes la habitan, lo que hace posible pensar un paralelo entre el territorio, la subjetividad y la circulación de afectos dentro de estas comunidades

---

[71] Los escritos de Charles Darwin sobre las Galápagos, *Concrete Island* (1984) de J. G. Ballard, la alegoría de la Atlántida en Platón, *Utopía* de Tomás Moro o *La isla del Doctor Moreau* (1896) de H. G. Wells son algunos ejemplos que hablan de cómo la isla ha sido usada como una metáfora matriz para pensar diversas problemáticas humanas y sociales. Para un seguimiento de la figura de la isla en el pensamiento occidental, véanse Godfrey Baldacchino y John R. Gillis. Otra muestra de la importancia de las islas en obras literarias de distintos períodos se verifica en la sugerente compilación realizada por *SIWA. Revista de literatura geográfica*. Véase Salvador Gargiulo; Christian Kupchik, Héctor Roque Pitt y Esther Soto (eds.).

Cómo citar este capítulo:
Depetris Chauvin, I. 2019. *Geografías afectivas. Desplazamientos, prácticas espaciales y formas de estar juntos en el cine de Argentina, Chile y Brasil (2002-2017)*. Pp. 103-122. Pittsburgh, Estados Unidos: Latin American Research Commons. DOI: https://10.25154/book3. Licencia: CC BY-NC 4.0

relativamente aisladas. Como plantea Gilles Deleuze en su ensayo "La isla desierta", los espacios reales y virtuales de las islas se prestan a la exploración de la relación cambiante entre el yo y el otro, entre la naturaleza y la cultura: "[La isla desierta] es el origen, pero el origen segundo. A partir de ella todo recomienza. La isla es el mínimo necesario para este recomienzo, el material sobreviviente del primer origen, el núcleo o el huevo irradiante que debe bastar para re-producirlo todo" (2005, 13). Esta idea de un segundo origen, de un renacimiento, sugiere que la "isla desierta" es un espacio liminal y excepcional que nos impulsa a imaginar, cuestionar y refundar los lazos sociales. En Deleuze, geografía física, humana y afectiva confluyen, pero en la cultura argentina, de manera particular, la subjetividad se entrelaza con la geografía sin escapar de la historia. Es que las islas dejan su marca decisiva en la historia, y por ende en la literatura y en el cine argentinos, a partir de un conflicto bélico: la guerra de 1982 por la soberanía territorial de las Islas Malvinas, que culminó con la victoria del Reino Unido de Gran Bretaña y señaló el fin del régimen dictatorial que gobernaba en Argentina desde 1976[72].

Lugar de origen y lugar de refundación, simbólicamente las islas son para los argentinos también un lugar de retorno. Aún y, sobre todo, luego de la derrota, Malvinas no deja de volver, una y otra vez, para agitar el imaginario nacional. En su revisión de diversas películas argentinas y británicas que representan la guerra de Malvinas/Falkland, Tzvi Tal (2007) revela el importante lugar que ocupan estas islas en visiones hegemónicas del conflicto bélico y de las identidades nacionales[73]. En contraposición, en su análisis de la guerra en la cultura

---

[72] El archipiélago de las Islas Malvinas / Falkland se conforma de dos islas principales y otras más pequeñas concentradas en el océano Atlántico Sur. El conflicto bélico se inició cuando la Argentina ocupó una de las islas Georgias del Sur el 2 de abril de 1982 —y en días posteriores, la isla principal de Malvinas— y terminó con la rendición de Argentina el 14 de junio de 1982. La invasión inicial fue considerada por la Argentina como una reocupación de su propio territorio, mientras que para el Reino Unido se trataba de la invasión de un territorio británico de ultramar. En el período previo a la guerra, Argentina se encontraba en el medio de una devastadora crisis económica y el malestar civil contra la junta militar, que había gobernado el país desde 1976, iba en aumento, como lo demostró la multitudinaria marcha de protesta contra la dictadura convocada por la Multipartidaria el día 30 de marzo. El gobierno militar, encabezado por el general Leopoldo Fortunato Galtieri, intentó mantener el poder y desvió la atención pública, movilizando viejos sentimientos nacionales hacia las islas y no resulta casual que la ocupación de la isla se efectivizara a sólo tres días de la protesta contra el régimen. Después del combate, que provocó la muerte de 258 británicos y de 649 argentinos, finalmente prevalecieron los británicos, y las islas permanecieron bajo control de ese país.

[73] El investigador israelí plantea que los relatos se organizan en función de representaciones variables de cercanía y lejanía de las islas respecto del centro de la "comunidad imaginada" en lo geográfico, social, político y simbólico. Si bien las diferentes películas presentan matices se observa una estrategia general de "reciclado de mitos nacionales". En otras palabras, las películas sobre la guerra que analiza Tal

argentina, Julieta Vitullo (2012) rastrea el discurso de la causa de Malvinas y el relato épico nacional dentro de la imaginación pública a partir del siglo XIX y plantea que la falacia de la "guerra justa", sostenida desde la izquierda y la derecha del espectro ideológico, será contestada por la literatura con relatos que señalan la imposibilidad del heroísmo y de la épica fundante del discurso nacional[74]. Por el contrario, las narrativas de autores como Rodolfo Fogwill, Rodrigo Fresán, Juan Forn, Martín Kohan y Carlos Gamerro niegan la gesta patriótica, y desde un discurso paródico o melancólico deconstruyen el mega relato sobre la guerra, para dejar en evidencia sólo sus fragmentos[75].

Este tipo de giro cuestionador del gran relato impulsó la producción de *La forma exacta de las islas* (2012), un documental dirigido por Daniel Casabé y

---

no cuestionarían el consenso ya establecido sobre el conflicto bélico y las identidades nacionales. Las películas analizadas son *La Rosales* (Lipcsyz 1984), *Malvinas, historia de traiciones* (Denti 1984), *No tan nuestras* (Longo 2005), *Locos de la bandera* (Julio Cardoso 2005), *Resurrected* (Greengrass 1988) y *An Ungentlemany Act* (Urban 1992).

[74] La Junta Militar que gobernó entre 1976 y 1983, inició la guerra contra el Reino Unido como una forma de restablecer su desgastada legitimidad. El conflicto duró solamente 74 días, entre abril y junio de 1982, pero la derrota significó el derrumbe de un régimen que ya se encontraba comprometido. Según Julieta Vitullo, desde ese momento, el acontecimiento Malvinas adquirió otras connotaciones. Situado entre la dictadura y la democracia, la causa de la "guerra justa" se cristalizó como parte del discurso hegemónico pero se volvió, al mismo tiempo, en un "hecho vergonzante" de difícil asimilación. La autora sugiere que "Malvinas es un malestar en la conciencia nacional al que el discurso político parece no poder enfrentarse pero la literatura sí" (16). Es interesante destacar que, en oposición a esta hegemonía de la "causa justa" en el período posterior a la guerra, las Islas Malvinas no eran generalmente denominadas con ese nombre en los manuales escolares previos a la década de 1940, sino que prevalecía el uso de la palabra "Falklands". A partir de 1945 la problemática de reivindicación territorial sobre las Islas Malvinas fue introducida en los manuales y libros de lectura, y se agregaron los litigios sobre el Sector Antártico y es en ese momento cuando comenzó a imponerse el uso del término "Malvinas". Véase el artículo de Amelia Beatriz García.

[75] En *Islas imaginadas* (2012), luego de señalar que "Malvinas es un malestar en la conciencia nacional al que el discurso político parece no poder enfrentarse pero la literatura sí" (16), Julieta Vitullo rescata aquellos relatos que desarticulan la idea de la "causa justa" y ofrecen maneras alternativas a la épica y a la farsa —elipsis, picaresca, parodia— que revelan la continuidad entre los crímenes de la dictadura y los de la Guerra de Malvinas. Desde un marco teórico que privilegia las contribuciones de la biopolítica y la teoría de la guerra, Vitullo sostiene que autores como Gamerro o Fogwill problematizan la orfandad, el filicidio, la bastardía, la imposibilidad de procrear, y sitúan la paternidad en el centro de los relatos sobre la guerra. Asimismo, en *Masculinidades en guerra* (2013), Paola Ehrmantraut aborda el rol de las islas en el debate sobre la identidad nacional desde la perspectiva de los estudios de género y el modo en que ciertas ficciones de la guerra confrontan las demandas de un ideal de masculinidad militarizado con personajes picarescos que no pueden o se resisten a constituirse en "hombres" bajo las normas de la dictadura.

Edgardo Dieleke, basado en un guion escrito en colaboración con la protagonista, Julieta Vitullo. A diferencia de otras producciones fílmicas sobre la guerra, el documental de Dieleke y Casabé elude el discurso de la "causa justa" y cuestiona la validez de una narrativa épica.[76] Más allá de este giro subjetivo en el tratamiento de la cuestión Malvinas, *La forma exacta de las islas* constituye una novedad en la cinematografía sobre la guerra porque no utiliza imágenes de archivo, sino que nos entrega imágenes de esas islas recurrentemente imaginadas pero escasamente vistas por los argentinos. Sobre estas imágenes de las islas quiero detenerme para discutir en qué medida hay en *La forma exacta de las islas* "prácticas espaciales" que permiten encontrar una forma, un registro, que escapa del gran relato para destacar una experiencia afectiva de la geografía y la historia.

Partiendo de la excepcionalidad del territorio insular y configurando el espacio como resultado de una "práctica", *La forma exacta de las islas* apuesta a pensar la pérdida a partir de diversos modos de relación entre sujeto, paisajes e itinerarios. En *La forma exacta de las islas* el paisaje como imagen, como espacio observado desde cierta distancia, o como entorno, como medio recorrido y habitado, permite establecer distinto tipo de relaciones entre subjetividad y espacio. Al mismo tiempo, a partir de "prácticas espaciales" la narrativa de la película vincula el trabajo del duelo por una pérdida personal de la protagonista con las experiencias de otras pérdidas sufridas por los ex soldados y los isleños.

1. *Travelogue* y documental autobiográfico

Como muchas ficciones literarias sobre las secuelas de la guerra, *La forma exacta de las islas* es una narrativa de retorno[77] que explora las islas utilizando dos viajes como punto de partida de una búsqueda personal. En el primero, en 2006, Julieta Vitullo, una joven investigadora argentina, viaja a las islas para

---

[76] Analizando los vínculos entre la historiografía y el cine, Robert Rosenstone (1998) considera las películas históricas con variantes afectivas como una forma alternativa a la narrativa limitada de la historiografía tradicional. En este sentido, *La forma exacta de las islas* se caracteriza por un énfasis en la textura de la experiencia individual por sobre los acontecimientos históricos, así como por un uso de la narrativa para reparar una herida personal o colectiva, antes que para establecer o defender una verdad de las representaciones históricas propia de los grandes relatos.

[77] Según Carlos Gamerro (2012) la narrativa de regreso es intrínseca tanto a la ficción como al testimonio sobre Malvinas. Desde los que quieren volver para ganar la guerra perdida, hasta quienes buscan sanar las heridas, o cumplir una promesa con los que murieron en ellas, desde quienes anhelan un regreso físico a las islas hasta los que prefieren hacerlo a través de la escritura o el suicidio, el tópico del "Volveremos" define a la figura del ex combatiente y la emparenta con la de otros regresos, históricos y míticos, de la historia y la literatura argentina.

terminar su tesis doctoral sobre las ficciones de la guerra. Allí casualmente conoce a Dacio Agretti y Carlos Enriori, ex soldados conscriptos que vuelven a las islas después de veinticinco años con el objetivo de homenajear a un compañero caído en combate. Entusiasmada con este encuentro, Julieta cambia sus planes y decide filmarlos durante una semana. Estos videos grabados por la protagonista, y una experiencia íntima posterior ligada a ese primer viaje, son uno de los ejes del relato de *La forma exacta de las islas*, un metadocumental que vuelve sobre las islas a partir del intercalado fragmentario de las imágenes de 2006 y las captadas por los directores en 2010, quienes acompañan a Julieta en su regreso a Malvinas, un lugar que es ahora también para ella demasiado personal. Antes que un documental histórico o una película de guerra, *La forma exacta de las islas* es un "documental de búsqueda" y una "película de duelo"[78]. Tanto para los veteranos como para Julieta el viaje de retorno se relaciona con la elaboración de una pérdida.[79] Mientras Carlos y Dacio regresan a Malvinas

---

[78] Por "documental de búsqueda" me refiero a un documental de ensayo subjetivo donde los cineastas y personajes se embarcan en viajes de (auto)descubrimiento, a menudo desencadenados por una crisis. *La forma exacta de las islas* también es una "película de duelo", puesto que el proceso de hacer el documental ayuda a la protagonista a lidiar con una pérdida personal. A propósito del "documental de búsqueda" el crítico brasileño Jean-Claude Bernardet (2011) plantea que diversas películas narradas en primera persona se caracterizan por poner en escena la búsqueda identitaria de sus autores. Este tipo de narrativas se definen por la exposición de la construcción del film como proceso de incertidumbre, los problemas de figuración del autor en tanto personaje que guía el documental, la hibridación con elementos narrativos provenientes de géneros como el film *noir* y las disyuntivas para organizar de una forma fiel pero también atractiva el registro de la búsqueda en la instancia de montaje. Todas estas características, citadas por el crítico brasileño, adquirirán en *La forma exacta de las islas* distintas modulaciones críticas ya que la forma misma de la película desestabiliza constantemente la idea de documental subjetivo asociado al uso exclusivo de una primera persona.
[79] El "trabajo de duelo" enunciado por Freud es la operación a través de la cual el doliente libera la libido asociada a lo perdido para ligarla a otro objeto del deseo. Hacer el duelo está también vinculado a la posibilidad de poder relatar, de poder narrar y poner frente a sí, fuera de sí, el acontecimiento penoso, ya sea como testigo o como relator. Alejándose de los planteos freudianos, en *Vida precaria*, Judith Butler (2009) propone considerar la dinámica del duelo a partir de la central dependencia que vincula al Yo y al Tú. Butler describe esos vínculos de dependencia como relaciones de *desposesión*, es decir, relaciones que están basadas en un acuerdo, "en un ser para otro, en un ser en tanto otro". De ahí que la vulnerabilidad constituya la más básica y radical de las condiciones verdaderamente humanas. Sólo en la vulnerabilidad, en el reconocimiento de las distintas maneras en que el otro me desposee, invitándome a desconocerme, se puede entender que el Yo nunca fue un principio y ni siquiera una posibilidad. El duelo, el proceso psicológico y social a través del cual se reconoce pública y privadamente la pérdida del otro, es acaso la instancia más obvia de nuestra vulnerabilidad. Cuando nos dolemos por la muerte del otro aceptamos, ya sea consciente o inconscientemente, que la pérdida nos cambiará, acaso para siempre y de formas definitivas.

en 2006 para homenajear a un compañero caído en combate, en 2010 Julieta regresa a las islas donde había concebido un hijo que moriría a pocas horas de nacer. Aunque los espectadores sólo sabremos sobre el bebé de Julieta hacia el final de la película, una atmósfera general de pérdida impregna al documental, en tanto fragmentos de memorias de viaje, discursos autobiográficos, fotografías, meditaciones históricas, ficción y crítica literaria confluyen para revelar la permanencia de las marcas del dolor a través de la historia. La superposición de búsquedas y retornos a un espacio ficcional, experiencial y geográfico, el de las islas, es crucial en un documental que toma la estructura de un *travelogue*[80] para dar cuenta, mediante un registro fragmentario y autorreflexivo, de los vínculos íntimos entre una herida colectiva y un drama personal. La estructura del diario de viaje y otras formas de expresión personal en el documental son indicativas de un "giro afectivo" en las narrativas históricas que se articulará de manera novedosa en *La forma exacta de las islas*, en tanto, más que depender del uso de la primera persona gramatical como pivote para la circulación del afecto, el documental apuesta, a partir se sus prácticas y configuraciones espaciales, a la disolución de las fronteras entre el Yo y los Otros, la interioridad del sujeto y los afectos condensados en el espacio del afuera.

Debido a la indeterminación de sus estrategias narrativas, formales y estéticas, este híbrido "documental de búsqueda" articula un territorio de tan difusas fronteras como fértiles confluencias. En primer lugar, *La forma exacta de las islas* es un diario de viaje que refiere a itinerarios que se basan principalmente en representaciones literarias anteriores. La estructura del *travelogue* cinematográfico permite la fusión de la crónica del viaje actual con interpretaciones e imaginaciones previas sobre el espacio insular. Junto con extractos del diario de viaje de Julieta y testimonios de los veteranos, las voces *over* de los directores entrelazan fragmentos de las ficciones de Rodolfo Fogwill y Carlos Gamerro así como pasajes del diario de viajes de Darwin. Estas referencias a testimonios, textos literarios y diarios de exploración revelan que ningún paisaje es nunca visto por primera vez. Y sin embargo *La forma exacta de las islas* constituye una novedad porque fue filmada en esas remotas islas y nos entrega imágenes de ese archipiélago que ha sido repetida y vívidamente imaginado pero escasamente

---

[80] En este capítulo voy a privilegiar el uso del término *travelogue*, en lugar de "diario de viaje", porque creo que el documental de Dieleke y Casabé, como los primeros *travelogues*, es una película ambigua: una no-ficción que abiertamente despliega recursos de la ficción para abordar un espacio visitado. Como los primeros *travelogues*, que a menudo interrumpían la exhibición para agregar charlas de especialistas, el carácter meta documental de *La forma exacta de las islas* supone, como en las primeras películas de viaje, exhibir al aparato cinematográfico y presentar una narrativa que queda abierta. Para un seguimiento del género, y particularmente de cómo este fue incorporando técnicas de movimiento mecánico que simulaban un viaje virtual, véase Jeffrey Ruoff.

visto por la mayoría de los argentinos[81]. En la películas navegamos el territorio a partir de imágenes de recorridos que provienen alternativamente de la cámara de Julieta, que sigue y entrevista a los ex combatientes Carlos y Dacio, y de la cámara de Edgardo Dieleke y Daniel Casabé, que acompañan a Julieta en su vuelta a las islas y la siguen en sus caminatas solitarias y en sus entrevistas con algunos isleños. De manera fragmentaria, la película va y viene entre los dos viajes y la mirada multifocal sobre la subjetividad de Julieta se anuda a partir de las voces *over* de los directores y de una actriz que leen fragmentos del diario de Julieta, de su tesis de doctorado y de textos similares a un diario personal escritos especialmente para este documental de búsqueda en el cruce entre el *travelogue* y el documental (auto)biográfico.

2. Habitar, marcar, contemplar el paisaje

La forma exacta de las islas se inicia con la sintaxis de una *road movie*: la cámara avanza sobre el paisaje árido, a los costados del camino vemos ovejas y pastizales que se confunden con el cielo gris. Un subtítulo nos ubica en diciembre de 2006 y dentro del auto la radio encendida reproduce una crónica sobre una guerra con soldados argentinos. De cierto modo esta primera escena parece invitarnos a relacionarnos con unas islas cuya forma el título de la película convoca pero que en su primera visualización parecen no ser fácilmente asimilables como espacio geográfico. En lugar de utilizar una toma de ángulo alto o un plano panorámico que permita darnos una idea general pero estable del territorio, el documental introduce las islas desde el auto, con una cámara que se mueve casi al ras del suelo y nos devuelve imágenes parciales del paisaje a través de un parabrisas. De este modo, a lo largo de sus ochenta y cinco minutos de duración, *La forma exacta de las islas* nos invita a recorrer unas islas que no conocemos de primera mano pero cuyo contorno borroso se inscribe en nuestra memoria histórica, afectiva e incluso escolar[82]. Precisamente en *Lands-*

---

[81] La mayoría de los artículos académicos que analizan las películas de ficción o los documentales sobre Malvinas se concentran en el estudio de los usos de las, paradójicamente escasas, imágenes de archivo, por ejemplo, véase Caresani, *La forma exacta de las islas*.

[82] En un interesante estudio del tipo "encuesta visual", Carla Lois (2013) aborda la problemática relación entre los imaginarios geográficos y la existencia de "mapas logotipo". Analizando diagramas realizados a mano alzada, dibujos de mapas realizados por argentinos en la escuela, Lois plantea que diversas imágenes-logotipo han decantado en un sentido común geográfico: esas masas de imágenes han contribuido a moldear una serie de premisas sencillas sobre las formas del territorio que son parte de un "acto de memoria semántica" en el que entran en juego la experiencia previa y estrategias de aprendizaje cartográfico. En el caso de las islas Malvinas es claro que, durante y después de la guerra, toda la población pero especialmente la generación de niños en edad escolar —Julieta comenzó su escolarización al mismo tiempo que se desataba la guerra— se

cape and Memory Simon Schama (1995) plantea que uno de los atributos distintivos del paisaje en contraste con la naturaleza es que la memoria siempre permea el paisaje. Esto hace que el paisaje sea un "artefacto humano" porque la naturaleza puede existir sin nosotros, mientras que el paisaje requiere cierto nivel de presencia humana, de historia y de afecto.

Sobre esta inscripción de la cultura en la naturaleza, el cine introduce otra capa, otra mediación en su forma de presentar el paisaje. Como si fuera un instrumento cartográfico, en otra de las primeras escenas de la película, la cámara de video realiza un esforzado *zoom* para intentar capturar el contorno del monte Dos Hermanas, pero esa medición del paisaje se presenta mediada por el doble marco de la ventana y del mismo encuadre. Al mismo tiempo como algo que representa —algo que se entrega como imagen que es percibida como bella, exacta o adecuada— la naturaleza invoca a la historia como su propio fuera de campo, como la ausencia que no obstante carga de significación al conjunto visual aparentemente autónomo y autosuficiente. Sin que medien subtítulos o la explicación de una voz *over*, la crónica de guerra reproducida por la radio en el auto y la mención del monte Dos Hermanas ubica al espectador en las Islas Malvinas, escenario de una guerra entre la Argentina y el Reino Unido.

El diario de viaje, como género particular, también evoca el viaje en un sentido amplio. Es una exploración de una tierra desconocida pero también un viaje de descubrimiento interior. En este caso, el viaje se entrama con el trabajo de duelo de los personajes. Para Julieta, el rodaje de la película sirve como un vehículo para la comprensión de sus sentimientos de dolor. La factura del film entrelaza el relato fílmico con el relato de una pérdida y, de este modo, cumple la función reparadora y terapéutica que, según Philippe Lejeune, toda narrativa autobiográfica supone (2008, 27-33). Si la protagonista retorna a las islas para cerrar un capítulo traumático de su historia personal, es sobre todo por medio del desplazamiento geográfico que el documental indaga autorreflexivamente acerca de la posibilidad misma de la forma fílmica de lidiar con el mundo informe de los afectos. El gesto habitual de muchas películas (auto)biográficas que se basan en una narración personal y giran la cámara hacia el interior se duplica con un movimiento hacia afuera: la operación ecográfica deviene cartográfica al permitir que la película explore las asociaciones entre el trabajo de duelo de Julieta y otras experiencias de pérdida, incluyendo las de soldados argentinos y las de los mismos isleños. La emoción individual se vuelve afecto, vínculo relacional. De esta manera, en el espacio liminal de la "isla desierta", el proceso de duelo rearticula desde la dimensión afectiva la relación entre lo íntimo y lo público, el presente y el pasado, la memoria privada y la colectiva.

---

vieron (sobre)expuestos a imágenes-logos de las islas, tanto dentro del ámbito de la escuela como en la vía pública, por medio de cárteles y las tradicionales calcomanías que se pegaban en los parabrisas de los automóviles. En este sentido, podemos decir que, antes que una geografía con un relieve demasiado claro, las Malvinas fueron para muchos argentinos, en cierta medida, una forma, una silueta, un logo.

Paisaje recorrido, paisaje observado, interrogado, medido y mediado. *La forma exacta de las islas* señala en cada escena que el paisaje no es una entidad objetiva, independiente del sujeto que lo percibe, que lo imagina, que lo construye con una memoria inspirada en una experiencia del pasado con ese espacio. Percibir el paisaje, escribió el antropólogo Tim Ingold (1993), es llevar a cabo "... an act of remembrance, and remembering is not so much a matter of calling up an internal image stored in the mind as of engaging perceptually with an environment that is itself pregnant with the past"[83] (31). Cuando la cámara de Julieta sigue a Carlos y Dacio, los ex soldados que vuelven a las islas para marcar el lugar en el que había muerto su compañero, el pasado se presenta en esa doble acepción. En algunas secuencias Carlos relata su "mapa mental" del lugar pero luego, cuando recorre y habita nuevamente ese espacio, el paisaje se le presenta tanto como una *imagen* que lo sorprende por su "belleza", así también como un *entorno* que está al igual que él marcado por la historia. Es que en ausencia de monumentos y memoriales oficiales, que testifiquen y rememoren el pasado histórico, la memoria se cuela en la textura del espacio. El recorrido de Carlos, Dacio y Julieta en el monte Dos Hermanas es el recorrido por un campo de batalla cuya textura espectral deja ver objetos y marcas, restos de ropa y de material bélico, que dan cuenta del violento enfrentamiento que tuvo lugar allí en junio de 1982.

Los ex soldados viajaban a la isla para homenajear a un compañero caído en combate. En un momento la cámara registra a Carlos improvisando una cruz con una bandera argentina, una intervención en el espacio que superpone un ritual, un trabajo del duelo privado, con las significaciones de una memoria pública u oficial. En contraste con las escenas que registran el recorrido y la marcación del territorio de Julieta, Carlos y Dacio, la cámara de los directores de *La forma exacta de las islas* sigue a Julieta en su segundo viaje a Malvinas de un modo un tanto pudoroso. Las secuencias en las que ella recorre en silencio Puerto Stanley parecen responder a una articulación entre el yo y el paisaje de raíz romántica en la que la caminata solitaria es central en la experiencia de aprendizaje del viaje, que en este caso, según sabremos más adelante en la película, se relaciona con el duelo por la pérdida de un hijo, que había sido concebido en Malvinas pero que moriría pocos días después de nacer.

En el espacio de la "isla desierta", figura que da cuenta de la excepcionalidad que el aislamiento de vivir en un lugar como Malvinas supone, la búsqueda personal de Julieta se vincula con otras experiencias de pérdida. Si en el primer viaje la memoria se colaba en los restos del campo de batalla, en el segundo viaje Julieta encuentra en su recorrido otras manifestaciones materiales de la memoria. En varias escenas de *La forma de las islas* la protagonista recorre en silencio monumentos para la rememoración como monolitos, cementerios

---

[83] "[...] un acto de recuerdo y recordar no es tanto una cuestión de invocar una imagen almacenada en la mente, sino comprometerse perceptualmente con un entorno que ya está cargado de pasado" (traducción nuestra).

oficiales y museos; espacios donde la pérdida se manifiesta en su cara pública y privada. Como espacios que contienen lo público y lo privado, el cementerio y el museo vinculan pasado y presente en una historia común,[84] la isla empieza a configurarse como un espacio de la pérdida no sólo de la generación de la guerra de 1982 sino de muchas otras. En una escena un isleño narra el trauma que sufrió una mujer con la invasión del Ejército argentino en la guerra de 1982, a la que ella confundía con la Segunda Guerra Mundial. La pérdida colectiva de una guerra no desdibuja las pérdidas individuales, unas se superponen a otras: la de Carlos y Dacio que perdieron a su compañero en combate, la de uno de los habitantes de las islas que relata la dolorosa pérdida de su mujer, la archivista del museo, que había muerto en un accidente automovilístico, la de una mujer que, según la narrativa del museo, habría perdido a todos sus hijos en una epidemia, finalmente la de Julieta y su maternidad frustrada.

La realidad geográfica singular parece hacer de la isla un lugar también excepcional para pensar cómo vincularnos con el dolor. Se puede decir que en *La forma exacta de las islas* el duelo adquiere un giro espacial, sobre todo porque varias escenas se presentan como series de paisajes como fotos fijas separadas de las secciones narrativas del documental por una pantalla en negro. Esta insistencia en la imagen fija sugiere que el desciframiento del territorio es una de las formas de interrogar la pérdida y que esa interrogación del espacio requiere de otro tipo de vínculo estético y afectivo entre sujeto y paisaje. A diferencia de los recorridos en los que el espacio geográfico se presenta como un espacio que habitamos vicariamente, la serie de fotos fijas que se presentan de manera intercalada a lo largo de la película nos vincula con el paisaje teniendo en cuenta el encuadre y la distancia, es decir, privilegiando la visión por sobre la *performance*. Tradicionalmente en las artes plásticas el paisaje es una imagen fija,[85] un momento detenido, mientras que la imagen en movimiento que

---

[84] Estos espacios micro dentro de las islas pueden ser entendidos en términos del concepto de *heterotopía* de Foucault en tanto esos lugares con espacios reales, localizables, son a la vez apartados, ilusorios, de alguna manera están más allá de los mismos espacios que los contienen. Asimismo estos 'espacios otros' están ligados a cortes singulares del tiempo pues "en ellos está la idea de constituir un espacio de todos los tiempos, como si ese espacio pudiera estar él mismo definitivamente fuera del tiempo" (24). Además de las visitas al museo y al cementerio de las islas, *La forma exacta de las islas* vuelve obsesivamente sobre otro "espacio otro", el jardín de una casa, cuidadosamente ordenado y decorado con enanos y animales de piedra pintados en vivos colores. Este micromundo aparcelado es también un espacio heterotópico, un híbrido de espacios antagónicos, una intervención en el espacio que reinventa la naturaleza dentro de un espacio urbano. Precisamente esta reinvención de la naturaleza opera, en cierto modo, como un guiño a la invención de la naturaleza que la misma película ofrece a través de las figuras del paisaje.

[85] Tradicionalmente en las artes plásticas el paisaje supone una mirada de la naturaleza emancipada de la presencia de figuras humanas y que se ofrece en sí misma para la contemplación. El pintor compone una escena introduciendo una relación armónica

caracteriza al lenguaje del cine de alguna manera traiciona la normativa de la convención del paisaje en la pintura. Pero en el cine hay también usos del paisaje que dialogan con esta tradición pictórica, como lo sugiere Martin Lefebvre en su conceptualización de los paisajes "puros o intencionales" y paisajes "impuros". En la base de estos dos modos de presentación del paisaje en el cine se encuentra la sensibilidad del espectador hacia los paisajes como medios visuales y su habilidad de "detener" esa imagen. En otras palabras, el "paisaje intencional" descansa en estrategias visuales que nos llevan a experimentar el entorno natural de un film de manera similar a como experimentamos el paisaje en una pintura. Como consecuencia, la función narrativa de ese escenario momentáneamente se desvanece y la configuración del paisaje adquiere, en la mirada del espectador, el tipo de autonomía que tradicionalmente este tiene en la pintura.

Este predominio del paisaje en su acepción visual y no narrativa se presenta en las repeticiones, a modo de ritornelo, en la serie de imágenes fijas del paisaje de las islas que se suceden en series de cinco y se separan de los diferentes segmentos de la película por la pantalla en negro. A diferencia de las escenas en las que la cámara de video de la protagonista sigue a Carlos y Dacio o la cámara de Dieleke y Casabé sigue a Julieta en su recorrido por el paisaje, como *entorno*, aquí las tomas de larga duración y el encuadre fijo destacan la importancia del medio antes que los personajes y presentan al paisaje como pura *imagen*. Así como la naturaleza es convertida en paisaje por la percepción humana, la cámara convierte el flujo narrativo en pura visualidad. Los planos fijos, y más significativamente las tomas del paisaje, pueden contener movimientos mínimos, como el plano muy largo de un árbol inclinado que ha modificado su curso por el viento pero, comparadas con las escenas que siguen los recorridos de los personajes, estas escenas son esencialmente fotos fijas. Estos intervalos de momentos estáticos separados por la pantalla negra presentan, de esta manera, una *espacialidad* radical. En esta presentación del espacio se apela a nuestra habilidad de reconocer "paisajes puros", capturando y extrayendo ese paisaje del flujo narrativo. Detener la imagen fílmica supone desterritorializar el "escenario" al transponerlo del cine a la fotografía. Al separarlo de la narración y devolverlo desprovisto de acción y personajes los directores recupera paisajes que podemos *contemplar*.

Detener la imagen, crear un paisaje que podamos contemplar, son formas de apelar al afecto como modo de vincularnos con el espacio. Este giro afectivo se refuerza por el uso de una música melancólica en estas escenas, como instalando un tipo de afecto que nos lleva a reconocer una ausencia, al mismo tiempo que nos deja buscando una respuesta para algo que no está ahí. De este modo, la insistencia visual en el paisaje, que podría suponer un valor sólo

---

entre un número de elementos visuales potencialmente discordante, una composición que encuadra, media y domestica para el consumo un entorno natural que supera el marco del cuadro.

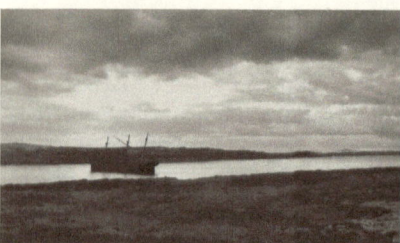 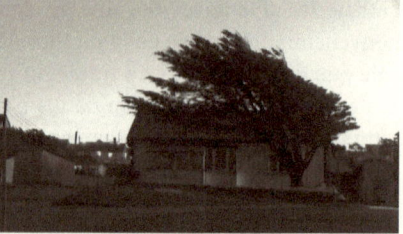

Imágenes 21 y 22. Aislando o vinculando el espacio a la dimensión temporal, *La forma exacta de las islas* cifra en los paisajes "puros" e "impuros" el proceso del duelo. Fotogramas gentileza de Daniel Casabé y Edgardo Dieleke.

estético de la imagen fija, le otorga también una función narrativa. Con la filmación de la película la protagonista intenta cerrar un capítulo traumático de su historia personal y este trabajo del duelo adquiere un "giro espacial". La pérdida y la memoralización se plantean en términos espaciales no sólo porque toman la perspectiva de la cultura material (los monolitos, museos, cementerios) sino porque en el recorrido de los personajes por el territorio de las islas, hay un mapeo de la subjetividad donde el espacio adquiere atributos afectivos y funciona al mismo tiempo como un espacio asociado a la pérdida y como un espacio de consuelo. Esta relativa superación de la falta se nota en las imágenes finales. En una de ellas, un plano general de la playa deja ver a la protagonista caminando vestida con ropa de verano, se sienta junto al mar para leer. Los colores turquesas del mar y del cielo y la claridad de la imagen contrastan con las imágenes de tono gris y melancólico que se nos habían presentado anteriormente como fotos fijas. Las imágenes de la geografía malvinense adquieren en los últimos minutos una luz y una movilidad que estaban ausentes o eran más leves en el principio. Nosotros espectadores podemos contemplar una imagen diferente del paisaje, pero no es tan sólo *otra* imagen del paisaje sino una imagen de la protagonista *en* el paisaje, como si el proceso de la película hubiese permitido una aceptación que va de la mano de una apropiación afectiva del espacio geográfico.

3. Archipiélago de memorias

Por medio del seguimiento constante del itinerario de la protagonista en su segundo viaje, *La forma exacta de las islas* explora el drama personal de Julieta en un contexto de trauma colectivo. Al principio de la película, visita el cementerio de Puerto Stanley, y es sólo cuando se detiene en un monumento para los veteranos de la Primera y la Segunda Guerra Mundial que comienza a recordar su viaje de 2006. Sus recorridos casi obsesivos por el cementerio local se completan con historias de pérdida y dolor narradas por la voz *over* de uno de los directores. En otra secuencia, antes que contar, la película muestra la visita de Julieta al cementerio militar de San Carlos Blue Beach, donde descansan los restos de 14 de las 255 víctimas británicas de la Guerra de Malvinas. La cámara se detiene brevemente para contemplar una de las secciones con siete tumbas hasta que, sin transición, nos desplazamos hasta el cementerio militar argentino, y una toma panorámica nos muestra tumbas marcadas con cruces de madera blanca, algunas placas con nombres y otras con la leyenda de "Soldado argentino solo conocido por Dios".

El vagabundeo persistente de Julieta por los tres cementerios y su visita al museo local sugieren que, de manera similar al archipiélago, estos microespacios dentro de las islas actúan como especies de heterotopías, que en la formulación de Michel Foucault se tratan de espacios reales, localizables, pero al mismo tiempo apartados, ilusorios, de alguna manera más allá de los mismos espacios que los contienen: unos "espacios otros" que simultáneamente representan, contestan e invierten todos los espacios reales dentro de una cultura (2001, 30). Mientras la utopía existe solamente como un no-lugar, una heterotopía "es capaz de yuxtaponer, en un único lugar real, varios lugares que son en sí mismos incompatibles". Estos "espacios otros" están "ligados a porciones de tiempo, lo que significa decir que se abren a lo que podríamos llamar 'heterocronías'" (26). Foucault articula diferentes maneras en que las heterotopías desestabilizan el tiempo, incluyendo varios grados de alteración. El cementerio, afirma, es el ejemplo más poderoso de la interrupción temporal, ya que allí nos enfrentamos a una ruptura absoluta de tiempo familiar que se convierte en extrañamente permanente. En contraste con estas rupturas o intervalos en el tiempo, el espacio del museo expresa "la idea de constituir un lugar que aúne en sí todos los tiempos y esté, a su vez, fuera del tiempo e inaccesible a sus estragos" (26). Encapsulando las discontinuidades temporales o protegiendo y acumulando el tiempo en un espacio, los cementerios y los museos también fusionan lo público y lo privado y unen pasado y presente en una historia común. Antes que meros "lugares de memoria"[86] asociados a una lógica conmemorativa, en la película, estos espacios articulan una nueva relación entre memoria informal, duelo privado e historia.

El concepto de heterotopía nos permite también considerar que el espacio de las islas presenta inherentemente una "alteridad" que, paradójicamente, se vincula a problemáticas más generales de pertenencia al lugar y de experiencia de un trauma colectivo. De esta manera, en el segundo viaje de Julieta, las islas empiezan a configurarse como un espacio de la pérdida no sólo para la generación de la guerra de 1982 sino para muchas otras. Además de los traumas de los combatientes, y del daño colectivo sufrido por la Argentina, la película da cuenta del sufrimiento de los habitantes de las islas. Uno de los entrevistados

---

[86] Para un seguimiento de la noción de "lugar de memoria", y su relación con la lógica conmemorativa, véase Pierre Nora.

explica que después del conflicto la comunicación con la Argentina, el continente, se interrumpió, lo que empeoró considerablemente la sensación de aislamiento de los nativos isleños. En una escena reveladora, un kelper narra el trastorno de estrés postraumático sufrido por una mujer que confundía la invasión del Ejército argentino en la guerra de 1982 con la Segunda Guerra Mundial. La pérdida colectiva de una guerra no desdibuja las pérdidas individuales, unas se superponen a otras: la de Carlos y Dacio que perdieron a su compañero en combate; la de Rob Yssel, que relata la trágica y dolorosa pérdida de su esposa, la archivista de la isla que había fallecido en la Patagonia mientras participaba de la filmación de un documental sobre Darwin; la desesperación de una mujer que, según la narrativa del Museo de Puerto Stanley, habría perdido a sus seis hijos en una devastadora plaga que afectó a Stanley en 1855; finalmente, la de Julieta y su maternidad frustrada.

4. La expansión del yo y el duelo colectivo

La realidad geográfica singular parece hacer de la isla un lugar excepcional para pensar cómo vincularnos con el dolor pero todos los testimonios de los entrevistados, combatientes y kelpers funcionan como espejos de la experiencia de la protagonista. Estas inscripciones de la subjetividad en el discurso de *La forma exacta de las islas* son intencionales, en tanto permiten introducir una dimensión afectiva como lógica dominante del argumento fílmico. La subjetividad es un filtro a través del cual lo real entra en el discurso al mismo tiempo que funciona como una brújula experiencial que guía el trabajo hacia la obtención de un "conocimiento encarnado" que atrae al espectador y crea las bases para un compromiso con una colectividad mucho más grande que uno mismo. Relevando distintos formatos de los filmes (auto)biográficos, como diarios o autorretratos, Paola Lagos Labbé sostiene que los discursos documentales que exponen lo íntimo se caracterizan por un rasgo introspectivo, una "operación ecográfica", donde diferentes recursos representacionales buscan dar forma a un espacio, un tiempo y una voz que se combinan para evocar un "yo" (2011, 65). Ciertamente, la película replica este movimiento hacia el interior, pero también construye la subjetividad "como un sitio de inestabilidad —flujo, deriva, revisión perpetua— antes que de coherencia" (Renov 2004, 110). Aunque los espectadores llegamos a las islas alineados con la posición de sujeto de Julieta, la película propone navegar por el archipiélago como un espacio intermedio donde la historia de la protagonista continuamente se cruza con la de los isleños. En otras palabras, incluso si *La forma exacta de las islas* hace uso de diferentes formas de expresión personal características del documental reciente, lo hace con el fin de explorar lo que podemos llamar una *expansión* del yo. El recorrido psicogeográfico de la protagonista paradójicamente expande y deshace su subjetividad en la atmósfera afectiva colectiva de la isla. En este sentido, el "giro afectivo" del documental no se vincula necesariamente con un "regreso al sujeto", sino con la puesta en evidencia de la discontinuidad constitutiva de la subjetividad que obliga a prestar atención a la percepción como otro modo de cognición y significación y a la disolución de los límites fijos entre emociones individuales y atmósferas afectivas públicas o colectivas.

En tanto creación de naturaleza colectiva, este cine de la experiencia acude también a la voz *over* como un recurso no sólo para dotar de sentido estructural al film sino, sobre todo, para modular la subjetividad. A lo largo de la película las voces tanto en off (como es el caso de Dieleke que, a diferencia de Casabé, aparece inscripto en la diégesis) como *over* de los directores van explicando los motivos de Julieta para volver a las islas, y la voz *over* de una actriz nos presenta extractos del diario íntimo de Julieta, un gesto autorreflexivo que revela tanto las intencionalidades de la guionista y protagonista como las dificultades de realización de la obra[87]. En una escena la voz *over* de Edgardo Dieleke nos cuenta que "Julieta viajó a las Malvinas para terminar su tesis. Antes de viajar estudió toda la literatura sobre la guerra. Analizó en detalle novelas como *Los pichiciegos* de Fogwill y *Las islas* de Carlos Gamerro". Utilizando la primera persona y el tiempo presente, la voz de una actriz lee el diario de viaje de Julieta y refuerza lo ya dicho: "Vengo a las Malvinas para contrastar la versión de la guerra que nos contaron en la escuela, para contrastar las versiones testimoniales de aquellos que lucharon en 1982. Vengo para ver cómo este espacio fue imaginado en la literatura y el cine. Vengo a Malvinas para conocer a los kelpers". Cuando en el cuarto de hotel Julieta discute con Dacio y Carlos sobre la película que está filmando, reitera: "Yo quiero ser real", pero uno de los ex combatientes desarma el discurso del documental objetivo cuando dice: "Vos sos la que está haciendo la película. La película empieza con vos, empieza allá cuando estás pensando tu tesis", y mirando al otro ex combatiente reitera: "La película es sobre ella. Ella tenía seis años cuando fue la Guerra de Malvinas. Ella lleva Malvinas adentro desde que tenía seis años". Estas pocas escenas subrayan el carácter fragmentado y polifónico de este documental. La película propone una peculiar "escritura del yo" que contiene relatos en primera, segunda y tercera persona. Incluso, estas voces agrupadas en capas narran una historia que contiene elementos autobiográficos, biográficos e históricos. El yo que permea

---

[87] Las inscripciones de la subjetividad en el discurso de *La forma exacta de las islas* se vinculan al modo definido por Bill Nichols como performativo. Los documentales performativos son documentales permeados por una experiencia de vida. En ellos la subjetividad de la obra es intencional y esto establece entre espectador y film una dimensión afectiva en cuanto lógica dominante de la argumentación. A su vez, como narraciones de una experiencia personal, los documentales performativos exponen el proceso creativo como una mezcla híbrida de ensayo y error (2006, 197-221). Por otro lado, en *La forma exacta de las islas* estas marcas de reflexividad no sólo responden a la modalidad performativa del documental, también dan cuenta de las experiencias de ensayo/error como recurso propio de la escritura del diario de viajes que se construye paulatinamente mientras se "toma nota".

la escritura del diario de viaje y del diario íntimo se superpone a una polifonía de modos de enunciación. La película de Dieleke y Casabé propone un perspectivismo de voces que se separa tanto del modelo clásico del documental expositivo como también del documental en primera persona tradicional. En un ida y vuelta entre narrativa personal e histórica, las voces *over* superponen meditaciones fragmentarias sobre el presente y el pasado de las Malvinas/Falklands, contando una porción de la historia de las islas a través de la exploración del trauma personal del personaje.

La primacía de la subjetividad de la protagonista en cuanto a la intencionalidad y la construcción del relato se refuerza con la duplicación de su voz, representada en la voz *over* de una actriz que, lejos de incorporar un comentario omnisciente propio del documental expositivo, da cuenta de manera fragmentaria de los estados de ánimo, dudas y deseos de la protagonista. En un momento, leyendo lo que parece ser un fragmento del diario de Julieta, la voz *over* femenina dice: "Cuando la guerra comenzó, yo tenía cinco y acababa de entrar a primer grado. No tengo memoria del día 2 de abril o del día de la rendición. Pero sí recuerdo el hundimiento del *Belgrano*. Creo que mi mamá me estaba preparando para ir a la escuela. Estábamos en el baño, con la radio prendida, y ella lloraba mientras escuchábamos las noticias". Pero no es este núcleo de una memoria infantil lo que se instala en el centro de este relato subjetivo, sino un evento traumático posterior que lleva a la protagonista a discutir con el director en el segundo viaje: "Espero que en algún momento dejemos de seguir los pasos de Carlos y Dacio... porque es como vivir sus experiencias vicariamente. Mi experiencia es otra. Tiene que ver con cosas que me pasaron después, cuando me fui de Malvinas". Hacia el final de la película la voz en *over* femenina vuelve a duplicar la voz de Julieta cuando lee la última entrada de su diario de viaje, escrita algunas semanas luego de su retorno al continente: "En estas islas cabe la última entrada de mi diario escrita en 2006, pocas semanas después de regresar al continente. Si un día vuelvo a Malvinas, ya no seré la misma. No seré una sino dos. Viviré mi maternidad con felicidad y será dulce la espera. Volveré con un hijo concebido en esas islas. Quizá cuando crezca él decida visitar ese lugar". Luego de la pausa, la misma voz *over* revela la razón principal que motiva la producción de la película: "En el momento de cerrar el diario no sabía que ese viaje no se realizaría. Al menos no así. Porque mi hijo Eliseo moriría a pocas horas de nacer. Sin embargo seguirá conmigo su memoria y esa ficción feliz ligada a mi viaje a las islas". De esta manera, la narración en voz *over* reinscribe el relato de la pérdida en un nuevo diario de viaje, el *travelogue* del film. El viaje de retorno y la misma producción de la película son parte de un proceso de aceptación de la pérdida y las islas se convierten, de este modo, al mismo tiempo en un espacio asociado al dolor y al sufrimiento pero también a la belleza y el consuelo.

En el espacio de las islas, el duelo vuelve a Julieta permeable a nuevos vínculos y configuraciones en tanto su proceso psicogeográfico conecta su pérdida con otras tragedias personales y colectivas. En su estudio de las memorias familiares, Annette Kuhn sostiene que un trabajo de memoria produce un pliegue

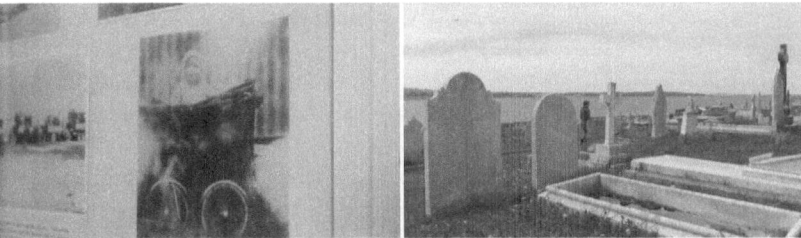

Imágenes 23 y 24. El recorrido psicogeográfico de la protagonista privilegia sitios heterotópicos, como cementerios y el museo, que dan continuidad espacio-temporal a su proceso de duelo por la maternidad frustrada. Fotogramas de *La forma exacta de las islas* gentileza de Daniel Casabé y Edgardo Dieleke.

de las esferas públicas y privadas, que se confunden unas con otras: "El trabajo de memoria hace posible explorar las conexiones entre acontecimientos históricos 'públicos', estructuras de sentimiento, dramas familiares, relaciones de clase, género, e identidad nacional y la memoria 'personal'. En estos casos, las historias externas e internas, sociales y personales, históricas y psíquicas, se funden y la red de interconexiones que las une se hace visible" (2002, 5). La descripción de Kuhn de la fusión de historias internas y externas describe bien un documental que, redefiniendo la lectura de un pasado permeado por la subjetividad, encuentra verdades que son parciales, pero también profundamente "encarnadas" y funcionales para la construcción de una memoria más cercana, que se mueve desde el ámbito individual hacia lo colectivo. Un segundo final para *La forma exacta de las islas* tiene lugar cuando la voz del director dice que "Así empezaba nuestra película". Un subtítulo señala que es el 2 de abril de 2007, y las imágenes nos muestran a Julieta, feliz y embarazada, asistiendo a una ceremonia del vigésimo quinto aniversario de la guerra. En esta escena final, la ruptura de la temporalidad recupera el pasado y sus proyectos abortados y reinscribe lo íntimo en lo público, estableciendo conexiones entre tragedias y deseos personales, heridas y proyectos colectivos.

5. Geografía afectiva o cómo pensar la memoria a través del espacio

Aunque fusiona diferentes géneros de la intimidad, como diarios personales y autorretratos, *La forma exacta de las islas* no construye una historia de vida ni narra una biografía[88]. En cambio, reúne fragmentos para entretejer una mirada particular sobre un momento en la vida de Julieta y nos invita a experimentar

---

[88] Para una revisión de los procedimientos de escritura de la intimidad en el cine, véase María Luisa Orteaga.

la dimensión afectiva de la realidad vivida y de la historia. Desafiando la oposición convencional entre afecto, discurso y razón, la afectividad se vuelve en el documental la condición de posibilidad de la subjetividad y del conocimiento. El carácter de metadocumental y la complejidad de la estructura en la que múltiples miradas y voces confluyen para observar situaciones traumáticas se entremezclan con técnicas como el diario, el relato y el *collage* propios de la escritura de viajes. Por medio de un registro fragmentario y autorreflexivo, la superposición de búsquedas y retornos a un espacio ficcional, experiencial y geográfico, le permite al documental dar cuenta, desde una mirada melancólica, de los vínculos entre un drama personal y una herida colectiva, al mismo tiempo que mantiene una relación crítica con el pasado, ya que el juego de los múltiples viajes evita el cierre de sentido y el fin de la historia.

Si las islas que la mayoría de los argentinos guarda en su memoria son el contorno de dos figuras en un mapa político, las imágenes de Casabé y Dieleke configuran nuevos imaginarios geográficos a través de desplazamientos que privilegian el punto de afectivo y transforman ese territorio en un "lugar practicado". Al tomar el espacio geográfico como "paisaje puro" se establece una relación con el espacio en donde el encuadre y la distancia nos colocan en una posición de contemplación, mientras que el "paisaje impuro" que considera el espacio geográfico como "escenario" nos hace partícipes de un recorrido y de una narrativa. Tanto en esos momentos de desplazamiento como en los momentos de contemplación, la película nos permite habitar un espacio ya inscripto en el discurso social sin que esto suponga convalidar sentidos previos ni sostener una relación de mímesis entre la imagen cinematográfica y el espacio geográfico. Por el contrario, la película configura el espacio alejándose de un modo de representación naturalista y pone en evidencia al lenguaje cinematográfico en sus momentos de enunciación, al insistir en el paisaje como un recorte de la naturaleza y en el aparato fílmico como parte de esa construcción[89]. De manera autorreflexiva, entonces, *La forma exacta de las islas* se configura en sí misma como una "práctica espacial" que piensa un doble vínculo con el espacio: configura el espacio en la película e instala la película en un espacio donde el debate sobre la guerra de 1982 había ocluido la reflexión sobre su carácter insular.

El especialista en estudios culturales Jens Andermann (2011) propone pensar el paisaje como expresión de una "potencialidad latente del lugar", una potencialidad que remitiría a un "orden espacial alternativo". Siguiendo esta lectura donde el paisaje es una práctica espacial con capacidad crítica podemos ver cómo la configuración del espacio en este documental, desplaza la cuestión

---

[89] Estas marcas se encuentran no sólo en las imágenes captadas por la cámara de Dieleke y Casabé, los registros de video realizados por la protagonista también insisten en lo autorreflexivo: en una escena vemos a Julieta Vitullo filmándose, en otra filmando a los ex soldados filmando o sacando fotos del entorno y en varias ocasiones uno de los ex soldados opina sobre cómo tiene que ser la película que están produciendo.

de la política entendida en términos de territorio y soberanía hacia una cartografía afectiva. Desde una perspectiva espacial, la película redefine las relaciones entre las esferas de lo íntimo, lo privado y lo público en una narrativa que pone el énfasis en el afecto y la experiencia individual antes que en los eventos históricos, las estructuras y los procesos. Alejándose del gran relato y de una geografía representacional, el funcionamiento del paisaje en *La forma exacta de las islas* permite pensar en la afectividad como forma de conocer, de ser y de hacer en un espacio que es intensamente personal e íntimamente compartido.

En parte documental de duelo y en parte *travelogue* afectivo, *La forma exacta de las islas* elude las prerrogativas nacionalistas y la idea de la "causa justa" que impregna muchos de los discursos políticos, testimonios y películas históricas, y logra, en cambio, plantear complejas respuestas a la pregunta sobre las consecuencias de la guerra. El documental es capaz de mapear no sólo la forma del territorio de las islas sino también las experiencias temporales inscriptas en ella. Como documental "modernista", los directores utilizan la dinámica espacial como una forma de enfocar la trama histórica "de costado", interponiendo capas entre el acontecimiento y su representación, al mismo tiempo que posibilitan una apertura en la comprensión del pasado en donde los afectos constituyen una nueva dimensión crítica y problematizadora. Evocando los cambios temporales que caracterizan a las secuelas de una guerra, *La forma exacta de las islas* propone pensar la memoria a través del espacio. Mapeando experiencias de pérdida, dolor y consuelo a través de narraciones sobre los vínculos entre el ser y el espacio, la película convierte a las islas en un lugar que pone en escena tanto el trauma personal como el colectivo. El itinerario de Julieta a través de sitios espectrales, impregnados de una nostalgia inarticulada y poco elaborada, es un acto de mapeo que inscribe nuevas historias en espacios acechados por el pasado traumático. El documental presenta este archipiélago remoto como un sitio de memoria, un espacio *intensivamente* afectivo, incluso heterotópico, que cambia la conexión de los personajes y de los espectadores con el territorio y con las heridas personales y colectivas.

La película también explora cómo un espacio particular participa en lograr un consuelo. Si las islas se convirtieron en un "espacio de consuelo" es porque la geografía de las Malvinas se extiende metafóricamente a la condición insular de quienes habitan ese territorio, lo que hace posible pensar en un paralelismo entre el escenario y la afectividad de los habitantes. El mapeo audiovisual de las islas nos guía en el territorio insular de la experiencia personal. Vivir en uno de los archipiélagos más remotos del mundo es exponerse a un permanente estado de vulnerabilidad, precariedad y resiliencia. Deambulando a través de monumentos, sitios conmemorativos, espacios borrados y lugares acechados por los recuerdos del pasado violento y trágico, Julieta se expone a las condiciones precarias que describen bien su proceso afectivo de negociar cómo superar las secuelas de una pérdida muy dolorosa. Así como Heather Love sugiere que la pérdida es "*la* forma de la intimidad" (2009, 82), el documental de Dieleke y Casabé es un intento de entender la pérdida como una forma de intimidad que comparten Julieta, los soldados y los kelpers. En la intersección de *travelogue* y trabajo del duelo, la psicogeografía viene a funcionar como un sitio de memoria, una colección de lugares de recuperación y descubrimiento personal, permitiendo a la película "poner en escena" un trabajo de duelo que no es sino una forma de lo que Butler (2009) entiende como un "devenir otro"[90]. En este sentido, siguiendo el trayecto emocional de la protagonista a raíz de su pérdida, *La forma exacta de las islas* funciona como una "cartografía afectiva" que configura nuevas formas de comunidad a través de la transformación creativa de voces y lugares ignorados por narrativas hegemónicas. De este modo, la película disuelve la separación entre lo individual y lo colectivo y la oposición tajante entre duelo y melancolía. Por el contrario, siguiendo a Flatley (2008), el afecto melancólico que permea todo el documental supone que "melancolizar" no implica necesariamente caer en un estado de parálisis depresiva, sino que puede referir a la dimensión del "hacer" y funcionar como el impulso para la conquista de deseos, cambios o reescrituras de la historia que incluyan a los otros.

---

[90] Para Butler (2009) el duelo, en gran medida, tiene que ver con aceptar y *someterse a* una transformación cuyos resultados completos son imposibles de anticipar. La virtud del duelo consiste, entonces, en posicionar al Yo no como una afirmación sino como una manera de desconocimiento. Un devenir otro. Aceptar la vulnerabilidad intrínseca al ser humano lo vuelve permeable al afuera, permite pensar la pérdida personal dentro de una atmósfera afectiva que no se reduce a los límites que el sentido común otorga a la intimidad como un espacio hermético del Yo. Teniendo la obligada referencia de *Duelo y melancolía* de Freud, y de la mano del "giro afectivo", Jonathan Flatley propone desarmar la dicotomía entre duelo y melancolía y repensar el potencial político de un afecto "negativo" y obturador de la acción y el pensamiento como lo es la melancolía, a fin de tomarlo como "activo" y asumir que "melancolizar" no implica necesariamente caer en un estado de parálisis depresiva, sino que puede referir a la dimensión del "hacer" y funcionar como el impulso para la conquista de deseos, cambios o reescrituras de la historia que suponen abrirse y establecer vínculo con los otros, un proceso que Flatley denomina "mapeo afectivo" (2008).

Geografías sensoriales

CAPÍTULO 7

Cómo pintar un río

De pronto sentí el río en mí, / corría en mí / con sus orillas trémulas de señas, / con sus hondos reflejos apenas estrellados. / Corría el río en mí con sus ramajes. / Era yo un río en el anochecer, / y suspiraban en mí los árboles, / y el sendero y las hierbas se apagaban en mí. / Me atravesaba un río, me atravesaba un río!

Juan L. Ortiz, "Fui al río", *El ángel inclinado*

Desde el siglo XIX, los ríos han sido en la literatura argentina escenarios, territorios o significantes en disputa. Seguir las figuraciones del río en la literatura es una forma de dar cuenta de la historia, las ideas, la estética y de buena parte de las discusiones políticas del país a lo largo de más de un siglo (Hernaiz, 2008). Los ríos también fundan familias literarias. En *El río sin orillas*, Juan José Saer acude a las aguas dulces del Litoral para establecer una genealogía que se remonta a Ulrico Schmidl y llega hasta un poema de Juan L. Ortiz dedicado al río Gualeguay, pasando por textos de Baldomero Fernández Moreno y Jorge Luis Borges. El mismo Saer, en novelas como *El limonero real*, *Glosa* y *El entenado* convoca al río como una superficie cambiante que dialoga con las tramas vitales de los personajes.

Si el río en la literatura funda territorios inestables e inquietantes, cabe preguntarse sobre las relaciones que establece el cine con esos mismos paisajes naturales y literarios. Por su cualidad de registro, la capacidad técnica de aprehender indicios de lo real, se podría pensar que la contribución del cine con relación a estas geografías deriva de su modo representacional o de los vínculos que el trazado de un mapa fílmico permite establecer entre espacios y grupos, pero para ciertos cineastas el potencial crítico del cine, como arte del espacio, se juega en la configuración de itinerarios y paisajes que posibilitan el diseño de un mapa sensible. El cine apuntaría a dar un conocimiento de lo concreto y

---

Cómo citar este capítulo:
Depetris Chauvin, I. 2019. *Geografías afectivas. Desplazamientos, prácticas espaciales y formas de estar juntos en el cine de Argentina, Chile y Brasil (2002-2017).* Pp. 125-140. Pittsburgh, Estados Unidos: Latin American Research Commons. DOI: https://10.25154/book3. Licencia: CC BY-NC 4.0

lo vital más estético que conceptual pero la atención a las superficies, huellas, restos, luces y sombras es, en realidad, una forma de experimentar y pensar el espacio desde las condiciones particulares de la percepción.

El universo del litoral argentino, el de las islas y de los ríos de escritores como Juan L. Ortiz, Haroldo Conti y Juan José Saer, fue transitado también por el argentino Gustavo Fontán. Tres de sus películas —*La orilla que se abisma* (2008), *El rostro* (2013) y *El limonero real* (2016)— dialogan con ese territorio natural y literario y componen lo que el mismo director denomina "el ciclo del río". En una entrevista a propósito de la forma de trabajo que surge de la "serie" fílmica, Fontán explica: "La estrategia o idea es volver a mirar un espacio que ya fue mirado en una película anterior. Es decir, qué es lo que sucede cuando uno vuelve a mirar y qué es lo que puede verse después de que ya se miró". Se trataría, entonces, de observar para romper una primera apariencia pero no con la idea de encontrar una visión definitiva o una representación más verdadera sino con el objetivo de volver a experimentar una epifanía del encuentro con lo real.

En su análisis de la trayectoria de Gustavo Fontán, Roger Koza apela a las distintas acepciones del verbo *abismar* —"entregarse a la contemplación o al dolor" y "sorprenderse"— para pensar la particular poética de este director. Según el crítico:

> En el cine de Fontán, evanescente, espectral y sorpresivamente intempestivo, los planos en conjunto se abisman parcialmente a través de un procedimiento general forjado en un estilo en el que lo real, más que duplicarse en su representación, se hunde en una segunda naturaleza concebida en imagen y sonido por donde la materialidad bruta del mundo se reconfigura en un orden poético, una búsqueda peculiar de ordenar los elementos del mundo de tal forma que queden desprovistos de toda utilidad y produzcan en quien mira una experiencia radicalizada en la sensibilidad [2015].

Para Fontán, "describir y explicar, implican el movimiento contrario a mirar y a narrar" (Bilbao 2016). No se trata, entonces, de filmar nuevamente un espacio para proveer una descripción más acertada o explicar un sistema. Más bien, el "volver a mirar" el territorio, en su serie de películas sobre el litoral, es deudora de una concepción de cine que no sigue la lógica del relato sino de una forma de la percepción que, al mismo tiempo que nos acerca, nos distancia de lo real. Así, el procedimiento de "abismar la mirada" en Fontán se acerca a la propuesta de Gabriela Mistral respecto de un cine que funda una nueva geografía atenta a los sensible, una forma de experimentar el territorio más cercana a la poesía que a la certeza de un documental objetivo.

Teniendo en cuenta estas reflexiones previas, en este capítulo quiero detenerme en los modos en que tres películas de Gustavo Fontán parten de una tradición literaria fluvial pero logran "pintar" un río al explorar las relaciones entre sujeto y paisaje a través de las dimensiones sensoriales propias del cine. Descentrándose de un sentido tradicional de narrativa documental y fílmica, *La orilla que se abisma*, *El rostro* y *El limonero real* apuestan a la intensificación perceptiva y estética para encontrar una nueva idea de experiencia que permite redibujar la geografía afectiva del litoral argentino. En sintonía con una exploración sensorial y afectiva de lo real, sus películas apuestan tanto a una visualidad como a una escucha háptica; una matriz multisensorial alternativa que instala una ambigüedad en la percepción visual y sonora y le permite a Fontán reelaborar las experiencias perceptivas de la poesía de Juan L. Ortiz y Juan José Saer que fueron la inspiración primaria para su proyecto fílmico.

Tanto la película que abre el ciclo —*La orilla que se abisma*— como aquella que lo cierra —*El limonero real*— producen un realismo sensorial con relación al universo del río mediado por una primera aproximación literaria: la poesía de Ortiz y la novela de Saer. Este cruce de universos vuelve necesario aclarar algunas cuestiones en torno a los abordajes sobre los vínculos entre textos literarios y textos fílmicos. Ciertamente, la adaptación no es un concepto o procedimiento adecuado para pensar la relación entre literatura y el cine, sobre todo si se miden los resultados en términos de una idea de fidelidad. En los estudios más recientes sobre el área el término de "adaptación" ha sido desplazado por el de "transposición" (Corrigan 2012, 4-15). Mientras el vocablo *transposición* coloca el acento en el proceso creador que se opera en el pasaje del medio literario al medio fílmico, el término adaptación acarrea cierta connotación negativa. En este sentido Eduardo Russo plantea: "La idea de una adaptación ya parece establecer la necesidad de que algo del relato en su formulación ajena al cine se adecue, se domestique, cambie al mudar de continente. Como si más allá de una formulación manifiesta como original, se encontrasen posibilidades de traslación que de una manera u otra convocaran a una cierta inadecuación que acecha en ese cambio de lugar" (1998, 23).

El término *fidelidad* también ha sido objeto de reflexión. En particular, al tratar sobre el préstamo, la intersección o la fidelidad de la transformación implicada en el proceso de transposición, Dudley Andrew critica la fidelidad mecánica pero defiende la fidelidad al espíritu, al tono original, a los valores, el imaginario y los aspectos intangibles del trabajo literario (1992, 426). De esta manera, no sólo se reconoce a la película como un nuevo lenguaje, distinto del literario, articulado en una gramática propia y poseedor de una estética específica, sino que nos acercamos a la noción de textos en diálogo. Por tanto, toda transposición fílmica habrá de ser comprendida como resultante de un complejo proceso creador, de transformación transmedial, que no se limita a meras operaciones mecánicas de trasvase sino que lleva impreso el sello inconfundible de cada autor. El concepto de transposición como interpretación e intersección de universos supone también la posibilidad de la decisión autoral de transformar, extender o elaborar el texto previo. En palabras del mismo Fontán: toda transposición implica "un doble signo: un acto de amor hacia un texto literario y un acto violento por el rompimiento que se necesita para convertir el texto en otra cosa" (Biedma 2016). Se trata entonces de pensar aquí los modos en que este homenaje y traición se resuelve en *La orilla que se abisma*, *El rostro* y *El limonero real*.

1. Ecopoesía y afectividad en *La orilla que se abisma*

Dentro del panorama del cine argentino contemporáneo, Gustavo Fontán ha desarrollado un modo particular de acercarse a lo real. Pacientemente, película tras película, ha logrado construir una forma poética de capturar lo real en su dimensión infraleve. Si en el "ciclo de la casa" (*El árbol*, *Elegía de abril*, *La casa*) el seguimiento calmo de los rituales ínfimos que ocupan el paso del tiempo redefinía, desde la mirada y la escucha, las diferentes capas de un mundo aparentemente conocido (las tres películas tienen lugar en la casa paterna de Banfield), su serie sobre escritores, antes que ofrecer retratos biográficos de Jorge Calvetti, Leopoldo Marechal, Macedonio Fernández y Juan L. Ortiz, propone una inmersión, a la vez fiel y extrañada, en esos otros mundos literarios. La inquietud por los poetas y los novelistas que atraviesa toda la obra de Fontán alcanza su máxima expresión en *La orilla que se abisma* (2008), apropiación visual y sonora de la poesía de Ortiz (1896-1978) que inicia una nueva serie bautizada por el mismo director como el "ciclo del río".

La mayoría de las teorías en el debate de la adaptación y de la transposición están orientadas a lo narrativo y no siempre permiten dar cuenta de los modos en los que la poesía y el cine dialogan como modos expresivos específicos. Desde la teoría del cine se han presentado reflexiones sobre lo poético en el cine para dar cuenta de los filmes que no favorecen la narrativa o la presentación de un argumento. En *Cine de poesía contra cine de prosa* (1976), Pasolini plantea que el cine de la poesía se vincula al carácter onírico y a la naturaleza irracional del lenguaje fílmico que el cine de la prosa reprime. Ese trabajo sobre lo real, que se desmarca de lo que tradicionalmente se estructura en términos de una narrativa, se acerca a lo que Nichols (2001) entiende por "modo poético del documental" y es una forma de dar cuenta de aquellos filmes que, más allá de incluir poesía en sus narrativas fílmicas, han tratado de recrear cinemáticamente la estética de un poema.

En su análisis sobre la relación entre poesía e imagen cinematográfica en dos películas de Gustavo Fontán, Laura Martins (2014) sostiene que *La orilla que se abisma*, antes que un documental sobre Ortiz, es un film que intenta traducir la estética y la ética del poeta. Esta traducción del mundo poético en imágenes comunicaría una noción de la poesía como visión, un estado febril de la sensibilidad en la que se pueden ver cosas que en otro estado mental no se ven. Algo que, según Martins, se resuelve cinematográficamente al detener la mirada en la materialidad de la naturaleza o de los objetos, insistiendo, al igual que Ortiz, en la importancia de la observación y de la lentitud:

Lo que unifica ambos trabajos, el de Fontán y el de Ortiz, es [...] la asombrada celebración de la unidad de lo viviente. Lo que ambos nos dicen es que para educar nuestra percepción hay que observar [...] Contra la *museificación* del mundo, este film propone habitarlo, propone la posibilidad de hacer experiencia [169-170].

La orilla que se abisma comienza con una placa negra con un texto del poeta entrerriano: "Estamos todos cansados y nos olvidamos demasiado del oro del otoño. Acaso la revolución consista en lo que el hombre por siglos ha estado postergando: la necesidad del verdadero descanso, el que permite ver cómo crecen día tras día las florcitas salvajes". Excepto por esta breve cita inicial y la voz del mismo Ortiz leyendo algunos de sus poemas recuperados de un material de archivo perteneciente a *La intemperie sin fin*, de Juan José Gorasurreta, documental rodado en 1976-1977, las palabras del poeta parecen estar ausentes del film de Fontán. Prescindiendo del comentario de citas y alejándose de un registro mimético, *La orilla que se abisma* propone un nuevo encuentro con lo real (el ecosistema de Ortiz) que resulta en una experiencia perceptiva ligada al trance poético. Antes que adaptación se trata de un proceso intermedial de traducción e interpretación. Apelando al lenguaje cinematográfico, en particular el desenfoque y los movimientos de cámara, Fontán sustituye los versos de Ortiz por planos que nos abren a una experiencia poética del mundo natural.

El documental de Fontán transfiere el universo de Juan L. Ortiz al cine no sólo porque respeta la lentitud de la observación que proponía el poeta. Gustavo Fontán también introduce una forma cinematográfica de trabajar la relación entre sujeto y entorno que está en el centro de la poética de Ortiz, al mismo tiempo que insiste en cierto registro de la imagen que le permite también al espectador experimentar esa geografía. Esta operación supone el trabajo sobre dos dimensiones: una movilización del paisaje, entendido como un modo de relación entre los cuerpos y el entorno, y una apuesta a la dimensión no sólo óptica sino también háptica del cine. *La orilla que se abisma* sintoniza con la ecopoesía de Ortiz intensificando, a través del desenfoque, una representación abstracta de la naturaleza inspiradora de la poesía del escritor entrerriano. Explorando toda la superficie de la imagen, Fontán logra traducir fílmicamente la poesía de Juan L. Ortiz. Los planos detalle de la naturaleza, y el registro atento a las huellas de lo visual y de lo sonoro, reconfiguran paisajes vivientes de un modo casi táctil.

Laura Martins ha señalado cómo *La orilla que se abisma* presenta una verdadera experiencia sensorial donde, en oposición al valor *referencial* de la imagen, se despliega el valor *textural* de la misma (171). Es cierto que la cámara de Fontán hace un minucioso recorrido de los distintos elementos del ecosistema fluvial y se detiene en las texturas de las superficies: la rugosidad de los troncos de los árboles, la densidad de las ramas que caen sobre el río, los elementos sólidos como la tierra y los evanescentes como la bruma sobre cuyo fondo se ven los contornos de una barca o de un hombre, el sonido del viento, el caer de la lluvia sobre las hojas, las ondulaciones del agua. Se detiene también en los animales: un gato, un pájaro, un insecto. Se demora, en definitiva, en las "reverberaciones de lo viviente".

Sin embargo, el valor textural de estas imágenes de *La orilla que se abisma* excede lo sensorial entendido meramente como lo táctil en tanto que cutáneo. El del documental es un registro atento al movimiento, un inventario de imágenes borrosas. Al aproximarse a la dimensión táctil antes que a la tradicional visualidad óptica, se busca activar una nueva mirada y sensibilidad en el espectador. Las imágenes invitan a una percepción más próxima a la superficie y a la materialidad misma: un modo más cercano de mirar, ya que el ojo tiende a moverse sobre la superficie de los objetos, antes que zambullirse en una profundidad ilusoria, y no busca tanto distinguir formas sino discernir texturas (162).[91] Se trata, entonces, de una mirada que reduce la distancia y confunde observador y superficie observada. Este tipo de visualidad háptica refuerza el tipo de vínculo entre sujeto y paisaje presente en la poesía de Ortiz pero trasladado a la relación entre espectador y la imagen. Para Marks (2000), en la visualidad háptica la mirada del espectador no se involucra simbólicamente para identificar o dominar la imagen en la pantalla, sino que crea un espacio táctil de intersubjetividad entre el espectador y la pantalla. Así, el discurso crítico de la "visualidad háptica" se aleja de lo virtual o de los espacios descontextualizados y abstractos para acercase a lo físico, a la experiencia corporeizada.

Según Clelia Moure, en la poesía de Ortiz hay un vínculo entre la disolución del sujeto y el objeto pero, más que una relación dicotómica, se trata de una tensión inestable. Por momentos el paisaje se disuelve en el universo subjetivo (2005, 366). La elasticidad en los vínculos entre los sujetos y el entorno se expresa en la película de Fontán a través del distintas modulaciones del paisaje y convocando asimismo una dimensión de lo espectral. *La orilla que se abisma* se plantea como un recorrido, una deriva por el paisaje fluvial de Entre Ríos. Algunos cuerpos humanos sin relevancia narrativa entran en los planos como recortes humanas en el entorno natural. El foco está puesto en las posibilidades de exploración, sobre todo de un río, que es presentado a través de los sobre encuadres, los fuera de foco y los movimientos de una cámara que se desplaza de manera azarosa. En el documental de Fontán la reorientación del hecho fílmico hacia el campo de lo sensible es también un modo de entender una relación de naturaleza y cultura que encuentra resonancia en las conceptualizaciones contemporáneas en torno al paisaje como "verbo" y "proceso" (Mitchell 1994) o como "ensamble" y "*performance*". En *La orilla que se abisma* hay una mirada extrañada que logra que los efectos de la naturaleza, y la intimidad ante

---

[91] En *Surface: Matters of Aesthetics, Materiality, and Media*, Giuliana Bruno insiste en la cualidad recíproca del tocar: "Cuando miramos no necesariamente estamos siendo mirados, pero cuando tocamos, por la misma naturaleza de presionar nuestra mano o cualquier parte de nuestro cuerpo sobre un sujeto u objeto, no podemos escapar del contacto. El tacto nunca es unidireccional, siempre permite el retorno afectivo" (2014, 12).

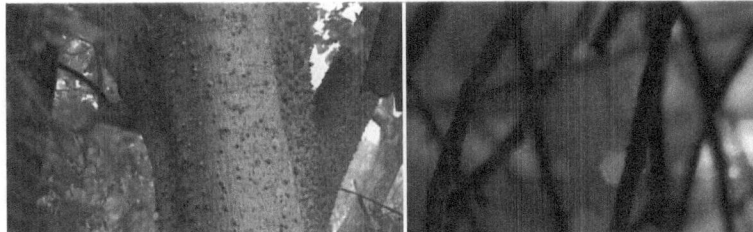

Imágenes 25 y 26. Las imágenes de *La orilla que se abisma* invitan al recorrido de superficies. Los mismos planos se van presentando fuera de foco y adquieren un valor casi abstracto. Fotogramas gentileza de Gustavo Fontán.

ella, traspase la pantalla de un modo en que el paisaje recupera toda la potencialidad de producir un lugar. En el documental la meditación visual sobre el espacio considera los dos sentidos de paisaje: como imagen, como espacio observado desde cierta distancia —como se evidencia en el plano de espaldas de una mujer recortada sobre el marco de una puerta observando el afuera desde el interior de su rancho— y como entorno, como medio recorrido —una mirada que viaja a la velocidad del bote que se desplaza por el río, o sigue el ritmo de la caminara o el recorrido de un auto—.

Asimismo, la película de Fontán recupera e interviene un material original en blanco y negro de 1976 que pertenece al documental *La intemperie sin fin* de Gorasurreta. El registro fílmico pasado al video hace estallar el grano de la imagen y refuerza su cualidad háptica. En la secuencia vemos a Ortiz caminando, tomando mate, recostado observando el entorno. Más adelante escuchamos la voz del poeta recitando ahora sobre las imágenes pictóricas registradas por la cámara de Fontán. Imágenes hápticas de naturaleza precaria e inestables acompañadas por una sombra del poeta que sugiere una espectralidad que nos interpela desde otra dimensión. Una naturaleza no naturalista que pierde sus contornos definidos con la bruma que hacia el final de la película de Fontán lo invade todo, borrando los límites entre el cielo y el río, entre lo interior y lo exterior.

2. Textura y precariedad en *El rostro*

Antes de que aparezcan las imágenes texturadas en blanco y negro de un hombre remando y abriéndose paso a través de la bruma, antes de que aparezca el título de la película, escuchamos el sonido de un río. *El rostro* (2013) vuelve a ese ecosistema, el paisaje fluvial del nordeste argentino, para trazar un nuevo mapa de lo sensible, un modo de contemplar y habitar el mundo. El argumento de la película es mínimo: un hombre se interna en el río, remando en un brumoso Paraná, y llega a una isla aparentemente desierta, un territorio que paulatinamente se irá poblando de seres que parecen habitar el sueño o el mundo de los muertos. La bruma que domina las primeras escenas de la película parece una continuación de aquella bruma que cerraba *La orilla que se abisma* y otorga un halo de misterio. Una densa bruma que parece nacer del agua y una deriva en el río que parece ser también una deriva en el tiempo.

Con respecto a *La orilla que se abisma*, *El rostro* promete una mayor narrativización a partir del eje en los cuerpos, aunque los rostros de niños, mujeres, hombres, probablemente pescadores, llegan tardíamente al film. Antes que la comunidad de pescadores lo que se impone es la naturaleza sobre todo la del río y todas su entidades vivientes que la cámara registra entregando algunos planos subjetivos desde el cuerpo sin identidad del personaje principal. Ese hombre que llega a la isla, interactúa y finalmente se retira está completamente integrado al paisaje, es parte de él como lo sugieren los planos generales donde se adivina el contorno de un cuerpo que carece de identidad.

De manera similar a *La orilla que se abisma*, este retrato del río y de las islas se sostiene en una mirada y una escucha peculiarmente afectivas. En el film, planos híbridos, autónomos e imperfectos se nos presentan como un caleidoscopio visual y sonoro aparentemente sin otra conexión más que la trayectoria de este hombre sin nombre. Un sentido dado en cuanto a sensaciones, una invitación a escuchar y contemplar antes que a establecer vínculos causales entre las escenas. El potencial afectivo de ese vínculo hombre-espacio se traslada a la película como si la cámara que acaricia los cuerpos, la vegetación, los animales y los espacios nos permitiera vivir la experiencia sensorial del tránsito.

Como en el "ciclo de la casa", donde los planos detalle parecían querer "hacer hablar" a los objetos, en *El rostro* el delicado intercalado de imágenes en 16 y 8 milímetros propone una mirada atenta a la microgeografía del río. El registro visual fragmentario, texturado e impreciso motiva las miradas en relación a las personas, los espacios. La fuerza pictórica de cada plano, que fluctúan entre un registro impresionista y uno cercano a la abstracción, invita una aprensión táctil, un modo de contacto sensible y corporal con la imagen que, al atender a lo sensorial, parece desmarcarse de lo simbólico. Pero la película recupera la textura como portadora de sentido ya que en los diversos formatos en blanco y negro —Super 8, 16 mm, video— las texturas del material viejo se integran con las del nuevo para enrarecerlo. Las filmaciones de distinto origen se entrecruzan en forma de capas, una estrategia del cineasta para postular un tiempo en movimiento continuo: la memoria y los restos del pasado que fluyen hacia un presente de incertidumbre. En el atento registro de las sutiles variaciones, en la aparente uniformidad del paisaje, se cifra un relato. De cierto modo, desde la pura materialidad visual, sonora y táctil, *El rostro* abre un espacio para que el Paraná respire y extienda su propia temporalidad: un tiempo no lineal y fluido, donde el presente de la experiencia se funde con el recuerdo y la anticipación.

En *Art and Time* (2005), Philip Rawson discute las figuras de la "imagen agua del tiempo" y del "río del tiempo" en el arte como modos de ver la vida por fuera de una forma estática general y abstracta. Siguiendo una exploración de las formas en que el arte puede diferir de los objetos empíricos ordinarios,

Rawson considera los valores relativos al tiempo en los materiales y en el vocabulario de la creación artística y sostiene que la naturaleza del tiempo presume una suma de estados diacrónicos y sincrónicos, la memoria y la experiencia táctil diacrónica. Una comprensión más compleja del tiempo, que supone el "experimentar, recordar y anticipar" antes que una mera "idea-categoría singular" es un elemento fundamental para la percepción del arte (27-28) y dialoga con el modo en que se piensa la temporalidad del río en *El rostro*.

Experiencia y memorias acumuladas de barro, variaciones casi imperceptibles de su contorno, su flora y su fauna, el río de *El rostro* cambia —o amenaza con cambiar—, y de esta latencia deviene la precaria e ilusoria existencia del territorio al cual el protagonista llega: una isla del Paraná, esos trozos de tierra que, como decía Haroldo Conti (2005), "de pronto están, de pronto no están". Porque la inundación es parte del tiempo, de la historia, la experiencia y la memoria del río, las islas son un mundo primigenio, tierra que potencialmente deviene agua. Las islas son un espacio cargado de cierta precariedad: las crecientes construyen una memoria y un riesgo que puede sobrevenir. Por ello el presente de la isla es un estadio frágil entre dos dolores y esta conciencia imprime en sus habitantes, los isleños, una extraña vitalidad: la pesca, los encuentros, el vino, el fogón, los silencios, todo es una fiesta y una despedida al mismo tiempo.

En esta película también el registro visual convoca un tipo particular de mirada en el espectador. En las imágenes borrosas de *El rostro*, la relación entre el tacto y la mirada tiende a crear proximidad con los observadores. Al reducir la distancia y confundir observador y superficie observada, la visualidad háptica establece canales de comunicación entre estética y afecto que impactan en las dimensiones narrativas y de temporalidad. La imagen háptica es "menos completa" y requiere que el espectador contemple la imagen como una presencia material antes que como una pieza representacional reconocible en una secuencia narrativa. Al mismo tiempo, las imágenes hápticas son "precarias" porque, al esbozar antes que representar sus objetos, no convocan una mirada que disecciona, que mira con atención, sino una que vislumbra, que mira como de costado y que funde percepción y sensación.

En este sentido, el modo de registro de *El rostro* comparte la misma "precariedad" de la geografía isleña, ya que trabaja con un universo de imágenes que, por su escasa definición, parecen apuntar necesariamente a su propio límite[92]. Pero el modo en que *El rostro* va hilvanando esas imágenes hace que la precariedad de los planos se traspase también al espectador que se vuelve él mismo vulnerable a la imagen y puede participar íntima y vicariamente de la incertidumbre que caracteriza a esa comunidad.

---

[92] En su libro sobre las narrativas sensoriales, Omar Reis Filho propone la existencia de este vínculo entre los planos borrosos e imprecisos característicos de las imágenes hápticas, el sentido de precariedad y la latencia temporal (5-15).

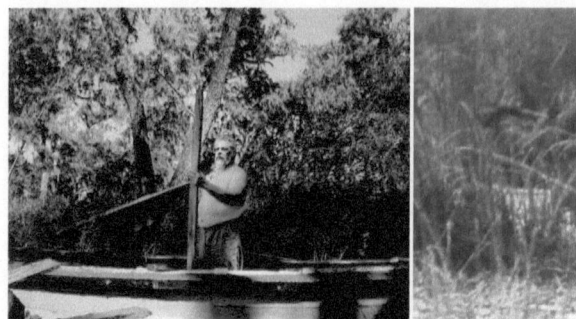 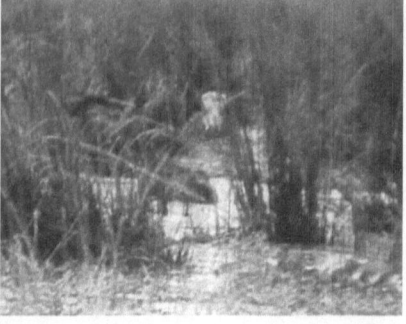

Imágenes 27 y 28. *El rostro* intercala planos en Super 8 y otras imágenes precarias que sugieren un devenir río de la isla. Fotogramas gentileza de Gustavo Fontán.

Las imágenes porosas y de contornos difuminados que registran los rituales, a la vez cotidianos e irreales, de la isla parecen destinadas a desaparecer. Hay una precariedad e inestabilidad del registro en 8 milímetros que nos lleva a imaginar los vestigios de algo que ya ha sido o aquello que está por venir. Expresión de lo que queda en la frontera de la vigilia y el sueño, de lo tangible y lo inaprensible, de la vida y la muerte, las imágenes en *El rostro* están en estado de latencia, como si la película nos invitara a vislumbrar aquello que queda entre un plano y el otro. El de la isla parecer ser un espacio habitado por espectros y la sucesión de planos de la película de Fontán no permite resolver la tensión entre la visión y el conocimiento, el modo de relación entre los muertos y los vivos porque la única forma de conocimiento que parece brotar de ese río se vincula a la intuición y a la sensibilidad. En definitiva, en este nuevo viaje al Paraná, Gustavo Fontán vuelve a explorar todo el potencial del cine para recuperar sensorialmente los espectros de lo viviente y a dibujar una geografía íntima y afectiva desde la sensibilidad y materialidad misma de la imagen.

3. Mirar y escuchar. Narrativa sensorial en *El limonero real*

Se puede decir que en *El limonero real* (1974) de Juan José Saer el argumento en tanto encadenamiento de acciones es mínimo: una familia de pobladores del río Paraná se dispone a compartir el último día del año. Son tres hermanas, con sus maridos e hijos, que viven en tres ranchos, a la orilla del río. Aunque el protagonista, Wenceslao, intenta convencerla, su mujer se niega a asistir a la casa de su hermana para participar del festejo. Dice que está de luto: su hijo murió hace seis años. A pesar del terrible dolor que significa perder a su único hijo, Wenceslao parece haberlo superado y decide participar del festejo. La atmósfera de la novela vuelve una y otra vez sobre el río omnipresente, las variaciones de la luz y el sonido. El baile festivo, la comida, el vino y los cuerpos, todo aparece atravesado por la percepción de Wenceslao y el impacto de las dos ausencias: la de su mujer y la de su hijo muerto. Estructuralmente, la novela se compone de ocho secuencias conectadas por el párrafo "Amanece y ya está con los ojos abiertos", que explotan al máximo el mecanismo que el propio Saer definía como condensación y que consiste, en el decir de Miguel Dalmaroni y Margarita Merbilha (1999), en combinar la insistencia obsesiva, el detenimiento minucioso que se demora en la descripción de cada contingencia, y la repetición casi infinita de lo ya narrado o descripto, con variaciones que subrayan más la insuficiencia que la ineficacia de las versiones previas. Esta detallada descripción —de un árbol, de una caminata, de un río— complica una estructura cinematográfica clásica. La dilatada acción dramática, la obsesiva descripción de cada suceso, dificultan una versión cinematográfica en la medida en que se busque tanto en el cine como en la novela la exposición evolutiva de un relato.

En su análisis sobre las relaciones entre literatura y cine en Juan José Saer, David Oubina (2010) señala que lo que le interesa a la literatura de Saer no es el film en tanto representación de la fluidez sino ese punto de descomposición cinética donde toda acción se reduce a una serie de momentos inconmensurables. Tradicionalmente, el cine suele buscar en la literatura argumentos que pueda ilustrar con imágenes en vez de interpelar a los textos para establecer con ellos un diálogo crítico. Pero si en la literatura de Saer el cine es utilizado en su negatividad —ya que los procedimientos cinematográficos de los cuales su novela se apropia son la fragmentación y la detención propias del cine moderno— la literatura deja de ser una mera proveedora de relatos para constituirse en un material perturbador a partir del cual los filmes no puedan convalidarse sino ponerse en cuestión (435-438).

Esta dificultad es una oportunidad para Fontán, que decide no adaptar la novela sino apropiarse de ella para continuarla: propone una nueva variación a ese último día del año que Wenceslao comparte con la familia de su mujer ausente. Estilísticamente, y desde las herramientas propias de *su* cine, la película retoma las posibilidades abiertas en la novela original con relación a la percepción del tiempo y el espacio y las posibilidades de aprehender lo real. En *El limonero real* de Gustavo Fontán (2016) el núcleo temático de la novela permanece y el comienzo es muy similar, pero la película elude los relatos dentro del relato, los *flashbacks* y *flashforwards* y los diálogos para focalizarse en la inmersión de los personajes y del espectador en el paisaje isleño a partir de lo cual se trabaja una dimensión de lo real vinculada a la intemperie.

El relato transcurre durante un solo día. Desde el amanecer hasta el regreso de Wenceslao al rancho después de la medianoche. *El limonero...* de Fontán arranca con una panorámica del río. La cámara recorre el transcurso del agua del río lentamente. Otro plano general deja ver ropa tendida y un rancho. De allí sale el cuerpo del personaje central y desaparece por un costado. El cuadro originario, ya sin él, persiste unos segundos: el entorno trascendió al personaje. Cuando Wenceslao se despierta, va al baño, prepara el mate, habla con su mujer, visita a su hermano, almuerza con toda su familia, se baña en el río, duerme una siesta bajo un árbol y en la noche asiste a los festejos. Todo eso sucede bajo una difusa atmósfera afectiva. La mujer de Wenceslao está de luto y su tristeza es infinita. Todos los familiares conviven con esa tristeza y el deseo de que ella deje de penar. En esa noche en la que se celebra un nuevo ciclo de vida, los comensales bailan y parecen felices como si desearan conjurar el duelo.

La simultaneidad de pasado, presente y futuro, que es una característica esencial de la novela, se sugiere en la película a partir de la percepción. Hay un presente de cosas pasadas, la memoria, un presente de cosas presentes, la vista, y un presente de cosas futuras, la espera. Los recuerdos y la memoria son la continuidad de la vida ante la tragedia. Los actos son los cotidianos —hacer mate, remar, comer—, pero la tensión entre la vida y la muerte es permanente. La percepción del mundo, por lo tanto, tiene una continuidad aparente, por lo que tampoco entre la imagen visual y la imagen sonora hay sutura posible. El dolor de la doble ausencia se hace presente porque en la película de Fontán los cuerpos que atraviesan el espacio parecen dejar una huella, espectros recortados por una luz que deambulan por los senderos de la isla entre los cuerpos de los vivos. En la película todo parece convocar al pasado: los objetos, las acciones, los olores, la luz, traen al otro, lo vuelven presente, pero esa presencia es a su vez una fuga, algo se escapa. En esas tensiones de aparición/desaparición, distancia/cercanía, se construyen los vínculos de los personajes con el entorno.

El río, ese espacio no delimitado, en constante movimiento, inabarcable, que nunca deja de fluir, tiene un movimiento interno y opera como nexo entre la presencia y la ausencia. Esa zona difusa también hace del río una pantalla oscilante de memorias. A la noche, el bote avanza despacio. La niebla y el silencio acompañan el viaje. Pasado y presente, en un mismo río y Wenceslao llega a la otra orilla, al rancho donde su mujer continúa de luto. La transición de la luz que fue registrada durante todo el día finalmente se apaga. Las islas recortadas por el río también comunican el luto eterno. Como se sugería en *El rostro*, la isla está simultáneamente entre el antes y el después, su presente es una especie de estadio entre dos momentos dolorosos vinculados a la inundación. Esta conciencia imprime en sus habitantes, los isleños, una extraña vitalidad. Esa forma de habitar, configurada por ese vínculo particular entre el entorno, los hombres y los animales constituye una vida a la intemperie porque el espacio imprime en los habitantes una impronta de fortaleza-debilidad, vitalidad-muerte.

¿Cómo trabaja estas ambigüedades temporales la película de Fontán? ¿Qué tipo de registro visual y sonoro permite continuar un diálogo con la novela de Saer? En un interesante artículo Carlos Walker (2011) discute la existencia en *El limonero real* de un pensamiento sobre la imagen y la mirada caracterizado por la recurrencia del despertar y la figura de la imagen como destello. Más allá de señalar que en la novela se presentan diversas miradas, a medio camino entre el sueño y la vigilia, Walker se detiene en aquellos pasajes en los que la mirada se configura como un panal, se da a ver en un plano con múltiples perforaciones o puntos: "El texto va estableciendo una constante: la imagen se da a ver como destellos, e incluso algunos se designan como tales. Se trata de una mirada en permanente estado de alteración: figuración de una imagen que puntúa el espacio a través de haces de luz que se cuelan por los agujeros" (166-167). En esta lectura, el destello no es tan sólo una manera de enceguecer sino la construcción de una mirada-imagen alternativa: por un lado, una concepción de lo visual como un estado en permanente alteración, y por otro, una visión en forma de red, donde las manchas, determinadas por el juego de presencia ausencia de un cuerpo, no son meras expresiones del fracaso de la representación. Las manchas, compuestas por series de partículas, delimitan la figurabilidad de las imágenes: cuerpos que forman destellos, hendijas que agujerean el espacio ante una mirada que está despertando. Frente a la supuesta indecibilidad y el fracaso de la representación de la mancha compacta, Walker propone el destello de la imagen panal. Un despertar que fisura el tiempo cronológico, y aparta de esta manera la fijeza prometida por la identidad de lo mirado (183)[93].

La composición de los planos, los movimientos de cámara, el diseño de color y las texturas en *El limonero real* guardan cierta continuidad con la puesta en escena en *El rostro*. La visión siempre aparece fragmentada: en la cena familiar de fin de año los planos cerrados dejan ver sólo una parte de los personajes. En *La orilla que se abisma*, el fuera de foco ocupaba todo el cuadro, pero aquí el recurso se encuentra dosificado en función de un recurso expresivo que opera perceptualmente en el relato. La vegetación impenetrable, que se transforma en un muro para la percepción visual, y el uso del fuera de foco para los espacios abiertos promueven un sentido de extrañamiento y tiñen al espacio de misterio. También para el personaje de Wencerslao la percepción plagada de manchas que configuran su entorno sugiere su propio estado de presencia ausente del presente del festejo y el peso de la doble ausencia de la mujer y del hijo[94].

Según Fontán, "entre la imagen visual y la imagen sonora hay una distancia, una tensión, no suturan. Busco permitir una percepción lo más verdadera posible, cercana a la ambigüedad de lo real" (Bilbao 2016). Por eso en la película casi no hay correspondencia directa entre imágenes y sonidos y las dos bandas crean diferentes dimensiones perceptivas. El diseño sonoro casi abstracto de Abel Tortorelli en *El limonero real* busca trasmitir esa simultaneidad de pasado,

---

[93] Walker insiste en el carácter móvil de la aparición y se inspira en la la imagen/mirada en movimiento que David Oubiña denominó el "transcurrir inmóvil" de la narrativa de Saer por el énfasis del autor santafesino en un movimiento permanente que se vincula al mismo tiempo al desarrollo de la lentitud.

[94] En su estudio sobre la novela *El limonero real* Graciela Montaldo sostiene que hay al menos dos tipos de manchas: por un lado, está la mancha negra que interrumpe el relato y que es interpretada por la autora como una representación de la desintegración discursiva (66-68); y por otro lado, están las manchas que los personajes reciben a través de los sentidos, quienes perciben, en determinados momentos del relato, imágenes borrosas (73).

presente y futuro que es una característica esencial de la novela. En los primeros y en los últimos minutos de la película se escucha el sonido no diegético, un zumbido que parece ser el sonido del viento o ecos de los seres que ya no habitan este mundo. Este trabajo sonoro es, para Fontán, un modo de enrarecer ciertas secuencias para que se notase "algún vericueto en la construcción del tiempo y en la subjetividad de Wenceslao" (Biedma 2016).

Como si los actos cotidianos no perdieran la conciencia de la muerte, en las acciones se cuelan los sentimientos de Wenceslao y el misterio de lo real por medio del trabajo sonoro. Una escena ilustrativa en ese sentido es la del baño. Wenceslao, de espaldas camina hacia la orilla y se sumerge en el río. Cuando se zambulle, se añade un sonido extra, que parece lejano, convocado desde una dimensión paralela. El registro sonoro deviene una percepción extraña y la narración pasa de la tercera a la primera persona. Wenceslao no se ahoga pero se convierte en pura forma, la unidad de lo visible se dispersa y se hunde en lo indeterminado, se vuelve brumosa. Por instantes el cuadro cinematográfico es ganado casi por completo por el negro. Las burbujas se dirigen hacia la superficie, al borde, a la vida, al aire libre, al linde entre lo sólido y lo líquido, lo presente y lo ausente. Nadando o flotando, la inercia del cuerpo obliga a Wenceslao a emerger de ese río, a esa vida que acontece indiferente. El punto de vista en un momento parece independizarse del personaje para seguir el curso de unas hojitas que se funden en el plano con un sol frontal que encandila y obtura la definición de la rama. El mismo sonido de un zumbido reaparece luego, durante el baile nocturno posterior a la cena y el microclima de extrañamiento continúa.

Estos pasajes en los que la experiencia perceptiva pasa a un primer plano parecen, a primera vista, sustituir la voluntad narrativa. Sin embargo, siguiendo a Saer, Fontán entiende un sentido alternativo de narrativa: frente a una narrativa de trama, donde importan los sucesos y el argumento, se presenta otro sentido de narrativa vinculada al entramado. Ni en Saer ni en Fontán habría voluntad, ni posibilidad, de separar la atmósfera de lo narrado ya que la narratividad no surge del desarrollo estricto de las acciones de los personajes sino de la mirada que se deposita sobre fragmentos de mundo que se van abismando, al mismo tiempo afirmando y fugando algo. En palabras de Fontán: "En *El limonero real*, la narración pone en cuestión, como lo hace la poesía, cualquier discurso cerrado sobre el mundo y restituye para lo real la conciencia del enigma"[95] (Koza 2016).

Sin en Fontán nada se afirma en forma definitiva, porque lo real está todo el tiempo en ese lugar inestable, habría que pensar, antes que en un fracaso de la narración, en un sentido alternativo de "narrativa sensorial". En *El limonero*

---

[95] Para Marcela Gamberini la pregunta por lo real es la clave de lectura del cine de Fontán y de la literatura de Saer: "Las percepciones, las sensaciones, el cuestionamiento del tiempo como materia, como transcurrir, como duración son el eje desde donde se construyen tanto la película, como la novela. El relato, como historia y argumento fracasa; porque está subsumido por las sensaciones" (2016).

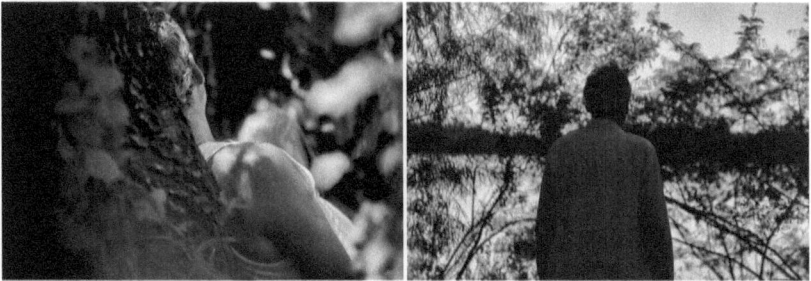

Imágenes 29 y 30. La percepción háptica en *El limonero real* asume la experiencia de Wenceslao, el personaje a partir del cual fluye una narrativa sensorial. Fotogramas gentileza de Gustavo Fontán.

real, la tensión establecida entre los planos hápticos, y su desbordamiento en las escenas siguientes no hápticas, es una de las formas de apertura a una experiencia dispersiva que caracteriza al realismo sensorial de la película. *El limonero real* refuerza las atmósferas y la ambigüedad narrativa al adoptar una mirada microscópica sobre el espacio tiempo y una experiencia afectiva pautada por la presencia de una sensorialidad multilinear y dispersiva. La serie del río en su conjunto desarrolla una especia de pedagogía de lo visual y de lo sonoro, vinculado a cierta dosis de sensibilidad táctil en la imagen y el sonido que nos invita a volver a aprender a ver y escuchar una película.

El espectador se sitúa en un espacio sonoro, en una experiencia sensorial dispersiva, que a menudo opera a partir de una casi equivalencia de volumen entre las distintas fuentes de sonido que no necesariamente lo orientan de antemano hacia el desarrollo de la acción. Según Marks, la escucha puede ser háptica en el momento en que los distintos elementos sonoros se presentan como no diferenciados y donde de antemano no hay una jerarquía que señale qué sonidos nos pueden orientar en la construcción del espacio y la acción (2000, 83). Así, la hapticidad auditiva puede ser un mecanismo capaz de ampliar la experiencia sensorial del espectador. Al mismo tiempo, en el cine de Fontán, a los momentos de escucha háptica, se suman los usos de la acusmática que permiten construir una atmósfera de ambigüedad narrativa ya que también se cuestiona el valor de la palabra como organizadora de la narrativa, dándoles más presencia a otros elementos sonoros y a las líneas de fuga que de ellos se derivan.

Se puede pensar la película siguiendo la propuesta de Osmar Gonçalves dos Reis Filho (2014) de "narrativa sensorial". El cine de Fontán es un cine de imágenes autónomas, que apuesta a la fuerza plástica y fragmentaria más que a la narración tradicional. Estos filmes cuestionan la idea del arte como representación y afirman una comprensión de lo audiovisual más allá del impulso por "contar una historia". Las películas de Fontán contienen narrativas mínimas o incipientes entrelazadas con formas expresivas ligadas a una lógica de lo sensible. Son narrativas sensoriales, formas expresivas que funcionan a partir de bloques de sensaciones, de un sistema de impresiones ínfimas, imperceptibles, de pequeñas percepciones, un trabajo sobre los afectos dados por la composición, los colores, las texturas y los ritmos de los filmes.

4. Entre la literatura y el cine: el afecto

Las películas de Fontán vuelven al mismo ecosistema, el paisaje fluvial del nordeste argentino, para trazar un nuevo mapa de lo sensible, un modo de contemplar y habitar el mundo. Este capítulo analizó los modos en que "el ciclo del río" parte de una tradición literaria fluvial pero explora las relaciones entre sujeto y paisaje a través de las dimensiones hápticas y sensoriales. Descentrándose de un sentido tradicional de narrativa documental y fílmica, Gustavo Fontán apuesta a la intensificación perceptiva y estética para encontrar una nueva idea de experiencia que permite redibujar la geografía afectiva del litoral argentino. Una apuesta que paradójicamente, más de un siglo después, dialoga con las reflexiones de Gabriela Mistral y su concepción de cine como una cartografía viviente, de la presencia, que la poeta volverá a retomar al referirse no sólo a la potencia vivificante del cine para con los paisajes sino a la necesidad sistemática de ampliar, por zonas geográficas, el espectro sensorial, de la experiencia del territorio. Se trata de una cartografía compuesta no de imágenes fijas sino de un conjunto de ecos o sombras sonoras, de huellas de luz que vuelven esos "paisajes vivientes" palpables para el espectador.

Según Fontán, la experiencia no es un pensar en el mundo, sino que, en un inicio, es la certeza sensible de un estar en el mundo y de formar parte de algo que nos excede: "Uno sale siempre alterado de la experiencia: hay algo que nos impregna, una duración de lo otro en nosotros, que es siempre el origen de un nuevo conocimiento. No hablo de un conocimiento que se construya sobre los datos objetivos, racionales, sino en otro menos tranquilizador, quizás (bienvenida la intranquilidad), pero más certero; hablo de un conocimiento que se funda en el encuentro sensible y afectivo con el mundo" (2012, 8). Así, las geografías móviles del "ciclo del río" de Gustavo Fontán establecen canales de comunicación entre estética, afecto y conocimiento.

CAPÍTULO 8

Una poética del caminar

> *Atravesar un territorio / abrir un sendero / reconocer un lugar / atribuir valores estéticos / comprender valores simbólicos / inventar una geografía / recorrer un mapa / percibir sonidos / guiarse por los olores / acceder a un continente / encontrar un archipiélago / albergar una aventura / medir una descarga / captar otros lugares / construir relaciones / espiar personas / saltar un muro / indagar un recinto / dejarse llevar por un instinto / abandonar un andén / no dejar huellas.*
>
> Francesco Careri, "Tácticas de observación",
> *Walkscapes: Walking as an Aesthetic Practice*

En su libro *Walkscapes: Walking as an Aesthetic Practice* (2002), Francesco Careri sugiere que la construcción "arquitectónica" del espacio comenzó en el momento en que los seres humanos vagaron por el paisaje paleolítico, siguiendo rastros, dejando huellas. La lenta apropiación del territorio fue el resultado de estos incesantes desplazamientos. Al considerar el "caminar" como el comienzo de la arquitectura, Careri propone otra historia del "habitar", que no es la de los asentamientos, las ciudades y los edificios sino, más bien, aquella de los movimientos, los desplazamientos y los flujos. Una arquitectura, una forma del habitar, que considera el espacio no como algo contenido por paredes sino dibujado a partir de rutas, caminos y relaciones. Si para el colonizador el espacio entre asentamientos estaba vacío, para el nómada, el errante, el espacio estaba lleno de huellas que le permitían habitar el espacio siguiendo puntos, líneas e impresiones, dejando otras marcas materiales y simbólicas en el paisaje. Estas huellas podrían entenderse como una primera comprensión de lo que es común, como una herramienta para dimensionar y constituir recursos para una comunidad en constante movimiento y cambio[96].

---

[96] El andar sería un acto cognitivo y creativo capaz de transformar simbólica y físicamente tanto el espacio natural como el antrópico. A partir de la idea del caminar, Francesco

---

Cómo citar este capítulo:
Depetris Chauvin, I. 2019. *Geografías afectivas. Desplazamientos, prácticas espaciales y formas de estar juntos en el cine de Argentina, Chile y Brasil (2002-2017)*. Pp. 141-154. Pittsburgh, Estados Unidos: Latin American Research Commons. DOI: https://10.25154/book3. Licencia: CC BY-NC 4.0

Si durante millones de años los humanos no han tenido más alternativa que caminar, en el pasado milenio, debido a los diversos medios de transporte, desplazarse a pie se volvió para algunos grupos "una opción" que en el transcurso de la historia irá adquiriendo diferentes sentidos (Amato 2004, 3-15). Situándonos en el mundo contemporáneo, Zygmunt Bauman distingue los desplazamientos de los "turistas" y de los "vagabundos" como distintos tipos de errancia: mientras que los turistas inician sus viajes "por voluntad", porque su lugar de origen les ofrece pocas sorpresas, la salida de la rutina y la búsqueda de la aventura se facilita por la seguridad reconfortante que ofrece el saber que siempre se puede volver a casa. Por el contrario, los "vagabundos" darían cuenta de otro tipo de desplazamiento, el de una errancia nomádica que no resultaría de una elección sino de una necesidad (1997, 116-117). Si la lectura sobre la globalización de Bauman ofrece formas de entender las razones sociales, económicas y políticas detrás del fenómeno del vagabundaje contemporáneo, no es menos cierto que hay también, en un nivel cultural, cierta opción por un modo de vida en el eterno transitar que ofrece una percepción diferente y móvil del mundo.

Las redes económicas, los contactos culturales y la movilidad asociados a la etapa de la denominada globalización son temas recurrentes en la cinematografía mundial. También el cine brasileño de las últimas décadas exploró temáticas ligadas al desplazamiento. El cine como lenguaje es una forma de viaje que puede transformar nuestra concepción del espacio y del mundo cuando "algo" en nosotros cambia después de ver una película, como si hubiéramos hecho una travesía en la que sufrimos modificaciones después del recorrido. Considerar esas formas en que el cine puede transformar nuestras percepciones de lo real puede pensarse también en términos del tipo de espacialidad que este arte propone y, en particular, a partir del carácter móvil de sus imágenes. Ciertas prácticas espaciales del cine serían aptas para representar y restituir no solamente las características físicas de un espacio; también introducirían cierta lógica de lo sensible: la del afecto que emana de la experiencia de una geografía.

Las películas exploran nuevas formas de concebir el tránsito y los pasajes entre territorios. Con velocidades variables, formas de detenimiento y aceleración, redefinen los límites porosos entre mundos visibles e invisibles y movilizan nuevas sensibilidades y formas de percibir lo real. Considerando los cruces entre cine, movilidad y espacialidad en diálogo con ciertas "estéticas del afecto", este capítulo considera el potencial de los desplazamientos para pensar

---

Careri sugiere vínculos entre el sistema de representación del plano de la aldea paleolítica, los *walkabouts* de los aborígenes australianos y los mapas psicogeográficos de los situacionistas. Del nomadismo primitivo a las vanguardias artísticas del siglo xx, Careri revisa algunas de las propuestas históricas que concibieron el acto de caminar no sólo como una herramienta de configuración del paisaje, sino como una forma autónoma de arte, un instrumento estético de conocimiento y de modificación física del espacio atravesado que, para algunos artistas políticamente motivados —como André Breton o Guy Debord— se concebía como una forma revolucionaria de intervención.

los imaginarios geográficos y la inscripción de los sujetos en el mundo contemporáneo desde una mirada que nace de una experiencia radicalizada de la sensibilidad. En *Andarilho* (2007) el desplazamiento configura una práctica particular del espacio que deviene una "cartografía afectiva": un modo de redefinir los vínculos entre el yo y el otro, entre lo referencial y lo textural, entre percepciones y significados. Las trayectorias errantes de los tres andariegos, hacia quienes Guimarães redirecciona nuestra atención, e incluso el mismo "acto de caminar" son "prácticas espaciales" con implicancias estéticas y sensibles (Careri 2002, Shaviro 1993). La geografía afectiva y móvil de *Andarilho* no sólo registra itinerarios, también presenta un inventario visual, sonoro y táctil de la relación entre personajes y paisaje e introduce una dimensión háptica, una "precariedad del registro" que funciona como matriz estética y una forma de pensar un nuevo "estar en el mundo".

1. Cao Guimarães, entre el registro documental y la lógica de lo sensible

La crítica brasileña Consuelo Lins (2007, 2008 y 2014) ha analizado en profundidad la obra de Cao Guimarães y destaca las trayectoria sensoriales de sus objetos, espacios, personajes, así como de los mismos espectadores, afectados por una mirada poco convencional sobre lo cotidiano de la que se infiere una cierta forma de entender la relación entre arte, afecto y conocimiento:

> Desde los primeros cortometrajes experimentales realizados en Londres en los años noventa, el artista minero se concentra en lo opuesto a lo reivindicado por una tradición racionalista, que excluye el cuerpo, el deseo y la materia en la construcción del conocimiento. Desde entonces lo que particularmente le interesó fue explorar la dimensión sensorial de la vida cotidiana, posando su atención sobre aquello insignificante o mudo de los ambientes ordinarios, las pequeñas cosas del mundo, los movimientos, gestos, sonidos, ruidos [2014 a, 83, traducción propia].[97]

---

[97] Otros estudios sobre distintas obras de Cao Guimarães y los modos en que el artista interactúa con el mundo para producir formas artísticas se encuentran en Lins (2007). También véase Lins y Mesquita (2008), en particular páginas 40-47. Por otro lado, es interesante notar, siguiendo los posteos del propio sitio web de Cao Guimarães, que este realiza una reflexión sumamente consciente sobre la imagen como un fenómeno capaz de traspasar diversos medios: Guimarães no sólo mezcla o alterna libremente el cine, el video, la fotografía y la instalación sino que lleva a cabo en varias de sus obras un trabajo sostenido con lo que Raymond Bellour ha llamado el "espacio entre-imágenes" al incluir imágenes fijas fotográficas, pinturas, diagramas y mapas que trastornan el tiempo de la imagen móvil y sus relaciones con la historia, los relatos, el espacio, y la imaginación.

Los efectos de esta postura se diseminan por toda la obra de un artista cuya propuesta estética puede entenderse también en términos de una "poética del desplazamiento", ya que su misma forma de registro es "errante", en tanto propone nuevas formas de relacionarse con determinado ambiente a partir de espacios y tiempos por los que recorremos desde una mirada extrañada. La escritura cinematográfica de Guimarães introduce nuevos ritmos, apuesta a nuevas formas de encuadramiento y composición de la realidad y propone volver a combinar los elementos en juego para crear nuevas formas de percibir el mundo: una poética del desplazamiento que sitúa al espectador en espacios y tiempos al mismo tiempo cotidianos y desconocidos.

Por su delicadeza en los modos de filmar, su atención especial a lo banal y su valorización de la imagen y del tiempo en detrimento del flujo narrativo, *Andarilho* se enlazaría a cierta producción contemporánea que se sustenta en la autonomía de la imagen y apuesta a su fuerza plástica y fragmentaria. En "Reconfigurações do olhar: o háptico na cultura visual contemporânea" (2012), Osmar Gonçalves dos Reis Filho señala que en los últimos años se observa en diversas prácticas visuales una tendencia a trabajar con imágenes imprecisas e inestables, imágenes precarias que se desprenden de la claridad y de la distancia, demandando un nuevo tipo de mirada más atenta a la superficie, a los detalles, a los pequeños eventos que emergen en la imagen. Esta es un tipo de visualidad que el crítico brasileño define como "háptica", un tipo de imagen que induce un espacio y un tipo de percepción más táctil que visual, una percepción cercana que lleva a preguntarnos por la posibilidad de nuevos agenciamientos estéticos, éticos y epistemológicos[98].

Andarilho presenta los rasgos del estilo de Guimarães: la composición cuidada de los planos (la preocupación acerca de cómo y en qué instancias la realidad ha de ser enmarcada y capturada y el modo en que esta será organizada), una mirada marcadamente poética y contemplativa que se vincula a las artes plásticas y un tratamiento de los colores, las líneas, la luz y las texturas característicos de la fotografía. Las imágenes presentan una cualidad bastante singular: son construcciones ambivalentes, poco significantes, signos que no connotan, que se instalan en una frontera entre el ver y el no ver, entre la representación y la pura expresión. En *Andarilho* las imágenes a menudo "deliran", ganan una naturaleza imprecisa y misteriosa, como una escena en donde la superficie del plano registra una ruta bajo el calor abrasante del mediodía y el director, manipulando la definición de la imagen, hace "vibrar" la materialidad del asfalto como si fuera a evaporarse en el aire.

---

[98] Gonçalves dos Reis Filho encuentra un tipo de agenciamiento ético y epistemológico en la "fenomenología de la presencia". Tocar es ser tocado, la dimensión háptica sugiere lo que Hans Ulrich Gumbrecht (2004) llama "deseo de presencia", cierta voluntad del hombre contemporáneo de restablecer un contacto más sensible y corporal con el entorno, con los objetos, y con las imágenes.

Por su maleabilidad, siguiendo el planteo de Osmar Gonçalves dos Reis Filho, las imágenes de Guimarães serían precarias, "casi imágenes", rasgos sensibles buscando emerger de la oscuridad. Menos referenciales que expresivas, tienden a presentar calidades puras antes de que estas se actualicen en un estado individualizado de cosas. Más que espacios o situaciones definidas, instauran atmósferas, fuerzas inestables aún en devenir. Lo que pasa a afectarnos entonces es la expresión, la potencia de cada rostro, de cada paisaje y todo a lo que eso nos puede referir: el silencio, la expectativa, la deambulación. En ese contexto, la narración y sus significados tienden a quedar en suspenso y a ser sustituidos por sensaciones. Cuando hay narrativa se trata de una que se establece según una lógica sensorial, de pequeñas impresiones, de sensaciones ínfimas[99]. *Andarilho* apuesta tanto a una "visualidad háptica", más táctil que óptica, como a una "escucha háptica" que le permite al espectador percibir y experimentar el modo de vínculo con el espacio geográfico que establecen aquellos que hacen del caminar su modo de vida.

Andarilho trata sobre el fenómeno de la errancia en la contemporaneidad. Experimentar un pasaje permanente, la idea de un transito eterno, es en parte un deseo propio de la condición humana: la pulsión por la búsqueda, el movimiento continuo, la posibilidad de escoger caminos que nos lleven por sendas desconocidas o irreconocibles. La errancia va más allá de una noción simplista de desplazamiento físico: nos indica un estado existencial en la cual estamos llevados a la deconstrucción y a la resignificación permanente. ¿Qué cartografías se inscriben a partir del tránsito de los personajes y vicariamente de los espectadores? Esta pregunta sirve de punto de partida para pensar el modo en que un documental como el de Cao Guimarães captura lo real mediado por una estética de lo sensible. La poética del caminar en *Andarilho* se vuelve política cuando funciona como una constelación afectiva que produce un conocimiento y una sensibilidad singular que sobrepasa los códigos vigentes de significación e imagina otras experiencias y mundos posibles.

2. *Andarilho*: una poética y una política del caminar

Andarilho (2007) es la segunda entrega de lo que Cao Guimarães llama la "Trilogía de la soledad", que se abre con *A Alma do Osso* (2004) y culmina con *O Homem das Multidões* (2013), realizada en colaboración con Marcelo Gomes. En varias entrevistas el director revela que la idea de la segunda película nació de su

---

[99] El teórico estadounidense Steve Shaviro describe una cierta producción audiovisual contemporánea que se construye o se apoya sobre una lógica de lo sensible. Se trata de una producción que no inventa o representa un estado de cosas, pero crea una fascinación visual que omite presentarnos referencias histórico-sociales inmediatas. Son películas que nos afectan, en primer lugar, como imagen y como sensación (Shaviro 1993, 4-9).

experiencia personal con relación al acto de caminar y al hecho de que esta actividad oxigena la sangre y favorece el ejercicio de pensamiento. Con este documental de 80 minutos, Guimarães aborda la relación entre el caminar y el pensar, entre el ser y el estar, a partir de la trayectoria de tres andariegos solitarios.

La película fue rodada en video de alta definición (HDV) en el año 2007, a lo largo de las carreteras federales BR-122, BR-135 y BR-251. Transitando estos caminos del nordeste de Minas Gerais, Guimarães se interesó por investigar la percepción del mundo que nace de vivir "al borde del camino" a partir de las experiencias de aquellos vagabundos que transitaban esas carreteras. Así, el documental se propone retratar la condición de un pequeño grupo de andariegos presentando aspectos y perspectivas de sus vidas "en el camino". Para ello, Guimarães recorrió algunos tramos de las citadas carreteras, entre los municipios de Montes Claros y Piedra Azul, donde el equipo de producción de *Andarilho* encontró (y promovió encuentros) entre tres hombres solitarios: Valdemar (gaúcho), una especie de subconsciente colectivo; Nercino (mineiro), un viejo andrajoso, con síntomas claros de insanidad mental; y Paulão (bahiano), un "hombre-carro" que lleva consigo mucho más de lo que su condición de vida le exige —habida cuenta de la enorme cantidad de baratijas, bolsas y bolsos que lleva colgados de una carreta que él mismo mueve— y puede recitar pasajes bíblicos como si fuera una especie de peregrino medieval. Los tres recorren sin rumbo fijo las humeantes carreteras de Minas Gerais. Como sobrevivientes de una hecatombe, cada uno lleva consigo ciertos restos de civilización: un bulto de ropa para uno, un caótico cúmulo de recuerdos para otro y una casa en miniatura para el último.

Estos tres individuos con diferentes idiosincrasias, cuyas prácticas de caminar iban dibujando trayectorias distintas, se relacionan no sólo porque el director produce el encuentro, sino porque comparten una misma realidad precaria y efímera. Es este modo de "estar en el mundo" y no las características o historias personales de los andariegos el foco de interés en *Andarilho*. En una entrevista con Cézar Migliorin (2006), Cao Guimarães introduce la metáfora de "la superficie de un lago" para dar cuenta de distintos modos posibles de relacionarse con lo real:

> Si imaginas la realidad como la superficie de un lago, tienes tres formas de aproximarte: una, te quedas ahí sentado al margen del lago contemplando estas aguas. Ejemplo, tengo trabajos muy contemplativos como *Da janela do meu quarto* (2004), que parten por un filtro de mi mirada, de mis sentidos. O tomo una piedra y la lanzo en el lago, esa piedra es como un concepto o como una proposición que va a hacer temblar el agua, que va a modificar la realidad, que va a interferir [...] Entonces tengo trabajos que son más propositivos en ese sentido, por ejemplo *Rua de mão dupla* (2002), que es una instalación y un largo, donde les digo a dos personas que no se conocen que intercambien de casa por veinticuatro horas, y ahí ellos van a filmar la casa del otro desconocido

en un principio, después filmo a esas personas hablando sobre cómo imaginan a ese otro. Son experiencias, simplemente lancé un concepto, creé una perturbación en la vida de otro. Luego, una tercera vía, uno mismo puede lanzarse al agua, una cuestión de inversión, como por ejemplo el trabajo en el que voy a vivir ahí como un ermitaño, diez, quince días, tengo una cuestión de inversión, hay una realidad que no es la mía, y ahí se está cumpliendo con la película.

En su abordaje de lo real *Andarilho* se caracteriza por una postura contemplativa y ciertas interacciones puntuales con entrevistas o, más bien, la creación de encuentros entre los distintos vagabundos. Pese a que es evidente la presencia de un "otro" y su mundo, la puesta en escena del documental no da cuenta de una intención antropológica. Desde un punto de vista formal la película va presentando encuadramientos muy plásticos, texturas de imágenes, pocos movimientos de cámara y un tratamiento sonoro más sensorial que comunicativo. Guimarães fabrica, a través de largos planos secuencias, imágenes que perturban las definiciones, habituales en el cine, de imágenes "objetivas", grabadas desde el punto de vista de la cámara y por lo tanto del director, e imágenes "subjetivas", que se atribuyen a los personajes. Esta alteración de los límites entre lo objetivo y lo subjetivo se logra con:

> [...] alteraciones que el cineasta obtiene a partir de encuadramientos fotográficos muy precisos, dentro de los cuales él deja que el tiempo respire, el uso de imágenes de texturas diferentes, producto de la mezcla de distintos soportes (video, Super 8, 16 mm). Son tomas menos vinculadas a las temáticas de la película, más poéticas, libres, frágiles [Lins 2007].

En *Andarilho* el cineasta hace uso de ese procedimiento y lo lleva al límite. Extrae de las carreteras por las que deambulan los caminantes especies de visiones: imágenes explícitamente objetivas —capturadas con la cámara fija en un trípode durante un largo tiempo— se transforman poco a poco, ganando una extraña subjetividad, a punto de adquirir un carácter alucinatorio que disuelve distinciones entre lo interior y exterior, entre lo subjetivo y objetivo. Es como si las imágenes, inicialmente capturadas desde el punto de vista del director, contrajeran gradualmente la visión del personaje hasta el momento en que no pertenecieran más ni a uno ni a otro, transformando al mismo tiempo la propia experiencia del espectador. Demarcaciones binarias como lo objetivo y lo subjetivo, lo real o imaginario, la ficción y el documental pierden sentido ante imágenes que se extienden hasta el borde de la abstracción: camiones y motos hundiéndose en el fondo de la imagen, plantas evanescentes, caminos humeantes, seres en disolución.

Después de filmar a un ermitaño en *A Alma do Osso*, Guimarães continuó con *Andarilho* su fascinación por el tema de la soledad contemporánea pero, a diferencia de su trabajo anterior, en esta película el encuentro entre la experimentación formal —el encuadre, el trabajo sobre lo sonoro— y el tema del documental —la relación de los vagabundos con su entorno— genera un extraño híbrido. Si sus personajes podrían ser considerados como la extrema "otredad" de la sociedad, Guimarães lleva también al extremo su experimentación visual. Jugando con los elementos que conforman al género —testimonio, registro de la realidad, sonido real, tiempo y duración de las tomas— por momentos, Guimarães nos presenta un documental demasiado real para que lo consideremos como tal. Sin contexto espacio-temporal, sin cortes dentro de una misma toma, sin incluir explicaciones o referencias al pasado de los personajes, la cámara registra simplemente instantes, escenas al borde de la carretera, bajo un sol cegador, unos cuantos monólogos, diálogos incomprensibles, pero sobre todo pasos, pies, caminata. En la secuencia de apertura, un plano largo revela apenas siluetas de una vegetación y la línea amarilla de una ruta vacía, sin embargo, es la banda sonora la que trasmite la centralidad del caminar, con un ruido en resonancia baja que evoca pasos y parece adelantar a un —o a cualquier— andariego imaginario.

Una sensorialidad posible del acto de caminar se vuelve audible, atenúa la objetividad de la imagen vacía y enrarece nuestra percepción. En este sentido, más que un "contador de historias", Cao Guimarães es un pintor de imágenes. Sus planos largos y fijos estudian a estos hombres como fenómenos pero no se pregunta necesariamente sobre sus historias personales, sino que capturan el modo o los modos en que ellos crean una relación con el ambiente físico siempre cambiante. Los lugares y los espacios, más que localizaciones con coherencia propia, devienen focos de encuentro de lo no relacionado. De manera similar a la concepción de Doreen Massey (2012), en *Andarilho* el espacio es un producto de esas interconexiones, de la coexistencia de multiplicidad de trayectorias. Pero estas conexiones no son siempre azarosas: el espacio abierto es domesticado según ciertas reglas. La geografía móvil de los andariegos es sometida al procedimiento de encuentros pactados por el propio director, que en un momento hace interactuar a dos de los vagabundos.

Por otro lado, la relación móvil y de encuentro es sobre todo la de cada caminante con su entorno. Por definición, el caminante debe mantenerse en movimiento, sólo así es posible sostener su existencia. A cada paso el cuerpo recorre la geografía y al mismo tiempo se inscribe en la mente la lógica perceptiva de un mundo transitorio: "Para el caminante, el exterior y el interior ya no son entidades separadas, la realidad de quien camina está atravesada por la intensidad de su recorrido" (Incarbone 2014, 28). En *Andarilho*, cada plano presenta una nueva situación, un nuevo paradigma de integración entre el individuo filmado y el mundo a su alrededor.

Este vínculo móvil con el mundo afecta los sentidos de temporalidad en la película. En el caminar, el presente, el pasado y el futuro no son más que meras virtualidades que se actualizan en un punto convergente: el paso. En *Andarilho* el calor, la ruta y los vehículos que pasan articulan un transcurso de los días que no se ubican en una temporalidad asignable. De hecho, el calor envolvente ralentiza el tiempo, lo deforma, lo vuelve laxo y maleable. La imagen se doblega frente a su poder. El paisaje se vuelve alucinatorio. Guimarães alterna la presentación de sus individuos con largos planos secuencia en los que el personaje queda empequeñecido, casi desaparece o es completamente apartado para dar paso a una naturaleza inmensa. Los camiones parecen ser tragados al final de la ruta. Los cuerpos, las figuras se deforman como si estuvieran atravesadas por fuerzas. Es en esa abstracción del entorno donde se presenta el intersticio de intercambio que viven el paisaje y el cuerpo.

Es interesante la hibridación que se produce entre las formas de vida de los andariegos, en sus modos singulares de autoexclusión civil, y el modo en que *Andarilho* produce "fugas" respecto de las formas dominantes de lo visible y audible. Guimarães nos desafía a aprehender una visualidad y una escucha poco convencionales[100]. En el documental planos demorados observan pequeños acontecimientos pero, al mismo tiempo que nos demora excesivamente en la observación, Guimarães nos separa de la información. Este es el caso de los pocos momentos en que los vagabundos hablan. En una escena, la voz comienza y es tapada por el sonido de un camión, luego el andariego sigue hablando pero el texto del habla se transforma en apenas gestos corporales: una boca que se mueve, una cabeza que se balancea, manos que gesticulan. El texto desaparece, engullido por el universo del film y de los andariegos, y cuando ese texto vuelve se adhiere a esos movimientos no narrativos y pasa a convertirse en otra modulación del mundo.

En la película de Guimarães el habla no se puede seguir, la información verbal no es suficiente y esto nos empuja a buscar otros indicios, como los gestos o el posicionamiento corporal del andariego. Los textos son parte de gestos corporales, menos comunicacionales que sensoriales. De esta forma, el director logra aislar la trama, e insertarla fuera del tiempo, tal como la vida de los vagabundos. Al renunciar a la función referencial y a la figura del sujeto con una vida interior, la mediación documental se transforma en un dispositivo sensorial que invita al espectador a centrarse en lo que excede la representación. Los andariegos parecen figuras desgarradas, habitantes de pasajes, de cualquier lugar, transitando una ruta cualquiera, pero ese desgarro deja de ser el desgarro de algo, de un todo y se convierte en el mundo en sí mismo[101].

---

[100] Al asumir la disolución entre la percepción del director y la de los vagabundos, el documental privilegia nuevos regímenes escópicos y políticas de lo audible, redistribuye relaciones entre imágenes, cuerpos, espacios y tiempos y articula una cierta "partición de lo sensible" (Rancière 2014).

[101] Consuelo Lins (2007) plantea que la concentración de la película en lo que normalmente es extraño (recolectar piedas para tirarlas debajo de las piernas, llevar la casa a cuestas, hablar solo), tiene tanta importancia que, en lugar de ser exótico o extraño, para a ser una forma de inventar y habitar estéticamente el mundo que impacta nuestra experiencia cotidiana.

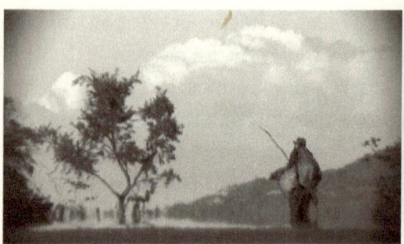 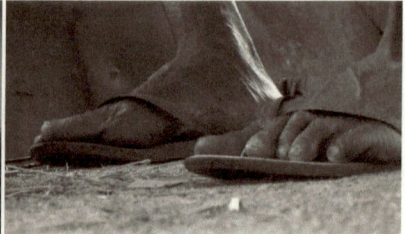

Imágenes 31 y 32. *Andarilho* trabaja el entorno como un intersticio de intercambio entre paisaje y cuerpo. La precariedad de los pies del caminante se duplica en la inestabilidad de la imagen. Los planos generales muestran rutas que se "evaporan", cuerpos y entornos que se funden en el límite por desaparecer. Fotogramas gentileza de Cao Guimarães.

La ruta adquiere en la película una multiplicidad de texturas y dimensiones. En la secuencia en que la cámara al ras del suelo —con un plano que hace estallar el grano de la imagen— sigue a un grillo que cruza lentamente la ruta, los pequeños granos de arena rebotan sobre el asfalto en el momento en que los autos se acercan y adquieren entonces dimensiones gigantescas. Los grillos captados en un plano extremadamente próximo permiten una especie de suspensión temporal y abren el espacio a una abstracción sensorial que permite que la mirada del espectador se deje llevar por esa fluctuación afectiva que producen los movimientos. La fragilidad del grillo es más que metafórica. Esta y otras secuencias es parte de un modo de "estar al borde del camino" como si la experiencia del film y de los andariegos alterasen toda observación. La imagen consigue inventar una forma de estar con estos individuos al compartir una especie de dimensión poética en relación con el mundo y las cosas. En este sentido, Cao trabaja con una torsión de la imagen para llegar a un equilibrio, una especie de comunión entre los personajes que registra y el espacio alrededor. La materia es fluida en la película como es fluida la existencia de los que andan sin rumbo, adaptables a cualquier espacio y cualquier situación.

Andarilho es un documental sobre los vínculos entre el desplazamiento y la percepción transitoria del mundo. En términos de imaginarios geográficos y prácticas espaciales, la película insiste en este contraste a partir de un plano que muestra el fragmento de un mapa, los numerosos planos generales de los andariegos perdiéndose en el horizonte de la ruta o los planos detalle que se detienen en pies que no pueden sino proseguir con el caminar por el caminar mismo. Así, el documental puede ser entendido como un ensayo poético sobre la movilidad y la relación con el entorno que, pese a centrarse en tres personajes y la ruta, no presenta ningún retrato de subjetividades herméticas asociadas a esos individuos singulares. En el nivel estético y formal, el trabajo sobre una mirada y escucha háptica nos alejan de lo meramente representativo y nos abren hacia las dimensiones sensoriales y afectivas. Las trayectorias de los andariegos, y las de la propia película, son en este sentido "rutas hápticas" que al reinventar la mirada y la escucha nos permiten establecer un vínculo más íntimo con el cuerpo del film y con el entorno que respira más allá del plano.

3. Una estética del afecto

La película refuerza las atmósferas y la ambigüedad narrativa al adoptar una mirada microscópica sobre el espacio tiempo y una experiencia afectiva pautada por la presencia de una sensorialidad multilinear. La predilección de esta forma en la que lo sensorial es sobrevalorizado como una dimensión primordial para el establecimiento de una experiencia estética del espectador se vincula también con cierta forma de conocimiento. La exploración sensorial se intensifica no sólo en el aspecto visual sino también a partir del trabajo sobre la dimensión sonora. Con relación al espacio sonoro el espectador se sitúa, por momentos, en el centro de una experiencia sensorial al mismo tiempo dispersiva e intensiva. La dimensión háptica del sonido puede ser un mecanismo capaz de ampliar la experiencia sensorial del espectador al reorganizar las relaciones espaciales a partir de lo audible. Al mismo tiempo, los usos de la acusmática permiten construir una atmósfera de ambigüedad narrativa ya que también se cuestiona el valor de la palabra como organizadora de la narrativa, dándoles más presencia a otros elementos sonoros y a las líneas de fuga que de ellos se derivan.

En los documentales en los que se aborda el objeto de un modo poético, generalmente la banda sonora ayuda a estructurar el discurso fílmico. En *Andarilho*, Marcos Moreira y Nelson Soares (integrantes del grupo musical O Grivo) fueron responsables del sonido: desde la captación de sonido directo, la edición y el montaje hasta el diseño de la misma "puesta en escena" sonora. En este caso, siguiendo un abordaje menos realista, los músicos exploran puntos de escucha que no correspondían necesariamente al punto de vista de la cámara. A veces la cámara se mantiene fija, alejada de los personajes, pero el micrófono parece ubicado muy cerca de ellos, por lo cual el habla irrumpe en primer plano, no de un modo inteligible sino casi como la implosión de un ruido.

El crítico Anahid Kassabian (2003) identifica en el cine contemporáneo arreglos sonoros que buscan diluir las fronteras entre voces, ruidos y música, relativizando las jerarquías de la banda sonora sedimentada en el lenguaje clásico de Hollywood que Claudia Gorbman ha estudiado en *Unheard Melodies: Narrative Film Music* (1987). Los "materiales sonoros ya no son más tratados de acuerdo con las jerarquías claramente establecidas de la voz sobre la música sobre el sonido sobre el ruido" (Kassabian 2003, 95). Este el caso en que vemos a Paulão empujando su carreta y en la banda sonora la música y el ruido se mezclan, se vuelven una sola. Según Kassabian:

> No es la música o la no-música, es más un uso textural del sonido, que ignora gran parte, si no todas, las "leyes" de la banda sonora clásica de

Hollywood. [...] La música-sonido es llevada al primer plano exigiendo atención y ya no es "inaudible". No aparece como un significante de una emoción, o como proveedora de continuidad o unidad. No está subordinada a los aspectos visuales de la narrativa, pero en combinación con ellos puede crear un mundo afectivo [Kassabian 2003, 93, traducción propia].

El diseño sonoro sirve también para dar cuenta de un mundo caracterizado por el contraste de escalas, diferentes dimensiones espaciales y temporales. En una escena, la cámara al ras del piso toma un primer plano del asfalto distorsionado por el calor mientras la banda sonora es invadida por el fuerte ruido del motor de un camión que se pierde en el fondo del plano. Luego la distancia sonora entre los camiones y los caminantes se acentúa por una presencia sonora de baja resonancia: sonidos secos y apagados de los pasos de un caminante. En algunas secuencias, el montaje sonoro intercalado conecta las trayectorias de los distintos vagabundos, mientras que en otras ocasiones el sonido vuelve al mismo personaje, como en la escena en la que escuchamos a Gaucho agitando una placa de metal y luego, cuando la imagen desaparece, el sonido reaparece como una "escucha interna" como si fuera parte de la memoria del vagabundo.

En el documental, cuando se presenta, predomina un tipo de diálogo que funciona como una "secreción de los personajes, como un aspecto de su forma de ser [...]. No contribuye para el avance de la trama, no da sentido a la *decoupage* (el orden de las tomas), tiene poco que ver con la división de escenas [...] a menudo es sólo parcialmente inteligible" (Chion 2009, 476, traducción propia). Este es claramente el caso de los largos monólogos de Nercino, tomado de espaldas por la cámara, que no sólo son ininteligibles sino que luego esas palabras invaden como un ruido extraño la siguiente secuencia que nos muestra planos largos de imágenes nocturnas de la ruta.

Desde la banda sonora, el vagabundo aparece como otra aprehensión sensible del mundo y el director busca, desde la puesta en escena, experimentar esa percepción alternativa sobre todo en la exploración de lo que Chion, siguiendo a Pierre Schaeffer, denominó "modos de escucha" (2009, 29). Sobre todo la película de Guimarães recurre a la "escucha reducida", una escucha que se focaliza en los rasgos del sonido en sí, independientemente de su causa, origen o significado. La escucha reducida toma el sonido, verbal, musical o ruido, como un objeto en sí mismo, antes que como un vehículo para otra cosa. En este sentido, teniendo en cuenta la posibilidad de "escuchas inconscientes", Chion sostiene que el sonido se ofrece como un espacio de manipulación semántica y afectiva. Más allá de funcionar fisiológicamente (el cuerpo responde a las ondas sonoras que dominan la banda sonora de una película), el diseño sonoro agrega un valor por su potencial para modificar los modos de percepción.

A nivel visual el documental ofrece también una experiencia sensorial donde, en oposición al valor referencial de la imagen, se despliega el valor textural de esta. En contraposición a esta separación entre el cuerpo del que ve y el objeto, la visualidad háptica sería un modo más cercano de mirar, ya que tiende a moverse sobre la superficie, antes que zambullirse en una profundidad ilusoria, y no busca tanto distinguir formas sino discernir texturas. En la insistencia ya señalada por Consuelo Lins de transformar gradualmente las imágenes "objetivas" en "subjetivas" y luego "abstractas", *Andarilho* promueve una difusión de los límites entre lo interior y exterior. En esta difusión de los límites entre lo objetivo y lo subjetivo hay una apuesta del cine a una "estética del afecto". La valorización de las texturas de lo que se filma muy de cerca —o de lo que se filma en un plano general excesivamente detenido en el tiempo— busca una especie de activación del tacto. Se trata de demorar la mirada un poco más sobre las cosas y los cuerpos, no como redundante de la narrativa, como un énfasis, sino con cierta curiosidad dispersiva. Una mirada *flaneur*. Un *voyeur* que se transforma, siguiendo el análisis de Bruno, en un *voyageur*, lo que da cuenta de una movilización háptica del espectador. Una mirada que no busca organizar el espacio narrativa o descriptivamente, sino que se deja llevar por él, por el afecto, como si la mediación con el mundo y con la imagen pasara más por lo sensible que por lo racional.

4. Una geografía sensorial

Guimarães nos confronta a un cine desprovisto de los recursos narrativos a los que estamos acostumbrados pero, según Wiedemann (2014), esta "poética de la micro expresión" es la que produce una fuga perceptiva a través de la reinvención de la mirada y de la escucha. Rechazando la idea del cine como representación y afirmando una comprensión del audiovisual que va más allá del "contar historias", en su último libro Osmar Gonçalves dos Reis Filho (2014) vincula el trabajo de Guimarães a la emergencia de un corpus cinematográfico que él define como "narrativas sensoriales": un cine de imágenes autónomas, que apuesta a su fuerza plástica y fragmentaria más que a la narración tradicional. Las narrativas sensoriales serían formas expresivas que funcionan a partir de bloques de sensaciones,[102] un trabajo sobre los afectos dados por la composición, los colores, las texturas y los ritmos de los filmes. En efecto, *e* pone en juego una narrativa sensorial que funciona a través de un sistema de impresiones ínfimas e imperceptibles, de pequeñas percepciones. Una mirada

---

[102] En "Percepto, afecto y concepto" Gilles Deleuze y Félix Guattari plantean: "Lo que conserva la cosa o la obra de arte, es un bloque de sensaciones, es decir un compuesto de perceptos y de afectos. Los perceptos ya no son percepciones, son independientes de un estado de quienes los experimentan; los afectos ya no son sentimientos o afecciones, desbordan la fuerza de aquellos que pasan por ellos. Las sensaciones, perceptos y afectos son seres que, valen por sí mismos y exceden cualquier vivencia" (190).

sensorial que torna visible un tejido que antes no conseguíamos ver, que hace el mundo sutilmente devenir otro[103].

Así, se trata de aceptar cierto nivel de ambigüedad visual y textual para que irrumpa el afecto, no necesariamente entrelazado con el eje narrativo de la escena sino con el plano mismo. *Andarilho* insiste en cierto registro de la imagen que le permite también al espectador experimentar una geografía, una relación con el espacio y el paisaje[104]. El fenómeno de la errancia nos permite apreciar la emergencia de una constelación afectiva que supone modos de "estar en el mundo" que reverberan en la forma fílmica: maneras de existir y percibir la relación del yo con el mundo sensible[105]. De este modo, la estética de la película produce reflexiones acerca de un "estar en el mundo" y de la dimensión afectiva que la envuelve. Los cuerpos que realizan las caminatas, que cruzan mundos, se configuran no sólo en su materialidad física; son el vehículo que conduce, a través del tránsito incesante, a la desarticulación de las cosas fijas y a una nueva percepción: una forma fílmica que absorbe, incorpora y exterioriza, visual y sonoramente, paisajes en movimiento, condensando, potenciando una dimensión de la mirada impregnada de afectividad.

---

[103] Según Consuelo Lins (2007) este procedimiento, que favorece una atención detenida y concentrada en las pequeñas cosas, de cierto manera restablece cierta observación silenciosa del mundo practicada por la fotografía.

[104] Como *Andarilho*, a la manera de una psicogeografía, en *A single day's walking* John Wylie describe su caminata por la costa y el modo en que esta va transformando los límites de demarcación afectivos entre el ser y el paisaje: "En el contexto de la caminata costera el afecto connota configuraciones de movimiento y materialidad —desde la luz, el color, la morfología y el estado de ánimo— a partir de las cuales se destilan y refractan sentidos distintivos del yo y el paisaje, el caminante y el terreno" (traducción propia).

[105] En su discusión sobre el realismo en las artes y en la literatura contemporáneas Karl-Erik Schøllhammer propone una "estética afectiva", contrapuesta a una estética del efecto asociada al realismo decimonónico. Para este crítico, a partir una experiencia desencadenadora de intersubjetividades afectivas, la obra de arte se vuelve real "como la potencia de un acontecimiento que involucra al sujeto sensiblemente en el despliegue de su realización en el mundo" (2012, 138). Schøllhammer propone este tipo de "suspensión" entre el yo y el otro, de "entre-lugar" por donde transitan los afectos, para pensar la literatura brasileña contemporánea pero esta reflexión puede asociarse a lo ya planteado en torno a la exploración de lo sensorial en el cine como vía de acceso a la inmersión del espectador en la fugacidad del instante presente en que se desarrolla la acción fílmica.

Geografías espectrales

CAPÍTULO 9

Una comunidad de melancólicos

El sentido del humor y la melancolía son propios de lo chileno [...] la tristeza es parte de la vida, del flujo vital.

Raúl Ruiz, en *Entrevistas escogidas*

En las últimas décadas, diversos estudios han abordado la intersección entre memoria colectiva y espacio urbano, y señalaron el importante rol que ocupa la ciudad en los procesos y políticas de la memoria. Las intervenciones en los sitios de memoria y la producción de marcas territoriales se proponen tanto como actos de reconocimiento de las víctimas y luchas contra el olvido como expresiones de una voluntad de transmisión de memoria hacia las futuras generaciones. Sin embargo, según Jens Andermann, a diferencia de otras prácticas conmemorativas —como archivos, museos o monolitos—, los espacios abiertos y el paisaje en tanto "superficie de inscripción" han recibido escasa atención en los estudios sobre las políticas de la memoria en los países del Cono Sur. El autor propone, entonces, volver al paisaje y ver en sus distintas modulaciones interrupciones críticas de los emplazamientos monumentales, modos de apertura, lógicas itinerantes que potencialmente pueden llevarnos más allá de la lógica temporal del trauma para pensar políticamente en el presente (2012, 177-181). Las configuraciones del paisaje en el cine ofrecen otra forma crítica de explorar las construcciones culturales de espacio, lugar y naturaleza, al mismo tiempo que algunas películas introducen una dimensión afectiva a partir de las cuales se puede elaborar un discurso de memoria que interrogue a la sociedad en su conjunto.

Aquí quisiera detenerme en Raúl Ruiz y Patricio Guzmán, dos de los cineastas chilenos más importantes de la generación del exilio, que se radicaron en Francia en 1973, luego del golpe de Estado de Augusto Pinochet que puso fin al experimento socialista de Salvador Allende e instauró una dictadura por casi

---

Cómo citar este capítulo:
Depetris Chauvin, I. 2019. *Geografías afectivas. Desplazamientos, prácticas espaciales y formas de estar juntos en el cine de Argentina, Chile y Brasil (2002-2017).* Pp. 157-186. Pittsburgh, Estados Unidos: Latin American Research Commons. DOI: https://10.25154/book3. Licencia: CC BY-NC 4.0

dos décadas. Aunque tanto Ruiz como Guzmán habían comenzado su carrera cinematográfica durante los años de la Unidad Popular, sus formas de concebir el cine son bien distintas. Mientras en *La batalla de Chile* (1972-1979) Patricio Guzmán practicó una modalidad de "cine directo" para dar cuenta de un momento histórico y, luego, durante la postdictadura articuló desde el cine una política de la memoria anudando testimonio y experiencia personal, Raúl Ruiz, sobre todo desde la irónica *Diálogo de exiliados* (1975), se desmarcó progresivamente de lo político en tanto intervención en la coyuntura inmediata para profundizar en un "cine de indagación" que, por medio de un lenguaje vanguardista y, a fuerza de proliferar citas, registros, universos reales y virtuales, elevó a la categoría de cine formas de lo no dicho o no articulado[106]. Sin embargo, un punto de encuentro entre estas dos trayectorias tan disímiles se puede operar con *Cofralandes*, la serie de documentales que Raúl Ruiz filmó para la televisión chilena entre 2002 y 2004, y *Nostalgia de la luz*, largometraje documental de Patricio Guzmán estrenado en 2010. Ambas obras operan una especie de "giro espacial" en el tratamiento de la memoria, al mismo tiempo que introducen una dimensión afectiva como modo privilegiado de establecer un vínculo entre pasado y presente. En el cruce, entonces, entre espacio, afectividad y política, este capítulo examina el modo en que estos dos documentales cifran en la construcción fílmica del espacio problemáticas ligadas a la historia reciente, al mismo tiempo que, desde un afecto melancólico, hacen posible la participación de las nuevas generaciones en procesos de reparación colectiva. Ambas obras se detienen en la materialidad misma de las superficies y proponen una forma de vincularse con el pasado que descansa en una dimensión afectiva, donde la melancolía no es sólo un índice de una herida abierta sino una forma de crear una comunidad en la pérdida. En este sentido, trabajando las dimensiones del espacio a nivel diegético, y configurando las películas mismas como espacios de memoria, estos documentales recuperan y rearticulan cartografías afectivas que operan como formas de vincular lo particular y lo colectivo. Teniendo en cuenta distintas formas de entender las configuraciones espaciales y las car-

---

[106] *Diálogos de exiliados* disecciona los gestos, comportamientos y el discurso de la izquierda chilena en París y pone en evidencia el absurdo proyecto de mantener las formas de solidaridad política de la época de Allende en la situación de exilio, así como los fracasos de los intentos de formar alianzas con la izquierda francesa debido a la incompatibilidad de experiencias y modos de comportamiento. Este tipo de mirada irónica de los estereotipos políticos, expresados en el habla cotidiana, ya había sido empleada por Ruiz en sus películas de los años sesenta y setenta pero, mientras en ese período su crítica micropolítica fue aceptada como un correctivo necesario al dogma político, en la situación del exilio fue recibida como una reflexión inoportuna. Esta ruptura con la comunidad de exiliados en París llevó a Ruiz a alejarse de los temas de la cultura chilena que había abordado en la década previa. Sin embargo, según Michael Goddard, muchas de las películas europeas de Ruiz tienen una dimensión política, a veces directa o indirectamente relacionada con la política latinoamericana (Goddard 2013, 36).

tografías en el arte, aquí me focalizo en los modos en que los documentales de Ruiz y Guzmán operan un "giro espacial" en el discurso de memoria porque se detienen en la materialidad misma como lugar de inscripción sensible de la temporalidad, pero también porque introducen una dimensión afectiva donde el afecto es aquello que excede en parte a la representación pero que logra comunicar, establecer puentes entre la estética y la historia, entre la obra y el mundo, entre lo individual y lo colectivo[107]. Es entonces esta lógica afectiva que atraviesa las dos obras lo que modifica las dimensiones espacio-temporales y hace posible establecer nuevos vínculos con el pasado.

1. *Cofralandes*. La geografía del exiliado y de la posibilidad de "tocar" el pasado

En 2001, cerca de la conmemoración de los treinta años del golpe militar de 1973, el gobierno del presidente Ricardo Lagos le comisionó a Ruiz la realización de una serie de documentales sobre sus impresiones acerca del país. El resultado fue *Cofralandes*, un poético ensayo que intenta dar cuenta de la idiosincrasia chilena desde un abordaje que privilegia las "deformaciones" del juego, la distancia y la memoria, representadas en la película por las numerosas escenas con niños y los testimonios de tres observadores extranjeros y de un narrador que redescubre su país de origen. Los cuatro capítulos que componen la serie —*Hoy en día*, *Rostros y rincones*, *Museos y clubes de la Región Antártica* y *Evocaciones y valses*— son muy heterogéneos y la obra en su totalidad resulta de difícil categorización. Si bien varias escenas contienen elementos que formalmente responden a los modos de enunciación que en general se asocian al documental histórico —"expositivo", "observacional", "interactivo" y "reflexivo"—, por otro lado, sin ningún tipo de transición, la película nos sumerge en momentos surrealistas, un modo de entrelazar la caracterización del mundo histórico y subjetivo que hace de *Cofralandes* una especie de "ficción documental".[108] Para Sebastian Thies, la narración en primera persona

---

[107] Una de las tareas creativas del arte tiene que ver con explorar formas del afecto que nos sacan del mundo para luego devolvernos a él. Simon O'Sullivan argumenta que una obra es una configuración particular de forma y contenido que produce algo más, un residuo difícil de describir, un excedente que escapa al lenguaje y permanece en la dimensión de lo afectivo (2001, 125). En líneas similares, para Flatley el afecto sería una especie de "vaso comunicante" a través del cual la historia se abre paso en la estética (15).

[108] En *La representación de la realidad*, Bill Nichols introduce cuatro modos de organización de la representación documental. Según el autor, los filmes pueden agruparse en torno a patrones comunes que determinan el discurso. Un documental puede ser preponderantemente expositivo, observacional, interactivo y reflexivo si privilegia la argumentación objetiva sobre el mundo histórico, la observación sin comentario, la interacción con los protagonistas o la reflexión sobre el propio lenguaje

de Ruiz sugiere que la serie se trata de un "video-diario de viaje", cargado de emotividad y poesía, pero la superposición del formato de "ensayo" permite explorar reflexivamente además de un tema —los modos de ser chilenos—, los límites del mismo género documental y, en particular, de la "ficción etnográfica" (2012, 279-303). En todas las películas de Ruiz la narración en off es, como decía un crítico de *Cahiers du Cinéma*, un "canto de sirena" que parece guiar al espectador pero, en realidad, lo arrastra a narrativas laberínticas que recuerdan en su complejidad barroca a la ficción de Jorge Luis Borges (Heinemann 2013, 68). Pero aún en su indescifrable estructura *Cofralandes* es una parodia "a la chilena", confusa y dispersa, y es desde este lugar del malentendido donde Ruiz busca la risa cómplice. La narración es acogida por la "mentira con chispa" —que según el personaje del viajero alemán es característica de la chilenidad—, una falta de fiabilidad que deconstruye el relato autoetnográfico (Thies, 283). Esta voz, que juega pícaramente, nos atrae también de un modo que inunda la atmósfera lúdica del documental de una especie de humor triste. La dicción del habla del narrador se carga de afectividad y sensibilidad poética, su decir susurrado y melancólico nos deja en un espacio indefinido, como si nos hablara dentro de un sueño o desde el país de los muertos.

El título de *Cofralandes* es extraído de una tonada campesina rescatada por Violeta Parra, una canción que presenta una versión folklórica del paraíso, un lugar donde los ríos son de vino y los pobres pueden comerlo todo. En su estudio sobre la película, Pablo Corro sostiene que el subtítulo, "Rapsodia chilena", indica que se nos va a presentar fragmentos de un poema épico, de una gesta nacional, pero la trama no lineal, plagada de imágenes no narrativas, propone pensar una identidad desligada de cualquier seguridad o esencialismo (2008, 91-104). Antes que la celebración de un paraíso feliz, el *collage* híbrido y autorreflexivo de este diario personal y de viaje evoca un imaginario cultural y sus contradicciones. El hermeneuta desterrado de Ruiz encuentra un país marcado por la fragmentación social, la incomunicación y las huellas del pasado que se evidencian en las múltiples referencias a la dictadura que van puntuando las cuatro entregas de la serie. "Rapsodia", pieza musical compuesta de fragmentos, refiere también a la mezcla de materiales: anudando y desanudando citas culturales muy específicas, *Cofralandes* arma un pastiche enigmático que rompe con las ideas de causa y efecto, continuidad histórica, linealidad y homogeneidad espacial.

La descomposición del relato en tanto artificio productor de sentido y la indagación de los modos de la identidad se hace desde el no-territorio. Tanto los

---

documental. Años más tarde, en un texto complementario, Nichols (2001) introduce las categorías de "documental poético", caracterizado por un discurso abstracto montado a través de la libre asociación de registros fragmentarios, y "documental performativo", vinculado a la emergencia de minorías que cuestionan la objetividad y los valores universales. En muchas de sus escenas, *Cofralandes* asume un lenguaje poético, un modo que en general no se privilegia en los documentales que abordan temáticas relacionadas con el mundo histórico.

viajeros como el mismo Ruiz tienen una mirada exterior, o casi exterior, porque de lo que se trata es de ver lo propio como ajeno. Sin embargo, la ruptura de la narración convencional, que produce distanciamiento, se contrarresta con la fascinación que resulta del modo eminentemente afectivo de abordar la cultura chilena: a partir de fragmentos, de presencias y ausencias, de una voz narrativa que se mueve entre la parodia y la melancolía, Ruiz va tejiendo, antes que un relato cerrado, sensaciones de memoria. El Chile de ensueño es mostrado a través de los ojos de tres viajeros: un francés, un alemán y un inglés y de un narrador chileno anónimo, la voz del mismo Ruiz, que redescubre extrañado los cambios experimentados por el Chile de la postdictadura y la aceleración capitalista, pero también uno que parece querer recuperar ciertos signos identitarios nostálgicamente más deseables que los del presente (Cuneo 2013, 17). En un juego entre la identificación y desidentificación, desde una perspectiva eminentemente personal pero también desplazada, los tres europeos y el narrador recorren el territorio para cartografiar modos de ser chilenos en un esfuerzo que nunca alcanza a atrapar lo que busca. En este sentido, un momento de humor en el film lo protagoniza el psicólogo inglés que había viajado a Chile para estudiar las altas tasas de suicidio. Su trabajo de campo se ve constantemente frustrado porque el fenómeno de los suicidios desaparece cada vez que visita las ciudades donde este tuvo lugar y se ve obligado a desplazarse constantemente en el intento de atrapar un fenómeno que siempre se le escapa de las manos. Un país que resulta ininteligible también para el narrador cuando melancólicamente confiesa: "Y yo que quería decir 'Chile' y me salió quién sabe qué".

En *Cofralandes* el desplazamiento es también un viaje mental que, por un lado, desestabiliza los límites entre el adentro y el afuera, lo propio y lo ajeno, el acá y el allá, el pasado y el presente; es también una apuesta a la materialidad misma del cine y de la memoria, jugando con ausencias que no se pueden dejar de notar y un cierto deseo de presencia, como tratando de asir, de rescatar un mundo que está por desaparecer. En esta atmósfera de melancolía y extrañeza tiene lugar la evocación del pasado. *Hoy en día*, primer capítulo de *Cofralandes*, se abre con un temblor que, como la *Madeleine* de Proust, activa la deriva del recuerdo cuando, entre la vigilia y el sueño, el narrador insomne evoca la memoria infantil de los "cuentos de la vieja Paulina" que solía escuchar en la casa de su abuela. La casa de campo en Limache, espacio interior que en la primera escena se nos presenta como un remanso, se encuentra en el segundo plano invadida por unos personajes alegóricos, unos hombres vestidos de Santa Claus que realizan una *performance* extrañamente violenta gritando frases absurdas como "Juro defender esta barba. No hacer mal uso de ella. No teñirla ni recortarla". Las imágenes de los Santa Claus, en formación ordenada en el patio, mezclan la inocencia de la imaginería infantil con una actuación amenazante, ya que evocan y satirizan el militarismo, un vínculo con la historia que se refuerza con el uso en la banda sonora de un registro de Pinochet hablando con otro comando militar en el día del golpe. El pasado de violencia política se cuela en cada uno de los fragmentos de esta memoria infantil: en el patio vemos unos ciegos golpeando sus bastones contra escudos y carteles de manifestantes que exigen su expulsión; dentro de la casa, que tiene algo de ruina, unos cuerpos yacen en el suelo cubiertos por diarios y, nuevamente en el patio, un grupo de mujeres vestidas de Papás Noel bailan en círculo, riendo y cantando una melodía infantil mientras los camareros sostienen pancartas en señal de protesta. El estilo poético, polisémico, intertextual, abiertamente subjetivo y autorreflexivo de la película enteteje realidad y ficción, un *collage* donde la alegoría y los resabios fantasmales del pasado se interrumpen con juegos y *performances* absurdas.

Hacia el final de la secuencia en el interior de la casa, la voz en off comienza a relatar un cuento infantil sobre tres viajeros (que podrían ser los que recorrerán el país con el narrador) e inicia un itinerario que rompe con la idea de continuidad espacial y linealidad temporal. A lo largo de sus cuatro capítulos, *Cofralandes* nos hace saltar en el espacio, narrativamente, de un plano al otro, pero también al interior del mismo plano se difuminan las fronteras. En una secuencia de la segunda parte del documental, un plano muestra una calle cercana al mercado La Vega, en el centro de Santiago, pero luego ese mismo plano se funde con la superposición de una imagen de otra calle en un mercado de Tokio. La de Ruiz es una geografía imposible, la de un exiliado que en su recorrido intenta cartografiar las distintas regiones de Chile pero siempre acaba volviendo porosos los límites entre el Estado nacional y el espacio del afuera. En otra secuencia de *Rostros y rincones* es el montaje de distinto tipo de imágenes el que permite establecer una relación no sólo entre distintas geografías sino también entre épocas históricas. La secuencia se inicia en una cabina telefónica en Holanda, entre avisos de servicios sexuales encontramos un cartel con fotografías de niños extraviados. La cámara se acerca a uno de esos retratos, un niño llamado José Gonzalo Pereira Vargas. Su rostro se funde con el de una pintura, el retrato de Pedro de Valdivia, el europeo que organizó la conquista de Chile. Seguidamente, Valdivia se funde con pinturas de nobles y próceres de la época de la independencia. Finalmente, la serie de retratos pintados se funden con otra serie de imágenes de chilenos retratados por el cine. La presencia de estos hombres y mujeres hoy no se relaciona a una narración explícita. Son, como las pinturas, retratos fílmicos, presencias de gente viva que nos mira. Sin embargo, la secuencia tiende puentes entre situaciones y tiempos, que dan cuenta de una concepción del espacio vinculado a sensaciones no lineales del tiempo.

En su estudio sobre la película, Sebastian Thies plantea que esta se encuentra marcada por la diáspora, la desterritorialización, la fragmentación y la fluidez propia de un sentido global del espacio. Sin embargo, los paisajes nacionales también se tensionan por dinámicas internas. La película trabaja con la noción de paisaje de manera autorreflexiva y la presenta como una superficie de inscripción de la violencia dictatorial. Mientras el personaje del viajero alemán, que es pintor, levanta un perfil del cerro San Cristóbal, el plano nos deja ver también las torres, huellas de la modernización neoliberal de la postdictadura. Algo se cifra en el paisaje y el alemán vuelve a ratificar su importancia:

Yo creo que, en Chile, uno hay que preocuparse por el paisaje. Ahí pasan las cosas intensas. Ya se nota que Chile es un país con hartas contradicciones que se expresan en el paisaje, un paisaje grande, denso, lindo. Las Cordilleras siempre a la vista, tremendas, la costa... y en medio el ser humano que no sabe muy bien qué hacer con estas cosas.

Los paisajes y el espacio físico en general, a menudo, se ven tan solo a medias, tras los vidrios humedecidos por la lluvia, rayados o sucios, siempre en movimiento, como si no fuera posible establecer un sentido claro de ellos (Corro 2008, 104). En alguna medida, esos espacios guardan huellas del pasado traumático, como lo sugiere la secuencia en la que se presenta un paisaje urbano de Santiago. El plano general muestra edificios y sobreimpresas unas flechas que señalan quiénes vivían allí. Una voz nos va diciendo los nombres de muertos o desaparecidos pero, invirtiendo irónicamente el ritual de la izquierda de la Unidad Popular, repite "ausente, ausente, ausente".

La tensión ente la ausencia y la presencia, que recorre los cuatro capítulos de *Cofralandes*, se manifiesta no sólo en el paisaje sino también en el uso de otro tipo de imágenes. Una inversión en la afectividad y en la textura se evidencia en el modo en que el narrador se relaciona con el mundo histórico a través de un archivo fotográfico que, aunque es parte de un acervo colectivo, es tratado como si fuera personal. En varios momentos el narrador, la voz sin cuerpo de Ruiz, habla de fotografías que vemos: hombres en un bar, grupos de indígenas, trabajadores, mujeres, familias. Agrupamientos humanos que el narrador dice desconocer pero que lo emocionan. La imagen como residuo del pasado adquiere un peso importante en otra secuencia que se inicia con un texto colonial. Como si fuera una pintura, la cámara nos hace recorrer la textura de la caligrafía. En el siguiente plano saltamos al presente, a la superficie colorida y plana de las portadas de los diarios. Los dos momentos se unifican con la lectura de un cuento que parece no referir puntualmente a ninguna de las dos imágenes, lo que refuerza la idea de que no es el texto sino la textura lo se rescata en la secuencia. Finalmente, la cámara se detiene en un periódico amarillento, una edición de *El Mercurio* de septiembre de 1973. Podemos leer el titular que informa la muerte del presidente Salvador Allende, pero aquí tampoco se trata de leer un texto, un documento, una prueba. Las manos tocan el papel, el movimiento de la cámara acompaña dinámicamente al de las manos que recorren toda la superficie del diario, lo giran, lo acomodan, lo acarician, como haciendo presente un pasado que se experimenta fundamentalmente como textura, como una sensación de memoria. Mientras la mano acaricia el diario no hay narración en off, la imagen cargada de afecto direcciona la subjetividad hacia un momento histórico específico, pero la presentación de la afectividad se abisma cuando la voz reingresa en el campo sonoro e introduce un momento de humor triste. Dirigiéndose a la mano, la voz susurra "Oiga, tiene la uña sucia... Oiga, tiene la uña de luto" y de inmediato se entrega a un juego lingüístico de repeticiones y variaciones, utilizando la

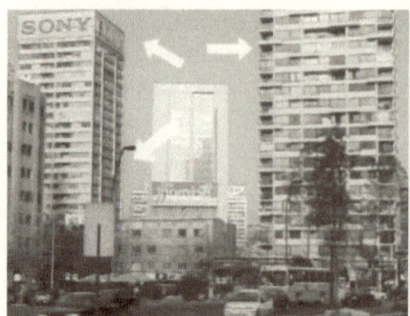 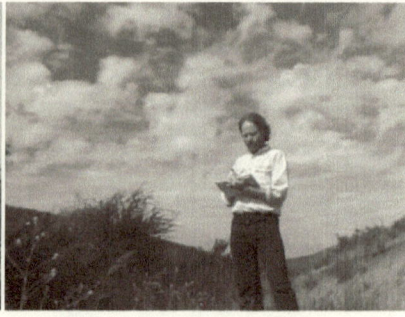

Imágenes 33 y 34. En *Cofralandes* tanto el narrador como el personaje alemán se preocupan por la dimensión espacial y en particular sobre el paisaje que da cuenta tanto de la ausencia de exiliados y desaparecidos como de las transformaciones urbanas producidas por el proyecto pinochetista. Fotogramas gentileza de Valeria Sarmiento.

misma estructura sintáctica para continuar ordenándole cosas a esa mano, lo que lleva la situación hacia el absurdo. La secuencia, que había direccionado nuestra afectividad al mundo histórico, nos devuelve en el final ese vínculo de una manera extrañada.

2. *Nostalgia de la luz.* Las heterocronías del desierto y la persistencia de los restos

Toda la obra del chileno Patricio Guzmán es un constante volver al pasado y, en particular, a algunos acontecimientos de la Historia de su país: el golpe de Estado de 1973, que puso fin al experimento socialista de Salvador Allende, y la sistemática violación de los derechos humanos perpetrada por la dictadura de Augusto Pinochet. Mientras su monumental *La batalla de Chile* (1972-1979) narraba la ascensión, el auge y la caída del gobierno de Allende apelando a un registro expositivo que lograba trasmitir magistralmente la épica de una proceso histórico en su desenvolvimiento, *Chile, la memoria obstinada* (1997), *El caso Pinochet* (2001) y *Salvador Allende* (2004) conforman una especie de trilogía que explora el legado de la dictadura —y la dolorosa impunidad de sus crímenes una vez restablecida la democracia—, operando un "giro subjetivo" en la práctica documental, ensayando un discurso de memoria que se cruza y se valida con la experiencia personal del propio director.

Nostalgia de la luz (2010) continúa desenterrando las atrocidades de la dictadura, y enfrentando a los chilenos con su propia Historia, pero de un modo indirecto. Como en otras expresiones artísticas de los últimos años, el documental de Guzmán propone una "espacialización de la memoria", una relocalización de su campo de acción, y un rodeo metafórico que potencia el alcance

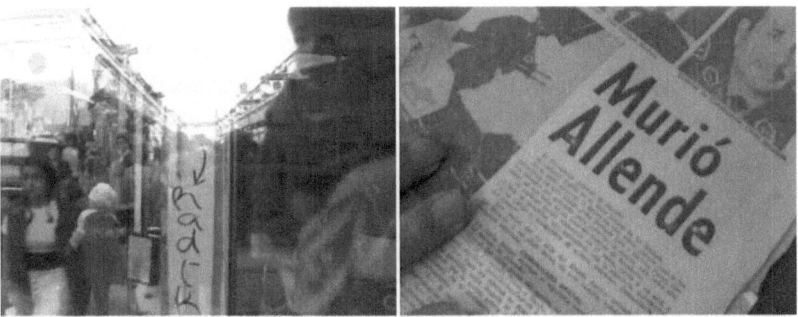

Imágenes 35 y 36. Superposición de espacios y la posibilidad de "tocar" el pasado en *Cofralandes*. Fotogramas gentileza de Valeria Sarmiento.

de ese discurso de memoria al hacer posible una ampliación de la comunidad afectada por la pérdida.

En las primeras secuencias de *Nostalgia de la luz* la demorada atención de la cámara en las luces y sombras sobre la superficie lunar y terrestre evidencia que la película de Guzmán atenderá al tiempo y a sus inscripciones, sus huellas, en la materia. Como la serie de Raúl Ruiz, *Nostalgia de la luz* también se inicia en un lugar de memoria íntimo que se abre a la Historia. La cámara se detiene melancólicamente en una serie de objetos de una casa que le recuerdan al narrador —la voz en off omnipresente de Guzmán— su infancia, una arcadia feliz, un pasado idílico carente de conflictos, un momento en el que él encontró cierta pasión en la astronomía y sus promesas de búsqueda de conocimiento, de futuridad. Ese proyecto idílico prometía realizarse con el experimento socialista de Salvador Allende, pero este se verá abortado con el golpe de Estado y la dictadura de Augusto Pinochet. Luego de la mención de este momento clave en la historia política chilena, la narración nos vuelve a llevar a la ciencia. Al mismo tiempo que Pinochet se asentaba en el poder y parecía clausurar todo futuro, los astrónomos aprovechaban la claridad del cielo chileno para estudiar las galaxias. En el transcurso del documental, la narración en off del cineasta será el hilo conductor de un relato que se piensa en términos de totalidades —el cosmos como un sistema de energías invisibles interconectadas— y esa voz irá hilvanando el discurso científico, los testimonios de sobrevivientes y familiares de desaparecidos, la arqueología y la historia para llegar a establecer, en el núcleo del film, una poderosa conexión entre el pasado reciente de los chilenos y otros pasados de la humanidad y de la galaxia misma.

Paulatinamente, a través del discurso de la voz en off y de una cuidadosa selección de entrevistas, la película irá estableciendo relaciones entre tres formas de búsqueda de conocimiento: la de los astrónomos que quieren atrapar las estrellas distantes, la de los arqueólogos que estudian civilizaciones pretéritas, la de las mujeres que intentan rescatar los restos de sus familiares, secuestrados y desaparecidos por la dictadura de Pinochet. Estas tres historias coinciden en el desierto de Atacama, que por sus condiciones físicas conserva las huellas del pasado —restos de civilizaciones nativas y huesos de desaparecidos—, al tiempo que la claridad de su cielo atrae la instalación de observatorios concentrados en develar el pasado de la galaxia que llega, junto con la luz, con retraso pero nitidez al planeta Tierra. La materialidad de la huella une a estos personajes en el desierto observando el pasado porque además, como explica el astrónomo con relación a las trayectorias de la luz, esta es inherentemente nostálgica, llega con atraso y, por lo tanto, nunca experimentamos realmente el momento presente y todo conocimiento es siempre un conocimiento del pasado.

Otro punto de inflexión en *Nostalgia de la luz* sucede cuando la cámara se detiene en huesos de desaparecidos y el narrador dice que estos restos de restos contienen el mismo calcio que el que componen las estrellas. Este giro no sólo lograr conectar lo humano con lo cósmico, sino que es, sobre todo, una forma de insistir en la irreductible materialidad de la memoria. Es también una forma de contestar la ruptura del "pacto sepulcral" que hizo de los desaparecidos "no-personas", vidas que no merecían inscripción simbólica o memorialización. Según Gabriel Giorgi, la biopolítica de desaparición de la dictadura busca hacer imposible la inscripción de ese cuerpo en la vida de la comunidad, en sus lenguajes, en sus memorias, sus relatos (2014, 198). Frente a esta producción de "cadáveres sin comunidad, cuerpos con los que la comunidad no puede establecer lazos", la insistencia en el cadáver, el resto orgánico que permanece, es en la película de Guzmán una política de resistencia, de traer a la superficie e interrogar un resto corporal que la dictadura había intentando hacer desaparecer y una forma de politizar esa materia, haciendo que el resto orgánico se vuelva signo de su propia ausencia (200-204).

De esta manera, estableciendo los vínculos con el pasado y la persistencia de este como un resto material la película amplía, como plantea Isis Sadek (2013), la escala de la memoria de lo individual a lo universal y propone liberar la historia de la dictadura de una economía afectiva estrictamente familiar (60-63). Para algunas de las mujeres de Calama, el encuentro con la astronomía permite redimensionar su dolor en una horizontalidad con la ciencia pero, aunque esas mujeres deseen tristemente poder redireccionar los potentes telescopios a la Tierra, para poder encontrar los restos de sus seres queridos, lo que une astronomía e historia reciente no es solamente la búsqueda de la verdad. Hay en el juego de la escala un modo de operar relaciones de cercanía y distancia y de establecer nuevos vínculos afectivos. La escala es "plástica" porque funciona como una herramienta para negociar tensiones entre actores en el espacio (El Hadi Jazairy y Melissa Vaughn 2011, 2). Las relaciones cambiantes entre el sujeto y en su entorno dan lugar al juego y despliegue de relaciones dinámicas con los otros. Así, la escala funcionaría no sólo desde una dimensión geo-epistemológica sino también afectiva, como uno de los modos en que los sujetos establecen relaciones de semejanza, distancia o proximidad con los otros.

Insistiendo en una comunidad en la materia (el calcio que comparten las estrellas y los huesos), y operando un cambio de escalas, el documental de Guzmán crea conexiones e instala una atmósfera particular en torno a ausencias que se hacen presentes. Es sobre todo al espectador al que se le propone entrar en una dimensión afectiva melancólica también volviendo a la Tierra, recuperando el espacio concreto del desierto de Atacama. En este espacio, a partir de la materia, de su huella, a través de imágenes y entrevistas, el director irá desprendiendo lentamente ciclos temporales pretéritos: el desierto se presenta como un núcleo donde confluyen diversos tiempos que hacen de ese espacio uno esencialmente heterocrónico. Las imágenes de las mujeres de Calama buscando cuerpos vuelven a inscribir una historia en la textura espectral de desierto. En la imagen casi sin límites de su geografía se da cuenta de una relación radical frente a la escala y la doble sensación de que frente a su inmensidad y amplitud nada puede ser modificado, mientras que a la vez cualquier trayectoria u objeto que sea posado en ese espacio, por contraposición y escasez de referentes, toma relevancia. El recorte de las figuras de las mujeres y los planos detalle de sus pequeñas palas revolviendo la tierra, buscando huesos, son un caso extremo de presencia y ausencia de y en el paisaje que hace imposible eludir, como propone Giorgi con relación a los cadáveres, la presencia de lo ausente.

Aunque parece desprovisto de vida, el desierto está inscripto y sobre inscripto en y por la Historia. Por su cualidad de poder sintetizar tiempo (huella y memoria del pasado) y espacio (territorio culturalmente significado) el paisaje puede ser entendido como un cronotopo, un locus donde el tiempo se condensó y concentró en el espacio. En el desierto de Atacama, a veinte kilómetros de donde se encuentran los distintos observatorios astronómicos, se ubicó el campo de concentración de Chacabuco, un lugar donde el régimen de Pinochet capturó y asesinó disidentes. Esta locación había sido antes una mina de salitre, donde los mineros y vivían y trabajaban en condiciones cercanas a la esclavitud. Entonces, material y simbólicamente Chacabuco fue un espacio ideal para ser reutilizado por el régimen. Sin embargo, la película no sólo muestra el espacio concentracionario, hay fotos de mineros y la imagen icónica de Luis Emilio Recabarren, defensor de los trabajadores, que recupera la historia de organización y lucha de la sociedad del norte, algo que parecía perdido también en la vastedad del desierto. Se puede decir que sutilmente la película entrelaza varios imaginarios sociales sobre el desierto de Atacama, sitúa una contraposición entre el establecido en la nación chilena —centrado en los elementos de adversidad, esterilidad y lo inhóspito, todo lo cual proyectó una negatividad textual— y el construido en la región, repleto de variados simbolismos en torno al desafío, la ocupación y la potencialidad de la naturaleza[109].

---

[109] El historiador Manuel Vicuña estudia cómo, poco a poco, de ser un baldío sin significación, o un lugar al que inicialmente incluso se le temía, el desierto adquirió una presencia cada vez mayor en el imaginario nacional a partir de la explotación minera de finales del siglo XIX. Hasta ese momento, el desierto constituía un espacio

No es casual entonces que se elija entrevistar a Lautaro Núñez Atencio, historiador arqueólogo director del Museo de Atacama, proveniente de una familia de origen peruana que tiene una larga presencia en la zona y que en su relato transmite cierta empatía nortina con la épica humana del asentamiento en el desierto.

En la película de Guzmán, la fugacidad de un presente que siempre es pasado, el paisaje del desierto y el calcio como elemento común a los huesos y a las estrellas hablan de una memoria como obstinado resto material, pero también como resultado de una lectura que busca liberar al espacio de su silenciosa superficialidad y convertirlo en un núcleo atravesado por las más diversas tramas temporales: la política de volver a inscribir historias y la Historia en la textura espectral del desierto y de redimensionar los crímenes de la dictadura reinscribiéndolos en un relato de escala cósmica. La sincronía entre historia, geografía y universo físico se refuerza a partir de una circulación de afectos que se retroalimenta en las historias particulares de cada uno de los entrevistados. *Nostalgia de la luz* es un ejercicio de trabajosa reconstrucción: la comunidad en la materia se vuelve comunidad en el afecto porque el guion logra anudar paisaje e historias de vida, cielo y tierra, memoria, Historia y cosmos. La película convoca y moviliza afectos situados dentro de un archivo de objetos previos pero la valencia afectiva del desierto cambia en un proceso de rearticulación y recontextualización que explota todo el potencial del anacronismo para volver a conectarnos afectivamente con el pasado. En este sentido, la obra de Guzmán funciona algo así como el lugar de encuentro de una comunidad en la melancolía que no supone necesariamente entrar en un estado de parálisis depresiva: el documental propone una cartografía afectiva no sólo porque el desierto es receptáculo y huella de múltiples pasados sino porque es también un espacio de potencias. Las derrotas sí, pero también las luchas vuelven a colocar ese espacio periférico en un lugar central para pensar el vínculo de los chilenos con su pasado y su futuro.

3. Melancolía y melancolizar

El cine como arte espacial es capaz de articular cartografías sensibles, cognitivas, metafóricas, afectivas. Desde la materialidad de la imagen que registra las huellas del tiempo, a través del rescate de espacios específicos, las películas presentan configuraciones espaciales que cifran un modo de vínculo con el pasado y con los otros. Pese a diferencias en términos de modos de enunciación del documental y de realización estética, las lógicas espaciales de *Cofralandes. Rapsodia chilena* (2002) de Raúl Ruiz y *Nostalgia de la luz* (2010) de Patricio

---

periférico no sólo en términos territoriales, sino también en calidad de representación capaz de integrar la cartografía imaginaria del país. Un índice de esa tardía presencia en el imaginario geográfico de la nación, e incluso en representaciones cartográficas, se evidencia en el hecho de que no existiera un mapa detallado de la zona hasta que el viajero italiano publicara en París la *Geografía física de la república de Chile* en 1876 (77).

Guzmán sirven a la exploración de un paisaje social de la postdictadura en el que las heridas de la represión política y el exilio forzado permanecen abiertas. Poniendo en evidencia el proceso de construcción del paisaje, jugando con la "elasticidad" de la escala o fusionando en la misma secuencia espacios y tiempos disímiles, estos documentales problematizan los pares lejanía/cercanía, adentro/afuera y propio/ajeno y señalan la naturaleza subjetiva y crítica tanto del cine como de la memoria.

Estas obras configuran "mapas afectivos" también en un sentido metafórico. Como intervenciones espaciales en el presente, el inventario visual, sonoro y táctil, que ofrecen Ruiz y Guzmán funda una especie de comunidad en la melancolía. De acuerdo con Jonathan Flatley, es posible pensar el potencial político de la melancolía, asumiendo que "melancolizar" no implica necesariamente caer en un estado de parálisis depresiva, sino que puede funcionar como el impulso para la reconquista de deseos o reescrituras de la historia. Flatley afirma que un problema político, previamente opaco e invisible, puede ser transformado en algo digno de nuestra atención: "This transformation can take place, I argue, not only because the affective map gives one a new sense of one's relationship to broad historical forces but also inasmuch as it shows one how one's situation is experienced collectively by a community, a heretofore unarticulated community of melancholics"[110] (2008, 4). En otras palabras, si los desplazamientos de Ruiz y Guzmán privilegian puntos de vista personales, que transforman el territorio en "lugares practicados", ofrecen, en ese movimiento, "mapas afectivos" que despiertan un sentido de pertenencia compartido en relación al pasado traumático y que transforman la melancolía en una forma de estar interesados en el mundo.

La actividad estética es una forma particular de comprender y cambiar nuestra relación con la pérdida. Los mapeos afectivos de Ruiz y Guzmán visibilizan conexiones y, al mismo tiempo, nos vinculan y nos extrañan de comunidades que parecían opacas. En lugar de presentar un enfoque lineal de representación histórica, que sitúe al pasado como algo ya pasado, estos mapeos evidencian las capas del pasado, su carácter dolorosamente persistente y no confortablemente distante. Pero, como vimos en particular en *Cofralandes*, la arquitectura melancólica de estas películas no simplemente nos lleva a "sumergirnos" en un vínculo afectivo con el pasado como un bloque sino que nos permiten pensar histórica y críticamente la construcción de nuestra propia afectividad. El mapeo no fija sino que hace circular resonancias afectivas que nos permiten volver a pensar nuestra relación con los otros. Lejos de oponerse a la posibilidad de conocer, estas obras apuestan a "hacer sentir" para construir sentido.

---

[110] "Esta transformación puede tener lugar no solo porque el mapa afectivo nos provee de un nuevo sentido de nuestra posición en relación a fuerzas históricas más amplias, sino también en la medida en que muestra cómo la situación de uno es experimentada colectivamente por una comunidad, una comunidad todavía inarticulada de melancólicos" (traducción propia).

CAPÍTULO 10

Afecto y espectralidad en imaginarios acuáticos contemporáneos

El océano es más antiguo que las montañas y está cargado con los recuerdos y los sueños del tiempo.

Howard P. Lovecraft, *La nave blanca*

En la última década, los estudios sobre las "inscripciones de la memoria en el espacio" se han detenido mayormente en artefactos conmemorativos quizás porque la memoria es conceptualizada como representación. Como sugiere Owen Jones, cuando consideramos expresiones de la cultura material como "repositorios" tratamos a los objetos como formas de representación y no como elementos dinámicos en la producción performativa y activa de memorias y afectos (2005, 210). De manera similar, en el campo de los estudios de la memoria algunos académicos sostienen que la oposición entre objetos como cosas tangibles, reales y concretas y el mundo intangible e inmaterial de los afectos es inadecuada. En este sentido, Katrina Schlunke argumenta que la memoria es una especie de "efecto" producido a través de y con el orden de lo material, antes que un mero producto de una conciencia centrada en lo humano (2013, 253-254). Las obras interrogan lo que está y lo que no está ahí, los efectos del pasado sobre el presente, apostando a la imagen como forma de afectarnos y donde se juega con distintas ideas de temporalidad. Desde esta perspectiva, en este capítulo propongo el desafío de volver al espacio abierto y en particular a distintas obras que proponen explorar "paisajes acuáticos" que en su aparente mudez y anacronismo tensionan las dimensiones materiales y afectivas a partir de las cuales se pueden elaborar discursos de memoria. A partir de contribuciones recientes sobre las geografías afectivas y sobre los vínculos entre memoria, materialidad y espectralidad, examinaré los modos en que *Las aguas*

Cómo citar este capítulo:
Depetris Chauvin, I. 2019. *Geografías afectivas. Desplazamientos, prácticas espaciales y formas de estar juntos en el cine de Argentina, Chile y Brasil (2002-2017)*. Pp. 171-186. Pittsburgh, Estados Unidos: Latin American Research Commons. DOI: https://10.25154/book3. Licencia: CC BY-NC 4.0

del olvido (2013), de Jonathan Perel; *El botón de nácar* (2015), de Patricio Guzmán, y *Los durmientes* (2014), de Enrique Ramírez, dan cuenta de los llamados "vuelos de la muerte" y de los terribles usos que hicieron las últimas dictaduras en Argentina y Chile del río y del mar para "desechar" disidentes y "ahogar" la verdad. Estos filmes, videos e instalaciones subvierten cartografías estabilizadoras y apelan al anacronismo para dar cuenta de los sentidos contradictorios del agua como fuente de vida, epicentro de culturas pero también cementerios, tanto para las víctimas de la dictadura como para grupos indígenas.

Además de transgredir demarcaciones geográficas e históricas convencionales, estas obras audiovisuales ofrecen modos de comprender la pérdida por medio de un "trabajo de duelo" que insiste en la materialidad y espectralidad del espacio. Según María Blanco y Esther Peeren (2013), los estudios sobre el trauma han recuperado las reflexiones de Derrida sobre la espectralidad y, en particular, su propuesta de aprender a "vivir con los espectros", una insistencia en concebir la Historia como espectral que supone no sólo concebir que el pasado está al mismo tiempo ausente y presente en el momento presente, sino también considerar cómo el pasado puede abrir nuevas posibilidades para el futuro (16). Si el tiempo se encuentra "desencajado", y los acontecimientos continúan reverberando los espacios mucho después de que estos hayan tenido lugar, entonces un abordaje desde la "espectro-geografía" puede revivir un mundo previamente inanimado con una nueva intensidad afectiva, aunque, según Jo Frances Maddern y Peter Adey, esas relaciones espectrales deben también invocar "a sense of lessening, slowing, lingering, deadening, vulnerability, loss of hope, boredom and withdrawal; and unpick the absences that make these states a reality"[111] (2008, 28).

En los estudios desde la espectro-geografía, la política oculta que persigue a los espacios de maneras íntimas y complejas puede continuar animando las voces e historias olvidadas. El interés de las obras de Guzmán, Perel y Ramírez en el agua permite comprender de modo alternativo cómo los espacios son disruptivos de ideas convencionales de presencia y ausencia, e instala una tensión que habla del potencial de las imágenes para afectarnos y de las prácticas estéticas para articular formas de "estar juntos" después de una pérdida. La atención de Enrique Ramírez y de Patricio Guzmán al carácter siniestro del océano Pacífico, así como el registro de Perel de la sonoridad espectral y de la bruma del Río de la Plata, dan cuenta de los modos en que estos trabajos movilizan imágenes que nos conmueven, por lo que pueden ser pensados como geografías afectivas que contribuyen a elaborar la pérdida. Sus itinerarios e imágenes congeladas o en movimiento actúan sobre nosotros porque producen modos de ver, afectar, entender y recordar que atienden a dimensiones de la materialidad que escapan tanto al sensacionalismo como a la monumentalización. Estas obras insisten en

---

[111] "Una sensación de disminución, desaceleración, persistencia, amortiguamiento, vulnerabilidad, pérdida de esperanza, aburrimiento y renuncia; así como desentrañar las ausencias que hacen realidad estos estados" (traducción propia).

una "estética de los afectos" que hace posible "tocar" acontecimientos, espacios o sujetos olvidados o excluidos, y establecer puentes entre distintas memorias y geografías en el presente.

1. Hidrarquías en *El botón de nácar*

En *Nostalgia de la luz* la comunidad en la materia se vuelve comunidad en el afecto porque el guion logra anudar paisaje e historias de vida, cielo y tierra, memoria, historia y cosmos. Este documental es también el inicio de una trilogía de grandes metáforas sobre Chile ancladas en su geografía, serie que se continúa en *El botón de nácar* (2015) y que se completaría con una película sobre los Andes. El último documental estrenado hasta el momento de Guzmán comienza en Atacama. Un plano detalle de un trozo de cuarzo encontrado en ese desierto encierra en su interior una gota de agua. Al igual que los planos de luces y sombras sobre la superficie lunar y terrestre de *Nostalgia de la luz*, la demorada atención en esa gota de agua que habla, e incluso ruge, desde su cárcel evidencia que también *El botón de nácar* atenderá al tiempo y a sus inscripciones, sus huellas, en las superficies, en la materia. Del trozo de cuarzo pasamos a unos telescopios rastrillando los cielos, imágenes que parecen extraídas de *Nostalgia de la luz*. La voz en off del cineasta, sin embargo, nos aclara que ahora los astrónomos buscan agua. Nuevamente, la voz de Guzmán es el hilo conductor de un relato que se piensa en términos de totalidades —el cosmos como un sistema de energías invisibles interconectadas— y su voz acudirá a lo que la ciencia, la poesía o el discurso histórico tengan para decir sobre el agua para llegar a establecer, en el núcleo del film, una poderosa —pero por momentos forzada— conexión entre el exterminio de la población autóctona y los desaparecidos de la dictadura de Pinochet.

El sonido de un río, la memoria infantil de la lluvia golpeando un techo de zinc, la extraordinaria belleza de los glaciares de la Patagonia occidental. Las primeras escenas de *El botón de nácar* adelantan que ahora la materia no será el calcio sino el agua en todas sus formas, extensiones, volúmenes y grados de densidad. El agua es materia también porque Guzmán buscará capitalizar su cualidad de energía: se condensa, se dispersa, se transforma, une y separa. Como prefigura el epígrafe del documental, extraído de un texto del chileno Raúl Zurita, "todos somos arroyos de una sola agua". Pero esa unicidad de la materia no es tan sólo un juego poético o física elemental: más que dos átomos de hidrógeno y uno de oxígeno, o las tres cuartas partes que componen un cuerpo humano, el agua es un territorio histórico, un recurso y significante en disputa. *El botón de nácar* comienza haciendo del agua el elemento central de una operación cartográfica. Un paneo satelital, cuidadosamente reconstruido en computadora, nos invita a recorrer un territorio. El movimiento del plano nos lleva de norte a sur, atraviesa la Patagonia y se hunde en un archipiélago infinito de hielo, lluvia y vapor, una reconstrucción "desde arriba" que hace evidente que Chile es, en cierta medida, un territorio acuático[112].

Durante mucho tiempo, en la cultura occidental, el mar señalaba el límite de lo que era conocido, lo que podía ser cartografiado y por ende controlado —los océanos eran las *terrae incognitae a hic sunt dracones*—. Los océanos han constituido, desde tiempos remotos, territorios particulares. No sólo en tanto que espacios de fascinación sino de excepción. Sus aguas han estado pobladas por criaturas de la imaginación humana y han sido también un espacio de purificación para la cultura europea católica medieval, surcadas por naves de locos u otros tipos de colectivos indeseables de los que la sociedad tenía que deshacerse. En *La hidra de la revolución: marineros, esclavos, comunes y la historia desconocida del Atlántico*, los historiadores Peter Linebaugh y Marcus Rediker utilizan el término *hidrarquía* para designar "dos desarrollos relacionados de fines del siglo XVII: la organización del estado marítimo desde arriba, y la autorganización de marineros desde abajo" (2005, 15). Así, los océanos se convierten en los campos de batalla de la historia, a través de los cuales se han impuesto desde imperios hasta sistemas comerciales globales o hegemonías culturales, pero también desde donde se han tejido redes de resistencia desde abajo, alianzas piratas y cimarrones, o motines que han encendido los puertos en revoluciones. Este abordaje sugiere que el mar ha sido y sigue siendo un espacio en el que las estructuras y códigos legales, morales y sociales quedan suspendidos. En términos de los imaginarios, los mares son también tanto espacios sagrados asociados a la vida como cementerios de esclavos del pasado y de los inmigrantes de África que hoy intentan cruzar en barca el Mediterráneo.

Estas visiones utópicas y distópicas de los imaginarios acuáticos, movilizadas bajo el término *hidrarquía*, pueden extenderse a los distintos imaginarios y usos del mar que se presentan en *El botón de nácar*. En este documental, Patricio Guzmán nos hablará de un país que, pese a tener la costa más larga del Pacífico, mantiene un enigmático divorcio con el mar, pero en realidad no se trata tanto de que los chilenos no hayan capitalizado sus posibilidades marítimas.[113]

---

[112] Desde una perspectiva de crítica fílmica espacial, Maia Vargas (2017) incluye la película de Guzmán dentro de un conjunto de films que construyen y narran el territorio patagónico como uno de identidad abierta, monstruosa. En un artículo sobre el cine de Lisandro Alonso, Angela Prysthon (2019) analiza diversos discursos históricos y pictóricos vinculados a la Patagonia que fluctúan entre el espacio de la deriva melancólica y el lugar de una posible tierra de abundancia.

[113] Los naufragios, barcos, ríos o islas que pueblan la obra de los también exiliados chilenos Raúl Ruiz y Juan Downey hablan de cierta fascinación con el imaginario acuático. Una fascinación que también comparte el documentalista Ignacio Agüero cuando, en *Sueños de hielo* (1992), acompaña la travesía de un témpano, que había sido capturado en la Antártida para ser llevado al pabellón chileno de la Exposición Universal de Sevilla, pero acaba deconstruyendo, lúdica y poéticamente, el discurso nacional épico de Chile como país frío.

Como en otras de sus películas, Guzmán apela a su propio imaginario infantil del mar y lo extrapola a la totalidad de los chilenos que temen al océano al mismo tiempo que lo admiran. Esta generalización es parte de otra operación, una "cartografía afectiva", que sale a la búsqueda de otra "hidrarquía": un modo distinto de comprender y habitar el mar. Antes de la conquista, el remoto sur de Chile estaba poblado por cinco grupos étnicos (los kawashkar, los selk'nam, los aonikenk, los chonos y los yámanas) cuyos modos de vida estaban íntimamente vinculados al mar. *El botón de nácar* utiliza un impresionante archivo etnográfico de esas antiguas "civilizaciones del agua" que vivían en armonía con la naturaleza y el cosmos. Las fotografías de esos nómades marítimos, clanes organizados en torno a canoas y fogatas, son de una belleza casi sobrenatural, y el relato en off confirma lo que ya imaginábamos: hacia fines del siglo XIX los misioneros y los colonos llegaron para eclipsar ese mundo. Replegados a la remota isla Dawson, los pueblos nativos fueron diezmados por enfermedades o exterminados por los "cazadores de indios". Entre las imágenes del archivo, Guzmán encuentra a algunos de los veinte sobrevivientes de esos pueblos y los hace aparecer ante las cámaras, ya ancianos, como testimonio todavía vivo del exterminio de una cultura marítima que sabe fabricar canoas que las autoridades navales chilenas ya no les permite usar.

La cámara de Guzmán se detiene en esos sobrevivientes, volviendo a capturar su imagen, esta vez no como pinturas o fotografías sino como "retratos vivos". En algunos momentos de las entrevistas, por el modo en que se les hace repetir en lengua nativa lo que el director quiere que digan, se evidencia una actitud paternalista pero, en ocasiones, *El botón de nácar* establece un modo de vínculo afectivo con esa cultura que logra "tocar" al espectador de un modo iluminador[114]. En una secuencia, Guzmán vuelve a acudir a la operación cartográfica cuando le pide a la artista visual Emma Malig que construya algo que él nunca había conseguido ver: la imagen entera de un país que, por su forma alargada, los mapas escolares sólo pueden representar dividido en tres partes. Malig cubre casi toda la superficie de su estudio de un papel blanco y extrae de una caja, señalizada con la etiqueta de "frágil", un rollo de cartón que despliega cuidadosamente sobre el suelo y que comienza a trabajar, resaltando relieves, con delicados trazos de pincel. Pero no se trata de acariciar un cuerpo sino de un mapa. Un Chile de cartón marrón que ahora, separado de la Argentina y relocalizado sobre un fondo blanco, se convierte en un archipiélago rodeado de un inmenso mar al que continuamente sus habitantes, Guzmán nos vuelve

---

[114] Si bien la performance espacial realizada por Guzmán abre nuevos sentidos y le permite al espectador blanco vivir vicariamente una geografía, su serie de retratos vivos vuelve a inscribir la subjetividad indígena en prácticas objetivizadoras y desagenciadoras. Para un análisis de la poética y política de las fotografías sobre los indígenas de Tierra del Fuego, véase el trabajo de Marisol Palma (2014) sobre Martín Gusinde. Para un análisis de la presencia/ausencia de los indígenas en el cine argentino, desde una perspectiva afectiva, véase el último libro de Cynthia Tompkins (2018).

a recordar en la voz en off, le "dan la espalda". La cámara comienza a recorrer lentamente los 4.200 kilómetros de la costa hasta que, en un punto, al paneo del mapa de cartón se suma la narración en off de Gabriela, una sobreviviente que dice no sentirse chilena sino kawesqar, y que relata en su lengua nativa la memoria de un viaje que había realizado de niña con su familia, en canoa, a lo largo de 600 millas entre las islas del sur de Chile. Un verdadero mapeo afectivo que exorciza la supuesta desconfianza del chileno actual respecto de la inmensidad del océano, haciéndolo partícipe de un itinerario casi íntimo por su geografía.

En el documental, la operación cartográfica se vuelve historiográfica al referir la historia de dos botones. El nácar es una sustancia orgánica-inorgánica, elemento biomineral que también proviene del mar, pero el botón al que hace referencia el título del documental nos direcciona nuevamente a la cultura, a la historia marina colonial. Un botón de nácar fue la moneda con la cual el marino inglés Fitz Roy, capitán del *Beagle* —barco en el que viajó Darwin—, pagó por un adolescente yámana para llevárselo a Gran Bretaña, en 1830. Conocido como Orundellico hasta su captura, el joven fue rebautizado como Jemmy Button, y después de algunos años en Europa, donde fue sometido a un "proceso de occidentalización", fue devuelto a su tierra de origen hablando dos lenguas pero también ninguna. La travesía de este joven es una primera narrativa de desaparición de una cultura representada en el significante botón como signo del intercambio, del robo del nombre y de la pérdida de la identidad. Su propia historia, popularizada en la novela *Jemmy Button* (1950) de Benjamín Subercaseaux, se convertirá en el campo artístico chileno en un significante del exilio. A principios de la década del ochenta, el artista conceptual Eugenio Dittborn empleó en alguna de sus famosas *Pinturas aeropostales* —una serie de obras, entre pinturas y fotografías sobre papel, que eran plegadas, guardadas en sobres y enviadas por correos a diferentes países— la imagen impresa de Jemmy que provenía de un dibujo realizado por el mismo capitán Fitz Roy y al que Dittborn agregó la leyenda "Exiliado fueguino Jemmy Button". En plena dictadura, Dittborn inventó un nuevo Jemmy al rodear el retrato del fueguino de otros rostros de desconocidos, apropiándose de lo que era un fragmento anecdótico del diario de Darwin y relocalizándolo en el centro de una nueva narrativa fragmentaria de supresión y resistencia, parte de una obra postal que viajaba en el espacio pero también en el tiempo, produciendo un movimiento de extrañamiento que construye comunidades con el pasado al recuperar y reinventar rostros, casi fantasmas que prefiguran y dominan el presente.

El botón de nácar vuelve también a la figura de Jemmy Button y la somete a una operación de hibridación temporal. La reproducción de la figura del indígena vistiendo una levita inglesa es un primer índice del enterramiento de su identidad y de la destrucción de la diferencia que la película vinculará a acontecimientos históricos posteriores. La misma pluma que retrataba a esos indígenas, dice la voz en off de Guzmán, dibujó también mapas que abrieron el camino a los colonos. El gesto de despojo del idioma, las costumbres y el nombre se concatena a abusos y violencias posteriores, que provocaron el genocidio silencioso de los pueblos originarios del extremo sur chileno. Pero el hilo del relato establece otro salto en el tiempo cuando la investigación antropológica se funde en la historia reciente y el narrador nos dice que la isla Dawson, donde habían sido recluidos los aborígenes, fue también un campo de concentración para los ministros de Allende y otros chilenos de Punta Arenas que, después del golpe, fueron víctimas de la tortura, la muerte, la desaparición o el exilio.

El punto de inflexión de *El botón de nácar* sucede cuando Guzmán afirma que durante la dictadura de Pinochet entre 1.200 y 1.400 personas fueron lanzadas al océano desde helicópteros, entre ellas Marta Ugarte, cuyo cuerpo la corriente de Humboldt devolvió a la costa, y del cual el director muestra una fotografía y detalles de la autopsia. "Fue cuando los chilenos comenzaron a sospechar que el mar era un cementerio", cuenta Guzmán. En su reconstrucción gráfica del modo en que se lanzaba a los disidentes al mar, el cineasta muestra con un maniquí cómo embolsaban y ataban los cadáveres a un riel de hierro y, con un helicóptero, realiza la *performance* de lanzarlos al mar para reproducir el modo en que la dictadura hundió los cuerpos de los detenidos desaparecidos en las profundidades del mar. Cuatro décadas más tarde, un buzo chileno buscó a esas víctimas y encontró rieles y, adosado a uno de ellos, un botón, muda y conmovedora prueba del delito y único resto de una víctima anónima. Apelando a un discurso que tiene más de poético que de científico, Guzmán sostiene que "el agua tiene memoria" y que esta contiene ausencias y presencias, flotantes o dormidas en las profundidades, esperando ser descubiertas o que afloran y brindan testimonio de lo que se pretendió ocultar. El agua y las criaturas que viven allí "grabaron sus mensajes": las oxidadas estructuras ferroviarias, incrustadas en el fondo del océano, estaban destinadas a ser anclas para ahogar una verdad que salió a flote en un fragmento de nácar. En *El botón de nácar*, ese botón, exhibido ahora en el Museo de Villa Grimaldi, cuenta, junto al botón que había utilizado Fitz Roy para comprar y exiliar al indígena de su propia tierra, "una misma historia de exterminio".

2. *Los durmientes* y el pacto sepulcral

Objets pour voyager, Métaphores d'un horizon, De latitudes en portrait, Océan, Cartografías para navegantes de tierra y *Los durmientes*: el océano es un elemento que se repite en el trabajo de Enrique Ramírez, artista audiovisual nacido en Santiago de Chile en 1978. En estas instalaciones fílmicas, objetos, dibujos y fotografías, el mar funciona como soporte de un viaje real y mental, donde se juega el tiempo, la memoria y la transformación personal. Los desplazamientos son parte de la práctica de vida misma del artista, habitante y viajero, que vive entre Santiago y París, pero también del tema y de la forma misma de sus obras, como se evidencia en *Océan*, un film realizado en un plano secuencia de tres semanas viajando en un barco carguero que cruza el Atlántico desde

América Latina hasta Europa. Los trabajos de Enrique Ramírez sobre estas distintas geografías son reflexiones poéticas que buscan humanizar situaciones distópicas. Sus instalaciones fílmicas y fotografías tratan sobre éxodos, exilios y la discontinuidad de la memoria, pero Ramírez busca encontrar un modo poético de dar cuenta de estos problemas políticos produciendo imaginarios subjetivos. Los vastos paisajes que usualmente aparecen en sus trabajos son concebidos como espacios geopoéticos, territorios abiertos para ver y deambular. Trabajando sobre un registro que apela al espíritu contemplativo, en su obra elementos mínimos como la brisa, el agua, la arena se combinan para instalar esa mirada subjetiva. Las instalaciones incorporan estos medios para crear una experiencia conceptual en un ambiente determinado: una geografía de desplazamientos íntimos que se traslada de la obra a la experiencia misma de los espectadores, quienes son invitados a realizar sus propios recorridos en el museo o la galería.

En varios de los trabajos de Enrique Ramírez el mar visibiliza también preocupaciones históricas muy específicas: la geografía aparece como un lugar de memoria político y poético de Chile. El océano, abismo rotundo donde un cuerpo puede desaparecer para siempre, es una geografía perfecta para la impunidad, como lo atestiguan los "vuelos de la muerte" de la dictadura de Pinochet. La omnipresencia de los paisajes marítimos en la obra de Ramírez, su calma y tumultuosa belleza sugieren que ese océano, o esos océanos, son al mismo tiempo siempre diferentes y siempre iguales. Si en la serie de fotografías de *Métaphores d'un horizon* los individuos miran hacia un mismo punto de fuga, en la instalación *Así… como la geografía se deshace* (2016), un video que funciona como objeto a nivel de piso y que muestra la imagen de un remolino de agua en el océano, que de a poco va desapareciendo, instaura un sentido de inestabilidad radical.

Ese mar impredecible, que no deja huella, es, entonces, al mismo tiempo un espacio utópico y distópico para pensar una memoria de la dictadura que atiende tanto a la materialidad como a la espectralidad de ese escenario. Una de las obras que permite, esta reflexión es *Los durmientes* (2014), un videotríptico que se ha presentado en tres exhibiciones ligeramente diferentes en París (2014), Santiago (2015) y Buenos Aires (2016)[115]. En cada ocasión, el espectador

---

[115] Para la exposición en Buenos Aires, Ramírez sumó obras que no estuvieron en las muestras anteriores y que hablan del contexto particular de la Argentina. Inaugurada en la semana del aniversario número 40 del golpe de Estado de 1976, la muestra incluye *Mar dulce, la travesía de América*, un video que muestra dos momentos del día en la navegación de una cruz que flota en el Río de la Plata. De lejos, la costa, los edificios que se recortan sobre el cielo azul y muestran cómo se ve Buenos Aires desde el agua, reinvirtiendo la geografía hegemónica de una ciudad que se había acostumbrado a darle la espalda al río y restituyendo a ese mismo río como testigo natural e inquisidor de un drama histórico. *Lugar común*, el afiche que acompaña a la exhibición, nos muestra, de un lado, una imagen sublime del Río de la Plata; del otro, un collage de artículos periodísticos sobre la aparición del cuerpo de Azucena Villaflor, fundadora

experimenta el video dentro de un recorrido que incluye otros dibujos, fotografías o instalaciones que refieren al contexto particular de cada país, al mismo tiempo que apelan al anacronismo y al cruce entre distintas geografías[116]. *Los durmientes* se compone de tres proyecciones sincronizadas que muestran tres momentos diferentes de lo que podría ser lanzar una persona al mar. El formato de tríptico permite contar la historia en tres actos al mismo tiempo. El título refiere a varias cosas. En las vías férreas, los durmientes sirven para mantener unidos los rieles que conforman la vía. Atados a rieles fueron lanzados los desaparecidos al océano. En los videos de Ramírez, los durmientes son la metáfora del silencio que viene del mar. A la izquierda se ve un helicóptero que despega y permite ver tomas subjetivas de su vuelo sobre la inmensidad del mar. En la pantalla de la derecha, un grupo de cruces de madera flotan como boyas en medio de la bruma. En el centro, se desenvuelve la acción: un hombre mayor camina hacia la costa, llevando un pez con las dos manos, como si se tratara de una ofrenda. La voz narradora en off, en tono muy poético y reflexivo, crea otro espacio imaginario. Los pensamientos se repiten una y otra vez con las mismas palabras: "Mirar... Mirar... Mirar el fondo... Mirar cómo se deshace todo... Mirar cómo desaparezco... Mirar... Buscar... Buscar algo que no se ve... El olvido... El silencio...". Una enumeración que nos muestra que las palabras se han convertido también en esqueletos, en fantasmas. En el tríptico, el hombre sigue caminando por la playa y desaparece momentáneamente detrás de un barco encallado donde se ven bolsas negras como las de residuos o las que usan para los cadáveres. Detrás de ese barco ruinoso sale un hombre más joven que carga una de esas bolsas vacías. Al mismo tiempo, en los otros paneles vemos al helicóptero que sobrevuela el océano y en el panel de la izquierda el cementerio efímero con cruces flotantes en boyas que se mueven con las olas. El film termina con la voz del hombre adentrándose en el mar: "Fabricar el retorno... Fabricar la búsqueda... Fabricar la vida... el silencio, el miedo, la búsqueda. Fabricar el tiempo... Fabricar un idioma". Frente al mal y el silencio que este impone, el individuo es impulsado a afirmar armado de palabras. Cuando entra

---

de la agrupación Madres de Plaza de Mayo. El artista incluso incluyó nuevos "Retratos de coordenadas" a su obra *Latitudes*. Estos dibujos de líneas y puntos blancos sobre fondo negro son falsas latitudes que tratan de ubicar lo inhallable y destacan la geografía imposible de la desaparición. En el caso argentino, esos "mapas" dan una dimensión visual y espacial a los textos y declaraciones de familiares de detenidos desaparecidos que el artista recopiló durante su visita a Buenos Aires.

[116] Enrique Ramírez ha explorado los vínculos entre espacio y memoria en otras obras videográficas. En particular, con el video *Brisas* (2008), una psicogeografía poética por el camino de la Alameda hasta llegar a la fuente de La Moneda, y en el videotríptico *Una historia sin destino*, que mezcla historias, épocas y continentes, ya que el artista filmó escenas en Normandía, donde registró la conmemoración de los setenta años del desembarco de los aliados en Francia, y en la Patagonia, para hablar de los primeros habitantes de América.

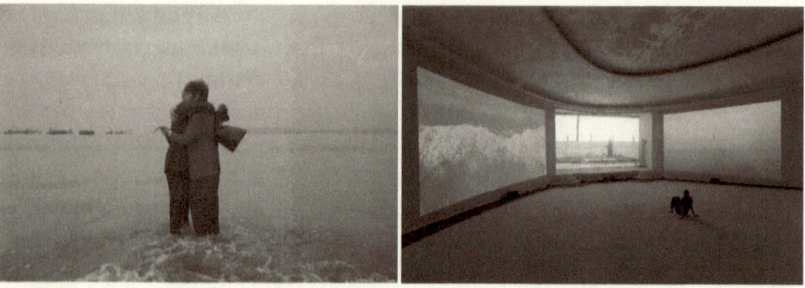

Imágenes 37 y 38. *Los durmientes* de Enrique Ramírez (tríptico, video, 15'. Exhibición en París, Francia). La escena del centro del tríptico se cierra con un abrazo como parte del ritual sepulcral

al mar, el hombre más viejo lo espera. Intercambian el pez muerto y la bolsa para el cuerpo y, mientras se abrazan, en el panel de la izquierda la cámara cae abruptamente desde el helicóptero al mar. El plano se vuelve negro.

Hay en este tríptico una exploración de la pérdida y sensibilización hacia la falta de "pacto sepulcral" que parece sellarse vicariamente en el intercambio y en el abrazo final. Según Gabriel Giorgi, la biopolítica de la dictadura trata de "borrar el cadáver como evidencia jurídica e histórica". Frente a esta producción de "cadáveres sin comunidad, cuerpos con los que la comunidad no puede establecer lazos" (Giorgi 2014, 200-204), la *performance* en el intercambio de la bolsa de cadáver vacía por un pescado es en el video un gesto de resistencia, haciendo de la materia animal signo de la ausencia de un cuerpo humano. El abrazo es también una forma de contestar la ruptura del "pacto sepulcral" que hizo de los desaparecidos "no-personas", vidas que no merecían inscripción simbólica. Un intercambio de cuerpos animales y humanos, un giro que no sólo logra conectar lo humano con lo natural sino que es, sobre todo, una forma de insistir al mismo tiempo en la materialidad y espectralidad de la memoria.

3. *Las aguas del olvido* o de la comunidad con los espectros

Si el imaginario marítimo atraviesa toda la obra de Enrique Ramírez, en la trayectoria de Perel la representación del río es una excepción en un trabajo que se ha centrado más en interrogar la materialidad de los procesos de memoria, a partir del espacio construido. Nacido en 1976, este realizador argentino ha dedicado toda su obra audiovisual a la reflexión sobre las consecuencias de la última dictadura militar, considerando una esfera predominantemente espacial. En sus largometrajes y cortos, la lectura sobre la memoria se vincula estrechamente con el modo en que se elige filmar esos materiales mediante largas tomas silenciosas que registran obsesivamente el paso del tiempo.

Las aguas del olvido (2013) constituye una inflexión dentro de esta cinematografía centrada en interrogar la materialidad de los procesos de memoria a partir del espacio construido, porque este cortometraje no registra un sitio de memoria existente sino que propone el propio. El corto comienza con una cita/homenaje de Horst Hoheisel que habla del problema de la representación y de la presentificación de lo ausente: "Todo lo que hacen los artistas para recordar los crímenes del pasado está mal, incluida mi obra. Sólo podemos hacerlo más o menos mal. Pero jamás podremos trazar la verdadera imagen de la verdadera historia". El citado artista alemán, que ha realizado y reflexionado sobre políticas de la memoria del Holocausto, dice que las grandes obras pensadas como conmemoración destruyen el recuerdo de las víctimas en vez de conservarlo. Cuando visitó la Argentina polemizó sobre el destino de la Escuela de Mecánica de la Armada (ESMA) y del Parque de la Memoria, que parecía para él un "cementerio de esculturas", y proponía dejar libre el terreno para, desde la orilla, proyectar luz sobre el agua del río. Las formas siempre cambiantes del agua, esa agua donde fueron arrojados tantos cuerpos, se volverían así lugar de memoria y reflexión, un "antimonumento", o monumento negativo, como un nuevo y radical arte de la memoria que busca crear marcas que no fijen el pensamiento, sino que permitan pensar y experimentar una y otra vez la pérdida.

Mediante la observación "silenciosa" —más bien carente de narración vocal— del espacio, Perel propone una forma de recordar que rompe con las formas tradicionales de hacer memoria en la Argentina, modelos fosilizados que centran el ejercicio de memoria en testigos directos y filiaciones de sangre. En su propia reflexión del "Cine como contra monumento", Perel recuerda el trabajo del artista alemán Horst Hoheisel y su concepto de la forma negativa, o el contramonumento, el desafío de romper una lógica didáctica del monumento que condenaría al espectador a la pasividad de la observación. En lugar de un ejercicio monumentalizador, el cine de Perel apuesta a una memoria negativa que se niega a quedar fija o estable y busca cambiar para enfrentar a cada generación con el trabajo de la memoria (6). Esa memoria negativa supone entregarse a una forma de mirar que se obstina en la duración porque sería "el silencio —un cierto silencio, que no es un silencio, quizás un velado— el que puede construir una representación de lo inimaginable" (Perel 2015, 6). En este sentido, el cine de Perel no insiste tanto en el valor representacional o las propiedades físicas de los restos materiales, sino en su capacidad de generar una respuesta afectiva. Se puede decir que hay en sus obras audiovisuales una preocupación, entonces, por el aspecto sensorial y fenomenológico del tiempo inscripto en el espacio, y por la voluntad de crear un cine que en su precisión formal funcione como "contramonumento", que abra y no cierre sentidos sobre los procesos de memoria vinculados a la última dictadura militar. Una voluntad que supone no sólo dar cuenta de la complejidad de esa tarea de memoria sino del rol del cine en ella: una apuesta al cine como "práctica espacial", una práctica que produce espacios o que produce imágenes sobre espacios que influyen —por vía de la complejización o del extrañamiento— en la configuración de nuestros modos de entender y experimentar las distintas categorías espaciales y temporales.

Según Sebastián Russo, citar a Horst Hoheisel al principio de un film dedicado a retratar el Río de la Plata de un cineasta que temática y formalmente en sus obras anteriores ha interrogado los restos, lo que dejó la dictadura y lo que se hizo o no se hizo con eso, hace pensar que el objetivo del corto es dar cuenta del "devenir del río en contra monumento para desaparecidos". Al retratar el río como encarnación muda de la memoria, como realización de la tragedia y de la necesaria implicación colectiva en recordarla (2014, 191), Perel no deja de complejizar los vínculos críticos entre memoria y cine. Como en sus otras películas, los planos fijos de larga duración son un intento de trabajar sobre la mirada y la experiencia del tiempo, involucrando al espectador en una reflexión sobre el sentido de su paso, de lo que se olvida y se recuerda, una ética y una estética de la memoria que la piensa como irreductiblemente abierta[117].

Entonces, ¿cómo se retrata el río en *Las aguas del olvido*? Después de la cita tenemos una pantalla en negro y el sonido del agua moviéndose. Más adelante, la imagen fija de ese río desnudo, despojado de vida. Nueve minutos de mirar el río: planos fijos, sonido de agua y viento, planos directos sobre el agua, otros en que el agua parece recortada detrás de árboles torcidos, rocas en punta, color pardo y turbulento, escollera en la bruma, torreta de toma de agua emergiendo como marcas humanas/urbanas en la naturaleza. Al eludir la palabra de una narración en off, o diálogos y entrevistas, *Las aguas del olvido* nos confronta con el poder de la imagen. Los planos de larga duración hacen hablar al río y extraen de su materialidad una extraña dinámica de restos, presencias y acechantes ausencias, y nos sitúan en un laberinto temporal incierto. Siguiendo a Wylie (2009), es posible entrever en la materialidad de las imágenes de Perel rastros de lo inmaterial, no como algo definido en oposición a lo material sino como aquello que respira "en exceso" de su forma representacional. En otras palabras, al insistir en esos planos vacíos del agua, la película sugiere un nuevo modo de afectividad del espacio, porque entrelaza objetos con modalidades de

---

[117] Es una estética y una ética de la memoria que se resiste a hacer un trabajo en lugar del espectador. En una entrevista con Celine Guenot, Jonathan Perel sostiene: "Se trata de que el espectador adapte su mirada para participar en la construcción del film, más que del cine como codificador de un mundo que se adapte a la imagen pasiva de una audiencia masiva" (Guenot, 14). La sucesión silenciosa de planos fijos de exacta duración, característica de las películas de Perel, crea una experiencia particular de percepción porque obliga al espectador a descubrir las mínimas diferencias en el marco general de una estética de la repetición, al mismo tiempo que le hace experimentar fenomenológicamente el tiempo, lo que, según el director, consigue que el cine opere como anti-monumento: porque al espectador que se acerca al film en busca de memoria (en el sentido confortante de memoria), el film le devuelve la misma carga como una responsabilidad de un trabajo a ser hecho" (Guenot, 14).

afecto y un sentido acechante de la pérdida (Edensor 2005). Una forma de considerar la ontología inestable de la materia que apunta a la naturaleza "más que representacional" de la memoria como encarnada y acechada por lo espectral. Una naturaleza sensorial e inestable del paisaje y de la memoria que se acentúa también en el trabajo sonoro.

En un momento de *Las aguas del olvido* aparece otra cita, esta vez de Claudio Martyniuk:

> Los poemas a la muerte son un engaño. La muerte es la muerte. El río es llenado. Extensiones fantasmales. Cavó una fosa en los aires, en el cauce del ancho río, allí donde no hay estrechez. Todo se hundía en las sombras más profundas. Un río como tumba. ¿Cuál es el color de esta agua? ¿Cómo bañarse o navegar en esa negrura de nuestra historia? Los cabellos aún atraviesan las aguas, siguen bajo un cielo venenoso. La piel, arena del río. En un vaso se recogen, día a día, los cuerpos. Bebemos el agua del olvido. Hay niebla [2015].

Durante la dictadura militar argentina, la represión sistemática, mediante la práctica de secuestro y asesinatos clandestinos, siguió una lógica que buscó exterminar no sólo al enemigo político sino la posibilidad misma de imaginar ese proceso y a esas víctimas. Ante el quiebre del pacto sepulcral, retratar el río es retratar un cementerio imposible, porque no se puede delimitar identidades ni marcar tumbas, y en esta falta de límites se instala una infinitud del trabajo del duelo. El río esconde, disuelve los crímenes y, sin embargo, al mismo tiempo está ahí y nos acosa con los restos sedimentados de un pasado traumático. La película de Perel termina con una larga toma subacuática de restos que se mueven en el agua, y convierte el río en la "utopía del monumento": aquel que tiene un sentido cotidiano.

¿Cómo bañarse o navegar en esa negrura de nuestra historia? ¿Cómo seguir viviendo?, se pregunta Russo en su dedicada lectura de la película de Perel, y propone la necesidad de aceptar los fantasmas y la niebla. Se trataría de profundizar una lógica fantasmal para lidiar con los espectros del pasado, que supondría restituir la verdad del tiempo con la verdad de la imagen: la visualización de tiempos muertos que generan incomodidad en el espectador no sería otra cosa que una verdadera fenomenología de la memoria a partir de sus materiales. Lo visto, el río, parece expresarse no mediado sino vivido, asimilado a esta experiencia de la mirada y del tiempo que pasa delante de nuestros ojos (Russo, 192-195). En su estudio sobre la espectralidad, Derrida (2002) plantea que los espectros pueden ser evocados, pero su singularidad reside en que irrumpen, desprevenidamente, sin ser llamados, y muchas veces sin siquiera ser reconocidos conscientemente; alteran y no tienen morada fija, ni en tiempo ni espacio. Viajan y merodean en la trama del pasado, del presente y del devenir. De manera similar, las imágenes de Perel tienen algo de intempestivo, de afectivo, de ruptura de la linealidad del discurso y de la historia. El agua es anacrónica

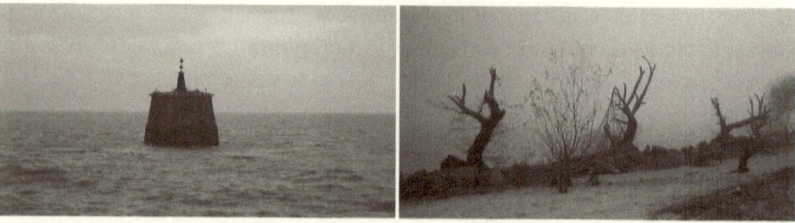

Imágenes 39 y 40. Fotogramas de *Las aguas del olvido* gentileza de Jonathan Perel.

y nos hace experimentar en tiempo real ese pasado traumático que transcurre delante de nuestros ojos. Una memoria experimentada en tiempo presente que reconoce la existencia de una comunidad de y con los espectros.

4. Cartografías afectivas y geografías espectrales

El agua como elemento universal de la vida, fluyendo en la Patagonia como núcleo de la cultura de las tribus indígenas locales, sedimentando una costa a la que la geografía y la historia chilena parecen dar la espalda, el mar como cementerio de desaparecidos. En *El botón de nácar*, el agua cubre un arco histórico y espacial enorme por medio de un relato que busca vincular, desde una matriz afectiva, el exterminio de los pueblos originarios del sur del país, que vivían en armonía con el océano, con la versión transandina de "los vuelos de la muerte", mostrando los terribles usos del mar que hizo la dictadura pinochetista. La película entrelaza también varios imaginarios geográficos, reescribiendo constantemente los mapas personales de la infancia a partir de aquellos forjados por una experiencia política posterior, superponiendo cartografías de distintas culturas en el mapeo fílmico de un ambiente vivido y en el recurso a una performance cartográfica que sutilmente vincula las dimensiones afectivas y espaciales recuperando un itinerario íntimo por la geografía de una zona remota del país. Esta misma agencia del mapeo, que no busca espejar la realidad sino reformular el mundo, aparece también en *Los durmientes* y *Las aguas del olvido*. El mapeo descubre nuevos mundos entre los presentes y los pasados al reformular no sólo las características físicas de un terreno sino sus fuerzas ocultas, sus eventos históricos (Corner 1999, 214-215).

Como las cartografías afectivas imaginadas por Flatley (2008), en *El botón de nácar* convoca y moviliza afectos situados dentro de un archivo de objetos previos. La valencia afectiva del agua y de un botón cambia en el proceso de rearticulación y recontextualización que propone la película de Guzmán. Sin embargo, la metafórica comparación entre distintos sucesos de la historia chilena vinculados a la relación del país, y de sus habitantes, con el mar, no logra aprovechar todo el potencial del anacronismo para volver a conectarnos afectivamente con el pasado. Si en *Nostalgia de la luz* la sincronía entre historia, geografía y universo físico se reforzaba a partir de una circulación de afectos que se retroalimentaba en las historias particulares de cada uno de los entrevistados, en *El botón de nácar* el hilo del relato y sus modulaciones afectivas emanan de un único centro: la voz pausada y excesivamente didáctica de Guzmán que en ocasiones apela a "figuras de autoridad", como el poeta Raúl Zurita y el historiador social Gabriel Salazar, para reforzar lo ya dicho. El documental propone una cartografía afectiva, sí, pero se trata de un mapa afectivo que se cierra, se vuelve fijo y estable.

¿El agua tendrá memoria de los exterminios? ¿Las almas de los indígenas y de los desaparecidos encontrarán agua y paz en el espacio? Aun en su lirismo forzado, Guzmán articula una "cartografía afectiva" no tanto porque hace del agua —y de dos botones de nácar— huellas del pasado, sino porque encuentra en el imaginario acuático de los indígenas una potencia. Las fotos del archivo de principios del siglo muestran los cuerpos de los selk'nam pintados con símbolos enigmáticos, quizás gotas de agua o constelaciones. Intuimos que el agua, por sus movimientos, recibe un impulso del espacio que se transmite a las criaturas vivientes. Al igual que los astrónomos, las tribus patagónicas hacían de la relación entre el cosmos y el agua una instancia inseparable de la vida, pero su mitología decía también que sus antepasados muertos se habían convertido en estrellas. Al imaginar "pueblos de agua" en el cosmos, *El botón de nácar* recupera, o inventa, un deseo quizás pretérito: la utopía de una hidrarquía cósmica.

Los trabajos de Perel y Ramírez no reconstruyen los vuelos de la muerte en sí, del modo gráfico en que lo hace Patricio Guzmán, porque no buscan narrar ni reconstruir los hechos históricos en un sentido convencional. Los videos de Perel y las videoinstalaciones de Ramírez trabajan sobre la mirada y la experiencia del tiempo o presentan poemas fílmicos, que crean un clima afectivo y contemplativo, involucrando al espectador en una reflexión sobre el sentido del viaje, del paso del tiempo, de lo que se olvida y se recuerda y, sobre todo, de lo que se borra/se niega o no se quiere ver. Siguiendo una lógica propia de las geografías afectivas, estos trabajos no insisten tanto en el valor representacional o las propiedades físicas de los restos materiales, sino en su capacidad de generar una respuesta afectiva. La fuerza de las imágenes es más que representacional; se trata de bloques de sensaciones con intensidades afectivas: las imágenes construyen sentido no sólo porque exigen un tiempo para entender qué significan, sino porque su misma materialidad afectiva presignificativa se *siente* en el cuerpo. Si bien las obras no se refieren a distintos imaginarios marítimos, con el documental de Guzmán, el espectador puede conocerlos y es en ese juego entre ideas previas sobre determinadas geografías, nuestras propias fantasías y miedos que tiene lugar el potencial de afectarnos de estas obras, de movilizarnos, y de trazar/proponer una nueva cartografía.

Las geografías afectivas de Perel y Ramírez ponen en juego concepciones más amplias de materialidad al analizar los vínculos entre espacios y memorias atendiendo a la presencia de objetos, lugares o personas, pero también a ausencias que nos acechan. Propuestas de entrelazar paisajes, sonidos y recuerdos donde, en el caso de Ramírez, es importante la presencia del cuerpo, emplazado en la obra o el espectador, generando una relación de intimidad con quien las observa en algún pasillo oscuro, para luego recorrer objetos, instalaciones, fotografías, textos y dibujos que complementan el tema de cada exhibición. Pero también otras formas en que la presencia se desestabiliza por la ausencia de lo acechante, como en el caso de Perel, donde el sonido en ese espacio solitario es importante como indicador de una relación entre el ser y el espacio que supone tanto el habitar como las sensaciones de lo acechante o fantasmagórico. En estos sentidos, los trabajos de Perel y Ramírez cifran en el agua como territorio histórico, recurso y significante en disputa una nueva geografía afectiva, y elaboran "sensaciones de memoria" que interrogan a la sociedad en su conjunto. Lejos de ser discursos cerrados, estas obras audiovisuales proponen un modo de vincularnos con ese pasado que acepta las disrupciones del tiempo, las anacrónicas y la dinámica irresoluble entre presencias y ausencias.

La agencia del mapeo
o de cómo vivir juntos

CAPÍTULO 11

Geografías de autor

> *El mapa es abierto, conectable en todas sus dimensiones, desmontable, alterable, susceptible de recibir constantemente modificaciones. Puede ser roto, alterado, adaptarse a distintos montajes, iniciado por un individuo, un grupo, una formación social. Puede dibujarse en una pared, concebirse como una obra de arte, construirse como una acción política o como una meditación.*
>
> Deleuze & Guattari, Mil mesetas

Los estudios sobre la memoria del pasado reciente argentino cobraron un notable impulso hacia fines de la década del noventa. Nuevas estrategias desarrolladas por el movimiento de derechos humanos, en el contexto de las leyes de indulto, propiciaron un cambio en la reflexión sobre los sentidos del pasado reciente en el presente. La clausura de la vía judicial impuesta por las políticas de impunidad, paradójicamente, motivó nuevas preguntas sobre la memoria social y la sumatoria de una nueva generación de jóvenes que se unieron al debate. Si en los primeros años de la transición, las investigaciones más salientes habían privilegiado el trabajo de archivo y la recolección de testimonios que apuntaba a resaltar la importancia del juicio a los militares y la consolidación de una cultura democrática, desde mediados de la década del noventa se comenzaron a indagar, desde una clave más sociológica, los problemas relativos al funcionamiento de la memoria social: las lógicas de la rememoración y los usos, apropiaciones y luchas por los sentidos del pasado. En este escenario tuvo lugar el surgimiento de nuevas narrativas que respondían, por un lado, a un "giro subjetivo", y por otro, a un "giro espacial" en los discursos y prácticas de la memoria.

Anticipando nuestra contemporaneidad caracterizada por una creciente interrelación y movilidad, ya en 1967 Michel Foucault señalaba que la cuestión más apremiante no era determinar nuestro lugar en la historia, sino establecer

---

Cómo citar este capítulo:
Depetris Chauvin, I. 2019. *Geografías afectivas. Desplazamientos, prácticas espaciales y formas de estar juntos en el cine de Argentina, Chile y Brasil (2002-2017)*. Pp. 189-201. Pittsburgh, Estados Unidos: Latin American Research Commons. DOI: https://10.25154/book3. Licencia: CC BY-NC 4.0

nuestra posición en el espacio trazando el tipo de relaciones que atraviesan la miríada de lugares heterogéneos que caracterizan el mundo contemporáneo. En la época del espacio, incluso el tiempo y la historia se convierten en herramientas cartográficas para establecer relaciones jerárquicas entre lugares (2001, 64). Tomando como referencia la mención de Foucault del cine como uno de los medios por los cuales se lleva a cabo un cronomapeo cognitivo, aquí me gustaría sumar la perspectiva de las "geografías afectivas" para volver a evaluar el potencial cartográfico del cine, específicamente su capacidad de reforzar, problematizar o desestabilizar los imaginarios geográficos y la cronopolítica sobre la que se fundan algunos de los discursos de memoria producidos en la postdictadura argentina.

1. Topografías de la memoria

En el campo cultural argentino, a partir del análisis de nuevos modos de intervención y militancia urbana, diversos académicos abordaron la intersección entre memoria y ciudad señalando el importante rol que ocupa el espacio construido en los procesos y políticas de la memoria (Jelin y Langland 2003). Las intervenciones en los sitios de memoria y la producción de marcas territoriales se proponen tanto como actos de reconocimiento de las víctimas y luchas contra el olvido, así como expresiones de una voluntad de transmisión de memoria hacia las futuras generaciones. Por otro lado, desde la academia francesa, los aportes del llamado "giro espacial" en las humanidades han permitido una reconceptualización misma de la noción de "espacio" que ha expandido el alcance de los estudios sobre las memorias colectivas en el Cono Sur sobre todo a partir de la recuperación de los trabajos de Pierre Nora (2001), Michel de Certeau (1999) y Henri Lefebvre (1991).

Michel de Certeau sugiere que, en su evolución histórica, el mapa se ha convertido en una autoridad sobre el lugar ya que este explicita un conjunto de reglas, planos, calles o sitios de interés, mientras que el itinerario, la narrativa, el contexto y la perspectiva humana del lugar, se ha perdido. En la visión de De Certeau el mapa es un sistema autoritario que describe y exhibe un conocimiento de los lugares y, a través del discurso científico y la geometría, borra las prácticas que producen el mapa (121).[118] Sin embargo, esta interpretación de la mirada cenital del mapa como totalizadora y estable fue también debatida ya a principios de los años ochenta por los mismos geógrafos que cuestionaron el discurso de verdad que el sentido común asigna al mapa y problematizaron la

---

[118] De hecho, los mapas más antiguos sí incluían los "itinerarios". Estos mapas eran cartografías e historias orales, describiendo no sólo las características del paisaje, sino lo que había ocurrido allí. Estos "mapas de historias" eran generalmente transmitidos a través de generaciones.

convencionalidad de la imagen cartográfica.[119] Los estudios sobre la "producción social" del espacio de Henri Lefebvre han encontrado también particular recepción en los estudios de memoria. Bajo la influencia de los escritos de Lefebvre, el volumen organizado por Estela Schindel y Pamela Colombo se aleja de la idea de espacio como fijo e inamovible, como escenario neutral donde la Historia se desarrolla o donde los actores intervienen, y más bien considera al espacio como producto y productor de lo social. Reconocer la dimensión productiva y social del espacio lleva a considerar que este es mucho más que el escenario en el que tuvo lugar la violencia patrocinada por el Estado, la materia misma de una operación de dominación y de transformación social. Esto no supone, sin embargo, que la espacialidad se reduzca a ser una herramienta o un instrumento de la dominación militar ya que la dimensión espacial es también aprehendida como producto de las percepciones, las prácticas y la imaginación de los individuos, abriendo nuevas posibilidades de emancipación a partir de espacialidades alternativas (2014, 1-15).

De este modo, la idea de la "producción del espacio" de Lefebre reposiciona los lugares como el resultado de las contradicciones sociales inherentes a ellos y revela las fracturas que los hacen procesos históricos en curso, siempre cambiantes, inestables e incompletos. Llevado al terreno de los discursos de memoria, esto supone la imposibilidad de trazar una "topografía exacta" de la memoria, por lo cual el lugar del cine es también problemático si en su carácter activo no busca estabilizar sino marcar las contradicciones y los desafíos en la producción de memorias irreductiblemente abiertas. La serie de columnas que el escritor Marcelo Birmajer recientemente publicó en el diario *Clarín* en las que ataca al Parque de la Memoria, uno de los más relevantes monumentos construidos en homenaje a las víctimas del terrorismo de Estado en Argentina,

---

[119] En un artículo sobre *Le jeu de l'oie* (Raúl Ruiz 1980) Carla Lois e Irene Depetris Chauvin analizan la relación entre paisaje, mapa e itinerario en este mediometraje de Raúl Ruiz de principios de la década del ochenta y la relación que la película establece con las discusiones que se iniciaron y se profundizarían más tarde en el campo de la cartografía. En una de las proposiciones más tempranas en torno a la relación entre imagen y poder, Brian Harley (2001) hablaba de "segundo texto dentro del mapa" para cuestionar las relaciones de intereses políticos, poder y agendas ocultas de los mapas. A partir de entonces, se asume explícitamente que el mapa articula una interpretación de ciertas relaciones espaciales que, si bien mantiene determinados vínculos con un referente empírico, es más el resultado de un proceso intelectual social e históricamente definido que una reducción gráfica matematizada de un espacio abstracto. De esto se ha derivado una especie de filosofía de la historia de la cartografía, cuyo eje está puesto en "deconstruir el mapa" y echar luz sobre la articulación entre conocimiento, mapa y poder. Los pilares de este ejercicio crítico son la idea de formación discursiva para pensar la cartografía e indagar sobre las reglas del discurso que la constituyen en diferentes coyunturas históricas (Harley 2001, 189-190) y el enfoque deconstructivista para demostrar que incluso en el nivel supuestamente literal, el mapa es intensamente metafórico y simbólico (199-200).

revela que el espacio continúa siendo objeto y escenario de disputas por el sentido del pasado histórico.[120]

2. El cineasta como cartógrafo

En sintonía con estas intervenciones sobre el espacio, los discursos de memoria y las cronopolíticas, quiero considerar el trabajo de Jonathan Perel, un joven cineasta argentino que ha dedicado toda su obra audiovisual a la reflexión sobre las consecuencias de la última dictadura militar considerando una esfera predominantemente espacial. Como plantea Adrián Gorelik, al estudiar la memoria de la dictadura a partir de instituciones, monumentos y otras formas arquitectónicas, películas como *El predio* (2010), *17 monumentos* (2012), *Los murales* (2011) o *Tabula rasa* (2013) realizan un "examen desde dentro de los materiales que conforman las prácticas de memoria". En estos largometrajes y cortos, la lectura sobre la memoria se vincula estrechamente con el modo en que se elige filmar esos materiales mediante largas tomas silenciosas que registran obsesivamente el paso del tiempo (Gorelik 2014).

Es claro que la utilización de largos planos fijos, el privilegio del sonido ambiente, la ausencia de narración en off o de entrevistas y la morosidad descriptiva son ya elementos de una gramática distintiva de los filmes de Perel. Sin embargo, considerando toda su producción audiovisual como parte de una "serie", es también claro que este "minimalismo narrativo" no supone una mirada simplista y unívoca sobre los espacios y sus temporalidades. En su ensayo sobre el "impulso de mapeo" en el cine (2009) Teresa Castro sostiene que los cineastas y los cartógrafos se relacionan en sus intentos de visualizar el mundo, sobre todo a través de tres formas cartográficas presentes en el cine: la vista aérea, el panorama y el atlas. Estos modos, que yo denominaría "formas de escritura cartográfica", pueden ciertamente compararse a algunos de los conceptos ya planteados anteriormente por De Certeau. La diferencia entre el paisaje panorámico y la visión aérea en el cine correspondería a la diferenciación

---

[120] Como señalan, en sendas réplicas, las historiadoras del arte Laura Malosetti Costa y Ana Longoni, las columnas de Birmajer (tituladas "El parque y la memoria", el 5/2, "Un cartel para adulterar la historia", el 24/2, y "Con derecho a cuestionar también a los artistas", el 7/3) atacan al Parque de la Memoria a partir de una tendenciosa lectura de "Carteles de la Memoria", la intervención del Grupo de Arte Callejero (GAC) que fue seleccionada por un jurado internacional para ser emplazada en el parque. Por otro lado, es significativo que la "crítica del arte" de Birmajer se vincula a otros discursos recientes que buscan trivializar las políticas de la memoria y la labor de los organismos de defensa de derechos humanos. Las declaraciones de Mauricio Macri sobre "acabar los curros en *derechos humanos*" y del ministro de Cultura de la Ciudad, Dario Lopérfido, que cuestionó la cifra de 30.000 desaparecidos, son tan sólo dos ejemplos de las operaciones de la nueva clase gobernante en relación con los discursos de la memoria.

que establece De Certeau entre el itinerario y el mapa. Si la vista aérea es incorporada por el mapa como el conocimiento del orden, el cuadro totalizante del lugar, entonces el itinerario, el recorrido, es el acto del habla, la narración y los primeros intentos humanos de representar el espacio a través de un relato. Una tercera forma de "escritura cartográfica" sería, para Castro, "el atlas". En el cine este no se refiere a una colección o archivo de imágenes que apuntan a transmitir el conocimiento geográfico, sino a "un medio para organizar el conocimiento visual. En otras palabras, los atlas se refieren tanto a un instrumento estrictamente cartográfico como a un medio gráfico para el ensamblaje y la combinación —e incluso el montaje— de imágenes" (2009, 13).

Las formas cartográficas de Castro resultan útiles como marco para explorar las relaciones visuales entre el cine y la cartografía. La vista aérea actúa como una forma de ordenar el lugar, de una manera similar a la que el propio mapa exhibe el lugar y muestra su conocimiento desde arriba. Por otro lado, la vista panorámica introduce la posibilidad de movimiento a través de una perspectiva más humana que funciona para mapear el espacio del individuo y la comunidad. Finalmente, la visión del atlas, a través del montaje, funciona para organizar estas imágenes en exploraciones temáticas. Entonces, no sería a través de una "cartografía cinematográfica" sino de un "cine cartográfico" que pueden recuperarse las "prácticas" de mapeo y el espacio subjetivo. En este sentido, el crítico Sébastien Caquard (2009) encuentra en el cine la promesa de reconciliar el mapa con el itinerario: la comprensión de los lugares en la geografía cotidiana se relaciona a experiencias, recuerdos, afectos e imágenes que los diversos enfoques del arte cinematográfico puede evocar y movilizar. Estas son las herramientas para el "impulso del mapeo" que permite describir el espacio visualmente, y abrir el camino para el itinerario, para el afecto y la historia.

En cuanto al cine de Jonathan Perel es precisamente desde su "minimalismo narrativo" y conformando "series" que se realiza una síntesis de la práctica cinematográfica y cartográfica. Con ciertas reminiscencias del cine de James Benning y Heinz Emigholz, la cámara de Perel impone una mirada de precisión matemática a paisajes preexistentes que son a la vez geográficamente dispares pero que se encuentran ideológicamente ligados tanto por el proceso histórico en su desenvolvimiento, como por la misma agencia del cineasta que los filma en el presente. Su trabajo sobre los espacios de memoria articula, así, una exploración crítica del espacio que demuestra una síntesis que usa tanto el mapa como el itinerario como marcos para una exploración cinemática.

La primera película de Jonathan Perel, *El predio* (2010), muestra la transformación de la antigua ESMA, uno de los centros de detención utilizados por la última dictadura, en un lugar de memoria. La película no proporciona antecedentes históricos sobre ese espacio o sobre la historia argentina sino que se atiene a documentar los proyectos artísticos y sociales que tienen lugar allí. El plano de apertura se diferencia claramente del resto de la película: un largo *travelling* nos introduce en las calles de lo que parece una ciudad abandonada pero poblada de rayos de vida: sol, árboles, canto de los pájaros. El itinerario es una primera entrada a un "mundo" pero este sitio es filmado, como el propio título lo indica, como un predio, un edificio, un resto de hormigón del cual no se explica su pasado. Sin narraciones, explicaciones o placas, los planos fijos que apenas dejan colar algún sonido ambiente nos obligan a "escuchar" la propia materialidad del espacio. Los planos recortan espacios a veces sólo poblados por objetos materiales y a veces por algunas actividades culturales, pero siempre de modo fragmentario, lo que produce una sensación de encierro. En su lectura de la película, Guadalupe Arenillas plantea que "los proyectos aparecen como polifónicos y desunidos y, por lo tanto, plantean cuestiones que provocan la reflexión sobre la naturaleza de los sitios de memoria y sus usos" (2013, 380). Por su énfasis en el silencio, la película de Perel "rompe con las narraciones testimoniales y el 'giro subjetivo', así como con la noción de que sólo aquellos relacionados por lazos de sangre con los detenidos y desaparecidos tienen derecho a hablar del pasado reciente" (Arenillas 2013, 380). Esta renuncia a la palabra se acompaña de un significativo plano final que nos muestra desde adentro de la ESMA la puerta abierta como demandando al espectador una intervención, la participación en la formación de un discurso de memoria que se encuentra abierto.

Otra película de Perel, *Tabula rasa* (2013), cuestiona los usos de los sitios de memoria centrándose en la dinámica problemática entre la destrucción y la construcción. El film en sí es un registro de la demolición de uno de los edificios de la ESMA, los denominados módulos de acomodación donde dormían los soldados, que es removido para dar lugar a un espacio donde se creará un museo y un monumento sobre la Guerra de las Malvinas (1982). En términos de la concepción espacial es interesante que, antes de que las grúas y topadoras entren en escena a remover los escombros, *Tabula rasa* nos presenta un plano fijo de una mesa de trabajo y una computadora que muestra una imagen del sitio. Antes de las maquinarias, antes de la acción, la cámara deja ver el escritorio y los planos de arquitectura y sitúa, desde el principio, al cineasta como investigador y testigo activo cuyo trabajo es documentar la destrucción. Ese proceso de extracción de escombros, de deglución atorada del duelo, supone erradicar historias y experiencias que ya lo habitaban, pero la misma película ofrece, como contrapartida, la posibilidad de una agencia en la reconstrucción. Los últimos planos de la película vuelven a la mesa de trabajo, y a una animación con piezas plásticas de encastre similares a los Lego que "construyen" algo, lo que remite no sólo al carácter traumático, sino también al aspecto lúdico, creativo y polifónico del proceso de reconstrucción de espacios y memorias. Una polifonía que adquiere su faceta agónica en el corto *Los murales* (2011), donde la misma superficie de hormigón es intervenida una y otra vez con diversos discursos, revelando que una topografía exacta y fija de la memoria resulta una tarea imposible.

En esta atención a instituciones y formas arquitectónicas, en este examen desde dentro de los materiales que conforman las prácticas de memoria, se revela una preocupación constante por entender el uso de los espacios de memoria, así como las políticas de Estado que conllevan los peligros de la "monumentalización". Precisamente, *17 monumentos* (2012) es otro paso en la "serie", otra tentativa sistemática de Perel por interrogar los materiales con que se está conformando la memoria del terrorismo de Estado en la Argentina. La película documenta los diecisiete monumentos construidos por el Plan de la Red Federal de Sitios de Memoria (Refesim) de la Secretaría de Derechos Humanos de la Nación, para señalizar los más de quinientos ex centros de detención de todo el país. Se compone de dieciocho planos fijos, el primero sobre el documento de la Refesim que detalla las características formales y materiales que deben cumplir todos los monumentos, y los diecisiete planos restantes, uno sobre cada monumento, que registran el modo en que esas instrucciones se han materializado en los distintos puntos del país y un conjunto de monumentos sin ningún interés estético y aparentemente estériles en cuanto a su posibilidad de establecer un vínculo con la cotidianidad del espacio que los rodea. Al recorrer los diecisiete sitios para filmar cada monumento, Perel se propuso cartografiar la sistematicidad con que el plan de exterminio de la dictadura se ejecutó en todo el país, pero lo que vemos en la película es la sistematicidad burocrática y centralista con que el Estado cree resolver el modo de recordarlo. La experiencia de acercamiento directo a los materiales, el reconocimiento de una política monumental oficial produce fatiga y es casi como respuesta a esta decepción que puede leerse la siguiente película de la serie.

Las aguas del olvido (2012) constituye una inflexión dentro de esta cinematografía centrada en interrogar la materialidad de los procesos de memoria a partir del espacio construido: este cortometraje no registra un sitio de memoria existente sino que propone el propio, se aleja de las construcciones materiales y se interna en la naturaleza: un retrato del Río de la Plata donde resuenan la pintura del paisajismo romántico de finales del siglo XIX y cierta melancólica insistencia en la ruina. Mediante la observación "silenciosa" —más bien carente de narración vocal— del espacio, Perel propone una forma de recordar que rompe con las formas tradicionales de hacer memoria en la Argentina, modelos fosilizadas que centran el ejercicio de memoria en testigos directos y filiaciones de sangre. En su propia reflexión del "Cine como contramonumento", Perel recuerda el trabajo del artista alemán Horst Hoheisel y su concepto de la forma negativa, o el contramonumento, el desafío de romper una lógica didáctica del monumento que condenaría al espectador a la pasividad de la observación. En lugar de un ejercicio monumentalizador, el cine de Perel apuesta a una memoria negativa que se niega a quedar fija o estable y busca cambiar para enfrentar a cada generación con el trabajo de la memoria (Perel 2015, 6). Esa memoria negativa supone entregarse a una forma de mirar que se obstina en la duración porque sería "el silencio —un cierto silencio, que no es un silencio, quizás un velado— el que puede construir una representación de lo inimaginable" (6). Una voluntad que supone no sólo dar cuenta de la complejidad de esa tarea de memoria, sino del rol del cine en ella: una apuesta al cine como "práctica espacial", una práctica que produce espacios o que produce imágenes sobre espacios que influyen —por vía de la complejización o del extrañamiento— en la configuración de nuestros modos de entender y experimentar las distintas categorías espaciales y temporales.

Es claro que el potencial del arte cinematográfico para pensar, confirmar o subvertir las espacialidades establecidas deviene de la particularidad de su lenguaje. Muchos aspectos de la imagen en movimiento tienen que ver con los actos de habitar y atravesar el espacio: las películas realizan "recorridos" de sus espacios pero, al mismo tiempo, el aparato cinematográfico reinventa esos espacios antes que reproducirlos miméticamente. Por otro lado, Tom Conley, en *Cinematic Cartography* (2007), plantea que los mapas en las ficciones fílmicas cumplen diversas funciones, tales como estabilizar cierta visión, proponer un punto de partida para un viaje, vincular tiempos y espacios distantes o disparar un ejercicio de memoria. Es interesante que Conley reflexiona tanto sobre la presencia de los mapas en las ficciones como sobre los modos en que el cine y el mapa funcionan como dos formas de pensamiento espacial: al igual que el mapa, el cine, como proyección topográfica, puede localizar y colonizar la imaginación espacial del espectador pero, lúdicamente, puede también promover contradicciones que permitan pensar críticamente la relación entre el espacio cinematográfico y el mundo en que vivimos (1-6). Es sobre todo la última película de Jonathan Perel, *Toponimia* (2015), la que recupera esta doble forma de entender la construcción de un espacio, desde la perspectiva de la visión y de la narración que introduce el montaje y, al mismo tiempo, reformula algunos de los sentidos de "cartografía fílmica" abordados por Conley y Bruno al someter el "impulso cartográfico" del cine a la dinámica de lo que Castro llama "atlas" y que los cartógrafos que estudian los procedimientos metodológicos en la lectura de mapas denominan "serie" (Lois 2015).

Mientras en sus primeros filmes Perel trabaja sobre las intervenciones en sitios de memoria, especialmente aquellos utilizados como centros de detención clandestina, o se centra en el modo en que desde el presente se construye críticamente —o no— una memoria del pasado, en *Toponimia* el director parece focalizarse en el pasado, desmontando un espacio que parece a primera vista poco tocado por el presente. Durante 82 minutos libres de narración, el documental se aboca a la observación intensiva de cuatro pueblos y "hace hablar" a las ruinas dejadas por la dictadura militar en Argentina. La cámara de Perel se desplaza al oeste tucumano para analizar visualmente esos pueblos fundados por el gobierno militar a mediados de los setenta en el marco del Operativo Independencia, proyecto que pretendía eliminar a grupos guerrilleros que operaban en esa zona. Siguiendo las mismas tácticas utilizadas en la Guerra de Vietnam, el gobernador Antonio Domingo Bussi concibió un plan urbanístico para evitar levantamientos: la población civil fue traslada a nuevos asentamientos donde podrían ser más fácilmente mantenidos bajo vigilancia y se cortarían sus lazos con el "monte barbárico" dominado por el Ejército Revolucionario del Pueblo (ERP).

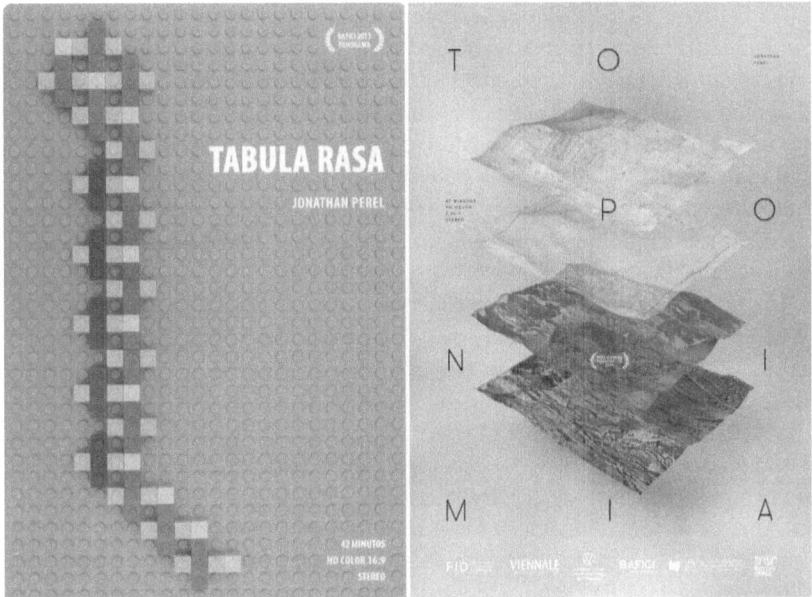

Imágenes 41 y 42. Los afiches de *Tabula rasa* y de *Toponimia* dan cuenta del carácter lúdico y performático del mapeo. Imágenes gentileza de Jonathan Perel.

Se denomina "toponimia" a aquella disciplina que se ocupa de estudiar el origen etimológico de los nombres de los lugares. Teniente Berdina, capitán Cáseres, sargento Moya, soldado Maldonado son los nombres de militares muertos en enfrentamientos en 1975 que serán homenajeados nominando a las nuevas urbanizaciones. Sin embargo, antes que una toponimia, la estética austera y rigurosa de Peral deviene "topografía": con planos fijos de quince segundos, el director registra la actualidad de esos pueblos, sus manifestaciones materiales y el entorno natural. El modo en que cada registro es ejecutado y montado en la misma secuencia es un recordatorio del carácter sobre construido de estos pueblos simétricos y panópticos. Pero el ejercicio de Perel deviene también "cartográfico" de un modo que señala y, al mismo tiempo, excede el gesto foucaultiano de develar la razón de Estado detrás del reordenamiento del territorio: los cuatro registros, sin diálogos ni comentarios, se inician con una presentación histórica minimalista. Con precisión matemática, la cámara repasa cuatro veces los documentos oficiales correspondientes a los pueblos: actas de donación de tierras, actas de fundación, leyes de planificación urbana, imágenes áreas del terreno, mapas de loteo, actos y dispositivos enunciativo-representativos. Se trata de capas que desvelan una imposición urbanística que luego los planos generales a nivel del terreno dejarán ver en sus resultados materiales: una reorganización cuartelar del territorio y la población. Según Guillermina Walas, en la película, los papeles estáticos, como actas, mapas y croquis de agrimensura, al igual que las imágenes en vivo en las que la cámara se posa, con planos fijos, en edificaciones que se repiten en los distintos pueblos, dan cuenta de una voluntad de fabricar espacios ordenados para controlar la "barbarie insubordinada" del monte tucumano, permeable por las fuerzas guerrilleras (2015). La mirada cenital de planos y mapas ofrecen una visión totalizadora y abarcativa, que se reproduce en la intención panóptica de las idénticas torres de agua de los pueblos, y marcan la trayectoria de un imperativo controlador que se remonta a los setenta.

El de *Toponimia* es un cine espacial que combina las visiones "panorámicas" y que parece reproducir, "desde abajo", en el recorrido por los pueblos, una mirada también ordenada. Sin embargo, los desplazamientos espaciales del documental logran apropiarse de una "agencia del mapeo" que lejos de estabilizar la imaginación espacial del espectador, o reproducir el imaginario militar, promueve contradicciones que permiten pensar críticamente una constelación de tiempos habitando en el mismo espacio. En sintonía con lo propuesto por Deleuze y Guattari, el mapa en Perel se nos presenta como lo opuesto al calco, como un objeto abierto y desmontable, un asunto de *performance*, antes que de competencia. Una *performance* cartográfica que en *Toponimia* se construye mediante el recurso a la serie y explorando las características espectrales del espacio. Es mediante estas dos dimensiones que Perel hace de *Toponimia* un devenir mapa del cine, un "cine-mapa" que descubre distintas capas temporales en la superficie aparentemente muda del espacio.

Luego de un breve prólogo expositivo, que con vistas cenitales, mapas, planos y fotografías da cuenta de las escenas de fundación, Perel compila un informe visual de cada uno de los pueblos: el resultado son cuatro capítulos, cada uno montados a lo largo de líneas idénticas, que comprende sesenta y ocho cuadros de quince segundos de duración cada uno. Los diez primeros planos de cada sección muestran fragmentos de documentos oficiales relacionados con la fundación del asentamiento, el resaltado en fosforescente de ciertas frases de los documentos es el único elemento convencionalmente narrativo en el documental. Los siguientes cincuenta y ocho planos capturan el ambiente de cada pueblo hoy en día. Cada plano se corresponde directamente a otro plano equivalente en los demás capítulos. Perel "desmonta" sistemáticamente estos espacios, uno tras otro: el lugar, la inscripción de su identidad, el monumento dedicado a la persona cuyo nombre lleva, los combatientes que murieron durante las luchas con las guerrillas, la iglesia, las viviendas y las calles. El film contrasta el acto enunciativo fundante de cada historia, de cada pueblo —nominación de un espacio identificado en un mapa, narración de antecedentes, planos y planes— con la espesura presente de los espacios y ese hiato se registra en imágenes del decaer: hormigón erosionado, chapas oxidadas, cicatrices. En cada pueblo un similar, pero apenas diferente, cartel de bienvenida. Un similar asfalto deteriorado, autos destartalados, sonidos equivalentes, chicos con pelotas, perros y basura, antenas de DirectTV, estatuas de

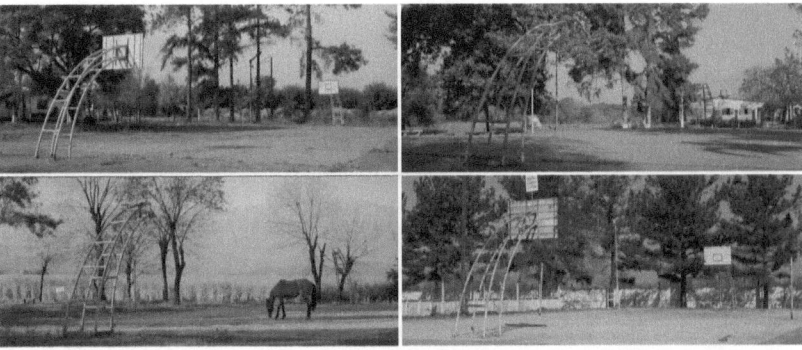

Imágenes 43, 44, 45 y 46. El relevamiento topográfico, la repetición y la diferencia entre los espacios quedan remarcados por la utilización de los mismos planos y ponen en evidencia la construcción de una serie. Fotogramas de *Toponimia* gentileza de Jonathan Perel.

maternidades. Similares también son el campo de deporte y el tanque de agua elevado y pintado con los colores patrios, con una consigna en un lateral que apenas cambia: "Soberanía o muerte". La cámara repite recorridos, encuadres, escenas, reconoce equivalencias: establece una serie[121].

3. La serie y la agencia del mapeo en *Toponimia*

La "serie" que fundamenta la lógica del montaje de los planos individuales en *17 monumentos* y que entrelaza los vínculos entre una película y la otra es también la que determina la costura de los planos de *Toponimia*. Poner las imágenes en proximidad unas con otras es una operación que consiste en crear series, algo que, más allá de constituir la base de la gramática del cine, nos recuerda al *Atlas Nmemosyme* de Aby Warburg, un proyecto de acopio de imágenes organizadas en paneles con etiquetas que identificaban esas imágenes. Sobre esta operación warburgiana el filosofó francés Didi-Huberman decía: "se trataba de suscitar la aparición, a través del encuentro de tres imágenes disímiles, de ciertas 'relaciones íntimas y secretas', ciertas 'correspondencias' capaces de ofrecer un conocimiento transversal de esa inagotable complejidad histórica, geográfica e imaginaria" (2010, 19). Este montaje que supone la serie conformaba un "atlas" pero este no se entendía como una forma acabada, como un libro de mapas ya impresos. El atlas era más bien una mesa de trabajo: "mero soporte de una labor

---

[121] La serie fundamenta la lógica del montaje de los planos individuales en *Toponimia*, pero es también un recurso al que Perel ha acudido anteriormente. En su reflexión sobre *17 monumentos* el director reconoce que ha desarrollado distintos modos de ordenación de esas construcciones siguiendo distinto tipo de criterios. Veáse Perel, Jonathan, *Actualidad del monumento* (2013).

que siempre se puede corregir, modificar, cuando no comenzar de nuevo" (18). Como en Warburg y en Didi-Huberman, en el cine de Jonathan Perel la serie, lejos de ser una mera acumulación de objetos singulares, es la singularidad de una combinación posible entre muchas otras y es, al mismo tiempo, un procedimiento que al sistematizar la mirada nos orienta a la escucha.

En *Toponimia*, la repetición de los planos en los cuatro capítulos idénticos entre sí revela, por un lado, la dureza de un sistema de control que ya se vislumbra en los documentos oficiales de la fundación de estos pueblos pero, por otro lado, la producción de una "serie" de equivalencias también entrena la mirada y la escucha para que el espectador se sumerja en una atmósfera afectiva y reflexiva particular en relación con dos fenómenos aparentemente insignificantes: una presencia acechante de lo sonoro y una atención al "agotamiento" del paisaje construido y al avance de la naturaleza que crea a partir de esos restos especies de "paisajes entrópicos".

¿Cómo se inscribe la memoria en este espacio? ¿Los lugares ellos mismos llevan y transmiten el recuerdo, o es que nuestro conocimiento y afectos les atribuyen sentido? Al eludir la palabra de una narración en off o diálogos y entrevistas, *Toponimia* nos confronta con el poder de la pura imagen. Los planos de larga duración "hacen hablar" al territorio y extraen de su materialidad una extraña dinámica de restos, presencias y acechantes ausencias y nos sitúan en un laberinto temporal incierto. Al insistir en planos casi vacíos de presencia humana, la película atiende un nuevo modo de afectividad del espacio que entrelaza un sentido acechante de la pérdida (Edensor 2005). Una forma de considerar la ontología inestable de la materia que apunta a la naturaleza "más que representacional" de la memoria como corporizada y acechada por lo espectral. Una naturaleza sensorial e inestable de la naturaleza, del paisaje y de la memoria que se acentúa también en un trabajo sonoro.

En el epílogo, la salida del pueblo, la transición es hacia otro orden, sin hormigón ni cal, sin bronces ni consignas. La imagen se va perdiendo en la naturaleza y en un sonido de agua. Según Claudio Martyniuk, "Más que las imágenes, los sonidos incitan a imaginar. [...] el film ofrenda la discontinuidad —o relación discrecional, arbitraria— entre el registro visual y el registro sonoro" (2015). En un primer nivel, el sonido funciona como un "amplificador de la mirada" porque el espectador comienza a escuchar más allá de lo que realmente puede ver y eso dirige la atención hacia detalles y texturas de la imagen que el ojo no habría percibido, pero también el sonido tiene algo de "espectral". En una época de hiperinflación de imágenes y de discursos cerrados, el desmontaje del espacio de Perel, invita a imaginar el sentido fantasmal de esos pueblos, sólo perceptibles como fenómenos audibles. Así, las geografías afectivas de Perel ponen en juego concepciones más amplias de materialidad al analizar los vínculos entre espacios y memorias atendiendo tanto a las presencias como a las ausencias. En este sentido, la memoria en el documental sería una especie de "efecto" producido a través de y con el orden de lo material, antes que un mero producto de una conciencia centrada en lo humano. *Toponimia* interroga lo que está y lo que no está ahí, los efectos del pasado sobre el presente, apostando a la imagen como forma de afectarnos y donde se juega con distintas ideas de temporalidad. Una propuesta de entrelazar paisajes, sonidos y recuerdos donde la presencia se desestabiliza por la ausencia de lo acechante, donde el sonido en ese espacio solitario es importante como indicador de una relación entre el ser y el espacio que supone tanto el habitar como las sensaciones de lo acechante o fantasmagórico. Lejos de presentar un discurso cerrado, la película de Perel propone un modo de vincularnos con ese pasado que acepta las disrupciones del tiempo, las anacronías y la dinámica irresoluble entre presencias y ausencias.

Las configuraciones de los vínculos complejos entre espacio construido y espacio abierto en el cine ofrecen otra forma crítica de explorar las construcciones culturales de espacio, lugar y naturaleza, al mismo tiempo que ponen en juego dimensiones materiales y afectivas a partir de las cuales se pueden elaborar reflexiones sobre los procesos de memoria y la potencia del arte para reinscribir en el espacio temporalidades híbridas. Contrariamente al calco, que siempre vuelve "a lo mismo", un mapa tiene múltiples entradas, sugerían Deleuze y Guattari en *Mil mesetas* (2002). *Toponimia* explora algunas de esas entradas, de esas posibilidades, al proponer una "comprensión visual" del espacio en la que el cine se apropia de una agencia histórica del mapeo; un mapeo que no funciona como un ejercicio de espejar la realidad, sino de desplegar contradicciones entre sus distintos niveles. Como plantea James Corner, el mapeo descubre nuevos mundos entre los presentes y los pasados al reformular no solo las características físicas de un terreno sino sus fuerzas ocultas. Desde un registro cuidadosamente formal, el documental descubre nuevos mundos entre los presentes y los pasados al develar no sólo los eventos históricos y su resonancia en el presente sino también aquello que se escapa de la causalidad, activando sensaciones espectrales y anacrónicas. La película de Perel es un cine-mapa, una acción de mapeo que implica y contiene su huella también porque en el epílogo la cámara busca las grietas, los momentos de apertura en que la naturaleza siempre cambiante excede las demarcaciones humanas, el registro minimalista de un tiempo que erosiona esas mismas marcas materiales y, con ello, quizás también algo de ese intento de imposición histórica. Un cine-mapa que se piensa abierto y desmontable, una agencia del mapeo que es antes que una competencia un asunto de *performance*.

CAPÍTULO 12

Formas de pasaje

El espacio es la dimensión que nos presenta la existencia del otro; el espacio es relacional y debe comprenderse como la esfera de la posibilidad de existencia de la multiplicidad, la esfera en la cual puede coexistir una variedad de trayectorias sociales diversas. Y nos presenta la pregunta más fundamentalmente política, nos obliga a plantearnos cómo vivir juntos.

Doreen Massey, *For Space*

Vivir es pasar de un espacio a otro haciendo todo lo posible para no darse un golpe.

Georges Perec, *Especies de espacios*

Diversos estudios en cultura audiovisual han abordado las relaciones entre cine, arquitectura y urbanismo focalizándose en las imágenes exteriores, panorámicas, fachadas de edificios y *cityscapes*, que encontramos, en las primeras décadas del siglo, en los filmes del género conocido como "sinfonías de ciudad" (Shiel 2001) o, más tarde, en aquellas urbes imaginadas por el cine de ciencia ficción. Ciertamente la ciudad es inseparable de sus imágenes: la experiencia de la vida urbana y las nuevas concepciones de tiempo y espacio alimentaron el nacimiento del cine pero este, a su vez, hizo posible aprehender y reinventar la ciudad. Entonces, el cine permite "mirar" el territorio al mismo tiempo que "práctica el espacio", lo produce, de un modo que según, la historiadora del arte Giuliana Bruno (2006), refuerza los vínculos entre arquitectura y urbanismo no sólo en términos de la percepción visual, sino al proponernos experimentar maneras de habitar o atravesar espacios físicos y afectivos. En esta práctica móvil del espacio, el cine sería una forma de cartografía sensible los afectos, una guía de pasajes que disuelven las demarcaciones fijas entre distintos espacios y entre los sujetos y las materialidades que los rodean, lo que llevaría la

---

Cómo citar este capítulo:
Depetris Chauvin, I. 2019. *Geografías afectivas. Desplazamientos, prácticas espaciales y formas de estar juntos en el cine de Argentina, Chile y Brasil (2002-2017)*. Pp. 203-216. Pittsburgh, Estados Unidos: Latin American Research Commons. DOI: https://10.25154/book3. Licencia: CC BY-NC 4.0

relación entre arquitectura y urbanismo a una escala más personal e íntima. Influenciados por la psico-geografía y la "deriva", algunos filmes configuran el espacio de la ciudad a partir de texturas, de entramados, de cruces de miradas y trayectorias, que vinculan lugares y grupos particulares. Como dramas móviles del espacio, ciertas películas no sólo ejemplifican problemáticas ya elaboradas por la arquitectura y el urbanismo como campos de saber específicos, sino que exploran, desde el discurso audiovisual, nuevas formas de pensar la superposición y los pasajes entre espacios cerrados y abiertos, visibles e invisibles, públicos y privados.

Desde un abordaje atento a los cruces entre teorías del espacio y afectividad, este capítulo analiza los modos en que el documental *El otro día* (2012), del cineasta chileno Ignacio Agüero,[122] redefine los vínculos entre los modos de pensamiento espacial de la arquitectura, el urbanismo y el cine proponiendo una "práctica del espacio" que deviene "cartografía afectiva": una forma de redefinir las conexiones entre el adentro y el afuera, lo íntimo y lo público, la casa y la ciudad, el presente y el pasado, la biografía y la memoria colectiva. En el documental, la atención privilegiada al gran ventanal, que conecta el jardín interior con el resto de los ambientes de la casa, y a la puerta principal, a la que en el transcurso del documental llegaran extraños, señala la importancia de estos "pasajes" como espacios de contacto entre el adentro y el afuera. En *El otro día* son precisamente estos "espacios intermedios", lo que redefinen la subjetividad de una voz que comienza narrando en primera persona la historia familiar pero, al verse "interrumpida" por la luz que entra desde el jardín o por el sonido del timbre, se distrae y comienza a enmarañarse con los relatos de la vida de los otros que habitan, o habitaron, un mismo paisaje.

Si en *El otro día* se opera un marcado "giro afectivo" en el documental, la obra anterior de Agüero ya evidenciaba un interés por distintos modos de pensamiento espacial de la arquitectura y del urbanismo. Casi todos los documentales de Agüero, aun cuando abordan temáticas ligadas a la dictadura de Pinochet, nacen de la construcción y lectura de espacios[123]. Sus películas inte-

---

[122] Destacado documentalista chileno, estudió arquitectura en la Universidad Católica entre 1970 y 1972, luego continuó su formación en la Escuela de Artes, donde se tituló como director artístico con mención cine en 1979. Director y productor independiente, su filmografía se extiende por cuatro décadas e incluye los cortometrajes *Hoy es jueves cinematográfico* (1972), *El gato* (1976) y *Animal de costumbre* (1978), y los documentales *No olvidar* (1982), *Como me da la gana* (1985), *Cien niños esperando un tren* (1988), *Sueños de hielo* (1993), *Neruda, todo el amor* (1998), *Aquí se construye (o ya no existe el lugar donde nací)* (2000), *La mamá de mi abuela le contó a mi abuela* (2004), *El diario de Agustín* (2008) y *El otro día* (2012). También ha sido actor en películas de ficción y series para televisión, y además ejerció la docencia en el Departamento de Comunicación de la Universidad de Chile.

[123] Filmado clandestinamente, el cortometraje *No olvidar* (1982) se centra en el espacio de los hornos de Lonquén y desde allí reconstruye la matanza de unos campesinos a

rrogan los sentidos a la vez históricos e íntimos del habitar, las transformaciones y la intrínseca precariedad del entramado urbano y, desde una matriz deambulatoria, revelan la segregación social de Santiago. Esto último se evidencia sobre todo en *Aquí se construye (o ya no existe el lugar donde nací)* (2000), que se inicia con una cámara que filma a una señora vaciando su casa, la que luego será demolida por grandes máquinas, dejando el terreno libre para la construcción de un edificio. En este documental, la desaparición del paisaje arquitectónico de la burguesía santiaguina, representado por casas antiguas con jardines, y el desarrollo avasallante de la especulación neoliberal, se cruza con las vivencias particulares de los obreros que trabajan en las nuevas edificaciones y a los que la cámara sigue en sus trayectos desde su lugar de trabajo en el barrio burgués, hacia la periferia donde viven. En un artículo sobre cine chileno y espacio urbano, Valeria de los Ríos (2010) plantea que *Aquí se construye* funcionaría como un antídoto contra la desorientación postmoderna, articulando "mapas cognitivos" para la reapropiación de un espacio urbano que cambia a un ritmo vertiginoso (13). En el documental, tanto el vecino de la construcción, como uno de los trabajadores, reconstruyen su historia familiar y las implicancias de la destrucción del espacio circundante mientras relatan las condiciones mediante las cuales llegaron a vivir allí. Así, en el registro fílmico se inscribiría la violencia de la mutación desorientadora del espacio urbano al mismo tiempo que se elaboraría un "mapa cognitivo" de la ciudad mediante la introducción de categorías de temporalidad que permiten entender la transformación de los barrios de Santiago (5-7).

El otro día da cuenta de un microcosmos doméstico similar al de *Aquí se construye*: la propia casa del director, antigua con jardín, ubicada en una calle pequeña, en un barrio residencial de la zona oriente de Santiago que aún resiste la invasión de los edificios, es el punto de partida de una historia que parte del "adentro", el hogar y la historia de su familia, para abrirse de manera aparentemente azarosa al "afuera" de la vida de los otros. El plano que une y separa

---

manos de la policía durante el régimen dictatorial de Pinochet. En *Cien niños esperando un tren* (1988), a través del seguimiento de los talleres de cine para niños realizados por Alicia Vega en la población de Lo Hermida, Agüero logra dar cuenta de las formas de habitar un espacio dominado por la marginación, la exclusión y la violencia social y política. El procedimiento de observar un lugar, del cual decanta una historia, es claro también en *La mamá de mi abuela le contó a mi abuela* (2004), donde el director visita la localidad rural de Villa Alegre, en la zona central de Chile, y encuentra allí a un grupo teatral realizando un taller en el que se invoca la memoria colectiva oral del lugar y se invita a los habitantes del mimos a "representar" su propia historia. El cine de Agüero se desplaza también al espacio exterior en un sentido más radical cuando, en *Sueños de hielo* (1992), acompaña la travesía de un témpano, que había sido capturado en la Antártida para ser llevado al pabellón chileno de la Exposición Universal de Sevilla, pero acaba deconstruyendo, lúdica y poéticamente, el discurso nacional épico de Chile como país frío.

esos dos mundos es el sonido del timbre. Agüero recibe a desconocidos que por motivos diversos tocan a su puerta, les cuenta que están siendo filmados y les comunica su deseo de visitarlos en sus casas. Su hogar se convierte en el centro desde el cual se configura un mapa inesperado de Santiago, que el director colgará en la pared y utilizará como carta de navegación en su expedición por los barrios donde viven aquellos que habían tocado su puerta. En ese ejercicio se articula un modo de pensamiento espacial que revela uniones de personas paradójicamente separadas, debido al espacio geográfico y social que los distancia. Pero, a diferencia de *Aquí se construye*, *El otro día* no articula un "mapa cognitivo" que incluye a la memoria individual como pilar de orientación sino que se presenta, más bien, como una "cartografía afectiva" en tanto redefine los vínculos con los otros al mismo tiempo que apuesta a la propia materialidad del cine —a las impresiones visuales, táctiles y sonoras de ese medio— para explorar los límites borrosos y los inesperados "pasajes" entre espacios y tiempos.

1. La casa o reverberaciones del yo en la "cámara oscura"

En su estudio sobre los vínculos entre el cine y la arquitectura, Anthony Vidler destaca que la interacción mutua entre estas dos "artes espaciales" se alimenta tanto del rol de los arquitectos en la construcción del "decorado" como de la habilidad del cine de "construir" su propia arquitectura mediante el trabajo de luces, sombras, escala y movimientos de cámara (1993, 46). "Quise hacer una película en la cual, cuando me levantara, ya estuviera en el set", ha dicho Ignacio Agüero en una entrevista sobre *El otro día*, lo que nos hace pensar en la particularidad de esa filmación (Marín 2013). La arquitectura y el cine, como dos prácticas espaciales, confluyen aquí en la persona del director: el set de la película es su propia casa que, gracias a sus conocimientos de arquitectura, había reformado en el pasado para darle mayor luminosidad[124]. Pero también son con los planos, el juego de luces y sombras y los movimientos morosos pero calculados de la cámara, que recorren el interior de esa casa, los que ayudan a vislumbrar el sentido enigmático de los objetos cotidianos que forman parte, según Vidler, del potencial poético del cine como arte del espacio (1993, 57).

La pantalla en negro que precede a los títulos de *El otro día* se acompaña de una banda sonora con ruidos marinos. Un plano medio, casi abstracto, sigue

---

[124] *Qué historia es esta y cuál es su final* (2013), el documental de José Luis Torres Leiva sobre Ignacio Agüero, realiza un recorrido de sus películas al mismo tiempo que habla de las casas en donde el director vivía al momento de filmarlas. En el documental, Agüero aparece sentado en el living de su casa revisando, junto con su montajista Sophie França, las fotos de las distintas casas en las que ha vivido. En un momento, se muestran fotos de la reforma de la casa actual de Agüero —la misma que aparece en *El otro día*— y el director-arquitecto comenta sobre la eliminación de la galería donde ahora es el ventanal el que comunica la cocina con el jardín interior.

el juego de luces y sombras sobre una pared y deja ver el contorno borroso de una figura verde y marrón reflejada en un fragmento del espejo de un mueble. Un *travelling* lateral de izquierda a derecha sigue la entrada de la luz solar por la ventana a medida que pega sobre la pared, mientras el sonido del mar es reemplazado por ruido de labores domésticas en el fuera de campo y por el canto de los pájaros que llega desde el jardín reflejado en ese fragmento de espejo. Escuchamos sonido de lluvia y luego vemos planos del ventanal. A través de este, la cámara sigue morosamente a un gato jugando en el jardín y luego a un pájaro que se acerca a tomar agua. Al sonido de la naturaleza se yuxtapone el ruido de los autos y un nuevo plano general algo borroso muestra el ventanal y las hojas de los arboles que se recortan de la oscuridad y se imprimen, junto al rocío de la humedad, en el vidrio. Con otros planos cercanos observamos los estantes de la biblioteca y detectamos libros, dibujos infantiles, afiches, películas, fotografías en color y en blanco y negro, mientras desde el fuera de campo llega el sonido de un piano y luego el timbre de la puerta.

Las primeras escenas de *El otro día* carecen de narración vocal (la voz narradora en primera persona recién entrará a los veinte minutos) pero no de voces: el deambular de la cámara establece un diálogo entre el adentro y el afuera y entre la quietud y el movimiento. El ejercicio de contemplación es un relevamiento del espacio que tiene algo de arquitectónico. Como plantea Roger Koza (2013), "los movimientos que registran las paredes cubiertas de fotografías, películas, pinturas, libros y mapas y los enormes ventanales de su casa se revelan peculiarmente arquitectónicos, como si el propio director sintiera la cámara como una prolongación de una escuadra imaginaria con la que mide el espacio de su intimidad exteriorizada en ese hogar" pero hay también en el movimiento de ida y vuelta entre el afuera y el adentro un intento de pensar los pasajes. En un momento Felipe, el hermano mellizo del director, se sienta junto a la ventana con un ejemplar en las manos de *Especies de espacios*, un libro en el que Georges Perec propone una investigación íntima e histórica sobre el habitar y donde el espacio es "todo aquello que frena la mirada" (1999, 123). Es decir, los objetos que se interponen ante los ojos o los pies pero también los pasajes: las puertas y ventanas que nos separan y conectan del espacio de los otros.

Para Le Corbusier la casa era una máquina para mirar el mundo en la que, a través un recorrido por un espacio interior —"fabricado por imágenes y no por muros"—, las personas podían experimentar los espacios desde una situación de dominio (Kale 2005, 5). Si en el diseño moderno, los grandes ventanales le permitían al dueño de casa unirse al mundo y controlarlo, desde una distancia que deja ver al mismo tiempo que evita el contacto, quizás pueda relacionarse el énfasis del documental en la oscuridad del interior y en la luz que llega desde el exterior con la figura de la "cámara oscura"[125]. En su estudio sobre visualidad y

---

[125] La cámara oscura es un instrumento óptico que permite la formación de imágenes lumínicas reflejadas a partir de un espacio oscuro y cerrado con un pequeño orificio como única entrada de luz, lo que permite invertir la imagen del mundo exterior ajeno

poder en la modernidad, Jonathan Crary (1990) plantea que, durante los siglos XVII y XVIII, el modelo de "la cámara oscura" se presentó como una metáfora dominante para la visión humana, para describir una relación entre el objeto observado y el objeto de la observación en la que se produciría una operación de individuación porque supone un observador aislado, encerrado y autónomo dentro de un espacio "oscuro". Según Crary, este paradigma se representa muy bien en *The Geographer*, una pintura de Johannes Vermeer de 1668 que muestra un hombre solitario en los confines de un interior sombrío sólo iluminado por una ventana. Como si el conocimiento exterior no resultara de una examinación sensorial directa, sino de un sondeo mental de su representación clara dentro de la habitación, el personaje en la pintura le da la espalda a la ventana pero se concentra en una carta náutica. Al producir una especie de "retirada del mundo", como modo de regular y purificar la relación del individuo con la diversidad de contenidos de lo que es ahora el mundo "exterior", la camera oscura es inseparable de una cierta "metafísica de la interioridad": es una figura tanto del observador como nominalmente sujeto libre y soberano, como así también un sujeto privatizado confinado a un espacio cuasi-domestico, aparentemente separado del mundo público exterior (1990, 248).

La película de Agüero parece partir de la metáfora visual de la cámara oscura pero las huellas lumínicas en la superficie interior van produciendo una experiencia del habitar y atravesar los espacios que termina difuminando cualquier sentido de demarcación clara. Según Bachelard el lugar de identificación y de intimidad por antonomasia es la casa (2000). En la base de todo lugar de intimidad parece hallarse el concepto de habitar, concepto que para Heidegger (1994) corresponde a la esencia misma del hombre: el hombre es hombre en cuanto habita y habitar es permanecer en paz en un espacio, mantenerse en él y, gracias a esto, poder recorrer ese y otros espacios. En otras palabras, un elemento fundamental del espacio del habitar es el límite: sólo en un espacio delimitado el ser humano puede identificarse, habitar. Pero, en *El otro día*, si el espacio habitado se configura como un interno, este nunca es cerrado. Al igual que los artistas e intelectuales del siglo XIX analizados por Crary, que terminarían

---

y sobreimprimirla en el interior familiar y propio. Más allá de ser el principio de la fotografía, la cámara oscura, como dispositivo visual, ha sido utilizada para pensar nociones de habitabilidad y convivencia en la configuración del espacio urbano. En el urbanismo contemporáneo, esta tecnología antigua es utilizada para pensar, desde la estética, una idea de "habitabilidad". Cuando en los festivales de arquitectura se instala "cámaras oscuras" en los interiores de casas particulares o edificios públicos, el paisaje exterior invertido y reflejado en el interior doméstico, y en las mismas personas que lo habitan o transitan, permite a los individuos experimentar el ingreso de la ciudad en la arquitectura y la puesta en cuestión de los límites entre el adentro y el afuera. Además de la cámara oscura, los festivales de arquitectura, como 48HS Open House, trabajan sobre la idea de vecindad y convivencia al promover la visita de la casa de ciudadanos comunes que dejan "sus puertas abiertas" durante dos días.

produciendo un "uprooting of vision from the stable and fixed relations incarnated in the camera obscura"[126] (278), las huellas lumínicas y sonoras que deja a su paso el exterior sobre la superficie interior de la casa de Agüero van "produciendo" a la voz narradora, activan su ejercicio de memoria, su capacidad cognitiva y su impulso de exploración sensible y afectiva.

La historia comienza con una impresión lumínica del exterior del jardín en el interior y es también el exterior sonoro de la calle el que va puntuando las inflexiones del relato en primera persona. Agüero filma detenidamente su jardín, los cuadros y algunos otros objetos que adornan su casa, pero sobre todo el modo en el sol avanza sobre la foto de sus padres. Transcurridos los primeros veinte minutos, el cineasta murmura: "La coincidencia del *otro día*, de la posición de la fotografía en el armario con la luz del sol que la iluminó, con las hojas que le hicieron sombra, con el hecho de que yo estaba justo en ese momento ahí, filmando, coincidencia que se da muy pocas veces o quizás una sola vez, hace que sea aquí donde comienza la historia. Por ejemplo: puedo decir que los de la fotografía..." (el énfasis es mío). El timbre que suena interrumpe el relato de Agüero pero este intenta retomar: "Por ejemplo puedo decir que los de la fotografía... son mis padres recién casados, en 1945, en la isla Quiriquina", hasta que nuevamente la llamada de la puerta deja en suspenso la evocación del inicio de la historia personal.

"Las largas tomas de grupos de frutas, sombras proyectadas en un muro, movimientos de árboles vistos a través de una ventana o el golpetear de una gotera en un día de lluvia parecen por momentos naturalezas muertas, construidas con el cuidado de un cuadro de esos géneros que Todorov calificó de 'elogio de lo cotidiano', pero desprovistas de la solemnidad a veces pretenciosa de los bodegones barrocos", dice Fernando Pérez al dar cuenta de la plasticidad en el cometido constante de Agüero de dar cuenta del tránsito de la luz sobre las cosas. Mediada por la pintura se establece un vínculo entre cine y arquitectura que piensa el espacio en términos de "texturas", lo que permite una consideración de la esfera de lo sensible que supone también un modo de relación entre individuo y entorno. Partiendo del término deleuziano de *recollection-image*, Laura Marks analiza la habilidad del cine de evocar memorias al detenerse en los *recollection-objects*, aquellos objetos portadores de una historia condensada pero cuyos sentidos no son sólo codificados audiovisualmente, sino que se expresan también por la habilidad háptica del film, por su capacidad de evocar el sentido de lo táctil (81-84). En su relación "textural" con los objetos, la película abre el campo tanto para la percepción como para la sensación: para una relación visual en la cual se mantiene una demarcación entre objeto y sujeto pero también una experiencia por momentos autorreferente donde objetos y sujeto pierden las líneas de demarcación. Es en esta experiencia perceptiva

---

[126] "desarraigo de la visión de las relaciones estables y fijas encarnadas en la cámara oscura" (traducción propia).

y sensorial en la que aflora el afecto como un modo distintivo de experimentar el espacio construido. La morosidad de la cámara hace que el documental funcione como un dispositivo sensorial que captura la fuerza afectiva de los espacios, de los objetos y es en esa dimensión que se da lugar a una "topografía de los afectos" donde, lejos de limitarse a las fronteras de un yo psicológico o a una narrativa basada en la primacía de la interioridad, el afecto se "abre" al campo social. La evocación de fragmentos de la vida de sus padres se va entreverando con la historia colectiva nacional cuando, frente a esta foto, Agüero se pregunte de manera susurrada y entrecortada qué habría dicho su padre, marino, al enterarse de que décadas más tarde uno de sus hijos sería torturado por otros marinos y en otra escena, al seguimiento del gato en el jardín se sucedan imágenes de restos humanos, planos extraídos de *No olvidar* (1982), un documental de Agüero sobre la represión durante la dictadura de Pinochet.

La película fluye de un espacio al otro también en otro sentido. Según Adrián Martin es en el "espacio fantasmagórico" donde se da el verdadero encuentro de la arquitectura y el cine. Agüero se aboca a esa "metamorfosis íntima" cuando decide intercalar imágenes de la casa con fragmentos de sus propias películas o de películas de otros filmadas en ese mismo espacio. Una forma de tratar el espacio íntimo del hogar, con su memoria encarnada y sus espectros: los fantasmas de los padres pero también aquellos del cine. Por apenas unos segundos —sacados de un rodaje de *La recta provincia* que se realizó en la casa de Agüero— vemos a Raúl Ruiz diciendo "Acción" frente al ventanal de la casa que da al jardín y desde donde personajes inexpresivos miran hacia el interior. El espacio más íntimo y edénico de la casa parece habitado por espectros. Si, como micromundo aparcelado el jardín es un espacio "heterotópico", una reinvención de la "naturaleza" dentro de un espacio urbano,[127] Agüero vuelve a intervenir ese espacio híbrido. El salvavidas colgado en un extremo le da un "aire marino" al pequeño jardín y los ventanales que cierran ese espacio parecen los bordes de una pecera. Espacios híbridos y formas de pasaje que van desdibujando las demarcaciones y los límites entre interior y exterior. En los intersticios de las huellas lumínicas, que llegan desde el jardín y se imprimen en el interior de la casa, "reverbera un yo", una subjetividad que recibe también las huellas sonoras que vienen del fuera de campo. Las personas que tocan el timbre de su casa, y a las que el director visitará, convierten la ecografía en cartografía, al volver a introducir el azar como elemento inicial de un esfuerzo de "navegar hacia el otro".

---

[127] Michel Foucault define el microespacio del jardín en términos del concepto de "heterotopía" en tanto es un híbrido de espacios, un lugar real, localizable, pero al mismo tiempo apartado e ilusorio, de alguna manera está más allá del mismos espacio que lo contiene (25-26).

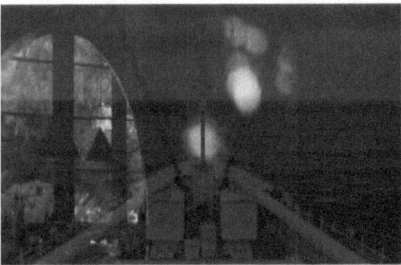 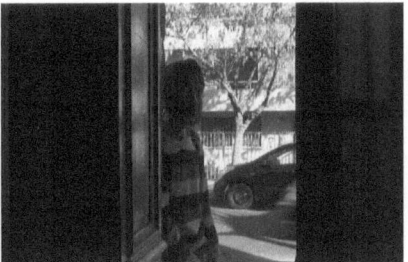

Imágenes 47 y 48. Formas de pasaje en *El otro día*: superposición de interior y exterior en el hogar y la puerta como el umbral entre la casa y el mundo. Fotogramas gentileza de Ignacio Agüero.

2. Carta de navegación hacia el otro

"Estoy haciendo un documental sobre la gente que toca el timbre de mi casa", dice Agüero a todo aquel que llega a su puerta. En *El otro día* los transeúntes tocan el timbre de la casa del director, situada en una tranquila calle del barrio de Providencia: piden limosna, permiso para estacionar, venden chucherías, buscan trabajo. Agüero los recibe, les cuenta eventualmente que están siendo filmados, les pregunta sobre algunas cuestiones personales y luego les comunica su deseo de visitarlos *otro día* en sus casas[128]. A partir de un acontecimiento tan cotidiano y azaroso como es tocar el timbre de una casa, Agüero comienza a articular un relato sobre la ciudad y las personas que la habitan. Así va elaborando un mapa inesperado de Santiago, de algunos de recorridos y de quienes los ejecutan, de la segregación y de la pobreza. En un momento, el director despliega en una pared un plano y empieza a marcar los puntos por visitar: Pedro Aguirre Cerda, Lo Espejo, San Joaquín. Cuando la cámara se traslada a estos espacios, se encuentra con otros nombres, otros rostros, otros mundos: con un ex convicto, con un escritor dedicado a la mecánica, con una barrendera, un joven viudo con tres hijos, una mujer de mediana edad que vive de la limosna, un cartero, una joven estudiante de cine de Valparaíso que terminará haciendo los créditos de la película.

---

[128] Un uso similar del cine como una forma de experimentar el espacio del otro se percibe en *Rua de mão dupla* (Brasil, 2002) pero aquí el director, Cao Guimarães, propone reglas de interacción como si el cine fuera un "dispositivo". En el proyecto personas que no se conocen intercambian casas simultáneamente por un período de veinticuatro horas. Cada uno llevaba una cámara de video y tenía total libertad para filmar lo que quisiera en la casa de este extraño. Luego los participantes intentaban elaborar una imagen mental del otro a través de la convivencia con sus objetos personales y su universo doméstico. Al final de la experiencia cada uno da un testimonio personal sobre cómo imaginó este otro al vivir en su espacio.

Según Doreen Massey, el espacio modula nuestro entendimiento del mundo, nuestras relaciones y actitudes frente a los otros, nuestra política. El espacio es una imbricación de trayectorias siempre abierta al azar, un espacio marcado por multiplicidades, por el encuentro con "el otro" (2012, 5-9). En su atención privilegiada a los "pasajes", Georges Perec plantea que "vivir es pasar de un espacio a otro haciendo todo lo posible para no golpearse" (1999, 25), sugiriendo que la navegación es siempre dificultosa. Atravesar un espacio es abrirse al encuentro y al choque y esta fricción se evidencia en la frustrada primera "entrevista" de Agüero en la película cuando el hombre desocupado, que había tocado a su puerta para vender alfajores, se niega a decirle su nombre. Georges Perec propone "imaginar el lugar que ocupan los otros" y "jugar con el espacio" (127-129). Pese a la negativa del hombre de la puerta, en el siguiente plano, vemos al director desplegando en una pared un mapa de Santiago y marcando una localidad de la periferia. Un paneo nos muestra la distancia pero Agüero decide "jugar" con el espacio, eliminando el viaje. Como si hubiera un vacío en el trayecto, la cámara se desplaza por el mapa para llegar en el siguiente plano al lugar. Si su casa antigua, con patio interior, es como un pequeño oasis, la periferia de los que toman el Transantiago para ir a los barrios más acomodados se ve hostil. Animales y autos conviven al costado de una autopista en una localidad precaria y pobre del Gran Santiago. En su lectura del film, Roger Koza plantea que Agüero reemplaza el mito de la ciudad como "jungla de cemento" por la idea de "ciudad como archipiélago" ya que filma la expedición como si fuera un marino: marca en el mapa los signos de sus visitas con un alfiler y un hilo rojo que une la casa que ha visitado con la suya. El "aire marino" de su familia deviene en una configuración visual de una red afectiva insospechada entre él y los otros. Así, Agüero produce un deslizamiento de la topografía de lo sensible en el interior del hogar a una "cartografía afectiva" que da cuenta de los vínculos con los otros en el presente[129].

---

[129] Valeria de los Ríos entiende las mapas y prácticas cartográficas en el cine de Ignacio Agüero en términos de la categoría de "cartografía cognitiva" inspirada en el clásico trabajo de Jameson (2017). En su análisis sobre *El otro día*, Catalina Donoso (2015) señala la importancia del archivo como puesta en escena de la subjetividad, remarcando el carácter de interior/exterior del discurso de la identidad tanto individual como colectiva. Una lectura contrapuesta propone Paul Merchant (2018) quien centra su análisis en el cruce entre archivo y espacio doméstico para plantear que, lejos de un encuentro o un intercambio subjetivo, la película de Agüero está plagada de imágenes espectrales de la jerarquía social. Desde una perspectiva antropológica, que se interesa por los vínculos entre lugares de vida y espacios de filmación, Claire Allouche (2017 a) realiza una interesante comparación entre *El otro día*, de Ignacio Agüero, *La casa* de Gustavo Fontán, y *Recuerdos de una mañana*, de José Luis Guerín. Es claro que en todos los casos se trata de filmar "desde la casa burguesa". Quizás por este motivo, sean los investigadores extranjeros —uno inglés, otra francesa— los que logran detectar espectros de la diferencia y los enmascarados discursos de clase que los críticos latinoamericanos, entre los que me incluyo, no logramos a primera vista percibir.

Pero en el desplazamiento geográfico, en las varias idas y vueltas de su casa a la periferia, también se va articulando una cartografía afectiva que posibilita una lectura del pasado. Una de las primeras imágenes de la periferia nos deja ver a unos niños pobres jugando en la calle en Huechuraba. Los niños, de rasgos indígenas, se acercan a la cámara con una curiosidad que recuerda a la de esos otros niños filmados por Agüero en *Cien niños esperando un tren* (1989). Cuando la cámara nos devuelve a la casa, se posa en una aeropostal de Eugenio Dittborn y recorre rostros, entre ellos el de Jemmy Button[130] y la tapa del libro *Darwin en Chile. Viaje de un naturalista*, hasta detenerse en una foto de la familia del narrador que dice: "Aunque mi padre se retiró muy joven de la marina impregnó a toda la familia de un aire marinero. Mi hermana mayor se casó con un marino. Mi hermano mayor entró a la escuela naval. Mi otro hermano fue torturado por marinos y yo mismo tengo un título de marino por haber cruzado dos veces el Mar de Drake".

Si el "aire marino" del padre extrañamente se traslada en la tortura del hijo, es también ese imaginario marítimo el que articula el juego de Agüero con el espacio y el tiempo. En otra secuencia del documental, la cámara deja de observar al gato que juega en el jardín para trasladarse al interior donde, al atardecer, se comienzan a reflejar impresiones de los arboles sobre los muebles. Fundiéndose lentamente con estas imágenes del hogar aparece el Mar de Drake, un plano extraído del documental de *Sueños de hielo* (1993), y es a partir de esta superposición de espacios sostenida en el tiempo que se inicia la "expedición urbana". En su *Poética del espacio* (2000), Gastón Bachelard plantea que ciertos paisajes se asemejan a la casa, el espacio de intimidad por antonomasia, por su capacidad de ser lugares donde el sujeto puede experimentar una "soledad constitutiva" de su ser. El mar como una "inmensidad íntima" es, para Agüero, al igual que la casa, un espacio caracterizado por un vínculo de topofilia. De

---

[130] En 1830 Fitz Roy, capitán del barco en el que también viajó Darwin, capturó a un adolescente yámana y se lo llevó a Inglaterra. Rebautizado como Jemmy Button, el joven indígena fue sometido a un proceso de occidentalización en Europa y luego fue devuelto a su tierra de origen hablando dos lenguas pero también ninguna. La historia de este joven "se volverá en el campo artístico chileno, un significante del exilio". A principios de la década del ochenta, el artista conceptual Eugenio Dittborn empleó en alguna de sus famosas *Pinturas aeropostales* (una serie de obras, entre pinturas y fotografías sobre papel, que eran plegadas, guardadas en sobres y enviadas por correos a diferentes países), la imagen impresa de Jemmy que provenía de un dibujo realizado por el mismo capitán Fitz Roy y al que Dittborn agregó la leyenda "Exiliado fueguino Jemmy Button". En plena dictadura, Dittborn inventa un nuevo Jemmy al rodear el retrato del fueguino de otros rostros de desconocidos, apropiándose de lo que era un fragmento anecdótico del diario de Darwin y relocalizándolo en el centro de una nueva narrativa fragmentaria de supresión y resistencia, parte de una obra postal que viajaba en el espacio pero también en el tiempo, produciendo un movimiento de extrañamiento que construye comunidades con el pasado al recuperar y reinventar rostros, casi fantasmas que prefiguran y dominan el presente.

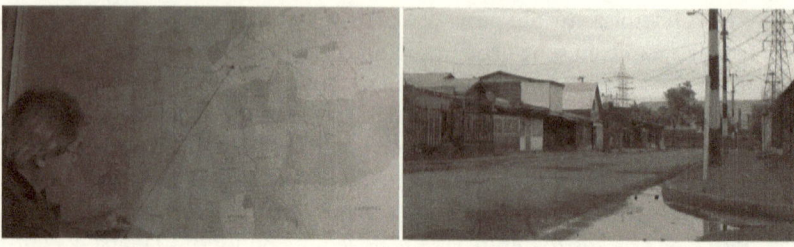

Imágenes 49 y 50. En *El otro día* el director planea sus visitas a aquellos que han tocado a su puerta. El plano/mapa funciona como una especie de carta marina para navegar hasta la periferia de Lo Espejo, ya que el documental no filma el itinerario sino los dos espacios separados como si se tratara de islas. Fotogramas gentileza de Ignacio Agüero.

la mirada subjetiva de un barco pasamos a un plano de la periferia donde el director entrevista a un ex convicto, drogadicto, sin trabajo y sin educación, que había perdido un pulmón por un balazo que recibió al intentar escaparse de la cárcel. Del Gran Santiago volvemos al hogar donde el director habla de la memoria de una historia contada por su padre en la niñez. La cámara recorre el *"collage"* de objetos: afiches de *Cien niños esperando un tren*, de *Salvador Allende* y *Nostalgias de la luz*, documentales de su compatriota Patricio Guzmán, y una foto de su hijo Raymundo, cuando niño, disfrazado como el marino Arturo Prat para un acto escolar. La voz narradora dice que Raymundo "ahora tiene dieciséis, dos más que cuando mi padre ingresó en la marina. Catorce tenía también Jemmy Button cuando el capitán Fitz Roy lo raptó para llevárselo de la Tierra del Fuego a Inglaterra a bordo del *Beagle*. Catorce años tenía Rosa cuando llegó del campo a trabajar a la casa de mi abuelo. Cuando Jemmy Button a los dieciséis regresó en el mismo *Beagle*, a bordo del cual también venía Darwin, hablaba inglés y su padre había muerto. Rosa nunca regresó al campo. Se quedó para siempre en la casa de mi abuelo y no aprendió a leer ni a escribir". Desde una impronta benjaminiana, Jonathan Flatley propone una lectura histórica que apuesta a un anacronismo donde los afectos nunca se experimentan por primera vez, sino que suponen un archivo de sus objetos previos. Serían las mismas obras de arte las que abrirían un espacio para el encuentro de esos objetos y afectos y, en este sentido, la lectura histórica afectiva se moviliza en un recorrido que rechaza la linealidad del historicismo y propone pensar los modos en que el pasado deja una impresión en el presente (2008, 15). Si no son sólo las ideologías o los mapas cognitivos los que dan forma a nuestros comportamientos o prácticas, *El otro día* como trabajo estético intenta mapear y movilizar los flujos afectivos de lo social. Las lecturas "digresivas" de Agüero evidencian entonces que, a diferencia de la dimensión interior de las emociones, los afectos indican algo transformativo que se experimenta en relación a objetos, estableciendo una relación en alguna medida fluida entre sujeto y objeto de la mirada.

3. Cómo vivir juntos

El gesto habitual de muchos películas (auto)biográficas que se basan en una narración personal y giran la cámara hacia el interior se duplica, en *El otro día*, con un movimiento hacia afuera: la operación ecográfica deviene cartográfica y rearticula, desde una dimensión afectiva, una nueva relación entre lo íntimo y lo público, entre el presente y el pasado, y entre memoria privada y colectiva. Desafiando la oposición convencional entre afecto, discurso y razón, la afectividad se vuelve en el documental la condición de posibilidad de la subjetividad y del conocimiento[131].

El otro día va hilvanando una noción de espacio a partir de la ideas y de las prácticas de pasaje. El deambular del director construye un mapa de encuentros fortuitos, una cartografía afectiva que reflexiona sobre las dimensiones y diferencias de la sociedad chilena. Pero también la "cartografía afectiva" se produce en el "adentro", en un ejercicio de contemplación que invoca huellas del pasado en el presente, y es en el corazón mismo del hogar donde se comienzan a tejer puentes con la historia colectiva. Junto a la expedición ciudadana, el documental de Agüero se detiene poéticamente en la precariedad y en la persistencia de un universo doméstico que nunca puede convertirse en una isla. Si, como dice Giuliana Bruno, la arquitectura es antecesora del cine (1997, 1), la reflexión sobre el "habitar" de Agüero funde pensamiento y sensación. La casa es un espacio experimentado que no puede ser comprendido solamente en términos geométricos, su atmósfera indefinida pero no completamente interiorizable no puede reducirse simplemente a la morfología del territorio. El trabajo de luces y sombras en el documental excede un preciosismo estético y se abre a una dimensión sensorial, afectiva y ética. La morosidad de la cámara, que se detiene en los reflejos del mundo exterior sobre la oscuridad del interior, hace de la casa una verdadera "cámara oscura" que nunca logra cerrarse al exterior porque es en la superficie misma de ese interior que se revelan espacios intermedios, de relaciones, transformaciones, traslaciones, fusiones. Unos entre-espacios de las artes como lugar de los afectos cuyos vasos comunicantes son la pintura, el arte contemporáneo, literatura, la fotografía. De este modo,

---

[131] Antonia Girardi-Bunster (2019), en una elegante tesis de maestría, analiza "cartografías afectivas en el cine documental chileno contemporáneo", seleccionando un corpus de películas —entre las cuales se encuentra *El otro día*— que buscarían representar el espacio geográfico desde un punto de vista afectivo porque necesitan desplegar la propia subjetividad en forma espacializada. Es muy acertada la descripción de una "conciencia cartográfica" del cine para tratar de películas que delimitan, recorren, registran y reinventan el territorio, que se estructuran en términos audiovisuales como la lectura de un espacio, el problema está en la definición de esta lectura como una de "enfoque afectivo", cuando se la subsume a la figura de la primera persona documental, un elemento que corresponde más a los estudios en torno al "giro biográfico" que a los del "giro afectivo" precisamente porque estos últimos desestabilizan las narrativas yoicas.

al encontrar en el afecto una forma constitutiva tanto de la experiencia estética como de la propia existencia, Agüero propone una "estética de la habitabilidad" que funde arquitectura y urbanismo, interior y exterior, presente y pasado. Desde esta matriz audiovisual y afectiva, se articula una poética y una política, una forma de pensar el "cómo vivir con el otro" a partir de la práctica íntima de los espacios privados y públicos.

Conclusión

Una y otra vez volvía a los mapas; volvía a los mapas como si fueran libros de cuentos.

Mariano Llinás, *Un experimento con el río*

O mapa é um olho desincumbido de um corpo / E eu estou dentro do mapa / Em algum lugar / Mesmo que eu tente me esconder / O mapa me encontra, e me contém / Eu estou dentro do mapa.[132]

Ernesto de Carvalho, *Nunca é Noite no Mapa*

Al son de una tranquila tonada de Ravi Shankar, una voz en off comenta escenas aéreas que provienen de Google Earth. Poco a poco, nos acercamos a una ciudad, a una calle, a un callejón. En esta misma calle vemos a un chico con una cámara en la mano. La voz revela: "Este soy yo". Hay un sujeto en el mapa. En un lugar históricamente marcado por la eliminación de subjetividades y la pretensión de objetividad hay alguien tomando una fotografía. Lo que se fotografía es el mapa mismo. Con la cámara en mano, Ernesto de Carvalho, el director de *Nunca é Noite no Mapa* (2016), captura precisamente el instante en que un automóvil de Google escanea ese espacio. "Todos son iguales ante la ley. Todos son iguales ante el mapa", comenta la voz del narrador, mientras vemos cómo una gran zona periférica (se trata de Olinda, un municipio del Estado de Pernambuco, en el nordeste brasileño) se va transformando debido a las inversiones de infraestructura necesarias para albergar el Campeonato Mundial de Fútbol. Las comunidades son evacuadas, los edificios demolidos, una casa resiste obstinadamente con un

---

[132] "El mapa es un ojo desprovisto de un cuerpo. / Y yo estoy dentro del mapa. / En algún lugar. / Aunque trate de esconderme. / El mapa me encuentra y me contiene. / Estoy dentro del mapa" (traducción propia).

Cómo citar este capítulo:
Depetris Chauvin, I. 2019. *Geografías afectivas. Desplazamientos, prácticas espaciales y formas de estar juntos en el cine de Argentina, Chile y Brasil (2002-2017)*. Pp. 217-220. Pittsburgh, Estados Unidos: Latin American Research Commons. DOI: https://10.25154/book3. Licencia: CC BY-NC 4.0

cartel en su fachada: "habitaciones en alquiler". Sin embargo, el asfalto avanza, la gentrificación deja las calles vacías, inhóspitas para los habitantes pero limpias y claras para ser relevadas y traducidas al lenguaje digital del mapa. Por medio del montaje, utilizando la misma gramática del aplicativo de Google Maps, la película inserta movimiento y tiempo: recupera los rastros de eventos pasados, introduce la historia donde esta ha sido borrada, muestra los puntos oscuros en la excesiva claridad del lenguaje digital, la animación sutil aviva grietas históricas en la artificialidad de los algoritmos. Entre los vectores abstractos de Google Street View que van marcando las calles a ser mapeadas/dominadas —espacios públicos sometidos a las necesidades del capital privado— encontramos la micropolítica de la vigilancia, imágenes de redadas policiales contra la población periférica se suceden como series que interrumpen el avance limpio del capital y del mapa.

A través de oraciones cortas que duran el tiempo de captura de las imágenes, como los versos de un poema, el narrador de *Nunca é Noite no Mapa* (2016), dibuja su propio mapa y reflexiona sobre un proyecto cartográfico: "El mapa no camina, ni vuela, ni corre, no siente molestias, no tiene opinión... Para el mapa no hay gobierno, ni golpe de Estado, ni revolución. Nunca es de noche en el mapa". Criticando al acto mismo de cartografiar la ciudad, el cortometraje lanza una mirada estética y política sobre el espacio urbano. La cámara del narrador se encuentra con la cámara del mapa. La cámara y el montaje desafían al sistema al mirarlo a la cara. Pero la expresión del desacuerdo asume las herramientas discursivas del mapa. La cadencia poética y la música leve señalan y subvierten un procedimiento: muestran la grilla, enfatizan las reglas que regulan las imágenes que usamos diariamente y que nos impiden una verdadera apropiación política de la calle. Aparecer en el mapa sacando una foto del mapa es una excepción. El director está en el mapa —nosotros estamos en el mapa— pero es desobediente ante las imágenes/cuerpos que vigilan porque su poema sobre el mapa, como un mantra, nos hace ver que somos nosotros mismos las cámaras móviles, usuarios y objetos del mapa digital.

Eliminar la peligrosa abstracción de las imágenes digitales y restaurar la historia en las calles. *Nunca é Noite no Mapa* tiene una estructura poética y una urgencia política que deja claro su dispositivo desde los primeros segundos. La desobediencia y el desacuerdo ante la transparencia de la cultura digital de este cortometraje da cuenta, una vez más, de cómo el cine puede funcionar como crítica espacial al retomar dispositivos y geografías preexistentes y construir otras hechas de texto, sonido e imágenes en movimiento. Las geografías cinemáticas son constitutivas de la producción y el consumo social y político del espacio y el lugar. El cine como dispositivo que conforma y a la vez examina nuestro presente no es sólo un texto y un discurso, sino que es también una práctica y una forma de pensamiento que tiene aquí una dimensión espacial y afectiva.[133] Este

---

[133] Gilles Deleuze considera el cine como un objeto singular de atención filosófica y como un modo específico de pensamiento. Para una discusión de la filosofía del cine de

libro estudió un conjunto de películas y detectó "prácticas" del espacio cuyas *performances* espaciales —paisajes, mapas e itinerarios— se vinculan a nociones alternativas de temporalidad. El trazado de un recorrido crítico por estas prácticas espaciales evidenció que la asincronía, la dislocación o la cercanía con el pasado ya no puede ser solamente pensada a partir de una pretensión de conocimiento sino desde una lógica vinculada al afecto[134]. La propuesta buscó así señalar la potencialidad del cine en cuanto a su capacidad de delinear nuevos sentidos y afectos en el mundo contemporáneo.

Esta es una apuesta y una posible lectura. Entender el cine no sólo como aquello que captura lo real y habla sobre él, sino como algo que lo configura en su práctica, componiendo y descomponiendo. Podría decir que imágenes, paisajes, mapas, itinerarios se constituyen mutuamente, pero ¿es realmente el caso? El cortometraje de Ernesto de Carvalho y alguna de las películas convocadas en este libro dan pruebas del carácter performativo del cine pero el problema de la agencia no queda saldado. ¿Qué verdadero rol tienen las imágenes en movimiento en la producción social y política del espacio hoy? ¿En qué modos la dialéctica espacial de ciertas películas puede desafiar la territorialización de formaciones espaciales hegemónicas (o puede ser cómplice de su espectacularización y mercantilización)? ¿Hasta qué punto puede el cine funcionar como una forma de crítica espacial? ¿Es la crisis de la representación y la crítica de la mímesis suficiente para desactivar el realismo que ideológicamente sustenta una espacialidad dominante?

Una perspectiva de estudio de políticas culturales podría posicionar el cine como un espacio en el que se define, disputa y negocia el significado social-espacial pero, en el contexto de crisis y devastación ecológica del que somos testigos —escribo estas palabras a semanas de los catastróficos incendios en el Amazonas de agosto de 2019—, ¿producen las narrativas de algunas películas suficientes remolinos que hagan si quiera temblar un imaginario geopolítico más amplio? Todavía no tengo respuestas a estas preguntas. Si se trata de pensar el futuro, sólo puedo ahora mantener activo el deseo de las *terrae incognitae*, imaginar una *tabula rasa* y conjeturar tres pequeñas tareas resilientes.

Acercar los estudios de cine a la antropología social podría sugerir investigaciones con un enfoque más crítico entre el cine, su práctica, las imágenes y las condiciones materiales que continuamente producen y reproducen nuestra vida diaria y experiencias de vida. Se trataría de imaginar cómo el propio acto de producir estas geografías inmateriales pueden moldear y renovar nuestro

---

Deleuze y el vínculo entre sus reflexiones sobre el tiempo, el movimiento y la percepción con nociones de agencia, véase Paula Marrati (2004).

[134] En un ensayo reciente, Isis Sadek (2016) articula un compendio de propuestas de análisis del espacio fílmico en relación a su dimensión social para los cines de Brasil e Hispanoamérica y considera las maneras en que el espacio fílmico desarrolla una dimensión social que se vincula con configuraciones históricamente específicas del afecto y/o del conocimiento (224).

entendimiento y vinculo con el entorno. En su tesis sobre el cine de Kleber Mendonça Filho, Claire Allouche (2017 b) se pregunta no qué es un espacio cinematográfico sino qué es un lugar de cine para lo cual visita las películas de los "cineastas-habitantes" y busca entender los vínculos que se establecen entre un lugar de filmación y un lugar de vida. En esta línea distintas prácticas de video indígena o cine comunitario podrían potenciar su intervención en la disputa por los sentidos del espacio.

En su apasionante lectura de los mapas imperfectos, improbables e imprecisos del artista visual Jorge Macchi, Carla Lois (2019) rescata la productividad de este artista que logra transformar "el mapa-imagen (que representa el espacio) en mapa-experiencia (que registra vivencias sobre ese espacio), creando constructos poético-visuales que desafían la percepción del espectador". ¿Debe el cine volver a los mapas para reconfigurar las formas de pensar y habitar el espacio?, ¿para animar a los espectadores a poner en cuestión sus propias representaciones del mundo? ¿Producen las intervenciones de los jóvenes cineastas chilenos de *MAFI* (Mapa Fílmico de un País) imágenes que puedan absorber el espesor de la experiencia? ¿Sería más incisivo seguir inventando mapas imposibles como los de Raúl Ruiz? ¿O los "mapas como cuentos" que desea Llinás? ¿Es su última película, *La flor*, un mapa que aspira a reemplazar el territorio? Creo que en este libro logramos en cierta medida "desbloquear" la mirada fija y convertir al espectador en viajero. Quizás ahora sea el momento de reclamar, sobre todo, una movilidad feminista y *queer*, vislumbrar nuevas posiciones de viajerxs que hagan del cine una nueva cartografía móvil con otros arreglos, otras relaciones, otros mundos.

Por último, vuelvo al Amazonas. Un alto porcentaje del territorio brasileño está ocupado por la Amazonía. El avance del extractivismo en la selva tropical más grande del mundo pone en riesgo la posibilidad de imaginar un futuro para el país y la humanidad, y las políticas de la nueva derecha en el poder no han sino agudizado la crisis. ¿Desde qué parámetros espaciales pensar la crisis ecológica? Florencia Garramuño (2017, 2019), Mariana Cunha (2018), André Brasil (2017), proyectos como Vídeo nas Aldeias continúan interviniendo en un debate sobre la naturaleza y la cultura indígena que viene siendo transitado por antropólogos y artistas como Eduardo Viveiros de Castro (2014). Con más consternación que seguridad dejo a quien lea estas líneas la preocupación por pensar en cómo multiplicar críticamente esos debates a una escala global.

Sobre la autora

Irene Depetris Chauvin es graduada de la carrera de Historia de la Universidad de Buenos Aires, obtuvo un magíster en Literatura Latinoamericana y un doctorado en Romance Studies en la Universidad de Cornell. Es Investigadora en el Conicet y miembro de SEGAP (Seminario sobre Género, Afectos y Política). Ha publicado artículos que abordan imaginarios urbanos, las dimensiones políticas y afectivas de la memoria, subjetividades musicales y las relaciones entre juventud, cultura de mercado y afecto en el cine y la narrativa de los años noventa en el Cono Sur. Junto con Natalia Taccetta es autora y co-editora de *Afectos, historia y cultura visual. Una aproximación indisciplinada* (Prometeo, 2019), y en colaboración con Macarena Urzúa ha publicado el volumen *Más allá de la naturaleza. Imaginarios geográficos en la literatura y el arte latinoamericano reciente* (EUAH, 2019). Sus trabajos de investigación se inscriben en el área de los estudios culturales y sostienen una perspectiva comparativa que trata de dialogar con prácticas y producciones culturales de Argentina, Chile y Brasil. Le interesa volver a vincular el arte a la vida y problematizar el sentido común acerca de los vínculos entre cultura, afectos y política. Ha dictado cursos de posgrado en la Universidad Alberto Hurtado, la Universidad de General San Martín, la Universidad de Buenos Aires y la Universidad del Cine (FUC). Actualmente está trabajando en dos proyectos paralelos: uno sobre representaciones visuales de la Amazonía, y otro sobre espacios y atmósferas sonoras que atiende a las dimensiones afectivas y políticas de la música y al estatuto de los archivos sonoros en el cine. Siempre le han gustado los felinos, la música popular brasileña y los tejidos. Ama las películas de Agnès Varda, Martín Rejtman y Raúl Ruiz.

Sobre Latin America Research Commons

Latin America Research Commons (LARC) es el sello editorial de Latin American Studies Association (LASA), fundado con el fin de contribuir a la difusión del conocimiento a través de la publicación de libros académicos relacionados a los Estudios Latinoamericanos.

Sus principales lenguas de publicación son el español y el portugués, y su objetivo es garantizar que los investigadores alrededor del mundo puedan encontrar y acceder a la información que necesiten, sin barreras económicas o geográficas.

Directora ejecutiva de LASA
Milagros Pereyra Rojas

Editores Principales
Florencia Garramuño
Philip Oxhorn

Comité Editorial
Natalia Majluf
João Jose Reis
Francisco Valdés Ugalde
Alejo Vargas V.

Comité Editorial Honorario – Premiados Kalman Silvert
Lars Schoultz
Carmen Diana Deere
Julio Cotler †
Richard Fagen
Manuel Antonio Garretón
June Nash
Marysa Navarro
Peter Smith

Productora editorial
Julieta Mortati

Bibliografía

Agamben, Giorgio. 2011. "¿Qué es lo contemporáneo?". En: *Desnudez*. 17-29. Buenos Aires: Adriana Hidalgo.
Aguilar, Gonzalo. 2010. *Otros mundos. Un ensayo sobre el nuevo cine argentino*. Buenos Aires: Santiago Arcos.
Ahmed, Sara. 2015. *La política cultural de las emociones*. México: Centro de Investigaciones y Estudios de Género, UNAM.
Aitken, Stuart y Deborah Dixon. 2012. "Imagining Geographies of Film". En *Human Geography: Vol. 2*, editado por Derek Gregory y Noel Castree. 326-336. Los Ángeles: Sage.
Albuquerque Júnior, Durval Muniz de. 1999. *A invenção do Nordeste e outras artes*. Recife: Fundação Joaquim Nabuco, Editora Massangana.
Allouche, Claire. 2017 a. "Du côté de chez soi. Ignacio Agüero, Gustavo Fontán et José Luis Guerín, à l'affût du dehors". *Revue Trafic* 102: 1-9.
Allouche, Claire. 2017 b. *Quand la mémoire d'un lieu de vie fait vibrer les plans: O som ao redor (2012) et Aquarius (2016) de Kleber Mendonça Filho, deux films d'un 'cinéaste-habitant'*. Tesis de Maestría en Territoires, espaces et sociétés, École des Hautes Études en Sciences Sociales, Paris.
Alpers, Svetlana. 1980. *El arte de describir. El arte holandés del siglo XVII*. Madrid, Hermann Blume.
Amato, Joseph. 2004. *On Foot: A History of Walking*. New York: NYU Press.
Andermann, Jens. 2014. "Exhausted Landscapes: Reframing the Rural in Recent Argentine and Brazilian Films". *Cinema Journal* 53 (2): 50-70.
Andermann, Jens. 2012. "Expanded Fields: Postdictatorship and the Landscape". *Journal of Latin American Cultural Studies* 21 (2): 165-187.
Andermann, Jens. 2011. "Paisaje: imagen, entorno, ensamble". En *Geografías culturales: aproximaciones, intersecciones y desafíos*, editado por Perla Zusman, Rogério Haesbaert y Hortensia Castro. 277-290. Buenos Aires, Editorial de la Facultad de Filosofía y Letras.
Andermann, Jens. 2007. *The Optic of the State. Visuality and Power in Argentina and Brazil*. Pittsburgh: Pittsburgh UP.
Andermann, Jens. 2000. *Mapas de poder. Una arqueología literaria del espacio argentino*. Rosario: Beatriz Viterbo.
Anderson, Ben y Paul Harrison, eds. 2010. *Taking-place: Non-representational Theories and Geography*. Farnham, Surrey, England: Ashgate.

Andrew, Dudley. 1992. "Adaptation". En *Film Theory and Criticism*, editado por George Mast, M. Cohen y L. Brady. 420—29. Oxford: Oxford University Press.

Antonio Filho, Fael David. 2011. "Sobre a Palavra 'Sertão': Origens, significados e usos no Brasil (do ponto de vista da Ciência Geográfica)". *Ciência Geográfica Bauru* XV (1): 84-87.

Arenillas, María Guadalupe. 2013. "Hacia una nueva ética y estética de la memoria en el cine documental argentino: *El predio* (2010) de Jonathan Perel". *A Contracorriente* 10 (3): 371-378.

Augé, Marc. 2005. *Los no lugares. Espacios del anonimato. Una antropología de la sobremodernidad*. Barcelona: Gedisa.

Bachelard, Gastón. 2000. *La poética del espacio*. Buenos Aires: Fondo de Cultura Económica.

Bal, Mieke. 2006. "Conceptos viajeros en las humanidades" *Estudios visuales: Ensayo, teoría y crítica de la cultura visual y el arte contemporáneo* 3: 28-77.

Baldacchino, Godfrey. 2006. "Islands, Island Studies, Island Studies Journal". *Island Studies Journal* 1 (1): 3-18.

Barker, Jennifer. 2009. *The Tactile Eye: Touch and the Cinematic Experience*. Berkeley: University of California Press.

Baron, Jamie. 2014. *The Archive Effect. Found Footage and the Audiovisual Experience of History*. Londres y Nueva York: Routledge.

Barthes, Roand. 1986. "El 'grano' de la voz", *Lo obvio y lo obtuso: Imágenes, gestos, voces*. 262-271. Barcelona: Paidós.

Bauman, Zygmunt. 2008. *Amor líquido: Acerca de la fragilidad de los vínculos humanos*. Buenos Aires: Fondo de Cultura Económica.

Bauman, Zygmunt. 1999. "Turistas y vagabundos". En *La globalización: consecuencias humanas*. 103-133. Buenos Aires: Fondo de Cultura Económica.

Bellour, Raymond. 2009. *Entre Imágenes*. Buenos Aires: Colihue.

Bennett, Jane. 2010. *Vibrant Matter: A Political Ecology of Things*. Durham: Duke University Press.

Bentes, Ivana. 2003. "The sertão and the favela in contemporary Brazilian film". En *The New Brazilian Cinema*, editada por Lúcia Nagib. 121-37. London: Tauris.

Berlant, Lauren. 2011. *Cruel Optimism*. Durham: Duke UP.

Bernardet, Jean-Claude. 2010. "Viajo Porque Preciso, Volto Porque Te Amo - 5", www.jcbernardet.blog.uol.com.br/cinema/.

Bernardet, Jean-Claude. 2011. "Documentales de búsqueda: *33* y *Pasaporte húngaro*". En *El cine de lo real*, editado por Amir Labaki y María Dora Mourão. 117-128. Buenos Aires: Colihue.

Bernardet, Jean-Claude. 1985. *Cineastas e Imagens do Povo*. São Paulo: Brasiliense.

Biedma, Salvador. 2016. "Al otro lado del río", *Suplemento Radar, Página/12*, 28 de agosto.

Bilbao, Horacio. 2016. "Los discursos cerrados me provocan desconfianza", *Clarín*, 5 de septiembre.
Birmajer, Marcelo. 2016. "El parque y la memoria", *Clarín*, 6 de febrero.
Birmajer, Marcelo. 2016. "Un cartel para adulterar la historia", *Clarín*, 24 de febrero.
Birmajer, Marcelo. 2016. "Con derecho a cuestionar también a los artistas", *Clarín*, 7 de marzo.
Blanco, María y Esther Peeren, eds. 2013. *The Spectralities Reader: Ghosts and Haunting in Contemporary Cultural Theory*. New York: Bloomsbury Academic.
Bohme, Gernot. 1993. "Atmosphere As the Fundamental Concept of a New Aesthetics". *Thesis Eleven* 36 (1): 113-126.
Bossy, Michelle y Constanza Vergara, eds. 2010. *Documentales autobiográficos: memoria y autorepresentación*. Santiago de Chile: Fomento Audiovisual del Consejo de la Cultura y las Artes.
Boym, Svetlana. 2001. *The Future of Nostalgia*. New York: Basic Books.
Brandão, Alessandra. 2012. "Viagens, passagens, errâncias: notas sobre certo cinema latino-americano na virada do século XXI". *Rebeca Revista Brasileira de Estudos de Cinema e Audiovisual* 1: 72-98.
Brasil, André. 2017. "Tikmũ'ũn's Caterpillar-Cinema: off-Screen Space and Cosmopolitics in Amerindian Film". En *Space and Subjectivity in Contemporary Brazilian Cinema*, editado por Antônio Márcio Da Silva y Mariana Cunha. 23-39. New York: Palgrave Macmillan.
Brennan, Teresa. 2004. *The Transmission of Affect*. Ithaca: Cornell UP.
Bruno, Giuliana. 2014. *Surface: Matters of Aesthetics, Materiality, and Media*. Chicago, University of Chicago Press.
Bruno, Giuliana. 2006. "Visual Studies: Four Takes on Spatial Turns". *Journal of the Society of Architectural Historians* 65 (1): 23-4, Berkeley: University of California Press.
Bruno, Giuliana. 2002. *Atlas of Emotion. Journeys in Art, Architecture, and Film*. Nueva York: Verso.
Butler, Judith. 2009. *Vida precaria: el poder del duelo y la violencia*. Trad. Fermín Rodríguez. Buenos Aires: Paidós.
Butler, Judith. 2008. *Cuerpos que importan. Sobre los límites materiales y discursivos del sexo*. Buenos Aires: Paidós.
Butler, Judith. 2003. "Afterword: After loss, what then". En *Loss*, editado por David Eng y David Kazanjian. Berkeley: University of California Press.
Campbell, Ramón. 1988. "Etnomusicología de la Isla de Pascua", *Revista Musical Chilena* 42 (170): 5-47, Santiago de Chile: Universidad de Chile Facultad de Artes.
Caquard, Sébastien y Claire Dormann. 2008. "Humorous Maps: Explorations of an Alternative Cartography". *Cartography and Geographic Information Science* 35 (1): 51-64, Alexandria: CaGIS.

Caquard, Sébastien y Fraser Taylor. 2009. "What is Cinematic Cartography?". *The Cartographic Journal* 46 (1): 5-8, British Cartographic Society.
Careri, Francesco. 2002. *Walkscapes: Walking as an Aesthetic Practice*. Barcelona: Editorial Gustavo Gili.
Caresani, Luciana. 2014. "Representación y memoria en las imágenes de archivo del cine argentino sobre la guerra de Malvinas". *Imagofagia. Revista de la Asociación Argentina de Estudios de Cine y de Audiovisual* 10: 1-24, Buenos Aires: AsAECA.
Castro, Teresa. 2009. "Cinema's Mapping Impulse: Questioning Visual Culture". *The Cartographic Journal* 46 (1): 9-15, British Cartographic Society.
Chanan, Michael. 2010. "Going South: On Documentary as a Form of Cognitive Geography". *Cinema Journal* 50 (1): 147-154, Austin: University of Texas Press.
Chion, Michel. 2009. *Film, a Sound Art*. New York: Columbia University Press.
Clough, Patricia. 2010. "The Affective Turn". En *The Affect Theory Reader*, editado por Melissa Gregg y Gregory Seigworth. 206-225. Durham: Duke UP.
Clough, Patricia y Jean Halley, eds. 2007. *The Affective Turn: Theorizing the Social*, Durham NC: Duke UP.
Colombo, Pamela. 2012. "A space under construction: The spatio-temporal constellation of ESMA in El Predio". *Journal of Latin American Cultural Studies* 21 (4): 497-515, Cambridge: Cambridge University Press.
Conley, Tom. 2007. *Cartographic Cinema*. Minneapolis: University of Minnesota Press.
Conti, Haroldo. 2005. *Sudeste*. Buenos Aires: Emecé.
Contreras, Sandra. 2013. "Formas de la extensión, estados del relato, en la ficción argentina contemporánea (a propósito de Rafael Spregelburd y Mariano Llinás)". *Cuadernos de literatura* XV (33): *355-376*, Bogotá: Centro Editorial Javeriano.
Corner, James. 1999. "The Agency of Mapping. Speculation, Critique and Invention". En *Mappings*, editado por Denis Cosgrove. 213-252. London: Reaktion Books.
Corrigan, Timothy. 2012. *Film and Literature: An Introduction and Reader*. London: Routledge.
Corro, Pablo. 2008. "Raúl Ruiz, documental y antiutopía: *Cofralandes I, Hoy en día*". En *Retóricas del cine chileno: ensayos con el realismo*. 91-104. Santiago de Chile: Fondedoc UC.
Cosgrove, Denis E. 2008. *Geography and Vision: Seeing, Imagining and Representing the World*. London: I.B. Tauris.
Crang, Michael. 2002: "Rethinking the observer: film, mobility and the construction of the subject". En *Engaging film: geographies of mobility and identity*, editado por Tim Cresswell y Deborah Dixon. 13-31, Maryland: Lanham.
Crary, Jonathan. 1990. *Techniques of the Observer: On Vision and Modernity in the Nineteenth Century*. Cambridge, Massachusetts: MIT Press.

Cresswell, Tim y Deborah Dixon, eds. 2002. *Engaging Film: Geographies of Mobility and Identity*, Maryland: Lanham.
Cruz, Leonardo. 2009. "O sertão vai a Veneza". *Folha de São Paulo*, 5 de septiembre.
Cuneo, Bruno. 2013. *Ruiz: Entrevistas escogidas. Filmografía comentada*. Santiago de Chile: Ediciones UDP.
Cunha, Mariana. 2018. "The Right to Nature: Contested Landscapes and Indigenous Territoriality in Martírio". En *Human Rights, Social Movements and Activism in Contemporary Latin American Cinema*, editado por Mariana Cunha y Antônio Márcio da Silva. London: Palgrave Macmillan.
Cvetkovich, Ann. 2012. *Depression: A Public Feeling*. Durham: Duke UP.
Da Silva, Antônio Márcio y Mariana Cunha, eds. 2017. *Space and Subjectivity in Contemporary Brazilian Cinema*. New York: Palgrave Macmillan.
Dalmaroni, Miguel y Margarita Merbilhaá. 1999. "Un azar convertido en don. Juan José Saer y el relato de la percepción", *Historia Crítica de la Literatura Argentina*. Buenos Aires: Emecé.
Davidson, Joyce, Bondi, Liz, & Smith, Mick, eds. 2007. *Emotional Geographies*. Aldershot: Ashgate.
De Brigard, Elizabeth. 1995. "The History of Ethnographic Film". En *Principles of Visual Anthropology*, editado por Paul Hockings. 13-43. The Hague: Mouton.
De Certeau, Michel. 1999. *La invención de lo cotidiano. I. Artes del hacer*, México, Universidad Iberoamericana.
De los Ríos, Valeria. 2017. "Mapas y prácticas cartográficas en el cine de Ignacio Agüero", *452ºF Revista de Teoría de la Literatura y Literatura Comparada* 16: 108-120, Asociación Cultural 452ºF y Universitat de Barcelona: Facultat de Filologia.
De los Ríos, Valeria. 2010. "Mapas cognitivos de Santiago del nuevo siglo. *Aquí se construye* de Ignacio Agüero y *Play* de Alicia Scherson". *Revista Chilena de Literatura*: 1-15, Santiago de Chile: Universidad de Chile.
Del Río, Elena. 1998. *Powers of Affection: Deleuze and the Cinemas of Performance*. Edinburgh: Edinburgh UP.
Deleuze, Gilles. 2005 a. "Causas y razones de las islas desiertas" *La isla desierta y otros textos: Textos y entrevistas (1953-1974)*. Valencia: Pre-Textos.
Deleuze, Gilles. 2005 b. *Francis Bacon. Lógica de la sensación*. Trad. de Isidro Herrera. Madrid: Arena Libros.
Deleuze, Gilles y Félix Guattari. 2002. *Mil mesetas: Capitalismo y Esquizofrenia*. Valencia: Pre-Textos.
Deleuze, Gilles y Guattari, Félix. 1993. "Percepto, afecto y concepto". En *¿Qué es la filosofía?*, 164-201. Barcelona: Anagrama.
Depetris Chauvin, Irene. 2017 a. "Mirar, escuchar, tocar. Políticas y poéticas de archivo en *Tierra sola* de Tiziana Panizza". *452ºF: Revista de Teoría de la Literatura y Literatura Comparada*, Universidad de Barcelona 18: 106-129.

Depetris Chauvin, Irene. 2017 b. "Hilvanando sentimientos. Políticas de archivo e intensificación afectiva en *Seams* de Karim Aïnouz y en la trilogía *Cartas visuales* de Tiziana Panizza", *Imagofagia. Revista de la Asociación Argentina de Estudios de Cine y de Audiovisual*. Buenos Aires: AsAECA 16: 439-464.

Depetris Chauvin, Irene y Carla Lois. 2015. "¿Y si el mapa no es más que el tablero de un juego de mesa? Itinerarios lúdicos de Raúl Ruiz en *Le jeu de l'oie. Une fiction didactique à propos de la cartographie* (1980)". *Intervalo: Entre Geografías e Cinemas*. RepositóriUM, Universidade do Minho.

Derrida, Jacques. 2002. *Los espectros de Marx*. Madrid: Editora Nacional.

Didi-Huberman, Georges. 2010. *Atlas. ¿Cómo llevar el mundo a cuestas?* Madrid: Museo Reina Sofía.

Didi-Huberman, Georges. 2006. *Ante el tiempo: historia del arte y anacronismo de las imágenes*. Buenos Aires: Adriana Hidalgo Editora.

Dieleke, Edgardo. 2013. "The Return of the Natural: Landscape, Nature and the Place of Fiction". En *New Argentine and Brazilian Cinema: Reality Effects*, editado por Jens Andermann y Álvaro Fernández Bravo. 59-71. New York: Palgrave Macmillan.

Dinshaw, Carolyn. 2015. "Tocando el pasado". En *Pretérito indefinido: afectos y emociones en las aproximaciones al pasado*, editado por Cecilia Macón y Mariela Solana. 353-374. Buenos Aires: Título.

Dodge, Martin, Rob Kitchen y C. R. Perkins. 2011. *Rethinking Maps*. New York: Routledge.

Donoso, Catalina. 2015. "Formas de salir de casa: el archivo como puesta en escena". *Revista Séptimo Arte*, Santiago de Chile: Universidad de Chile.

Donoso, Catalina. 2007. *Películas que escuchan: reconstrucción de la identidad en once filmes chilenos y argentinos*. Buenos Aires: Corregidor.

Doveris, Roberto. 2009. "Entrevista a Tiziana Panizza", *Tapiz*, 31 de enero.

Edensor, Tim. 2005. "The Ghosts of Industrial Ruins: Ordering and Disordering Memory in Excessive Space", *Environment and Planning D: Society and Space* 23 (6): 829-849, Sage Journal.

Edney, M. H. 2007. "Mapping Parts of the World". En: *Maps Findings our Place in the World*, editado por James R. Akerman y Robert W. Karrow. 117-158. Chicago: University of Chicago.

Ehrmantraut, Paola B. 2013. *Masculinidades en guerra: Malvinas en la literatura y el cine*. Córdoba: Comunicarte.

Elsaesser, Thomas y Malte Hagener. 2015. *Film Theory: An Introduction Through the Senses*. New York: Routledge.

Fabian, Johannes. 1983. *Time and the Other. How Anthropology Makes Its Object*. New York: Columbia UP.

Farkas, Thomas. 1999. "Entrevista [1971]". En *O Processo do Cinema Novo*, editado por Alex Viany y José Carlos Avellar. 38-4. Rio de Janeiro: Aeroplano.

Feldman, Hernán: 2007. "La f(r)actura de la imagen: crisis y comunidad en el último nuevo cine argentino". *El cine argentino de hoy: evaluación de las conexiones/coincidencias entre estética y política*, editado por Viviana Rangil. 89-101. Buenos Aires: Biblos.

Fernández Bravo, Álvaro. 1999. *Literatura y frontera: procesos de territorialización en las culturas argentina y chilena del siglo XIX*. Buenos Aires: Sudamericana.

Flatley, Jonathan. 2008. *Affective Mapping: Melancholia and the Politics of Modernism*. Cambridge, Mass: Harvard University Press.

Fontán, Gustavo. 2012. "Modos de penetrar el mundo". *Arkadin*, Universidad de La Plata 6 (4): 7-11.

Foucault, Michel. 2001. *El cuerpo utópico: las heterotopías*. Buenos Aires, Nueva Visión.

França, Andrea. 2012. "A invenção do Lugar pelo cinema brasileiro contemporâneo". *Rebeca - Revista Brasileira de Estudos de Cinema e do Audiovisual* 1 (1): 55-71.

Gamberini, Marcela. 2016. "*El limonero real*. El sueño eterno", *Ojosabiertos.com*, septiembre, http://bit.ly/2Pf5NDc.

Gamerro, Carlos. 2012. "El eterno retorno", *Página/12*, 10 de junio.

Gámir Orueta, Agustín y Carlos Manuel Valdés. 2007. "Cine y Geografía: espacio geográfico, paisaje y territorio en las producciones cinematográficas", *Boletín de la AGE* 45: 157-190.

García, Amelia Beatriz. 2009. "Textos escolares: las Malvinas y la Antártida para la 'Nueva Argentina' de Perón", *Antíteses* (Universidade Estadual de Londrina) 2 (4): 1033-1058.

García, Miguel. 2015. "Un oído obediente (y algunas desobediencias)". *Los mundos audibles de Sudamérica*, editado por Bernd Brabec de Mori, Matthias Lewy y Miguel García. 197-210. Berlin: Iberoamerikanisches Institut / Gebr. Mann Verlag.

García Canclini, Néstor. 1990. *Culturas híbridas: estrategias para entrar y salir de la modernidad*. México DF: Grijalbo.

Gargiulo, Salvador; Christian Kupchik, Héctor Roque Pitt y Esther Soto eds. 2014. *Islario general de todas las islas del mundo. Siwa. Revista de literatura geográfica*. IV, Buenos Aires.

Garramuño, Florencia. 2019. *Brasil caníbal: entre la bossa nova y la extrema derecha*. Buenos Aires: Paidós.

Garramuño, Florencia. 2017. "Imágenes de sobrevida: figuraciones del pueblo yanomami en el arte contemporáneo". *El Taco En La Brea*, (6): 191-200, https://doi.org/10.14409/tb.v0i6.6971.

Garramuño, Florencia. 2015. *Mundos en común. Ensayos sobre la inespecificidad en el arte*. Buenos Aires: FCE.

Garrido Díaz, M. 2013. "El Kai Kai: la cultura más allá de la lengua". *Contextos* 29: 113-116.

Gillis, John R. 2001. "Places Remoted and Islanded". *Michigan Quarterly Review* 40 (1): 39-58.

Ginsburg, Faye. 1999. "The Parallax Effect: The Impact of Aboriginal Media on Ethnographic Film". En *Collecting Visible Evidence*, editado por Michael Renov y Jane Gaines. 156-174. Minneapolis: University of Minnesota Press.

Giorgi, Gabriel. 2014. *Formas comunes: animalidad, cultura, biopolítica*. Buenos Aires: Eterna Cadencia.

Girardi-Bunster, Antonia. 2019. *Cartografías afectivas en el cine documental chileno contemporáneo. Una mirada comparativa hacia el documental argentino reciente*. Tesis de Maestría en Estudios Latinoamericanos, Universidad de Chile, http://bit.ly/2MMM8cc.

Goddard, Michael. 2013. *The Cinema of Raúl Ruiz: Impossible Cartographies*. London: Wallfower.

Gonçalves dos Reis Filho, Osmar ed. 2014. *Narrativas Sensoriais: ensaios sobre cinema e arte contemporânea*. Rio de Janeiro: Circuito.

Gonçalves dos Reis Filho, Osmar. 2012. "Reconfigurações do olhar: o háptico na cultura visual contemporânea". Visualidades 10 (2): 75-88.

Gorbman, Claudia. 1987. *Unheard melodies: narrative film music*. Blommington: Indiana UP.

Gorelik, Adrián. 2014. "Materiales de la memoria", *Informe Escaleno*, 29 de marzo. Consultado en 10 de abril de 2015.

Gregg, Melissa y Seigworth Gregory, eds. 2010. *The Affect Theory Reader*. Durham: Duke UP.

Grosz, Elizabeth. 2008. *Chaos, Territory and Art*. New York: Columbia UP.

Guénot, Celine. 2015. "Interview Fidmarseille Daily", *Toponimia PressKit*, 13-14.

Guimarães Rosa, João. 2006. *Grande Sertão: Veredas*. Rio de Janeiro: Editora Nova Fronteira.

Guimarães, Cao. 2011. "A Arte do Sentido" (entrevista concedida a Gabriel Carneiro), *Revista de Cinema*, 20 de septiembre.

Guimarães, Cao. 2008. "O documentário e a trilogia da solidão" (entrevista concedida a Paula Guedes), *Repique*, http://bit.ly/2mHW50m.

Guimarães, Cao. 2007. "Documentário e subjetividade: uma rua de mão dupla". En *Sobre fazer documentários*. Varios autores. 68-73. São Paulo: Itaú Cultural.

Gumbrecht, Hans. 2012. *Atmosphere, Mood, Stimmung*. Stanford: Stanford UP.

Gumbrecht, Hans. 2004. *Production of Presence: What Meaning Cannot Convey*. Stanford: Stanford University Press.

Hardt, Michael. 2007. "Foreword: What Affects Are Good For". En *The Affective Turn*, editada por Patricia Clough. 34-37. Durham: Duke University Press.

Harley, Brian. 2001. *La nueva naturaleza de los mapas. Ensayos sobre la historia de la cartografía*. México: Fondo de Cultura Económica.

Harvey, David. 1990. "Between Space and Time: Reflections on the Geographical Imagination". *Annals of the Association of Geographers* 80: 418-34.

Hay, Peter. 2006. "A Phenomenology of Islands" *Island Studies Journal* 1 (1): 19-42.
Heath, Stephen. 1986. "Narrative Space". En *Narrative, Apparatus, Ideology: A Film Theory Reader*, editado por Philip Rosen, New York: Columbia UP.
Heidegger, Martin. 1994. "Construir, habitar, pensar". En *Conferencias y artículos*. Trad. de Eustaquio Barjau. 127-142. Barcelona: Ed. del Serbal.
Heinemann, David. 2013. "Siren song: the narrating voice in two films by Raúl Ruiz". *Comparative Cinema* 1 (3): 66-75.
Hemmings, Clare. 2005. "Invoking Affect: Cultural Theory and the Ontological Turn", *Cultural Studies* 19 (5): 548-567.
Hernaiz, Sebastián. 2008. "Notas sobre el río en la literatura argentina 2", *El intrepretador* 33, 20 de mayo.
Hochschild, Arlie 2008. *La mercantilización de la vida íntima*. Buenos Aires: Katz.
Houaiss, Antônio. 2001. *Dicionário Houaiss da Língua Portuguesa*. Rio de Janeiro: Objetiva (Instituto Antônio Houaiss de Lexicografia e Banco de Dados da Língua Portuguesa).
Huyssen, Andreas. 2007. "La nostalgia de las ruinas", *Punto de Vista* 87: 36-42.
Illouz, Eva. 2009. *El consumo de la utopía romántica*. Buenos Aires: Katz.
Illouz, Eva. 2007. *Intimidades congeladas*. Buenos Aires: Katz.
Incarbone, Florencia. 2014. "El caminar como génesis de la desobediencia", *Hambre. Espacio cine experimental*: 28-29.
Ingold, Tim. 1993. "The Temporality of the Landscape", *World Archaeology* 25 (2): 24-7.
Jazairy, El Hadi y Melissa Vaughn. 2011. *Scales of the Earth*. Cambridge, Mass: Harvard University Graduate School of Design.
Jelin, Elizabeth y Victoria Langland, eds. 2003. *Monumentos, memoriales y marcas territoriales*. Buenos Aires, Siglo Veintinuo.
Johnston, Robert, Derek Gregory y David M. Smith. 1994. *The Dictionary of Human Geography*. Oxford, UK: Blackwell Reference.
Jones, Owen. 2005. "An Emotional Ecology of Memory, Self and Landscape", *Emotional Geographies*. Ed. Davidson, Joyce, Bondi, Liz, y Smith, Mick. Aldershot. 205-218. England: Ashgate.
Kale, Gül. 2005. "Interacción del cine y la arquitectura: mirando a través de la primera mitad del siglo xx", *Bifurcaciones* 3, http://bit.ly/2mUhEdU.
Kassabian Anahid. 2003. "The Sound of New Film Form". En: *Popular Music and Film*. Ed. Ian Inglis. 91-101. London: Wallflower Press.
Koza, Roger. 2016. "De la buena glosa cinematográfica. Diálogo sobre *El limonero real* con Gustavo Fontán", *Con los ojos abiertos* (septiembre de 2016), http://ojosabiertos.wordpress.com.
Koza, Roger. 2015. "El plano que se abisma. El cine de Gustavo Fontán", *Con los ojos abiertos* (2015), http://ojosabiertos.wordpress.com.

Koza, Roger. 2013. "Especies de espacios", *Con los ojos abiertos* (julio de 2013), http://ojosabiertos.wordpress.com.

Koza, Roger. 2008. "Las sorprendentes aventuras de Mariano Llinás", entrevista con Mariano Llinás, http://ojosabiertos.wordpress.com.

Kratje, Julia. 2016. "Ficciones de viaje, nomadismo y retorno en Ana y los otros (Celina Murga, 2003) y *Una novia errante* (Ana Katz, 2007)". *Imagofagia. Revista de la Asociación Argentina de Estudios de Cine y de Audiovisual* 1: 1-26.

Kuhn, Annette. *Family Secrets: Acts of Memory and Imagination*. London: Verso, 2002.

Labanyi, Jo. 2010. "Doing things: Emotion, Affect, and Materiality", *Journal of Spanish Cultural Studies* 11 (3-4): 223-233.

Lagos Labbé, Paola. 2015. "El súper 8 mm como imagen intersticial en la *Trilogía Cartas Visuales*, de Tiziana Panizza", *Nuevas travesías por el cine chileno y latinoamericano*. Ed. Mónica Villarroel, Editorial LOM. Santiago de Chile.

Lagos Labbé, Paola. 2011. "Ecografías del 'Yo': Documental autobiográfico y estrategias de (auto)representación de la subjetividad". *Comunicación y Medios* 24: 60-80.

Lefebvre, Henri. 2014. *Toward an Architecture of Enjoyment*. Minneapolis: University of Minnesota Press.

Lefebvre, Henri. 1991. *The Production of Space*. Malasia: Blackwell Publishing.

Lefebvre, Martin. 2006. "Between Setting and Landscape in the Cinema". *Landscape and Film*. New York: Routledge.

Lejeune, Philippe. 2008. "Las modulaciones del 'yo' en el documental contemporáneo". En *Cineastas frente al espejo*, editado por Martín Gutiérrez. 27-33. Madrid: T&B Ediciones.

Lie, Nadia. 2017. *The Latin American (Counter-) Road Movie and Ambivalent Modernity*. New York: Palgrave Macmillan.

Ligget, Helen y David C. Perry. 1995. "Spatial Practices: An Introduction". *Spatial Practices: Critical Explorations in Social/Spatial Theory*. 1-11. Thousand Oaks, California: Sage.

Lima, Nísia Trindade. 1999. *Um sertão chamado Brasil: intelectuais e representação geográfica da identidade nacional*. Rio de Janeiro: IUPERJ, Universidade Candido Mendes.

Linebaugh, Peter y Marcus Rediker. 2005. *La hidra de la revolución: marineros, esclavos, comunes y la historia desconocida del Atlántico*. Crítica: Barcelona.

Lins, Consuelo y Cláudia Mesquita. 2008. *Filmar o real, sobre o documentário brasileiro contemporâneo*. Rio de Janeiro: Jorge Zahar Editor.

Lins, Consuelo. 2014. "Ex-isto: Descartes como figura estética do cinema de Cao Guimarães". En *Narrativas Sensoriais: ensaios sobre cinema e arte contemporânea*, editado por Osmar Gonçalves dos Reis Filho. 83-102. Rio de Janeiro: Circuito.

Lins, Consuelo. 2007. "O filme-dispositivo no documentário brasileiro contemporâneo". En *Sobre fazer documentários*. Varios Autores. 44-51. São Paulo: Itaú Cultural.

Llinás, Mariano. 2011. "Un experimento con el río". En *Paraná Ra'anga: un viaje filosófico*, editado por Martín Prieto y Graciela Silvestri. Rosario, Argentina: Centro Cultural Parque de España.

Lois, Carla. 2019. "Imperfectos, improbables e imprecisos: los mapas de Jorge Macchi y el mundo de lo real". En *Más allá de la naturaleza. Prácticas y configuraciones espaciales en la cultura latinoamericana contemporánea*, editado por Irene Depetris Chauvin y Macarena Opazo. 81-100. Santiago de Chile: Ediciones Universidad Alberto Hurtado.

Lois, Carla. 2018. *Terrae incognitae: modos de pensar y mapear geografías desconocidas*. Buenos Aires: Eudeba.

Lois, Carla. 2015. "El mapa, los mapas. Propuestas metodológicas para abordar la pluralidad y la inestabilidad de la imagen cartográfica". *Geograficando*, 11 (1): 1-24.

Lois, Carla. 2013. "La Argentina a mano alzada. El sentido común geográfico y la imaginación gráfica en los mapas que dibujan los argentinos". *Geografía y cultura visual: los usos de las imágenes en las reflexiones sobre el espacio*, editado por Carla Lois y Verónica Hollman. 167-189. Prohistoria.

Longoni, Ana. 2016. "Policía de la memoria (en réplica a Marcelo Birmajer y sus ataques al Parque de la Memoria)", *Revista Ramona*, 7 de marzo.

Lopes, Denilson. 2016. *Afetos, relações e encontros com filmes brasileiros contemporâneos*. São Paulo: Hucitec.

Losiggio, Daniela y Cecilia Macón eds. 2017. *Afectos políticos: ensayos sobre actualidad*. Madrid: Miño y Dávila Editores.

Love, Heather. 2009. "The Art of Losing". En *Lost and Found: Queering the Archive*, editado por Mathias Danbolt, Jane Rowley y Louis Wolthers. 69-85. Copenhagen: Nikolaj Copenhagen Contemporary Art Center.

Lowenthal, David. "Geography, Experience and Imagination: Towards a Geographical Epistemology", *Annals of the Association of American Geographers* 51.3 (Sep., 1961): 241-260.

Lusnich, Ana Laura. 2007. *El drama social-folclórico: el universo rural en el cine argentino*. Buenos Aires: Biblos.

MacDougall, David. 1995. "Beyond Observational Cinema". En *Principles of Visual Anthropology*. 115-132. Nueva York, Mouton de Gruyter.

Macón, Cecilia. 2013. "Sentimus ergo sumus: el surgimiento del 'giro afectivo' y su impacto sobre la filosofía política". *Revista Latinoamericana de Filosofía Política* II (6): 1-32.

Macón, Cecilia y Mariela Solana eds. 2015. *Pretérito indefinido. Afectos y emociones en las aproximaciones al pasado*. Buenos Aires: Título.

Maddern, Jo Frances y Peter Adey. 2008. "Editorial: Spectro-Geographies". *Cultural Geographies* 15 (3): 291-95.

Malosetti Costa, Laura. 2016. "Polémica con Birmajer", *Clarín*, 6 de marzo.

Maranghello, César, Elina M. Tranchini y Emilio D. Díaz. 1999. *El cine argentino y su aporte a la identidad nacional*. Buenos Aires: Federación Argentina de la Industria Gráfica y Afines.

Marín, Pablo. 2013. "Ignacio Agüero: "Hago cada película como si fuera la primera" (Entrevista). *Revista Capital*, 26 de julio.
Marks, Laura. 2000. *The Skin of the Film. Intercultural Cinema, Embodiment, and the Senses*. Durham: Duke UP.
Marrati, Paola. 2004. *Gilles Deleuze: cine y filosofía*. Buenos Aires: Nueva Visión.
Martin, Adrián. 2013. "Metamorfosis íntima: el cine y el espacio arquitectónico", *Bifurcaciones*, 29 de octubre.
Martins, Laura. 2014. "Contra la museificación del mundo: *La orilla que se abisma* (2008) y *La casa* (2012) de Gustavo Fontán". *Studies in Spanish & Latin American Cinemas* 11 (2): 167-177.
Martyniuk, Claudio. 2015. "Cuatro topos nimios". En *Toponimia PressKit*, 16-19.
Massey, Doreen. 2012. *For Space*. Los Angeles: SAGE.
Massumi, Brian. 1995. "The Autonomy of Affect". *Cultural Critique*: 83-109.
May, Jon y Nigel Thrift. 2001. *TimeSpace: geographies of temporality*. London: Routledge.
Medina, Manuel. 2007. "Orgullosamente (no) argentinos: la estética de la migración y la identidad en el cine argentino contemporáneo". El cine argentino de hoy: evaluación de las conexiones/coincidencias entre estética y política, editado por Viviana Rangil. 103-117. Buenos Aires: Biblos.
Merchant, Paul. 2018. "Spectres of hierarchy in a Chilean domestic archive". *Journal of Romance Studies 18* (2): 251-273, http://bit.ly/2ohyMdY.
Migliorin, Cézar. 2006. "A superfície de um lago. Bate-papo com Cao Guimarães". En *Revista Cinética*, 20 de diciembre.
Mistral, Gabriela. 1931. "Mapa audible de Chile", *El Mercurio*, 21 de octubre.
Mistral, Gabriela. 1930. "Cinema documental para América". *Revista Atenea* 61, marzo de 1930.
Mitchell, W. J. T. 2002. *Landscape and Power*. Chicago: University of Chicago Press, 1994.
Moguillansky, Marina. 2018. "Cine, Identidades y Comunidades. Reflexiones metodológicas a partir de una investigación sobre cine e imaginarios sociales en el Mercosur". *De Prácticas y Discursos: Cuadernos de Ciencias Sociales* 7 (9): 231-251. DOI: http://dx.doi.org/10.30972/dpd.792809.
Moisés, José Álvaro. 2003. "A new policy for Brazilian Cinema". En *The New Brazilian Cinema*, editdo por Lúcia Nagib. 3-22 Londres: I. B. Tauris.
Molfetta, Andrea. 2011. "Naturaleza y personaje en el cine latinoamericano del nuevo siglo". En *Reflexiones teóricas sobre cine contemporáneo*, editado por Lauro Zavala. 45-58. México: Toluca de Lerdo, Gobierno del Estado de México.
Montaldo, Graciela. 1986. *Juan José Saer. El limonero real*. Buenos Aires: Hachette.
Montaldo, Graciela. 1993. *De pronto, el campo: literatura argentina y tradición rural*. Rosario: Beatriz Viterbo Editora.

Montecino, Sonia. 2010. "Duelos y mitos en la memoria sísmica chilena. El reemplazo del rito de pérdida por la pornografía de la muerte". Repositor.u. chile.cl.

Morales, Iván. 2012. "Indagaciones sobre la voz over en el cine de Mariano Llinás. Una vuelta exacerbada a la narración". III Congreso de AsAECA, Córdoba.

Moraña, Mabel e Ignacio Sánchez Prado eds. 2014. *El lenguaje de las emociones. Afecto y cultura en América Latina*. Madrid: Iberoamericana / Vervuert.

Mouesca, Jacqueline. 1988. "Raúl Ruiz: un cine sin fronteras". En *Plano secuencia de la memoria de Chile: veinticinco años de cine chileno (1960-1985)*. Madrid: Ediciones del Litoral.

Moure, Clelia. 2005. "La ausencia de la dicotomía sujeto-objeto en la poesía de Juan L. Ortiz". *Cuadernos para investigación de la literatura hispánica* 30: 365-378.

Munro, Kim. 2017. "Rethinking first-person testimony through a vitalist account of documentary participation". *Frames Cinema Journal* 12: 1-15.

Nagib, Lúcia. 2006. *A Utopia no Cinema Brasileiro: Matrizes, Nostalgia, Distopias*. São Paulo: Cosac Naify.

Nancy, Jean-Luc. 2006. *Ser singular plural*. Madrid: Arena Libros.

Ngai, Sianne. 2007. *Ugly Feelings*. Cambridge: Harvard UP.

Nichols, Bill. 2006. "El documental performativo". En *Postverité*, editado por Berta Sichel. 197-221. Murcia: Centro Párraga.

Nichols, Bill. 2001. *Introduction to Documentary*. Bloomington: Indiana UP.

Nichols, Bill. 1997. *La representación de la realidad. Cuestiones y conceptos sobre el documental*. Barcelona: Paidós.

Nora, Pierre. 2001. *Rethinking France: Les lieux de mémoire*. Chicago: University of Chicago Press.

O'Sullivan, Simon. 2001. "The Aesthetics of Affect: Thinking Art Beyond Representation". *Angelaki* 6 (3): 125-135.

Oricchio, Luiz Zanin. 2003. "The sertão in the Brazilian imaginary at the end of the millennium". En *The New Brazilian Cinema*, editado por Lúcia Nagib. 139-56. Londres: I. B. Tauris.

Orteaga, María Luisa. 2008. "Cine y autobiografía, problemas de vocabulario". En: *Cineastas frente al espejo*, editado por Martín Gutiérrez. 55-82. Madrid: T&B Ediciones.

Ortiz, Juan Laurentino. 1938. *El ángel inclinado (1937)*. Buenos Aires: Feria.

Oubiña, David. 2010. "El fragmento y la detención. Literatura y cine en Juan José Saer". *Revista Crítica Cultural* 5 (2): 433-442.

Oubiña, David. 2002. "Un mapa arrasado. Nuevo cine argentino de los 90". *Nueva sociedad* 20/21: 193-205.

Oubiña, David. 1994. "Exilios y regresos". *Cine argentino en democracia, 1983-1993*. Ed. Claudio España, Buenos Aires: Fondo Nacional de las Artes.

Page, Joanna. 2007. "Identidades posnacionales y estrategias de reterritorialización en el cine argentino contemporáneo". En *Cines al margen: nuevos modos de representación en el cine argentino contemporáneo*, editado por María J. Moore y Paula Wolkowicz. 51-68. Buenos Aires: Libraria.

Palma, Marisol. 2014 a. "Recorrido fragmentario por las memorias de los terremotos en Chile". *Iberoamericana* XIV (55): 163-177.

Palma, Marisol. 2014 b. *Fotografías de Martín Gusinde en Tierra del Fuego (1919-1924): la imagen material y receptiva*. Santiago, Chile: Ediciones Universidad Alberto Hurtado.

Paredes, Pablo. 2012. "Chile, Marx y los terremotos". *Página/12*, 25 de marzo.

Pasolini, Pier Paolo y Eric Rohmer. 1976. *Cine de poesía contra cine de prosa*. Barcelona: Anagrama.

Paterson, Mark. 2009. "Haptic geographies: ethnography, haptic knowledges and sensuous dispositions". *Progress in Human Geography* 33(6), 766-788.

Paterson, Mark. 2007. *The Senses of Touch: Haptics, Affects, and Technologies*. Oxford: Berg.

Peliowski, Amari y Catalina Valdes eds. 2014. *Una geografía imaginada Diez ensayos sobre arte y naturaleza*. Santiago: Editorial Metales Pesados.

Perec, Georges. 1999. *Especies de espacios*. Barcelona: Montesinos.

Perel, Jonathan. 2015. "Cine contramonumento". *Constelaciones* 7: 516-518.

Pérez Villalón, Fernando. 2014. "En el mar de la mirada". *Letras en Línea*, 12 de marzo, http://bit.ly/2nEs6X6.

Piedras, Pablo. 2016. "The Mobility Turn in Contemporary Latin American First Person Documentary". En *Latin American Documentary in the New Millennium*, editado por María Guadalupe Arenillas y Michael J. Lazzara. 79-95. New York: Palgrave Macmillan.

Piglia, Melina y Pastoriza, Elisa. 2013. "El turismo y sus historias. Introducción al Dossier: El turismo como campo de reflexión (indagación) histórica: políticas públicas, prácticas y representaciones". *Registros. Revista de indagación histórica*, FAUD, UNMdP: 2-7.

Pile, Steve. 2009. "Emotions and Affect in Recent Human Geography". *Transactions of the Institute of British Geographers* 35: 5-10.

Pink, Sarah. 2009. "Situating Sensory Ethnography: From Academia to Intervention". *Doing Sensory Ethnography*. 132-155. Londres, Sage.

Podalsky, Laura. 2011. *The Politics of Affect and Emotion in Contemporary Latin American Cinema: Argentina, Brazil, Cuba, and Mexico*. New York: Palgrave Macmillan.

Porta Fouz, Javier. 2009. "Algunas cosas que nos gusta suponer que sabemos sobre el cine de Llinás". En *Historias Extraordinarias. Nuevo Cine Argentino (1999-2008)*, editado por Jaime Peña. Las Palmas: Festival Internacional de Cine de Las Palmas.

Prysthon, Angela. 2019. "Paisajes soñados: imaginación geográfica y deriva melancólica en Jauja". En *Más allá de la naturaleza. Prácticas y configuraciones espaciales en la cultura latinoamericana contemporánea*, editado por

Irene Depetris Chauvin y Macarena Opazo, 81-100. Santiago de Chile: Ediciones Universidad Alberto Hurtado.
Prysthon, Angela. 2006. "Da alegoria continental às jornadas interiores: o road movie latino-americano contemporáneo". *Icone* 2 (9): 113-124.
Ramírez Aliaga. 2004. *Rapa Nui. Manual de arqueología e historia*. Valparaíso: Universidad de Valparaíso. Centro de Estudios Rapa Nui.
Ramos, Fernão. 1990. *História do cinema brasileiro*. São Paulo: Art.
Rancière, Jacques. 2014. *El reparto de lo sensible*. Buenos Aires: Prometeo Libros.
Rancière, Jacques. 2002. *La división de lo sensible: estética y política*, Salamanca: Consorcio.
Rawson, Philip y Piers B. 2005. *Art and Time*. Madison, NJ: Fairleigh Dickinson University Press.
Reber, Dierdra. 2016. *Coming to Our Senses: Affect and an Order of Things for Global Culture*. New York: Columbia University Press.
Renov, Michael. 2004. *The Subject of Documentary*. Minneapolis: University of Minnesota Press.
Roberts, Les. 2015. *Mapping cultures: place, practice, performance*. Houndmills, Basingstoke, Hampshire: Palgrave Macmillan.
Rocha, Glauber. 2011. *La revolución es una eztetyka*. Buenos Aires: Caja Negra.
Rodaway, Paul. 1994. *Sensuous geographies body, sense, and place*. London: Routledge.
Rodriguez-Remedí, Alejandra. 2009. "*Cofralandes*: A Formative Space for Chilean Identity". En *Visual Synergies in Fiction and Documentary Film from Latin America*, editado por Miriam Haddu y Joanna Page. 87-104. New York: Palgrave MacMillan.
Rodríguez, Fermín. 2015. "Laboratorios de un arte todavía sin nombre". *Revista Ñ*, 26 de marzo.
Rodríguez, Fermín. 2010. *Un desierto para la nación*. Buenos Aires: Eterna Cadencia.
Rony, F. T. 1996. *The Third Eye: Race, Cinema and Ethnographic Spectacle*. Durham: Duke UP.
Rosenstone, Robert. 1998. *El pasado en imágenes. El desafío del cine a nuestra idea de la historia*. Barcelona: Ariel.
Ruiz, Raúl. 2013. *Poéticas del cine*. Trad. Alan Pauls. Santiago: Ediciones UDP.
Ruoff, Jefrey, ed. 2006. *Virtual voyages: Cinema and Travel*. Londres: Duke University Press.
Russell, Catherine. 1999. *Experimental ethnography. The work on film in the age of video*. Durham: Duke University Press.
Russell, Catherine. 2007. "Otra mirada". *Archivos de la Filmoteca. Revista de estudios históricos sobre la imagen*. 57-58: 116-152.
Russo, Eduardo. 1998. *Diccionario de cine; estética, crítica, técnica, historia*. Buenos Aires, Barcelona, México, Paidós.

Russo, Sebastián. 2014. "Fantasmas pese a todo Memoria, (des)apariciones y (teorías de la) representación en *Las aguas del olvido* (2013), de Jonathan Perel". *Toma Uno* 3: 189-195.
Sadek, Isis. 2016. "Propuestas para el análisis de espacio fílmico y dimensión social en los cines de brasil e hispanoamérica", *Hispanófila* 177: 221-238.
Sadek, Isis. 2013. "Memoria espacializada y arqueología del presente en el cine de Patricio Guzmán". *Revista cine documental* 8: 28-71, http://bit.ly/2oqKLWZ.
Sadek, Isis. 2010. "A *sertão* of migrants, flight and affect: Genealogies of place and image in Cinema Novo and contemporary Brazilian cinema". *Studies in Hispanic Cinemas* 7: 59-72.
Saer, Juan José [1974] 2011. *El limonero real*. Buenos Aires: Seix Barral.
Saer, Juan José. 1991. *El río sin orillas. Tratado imaginario*. Buenos Aires: Alianza Editorial.
Sánchez Navarro, Jordi. 2005. "(Re)construcción y (re)presentación. Mentira hiperconsciente y falso documental". En *Documental y Vanguardia*, editados por Casimiro Torreiro y Josetxo Cerdán. 85-108 Madrid: Cátedra.
Sarlo, Beatriz. 1994. "No olvidar la guerra de Malvinas. Sobre cine, literatura e historia". *Punto de Vista* 49: 11-5.
Sastre, Camila. 2011. "Reflexiones sobre la politización de las arpilleristas chilenas (1973-1990)", *Revista Sociedad y Equidad* 0.2: s. p.
Schaeffer, Pierre. 2004. "Acousmatics". En *Audio Culture. Readings in Modern Music*, antología de Christoph Cox y Daniel Warner, 29-39. N.Y.-London: Continuum.
Schama, Simon. 1995. *Landscape and Memory*. New York: A. A. Knopf.
Schindel, Estela y Pamela Colombo ed. 2014. *Space and the Memories of Violence: Landscapes of Erasure, Disappearance and Exception*. Houndmills, Hampshire: Palgrave Macmillan.
Schlunke, Katrina. 2013. "Memory and materiality" *Memory Studies* 6 (3): 253-261.
Schøllhammer, Karl-Erik. 2012. "Realismo Afetivo: Evocar Realismo Além Da Representação". *Estudos De Literatura Brasileira Contemporânea*: 129-150.
Sedgwick, Eve K. 2003. *Touching feeling: Affect, pedagogy and performativity*. Durham: Duke University Press.
Sharp, Laura, y Chris Lukinbeal. 2015. "Film Geography: A Review and Prospectus". *Mediated Geographies and Geographies of Media*, editado por Susan Mains, Julie Cupples, y Chris Lukinbeal, 21-35. Dordrecht, The Netherlands: Springer.
Shaviro, Steven. 1993. *The Cinematic Body*. Minneapolis: University of Minnesota Press.
Shell, Marc. 2014. "Defining Islands and Isolating Definitions". *Islandology. Geography, Rhetoric, Politics*. 13-25. Stanford, California: Stanford University Press.
Shiel, Mark. 2011. "Cinema and the City in History and Theory". *Cinema and the City*. 1-18. Oxford: Blackwell Publishers.

Smithson, Robert. 1966. "Entropy and the New Monuments". *Artforum* 10: 26-31.
Sobchack, Vivian. 2010. *Carnal Thoughts: Embodiment and Moving Image Culture*. Berkeley, California: University of California Press.
Soja, Edward. 1989. *Postmodern Geographies: The Reassertion of Space in Critical Social Theory*. London: Verso.
Souza Vieira, Marcelo Dídimo. 2013. "Documento porque ficciono, ficciono porque documento: a ressignificação de imagens de arquivo no cinema brasileiro". *Realidade Ficção* 20 (1): 5-18.
Souza Vieira, Marcelo Dídimo. 2011. "El cangaço en el cine brasileño". *Razón y Palabra* 16 (76): 1-11.
Staniscia, Stefania. 2017. "The 'Island Effect': Reality or Metaphor?". *New Geographies* 08 "Islands", eds. Daou, D. and P. Pérez-Ramos, Harvard University Press.
Subercaseaux, Benjamín. 1950. *Jemmy Button*. Santiago de Chile: Editorial Ercilla.
Taccetta, Natalia e Irene Depetris Chauvin eds. 2019. *Afectos, historia y cultura visual. Una aproximación indisciplinada*. Buenos Aires: Prometeo Editorial.
Tal, Tzvi. 2007. "Malvinas: mito cinematográfico y proyecto de nación". Recuperado de http://bit.ly/2Jorqx3.
Thies, Sebastian. 2012. "Nomadic Narration and Deterritorialized Nationscape in *Cofralandes: Rapsodia chilena* (2004) by Raúl Ruiz". En *Screening the Americas. Narration of Nation in Documetary Film*, editado por Josef Raab, Sebastian Thies y Daniela Noll-Opitz. 279-303. Trier: Wissenschaftlicher Verlag.
Thrift, Nigel. 2008. *Non-representational Theory. Space, Politics, Affect*. London: Routledge.
Tompkins, Cynthia. 2018. *Affectual erasure representations of indigenous peoples in Argentine cinema*. Albany, NY SUNY Press.
Trinh, T. Minh-ha. 1993. "The Totalizing Quest for Meaning". En *Theorizing Documentary*, ed. por Michael Renov. 90-117. New York: Routledge.
Urban, Rafael. 2010. "Longe de casa" (entrevista com Karim Aïnouz). *Juliette Revista de Cinema*.
Urrutia, Carolina. 2013. *Un cine centrífugo: ficciones chilenas 2005-2010*. Santiago: Cuarto Propio.
Urrutia, Carolina. 2010. "Hacia una política en tránsito: ficción en el cine chileno (2008- 2010)", *Aisthesis* 47: 33-44.
Urry, John. 2007. "Culturas móviles". En *Viajes y geografías: exploraciones, turismo y migraciones en la construcción de lugares*, editado por Perla Zusman, Carla Lois y Hortensia Castro. 17-31 Buenos Aires: Prometeo.
Valdés, Catalina. 2014. "Por un paisaje nacional: la montaña como imagen de Chile en la pintura del siglo XIX". En *Los riesgos traen oportunidades. Transformaciones globales en los Andes sudamericanos*, editado por Axel Borsdorf, Rafael Sánchez, Rodrigo Hidalgo y Hugo Marcelo Zunino. 109-126. Santiago de Chile: GEOlibros 20, Instituto de Geografía, PUC de Chile.

Valenzuela Prado, Luis. 2010. "Desplazamientos Nimios en el Cine Latinoamericano (2000-2010)", *Aisthesis* 48: 141-154.
Vargas, Maia. 2017. "Un cine-monstruo para un territorio monstruoso", *Revista La Fuga*.
Vicuña, Manuel. 1995. *La imagen del desierto de Atacama (XVI-XIX). Del espacio de la disuasión al territorio de los desafíos*. Santiago: Editorial de la USACH.
Vidal e Souza, Candice. 1997. *A pátria geográfica: sertão e litoral no pensamento social brasileiro*. Goiânia: Editora UFG.
Vidaurrázaga, Teresa. 2012. "Ka tere te vaka. Kai Kai rapanui. Una aproximación crítica a su clasificación como juego". En *Cultures populaires et cultures savantes dans les Amériques, Amerika* 6.
Vidler, Anthony. 1993. "The Explosion of Space: Architecture and the Filmic Imaginary". *Assemblage* 21: 44-59.
Vitullo, Julieta. 2012. *Islas imaginadas: La guerra de Malvinas en la literatura y el cine argentinos*. Buenos Aires: Corregidor.
Viveiros de Castro, Eduardo. 2014. *Cannibal Metaphysics*. Minneapolis: Univocal.
Walas, Guillermina. 2015. "Sobre los pueblos y sus nombres". En *Informe Escaleno*, 20 de abril.
Walker, Carlos. 2011. "El despertar de la imagen en Juan José Saer". En *Revista Badebec*, Rosario, 2 (1): 162-184.
Weinrichter, Antonio. 2005. "Jugando en los archivos de lo real. Apropiación y remontaje en el cine de no ficción". En *Documental y Vanguardia*, editado por Casimiro Torreiro y Josetxo Cerdán. 43-64. Madrid: Ediciones Cátedra.
Wiedemann, Sebastian. 2014. "Entre Folhas: Cao Guimarães y la poética de la microexpresión". *Hambre. Espacio cine experimental*: 19-21.
Woodward, Christopher. 2011. *In Ruins*. London: Chatto & Windus.
Wylie, John. 2009. "Landscape, Absence and the Geographies of Love", *Transactions of the Institute of British Geographers* 34: 275-89.
Wylie, John. 2005. "A Single Day's Walking: Narrating Self and Landscape on the South West Coast Path", *Transactions of the Institute of British Geographers* 30 (2): 234-247.
Xavier, Ismail. 2003. "Brazilian Cinema in the 1990s: The unexpected encounter and the resentful character". En *The New Brazilian Cinema*, editado por Lúcia Nagib. 39-64. London: I. B. Tauris.
Xavier, Ismail. 1993. *Alegorias do subdesenvolvimento*. São Paulo, Brasiliense.

Filmografía

17 monumentos. Jonathan Perel, Argentina, 2012.
74m2. Dir. Tiziana Panizza y Paola Castillo, Chile, 2012.
A Alma do Osso. Dir. Cao Guimarães, Brasil, 2004.
A Cantoria. Dir. Geraldo Sarno, Brasil, 1970.
Acidente. Dir. Cao Guimarães, Brasil, 2002.
Adormecidos. Dir. Clarissa Campolina, Brasil, cortometraje, 2011.
Al final: la última carta. Dir. Tiziana Panizza. Chile, Super 8 mm, mediometraje, 2012.
Ana y los otros. Dir. Celina Murga, Argentina, 2005.
Andarilho. Dir. Cao Guimarães, Minas Gerais, Brasil, 2007.
Aquí se construye (o ya no existe el lugar donde nací). Dir. Ignacio Agüero, Chile, 2000.
Árido Movie. Dir. Lírio Ferreira, Brasil, 2004.
Balnearios. Dir. Mariano Llinás, Argentina, 2002.
Brises. Dir. Enrique Ramírez. Chile-Francia, cortometraje, 2008.
Cien niños esperando un tren. Dir. Ignacio Agüero. Chile, 1989.
Cinema, Aspirinas e Urubus. Dir. Marcelo Gomes, Brasil, 2005.
Cofralandes. Parte I: Rapsodia chilena. Hoy en día. Dir. Raúl Ruiz. Chile, 2002.
Cofralandes. Parte II: Rostros y rincones. Dir. Raúl Ruiz. Chile, 2002.
Cofralandes. Parte III: Museos y clubes en la región Antártica. Dir. Raúl Ruiz. Chile, 2002.
Cofralandes. Parte IV: Evocaciones y valses. Dir. Raúl Ruiz. Chile, 2002.
Como me da la gana. Dir. Ignacio Agüero, Chile. 1985.
Cómo pasan las horas. Dir. Inés de Oliveira Cézar, Argentina, 2005.
Da janela do meu quarto. Dir. Cao Guimarães, Brasil, 2004.
De jueves a domingo. Dir. Dominga Sotomayor Castillo, Chile, 2012.
Dear Nonna: A Film Letter. Dir. Tiziana Panizza. Chile, Super 8 mm, cortometraje, 2004.
Deserto Feliz. Dir. Paulo Caldas, Brasil, 2007.
Deus e o Diabo na Terra do Sol. Dir. Glauber Rocha, Brasil, 1964.
El árbol. Dir. Gustavo Fontán. Argentina, 2006.
El botón de nácar. Dir. Patricio Guzmán, Chile/Francia, 2015.
El cielo, la tierra y la lluvia. Dir. José Luis Torres Leiva, Chile, 2008.

El escarabajo de oro. Dir: Alejo Moguillansky y Fia-Stina Sandlund, Argentina/Dinamarca, 2014.
El limonero real. Dir. Gustavo Fontán. Argentina, 2016.
El otro día. Dir. Ignacio Agüero, Chile. 2012.
El predio. Dir. Jonathan Perel, Argentina, mediometraje, 2010.
El rostro. Dir. Gustavo Fontán. Argentina, 2013.
Elegía de abril. Dir. Gustavo Fontán. Argentina, 2010.
Ex Isto. Dir. Cao Guimarães, Brasil, 2010.
Historias extraordinarias. Dir. Mariano Llinás, Argentina, 2008.
Histórias que só existem quando lembradas. Dir. Júlia Murat, 2011, Brasil.
Jauja. Dir. Lisandro Alonso, Argentina. 2014.
La casa. Dir. Gustavo Fontán. Argentina, 2012.
La flor. Dir. Mariano Llinás, Argentina, 2018.
La forma exacta de las islas. Dir. Daniel Casabé y Edgardo Dieleke, Argentina, 2012.
La mamá de mi abuela le contó a mi abuela. Dir. Ignacio Agüero, 2004.
La orilla que se abisma. Dir. Gustavo Fontán, Argentina, 2008.
Las aguas del olvido. Dir. Jonathan Perel, Argentina, cortometraje, 2013.
Le jeu de l'oie. Une fiction didactique à propos de la cartographie. Dir. Raúl Ruiz, Francia, mediometraje, 1980.
Liverpool. Dir. Lisandro Alonso, Argentina, 2008.
Los durmientes. Dir. Enrique Ramírez, Chile/Francia, videotríptico, 2014.
Los murales. Dir. Jonathan Perel, Argentina, cortometraje, 2011.
Mauro em Caiena. Dir. Leonardo Mouramateus, Brasil, cortometraje, 2012.
Mutum. Dir. Sandra Kogut, Brasil, 2007.
Narradores de Javé. Dir. Eliane Caffé, Brasil, 2003.
Ningún lugar en ninguna parte. Dir. José Luis Torres Leiva, Chile, 2004.
Nostalgia de la luz. Dir. Patricio Guzmán, Chile/Francia, 2010.
O Céu de Suely. Dir. Karim Aïnouz, Brasil, 2006.
O Homem das Multidões. Dir. Cao Guimarães y Marcelo Gomes, Brasil, 2013.
Projeto Thomaz Farkas. Dir. Sérgio Muniz, Geraldo Sarno, Eduardo Escorel y Paulo Gil Soares, videofilms, Brasil, 2010.
Qué historia es ésta y cuál es su final. Dir. José Luis Torres Leiva. 2013.
Radiografía del desierto. Dir. Mariano Donoso. Argentina, 2013.
Remitente: una carta visual. Dir. Tiziana Panizza, Chile, Super 8 mm, cortometraje, 2008.
Rua de mão dupla. Dir. Cao Guimarães, Brasil, 2002.
Serras da desordem. Dir. Andrea Tonacci, Brasil, 2006.
Sertão de acrílico azul piscina. Dir. Marcelo Gomes y Karim Aïnouz, Brasil, 2004.
Sueños de hielo. Dir. Ignacio Agüero, Chile, 1993.
Tabula rasa. Dir. Jonathan Perel, Argentina, 2013.
Tierra en movimiento. Dir. Tiziana Panizza, Chile, 2014.
Tierra sola. Dir. Tiziana Panizza, Chile, 2017.

Toponimia. Dir. Jonathan Perel, Argentina, 2015.
Tres semanas después. Dir. José Luis Torres Leiva, Chile, 2010.
Turistas. Dir. Alicia Scherson, Chile, 2009.
Una novia errante. Dir. Ana Katz, Argentina, 2006.
Une Histoire sans destin. Dir. Enrique Ramírez, Chile/Francia, videotríptico, 2015.
Verano. Dir. José Luis Torres Leiva, Chile, 2011.
Viajo Porque Preciso, Volto Porque te Amo. Dir. Marcelo Gomes y Karim Aïnouz, Brasil, 2009.
Viva Cariri! Dir. Geraldo Sarno, Brasil, 1970.

Índice de contenidos

#

17 monumentos   192, 195, 199
74 m2   79

A

A Alma do Osso   146, 148
A Cantoria   60, 65
adaptación, transposición   127-129
afecto, afectividad   1-4, 6, 9-22, 27-29, 38, 39, 42-44, 46, 49, 51-54, 59, 62, 67-69, 71, 73, 74, 76-79, 81, 82, 84, 88, 90, 95, 98, 101-103, 108, 110, 113, 117, 120-122, 128, 133, 140, 142, 143, 145, 151, 153, 154, 158-160, 163, 164, 168, 169, 171, 173, 182, 184, 185, 193, 200, 203, 204, 210, 214-216, 219
agencia del mapeo   18, 22, 184, 198, 199, 201

agua, acuático   22, 30, 35-37, 45, 52, 72, 82, 88, 89, 94, 97, 125, 130, 132, 133, 135, 146, 147, 171-175, 177, 178, 180-186, 198-200, 207
Agüero, Ignacio   22, 174, 204-206, 208-216
Aguilar, Gonzalo   4, 5, 25, 26, 35
Ahmed, Sara   11, 12
Aïnouz, Karim   19, 42, 49, 50, 52-54, 59, 63-67, 69
Al final: la última carta   79
alegoría, alegórica   8, 10, 36, 42, 43, 53, 58-60, 91, 103, 161, 162
Amazonas   219, 220
anacronismo   2, 10, 13, 18, 22, 91, 168, 171, 172, 179, 184, 214
andariegos   21, 143, 146, 148-151
Andarilho   6, 21, 143-151, 153, 154
Andermann, Jens   4, 42, 46, 53, 58, 59, 67, 120, 157
Anderson, Ben   11, 13

anfibio   94, 97
antropología visual   97
Aquí se construye (o ya no existe el lugar donde nací)   204-206
archivo   10, 31, 32, 49, 50, 59, 60, 64, 67, 69, 87, 90-94, 96-99, 101, 106, 108, 109, 129, 157, 163, 168, 175, 184, 189, 193, 212, 214
Arenillas, Guadalupe   194
archipiélago   6, 20, 88, 89, 91, 102, 104, 103, 106, 108, 114-116, 120, 121, 141, 173, 175, 212
Argentina   4, 6, 22, 27, 33, 75, 104, 110, 115, 116, 172, 175, 178, 181, 191, 195, 196
Atacama, desierto   166-168, 173
Atlas   192, 193, 196, 199
atmósfera   1, 10, 16, 19, 31, 32, 36-38, 45, 63, 76, 80, 81, 108, 116, 117, 122, 135, 136, 138, 139, 145, 151, 160, 161, 167, 200, 215
Augé, Marc   6, 7
Autobiografía   95

B

Bachelard, Gastón   208, 213
Bal, Mieke   8
Baldacchino, Godfrey   88, 103
Balnearios   6, 19, 25-31, 33, 34, 36-39
Banda sonora   49, 63, 98, 148, 151-153, 161, 206
Barker, Jennifer   13
Baron, Jamie   101
Barthes, Roland   99
Bauman, Zygmunt   12, 44, 142
Bellour, Raymond   143
Benjamin, Walter   10, 15, 26, 214
Bennett, Jane   93
Bentes, Ivana   5, 43, 59
Berlant, Lauren   12

Bernardet, Jean-Claude   51, 52, 61, 107
biopolítica   16, 105, 166, 180
bitácora   17, 18, 20, 51, 80, 81, 88, 91
Blanco y Peeren   172
Boym, Svetlana   29
Brasil   4, 6, 57, 58, 60, 61, 219
Brasil, André   211, 220
Brennan, Teresa   12
Bruno, Giuliana   1, 13-15, 17-19, 26, 38, 41, 92, 130, 153, 196, 203, 215
Butler, Giorgi   16
Button, Jemmy   176, 213, 214

C

Cabra marcado para morrer   62
calco   102, 198, 201
cámara oscura   206-209, 215
caminar   21, 35, 48, 131, 141-143, 145, 146, 148, 149, 151
Caquard, Sébastien   34, 193
Caravana Farkas   60, 62, 65
Careri, Francesco   141-143
cartografía afectiva   10, 22, 52, 101, 121, 122, 143, 168, 175, 185, 204, 206, 212, 213, 215
casa, espacio privado   22, 31, 32, 35, 44, 51, 57, 74, 77, 79, 97, 112, 128, 132, 134, 142, 146, 147, 150, 158, 161, 162, 165, 204-215, 217
Casabé, Daniel   20, 105, 106, 108, 109, 113, 114, 117-120, 122
Castro, Teresa   192-194
cementerio   22, 100, 111, 112, 114, 115, 119, 172, 174, 177, 179, 181, 183, 184
Chanan, Michael   9
cine comunitario   220
cine y cartografía   2, 3, 9, 10, 18-20, 22, 34, 38, 42, 43, 53, 66, 88, 91-93, 102, 121, 140, 143, 145,

158, 168, 172, 184, 185, 191, 193, 196, 203, 206, 210, 212, 213, 215, 220
cine y literatura   31, 59, 69, 104, 117, 127, 135, 138, 140, 154
Cinema Novo   5, 43, 58, 59, 61
Cinema, Aspirinas e Urubus   63, 65
Clough, Patricia   11, 12
Cofralandes   6, 158-165, 168, 169
Colombo, Pamela   191
colonialismo   90
conceptos viajeros   8, 9
Conley, Tom   38, 92, 93, 196
Cono Sur   21, 157, 190
contemplar   52, 67, 74, 76, 81, 109, 113-115, 131, 132, 140
contramonumento   181, 195
Contreras, Sandra   26
cordel, literatura   60, 68
Corner, James   184, 201
Corro, Pablo   160, 163
cosmos, espacio exterior   60, 165, 168, 173, 175, 185, 205
Coutinho, Eduardo   62
Crary, Jonathan   208
Cresswell, Tim   7
crisis amorosas   19, 51
crisis ecológica   220
crítica espacial   218, 219
cuerpo   6, 7, 9, 11-17, 26, 43, 48, 49, 51-53, 67, 68, 71-74, 81, 83, 89, 90, 93, 96, 99, 100, 129, 130, 132, 135-138, 143, 148-151, 153, 154, 162, 163, 166, 167, 173, 175, 177, 178, 180, 181, 183, 185, 186, 217, 218
Cunha, Mariana   220
Cvetkovitch, Ann   13, 82
Chanan, Michael   9
Chile   6, 22, 42, 71, 72, 75, 89, 98, 161-163, 172-176, 178, 205
Chile, la memoria obstinada   164
Chion, Michel   152

D

Da janela do meu quarto   146
Davidson, Joyce   11
Dawson, isla   175, 177
de Carvalho, Ernesto   217, 219
de Certeau, Michel   6, 7, 19, 25-27, 46, 66, 190, 192, 193
De los Ríos, Valeria   5, 205, 212
Dear Nonna: A Film Letter   79
Deleuze, Gilles   4, 11, 13-15, 57, 102, 104, 153, 189, 198, 201, 218, 219
deriva   4, 9, 19, 20, 30, 38, 39, 41, 44, 47, 49, 53, 59, 116, 125, 130, 132, 142, 161, 174, 204
devenir   12, 20, 32, 122, 134, 145, 154, 182, 183, 198
Derrida, Jacques   172, 183
desastre natural   72
deseo de presencia   47, 48, 144, 161
desierto   4, 19, 36, 57-60, 63, 65, 66, 69, 103, 164, 166-168, 173
desplazamiento   1, 4-6, 8-10, 19, 21, 22, 25, 41-43, 48, 49, 53, 57, 58, 69, 79, 87, 93, 94, 97, 101-103, 110, 120, 125, 141-145, 150, 157, 161, 169, 171, 177, 178, 189, 198, 203, 213, 217
Deus e o Diabo na Terra do Sol   60
Diálogo de exiliados   158
diario de viaje   50, 108, 110, 117, 118, 160
dictadura   21, 22, 75, 81, 104, 105, 157, 160, 164-166, 168, 172, 173, 176-178, 180-184, 192, 193, 195, 196, 204, 210, 213
Didi-Huberman, Georges   2, 199, 200
Dieleke, Edgardo   20, 106, 108, 109, 113, 114, 117-121
Dinshaw, Carol   13
dislocación   19, 77, 219
dispositivo   1, 17, 26, 27, 30, 31, 46,

79, 92, 95, 98, 101, 102, 149, 197, 208, 210, 211, 218
Dittborn, Eugenio   176, 213
Dixon, Deborah   7, 8
documental   5, 9, 10, 19-21, 27-38, 50, 52, 59-69, 73-75, 78-81, 83, 84, 87, 89-99, 101, 102, 106-110, 112, 116-122, 126-131, 140, 143, 145-153, 158-160, 162, 164, 165, 167-169, 173, 174, 176, 185, 196, 198, 200, 201, 204-207, 210, 211, 213-215
Donoso, Catalina   5, 212
duelo   20, 21, 72-75, 77, 78, 84, 106, 107, 110-112, 114-116, 118, 119, 121, 122, 136, 172, 183, 194

E

Edensor, Tim   77, 183, 200
El botón de nácar   172-177, 184, 185
El cielo la tierra y la lluvia   74
El limonero real   21, 125-128, 134-139
El otro día   22, 204-209, 211, 212, 214, 215
El rostro   21, 126-128, 131-134, 136, 137
Elsaesser, Thomas   14
errancia   20, 41, 44, 142, 145, 154
escala   8, 21, 42-44, 46, 47, 49, 53, 72, 92, 152, 166-169, 204, 206, 220
escritura del yo   117
escucha   67, 79, 81, 93, 95, 99, 101, 102, 127, 128, 132, 139, 145, 149, 151-153, 200
espacialización   21, 22, 74, 164
espacio de consuelo   20, 78, 114, 121
espacio natural   141
espacio/lugar   5
espectro, espectral, espectralidad   9, 10, 18, 20, 21, 73, 84, 172, 178, 180, 183, 184, 198, 200, 201, 210, 212
estar juntos, ser juntos   6, 9, 11, 14, 17, 20, 21, 74, 84, 172
estética afectiva, estética de los afectos   6, 9, 13, 142, 145, 151, 153, 154, 173
etnografía   20, 87, 90, 91, 93-95, 97, 98, 101, 102
exilio   5, 157, 158, 169, 176-178, 213

F

Fabian, Johannes   98
falso documental   19, 27, 30, 31
Fitz Roy   176, 177, 213, 214
Flatley, Jonathan   10, 13, 21, 122, 159, 169, 184, 214
Fontán, Gustavo   21, 126-131, 134-140, 212
Foucault, Michel   112, 115, 189, 190, 197, 210
found footage   30, 34, 79, 91, 95

G

Garramuño, Florencia   16, 220
geografía afectiva   19, 21, 102, 119, 127, 140, 143, 186
geografía sensorial   153
geografía espectral   21, 155, 184
geografías fílmicas   6, 8, 13, 16, 18, 22, 73
geografía móvil   27, 148
Ginsburg, Faye   97
Giorgi, Gabriel   16, 166, 167, 180
giro afectivo   11, 13, 16, 17, 76, 89, 108, 113, 116, 122, 204, 215
giro espacial   1, 3, 11, 75, 78, 112, 114, 158, 159, 189, 190
globalización   4-7, 142
Gomes, Marcelo   19, 42, 49, 50, 52, 53, 59, 63-67, 69, 145

Gonçalves dos Reis Filho, Osmar   14, 52, 139, 144, 145, 153
Google Earth   217
Google Maps   218
Gorbman, Claudia   151
Gorelik, Adrián   192
Grande Sertão: Veredas   69
Guattari, Félix   4, 11, 14, 15, 102, 153, 189, 198, 201
Guimarães, Cao   21, 69, 143-150, 152, 153, 211
Gumbrecht, Hans   14, 47, 144
Guzmán, Patricio   21, 22, 157-159, 164-169, 172-177, 184, 185, 214

H

habitar, habitabilidad   7, 10, 16, 18, 20, 26, 53, 79, 87, 92, 97, 109, 120, 129, 131, 136, 140, 141, 149, 175, 186, 196, 201, 203-205, 207, 208, 215, 216, 220
háptico, visualidad háptica   1, 14, 15, 42-44, 52-54, 68, 95, 130, 133, 139, 144, 145, 153
Hardt, Michael   89
Harley, Brian   191
Harrison, Paul   11, 13
Harvey, David   1
Heidegger   208
heterocronías   115, 164
heterotopía   112, 115, 210
hidrarquías   173-175, 185
hombre ordinario   19, 58, 59, 62, 66
home movies   30, 32, 79, 95
humor   17, 25, 29, 32, 34, 36, 46, 48, 49, 157, 160, 161, 163
Huyssen, Andreas   29

I

Illouz, Eva   12
imaginario geográfico   2, 3, 6, 26, 38, 168
impulso de mapeo   192

indígenas   22, 90, 97, 163, 172, 175, 176, 184, 185, 213
infancia   19, 28, 37, 81, 165, 184
infraleve   21, 128
Ingold, Tim   111
insular, insularidad *véase archipiélago*
intensificación perceptiva   21, 127, 140
intimidad   10, 12-14, 20, 32, 43, 44, 46, 74, 78-80, 82, 94, 119, 121, 122, 130, 186, 207, 208, 213
itinerario   8, 10, 17-20, 39, 48, 71, 73, 75, 80, 82, 84, 87, 88, 91, 92, 106, 108, 114, 121, 125, 143, 162, 172, 176, 184, 190, 191, 193, 219

J

jardín   112, 204-207, 209, 210, 213
Jazairy, El Hadi   44, 166
Jones, Owen   171

K

kinestesia   15, 48
Koza, Roger   26, 126, 138, 207, 212

L

La batalla de Chile   158, 164
La flor   26, 220
La forma exacta de las islas   6, 20, 105-109, 111, 112, 114, 116, 117, 119-122
La mamá de mi abuela le contó a mi abuela   204, 205
La orilla que se abisma   21, 126-132, 137
La recta provincia   210
Lagos Labbé, Paola   95, 116
Las aguas del olvido   180-184, 195
Le jeu de l'oie   191
Lefebvre, Henri   2, 3, 190, 191
Lefebvre, Martin   76, 113
Lejeune, Philippe   110

Linebaugh, Peter   74
Lins, Consuelo   143, 147, 149, 153, 154
litoral argentino   21, 126, 127, 140
Lois, Carla   109, 191, 196, 220
Lopes, Denilson   16
Los durmientes   172, 177-180, 184
Love, Heather   13, 80, 121
Llinás, Mariano   19, 25, 26, 28-31, 34, 35, 37-39, 217, 220

M

Macón, Cecilia   12, 16
MAFI (Mapa Fílmico de un País)   220
Malvinas, causa, islas   20, 103-107, 109-111, 115, 117, 118, 121, 194
Marks, Laura   13-15, 18, 52, 54, 68, 95, 130, 139, 209
Martin, Adrián   210
Martins, Laura   128, 129
Martyniuk, Claudio   183, 200
Massey, Doreen   2, 3, 13, 148, 203, 212
Massumi, Brian   11, 12, 68
materialidad   9, 10, 12-14, 16, 18-20, 43, 46, 52, 68, 69, 71, 73, 74, 76, 77, 79, 80, 82, 84, 88, 90, 94, 100, 126, 128, 130, 132, 134, 144, 154, 158, 159, 161, 166, 168, 171, 172, 178, 180-182, 185, 194, 195, 200, 203, 206
melancolía, melancólica, melancólico, melancolizar   13, 17-19, 21, 27-29, 31, 32, 34, 36, 37, 42, 48, 49, 51, 52, 63, 81, 105, 113, 114, 122, 157, 158, 160, 161, 165, 167-169, 174, 195
memoria   15, 18-22, 25, 28, 29, 33, 37-39, 41, 52, 59, 71-75, 77, 79-81, 83, 88-92, 95-98, 101, 102, 108-111, 114, 115, 118-122, 132, 133, 136, 152, 157-159, 161, 163-169, 171, 173, 176-186, 189-196, 200, 201, 204-206, 209, 210, 214, 215
Merchant, Paul   212
Minas Gerais   21, 146
mirada   15, 27-29, 31, 33, 36, 38, 43, 45, 46, 52, 54, 60, 67, 68, 72, 74-77, 79, 81-84, 87, 89-91, 93-98, 101, 109, 112, 113, 119, 120, 126, 128, 130-133, 136-139, 143, 144, 146, 150, 151, 153, 154, 158, 161, 178, 182, 183, 185, 190, 192, 193, 198, 200, 204, 207, 214, 218, 220
Mistral, Gabriela   9, 10, 17, 102, 126, 140
Mitchell, W. J. T.   46, 130
montaje   28, 32, 33, 52, 62, 65-67, 84, 90, 92, 97, 100-102, 107, 151, 152, 162, 189, 193, 196, 199, 200, 218
Montaldo, Graciela   4, 137
movilidad   2, 4-7, 26, 43, 45, 48, 65, 114, 142, 143, 150, 189, 220

N

Nagib, Lúcia   5
narrativa sensorial   133, 138, 139, 153, 154
Nichols, Bill   117, 128, 159, 160
Ningún lugar en ninguna parte   74
Nora, Pierre   115, 190
nordeste brasileño   19, 42, 59, 217
Nostalgia de la luz   158, 164-166, 168, 173, 185
Nunca é Noite no Mapa   217, 218

O

O Céu de Suely   49, 63, 65
O Homem das Multidões   145
O'Sullivan, Simon   13, 159

océano Pacífico   22, 72, 89, 92, 172
Oricchio, Luiz Zanin   5, 43, 59
Ortiz, Juan L.   125-131
otredad, otro   6, 10-12, 17, 18, 21, 22, 37, 43, 44, 48, 51, 54, 57, 58, 80, 82, 87, 88, 94, 95, 97, 98, 100, 104, 107, 108, 112, 115, 122, 136, 140, 143, 147, 148, 154, 166, 168, 169, 203-205, 207, 210-213, 216
Oubiña, David   5, 135, 137

P

pacto sepulcral   166, 177, 180, 183
Page, Joanna   5, 6, 152
paisaje   11, 18-21, 27, 32, 33, 38, 39, 41, 42, 43, 46, 47, 50, 53, 57, 59, 60, 62, 64-67, 69, 71, 73-78, 93, 97, 102, 103, 106, 108-114, 120, 121, 125, 127, 129-132, 135, 140-143, 145, 149, 150, 154, 157, 162, 163, 164, 167-169, 171, 173, 178, 183, 186, 190, 191, 192, 193, 200, 201, 204, 205, 208, 213, 219
paisaje afectivo   17
paisaje ensamble   51
paisajes móviles   9, 93
paisaje puro   65, 120
paisaje-visión   53
Panizza, Tiziana   20, 73, 78-84, 87, 89, 90, 93-102
panorama   35, 128, 192
pasajes   22, 72, 127, 145, 203, 210, 211, 215
Pasolini, Pier Paolo   128
Patagonia   6, 116, 173, 174, 179, 184
Paterson, Mark   13, 18, 48
pérdida   13, 20, 21, 71-73, 75-78, 80, 83, 84, 100, 106-108, 110-112, 114-116, 118, 121, 122, 158, 165, 169, 172, 176, 180, 181, 183, 200

Perec, Georges   203, 207, 212
Perel, Jonathan   22, 172, 180-186, 192-201
Pérez, Fernando   209
performance   2, 20, 22, 72-74, 76-78, 84, 112, 130, 161, 162, 175, 177, 180, 184, 198, 201, 219
Pile, Steve   11
poesía   21, 79, 126-130, 138, 160, 173
políticas de la memoria   157, 181, 190, 192
práctica espacial   3, 6, 21, 26, 93, 94, 120, 181, 195
precariedad   18, 21, 52, 82, 121, 131, 133, 134, 143, 150, 205, 215
psicogeografía   122, 154, 179
pueblo   19, 30, 32, 35-37, 57-62, 66, 69, 80, 98, 197, 198, 200

R

Ramírez, Enrique   22, 172, 177-180, 185, 186
Rancière, Jacques   90, 149
Rapanui, Isla de Pascua 20, 87, 89-91, 93, 94, 96-100
Rediker, Marcus   174
región del Maule   42
relato de viaje   25, 51
Remitente: una carta visual   79
Renov, Michael   116
resiliencia   20, 81, 83, 121
resto   10, 19, 28, 36, 59, 65, 73, 76, 77, 79-81, 90, 97, 99, 111, 115, 126, 132, 146, 164-166, 168, 177, 181-183, 185, 194, 200, 210
retomada   58, 59
Río de la Plata   22, 172, 178, 182, 195
río Paraná   131-134
road movie   41, 42, 48, 50, 63, 109
Rocha, Glauber   58-60
Rua de mão dupla   146, 211

Ruiz, Raúl   21, 157-163, 165, 168, 169, 174, 191, 210, 220, 221
Russell, Catherine   91, 94, 97, 102
Russo, Eduardo   127, 182, 183
rutas hápticas   18, 19, 21, 48, 51, 52, 59, 67-69, 150

S

Sadek, Isis   49, 166, 219
Saer, Juan José   125-127, 134-138
Sarno, Geraldo   60, 62, 65
Schaeffer, Pierre   152
Scherson, Alicia   19, 42, 44, 49, 53
Schindel, Estela   191
Schlunke, Katrina   171
Schøllhammer, Karl-Erik   154
sequía   19, 36, 60, 65
sertão brasileño   19, 43
Sertão de acrílico azul piscina   19, 50, 52, 59, 63-69
Shell, Marc   88
Shiel, Mark   7, 203
Sobchack, Vivian   13, 14
sonido   14, 19, 32, 35, 45, 59, 61-63, 67, 74, 77, 84, 91, 98-101, 126, 129, 131, 137, 139, 141, 143, 148, 149, 151-153, 173, 182, 186, 192, 194, 198, 200, 201, 204, 207, 218
Spinoza, Baruch   11-13
Staniscia, Stefania   88
Sueños de hielo   174, 204, 205, 213
Super 8   28, 50, 52, 63, 80, 82, 87, 90, 94-96, 100, 102, 132, 134, 147
superficie   2, 10, 13, 16, 19, 35, 41, 43, 45, 47, 51-54, 59, 63, 68, 69, 72, 77, 79, 82, 93, 95, 125, 126, 129-131, 133, 138, 144, 146, 153, 157, 158, 162, 163, 165, 166, 173, 175, 194, 198, 208, 209, 215

T

Tabula rasa   192, 194, 197
táctil, tacto, tocar   14, 15, 17-19, 21, 44, 47-49, 51, 52, 54, 59, 68, 82, 84, 95, 100-102, 129, 130, 132, 133, 139, 143-145, 153, 159, 165, 169, 173, 175, 206, 209, 211
temporalidad   2, 10, 11, 13, 15, 31, 48, 68, 69, 90, 99, 101, 119, 132, 133, 148, 149, 159, 171, 192, 201, 205, 219
terremoto   19, 71-75, 77, 79-81, 83, 84
textura   1, 12, 14, 18, 20, 21, 47, 48, 52, 67, 68, 73, 77-82, 87, 91, 94-96, 101, 106, 111, 129, 130-132, 137, 140, 143, 144, 147, 150-153, 163, 167, 168, 200, 204, 209
Thrift, Nigel   2, 13
Tierra del Fuego   71, 175, 214
Tierra en movimiento   6, 73, 78-84, 87
Tierra sola   6, 20, 87-102
tipo sociológico   61
tocar el pasado   159, 165
Toponimia   22, 196-201
Torres Leiva, José Luis   19, 20, 48, 73-78, 84, 206
tradición literaria   21, 58, 126, 140
tránsito   4-7, 19, 21, 26, 38, 42, 53, 67, 69, 81, 95, 101, 132, 142, 143, 145, 154, 209
travelogue   19, 20, 38, 41, 42, 51, 66, 79, 101, 108, 109, 118, 121, 122
Tres semanas después   19, 73-78, 84
turismo   19, 27, 28, 34, 36, 38, 45
Turistas   6, 19, 42-49, 53

U

Urrutia, Carolina   5, 41, 43, 47
Urry, John   31, 36, 45

V

Verano   48, 74
*Viajo Porque Preciso, Volto Porque
   Te Amo*   6, 19, 42, 43, 48, 50,
   52, 53, 64, 66-68
video indígena   220
Video Nas Aldeias   220
Vidler, Anthony   206
vista aérea   192, 193
Vitullo, Julieta   105, 106, 120
Viva Cariri!   61, 62
Viveiros de Castro, Eduardo   220
voyageur   38, 153
voyeur   15, 38, 73, 153
voz del dueño   61
vuelos de la muerte   22, 172, 178,
   184, 185
vulnerabilidad   20, 72, 107, 121,
   122, 172

W

Walas, Guillermina   197
Warburg, Aby   199, 200
Weinrichter, Antonio   32
Wylie, John   11, 13, 71, 73, 154, 182

X

Xavier, Ismail   4, 5, 43, 58-60

www.ingramcontent.com/pod-product-compliance
Lightning Source LLC
Chambersburg PA
CBHW031612210526
45464CB00004B/1537